移动金融的使用

主　编　胡冬鸣
副主编　井建华　宋锦航

中国财经出版传媒集团
中国财政经济出版社

图书在版编目（CIP）数据

移动金融的使用 / 胡冬鸣主编. --北京：中国财政经济出版社，2020.6

ISBN 978-7-5095-9804-7

Ⅰ.①移… Ⅱ.①胡… Ⅲ.①移动通信-通信技术-应用-金融业-中国 Ⅳ.①F832-39

中国版本图书馆 CIP 数据核字（2020）第 077806 号

责任编辑：李　冰　　　　责任校对：李　丽

封面设计：孙俪铭

中国财政经济出版社 出版

URL：http：//www.cfeph.cn

E-mail：cfeph@cfeph.cn

社址：北京市海淀区阜成路甲 28 号　邮政编码：100142

营销中心电话：010-88191537

三河市宏图印务有限公司印刷　各地新华书店经销

787×1092 毫米　16 开　15.75 印张　381 000 字

2020 年 7 月第 1 版　2020 年 7 月河北第 1 次印刷

定价：50.00 元

ISBN 978-7-5095-9804-7

（图书出现印装问题，本社负责调换）

本社质量投诉电话：010-88190744

打击盗版举报热线：010-88191661　QQ：2242791300

编者的话

移动金融是指使用移动智能终端及互联网技术处理金融产品消费及其服务的解决方案。移动金融采用“平板 APP + 手机 APP + 外设”的支持模式，为不同角色的用户及不同的业务办理场景提供灵活的设备及软件配套支持。Facebook 最近发布的金融科技白皮书展示了一连串与移动金融有关的数字：到 2020 年，会有 20 亿人使用移动金融服务。2020 年，64% 的移动端消费者计划使用移动端钱包；48% 的 Z 世代在移动端存钱或拥有支付应用程序；在典型月份，千禧一代通过 APP 或浏览器使用金融机构服务的比例是非千禧一代的 3.1 倍；83% 的用户在线申请新信用卡。

随着网络及其智能手机成为人们不可或缺的工具，以及支付宝、微信支付、手机银行、云闪付为代表的各类移动支付技术的广泛普及，移动金融得到了快速发展。当前，移动金融的业务创新已从早期简单的手机银行查账发展到目前的各类金融运营商所提供的移动支付、手机银行、移动证券、移动保险、移动理财、移动 P2P、移动众筹在内的聚合线上支付、线上服务、线上消费等多种金融应用场景。目前手机银行有线上转账业务及查询、信用卡线上申请及其注销、线上移动贷款的申请。医疗险、车险等主要险种实现了手机终端申请、核保、理赔，并产生了运费险、航延险、碎屏险、信用保险等新的险种。蚂蚁金服、京东金融通过入股物流、支付奖励金及其推荐产品方式构建了“资金流、产品流、信息流”三流统一的移动金融平台和线下渠道，提升了服务的市场覆盖面。目前，实体金融已经成为移动支付最主要的客户，而且随着智能手机的普及，移动金融服务几乎覆盖了所有的城镇还有乡村。移动金融获取信息便捷，大数据、云计算和区块链技术的使用大幅度降低了其运营成本。移动金融克服了时空限制，只要有互联网，移动金融就可通过手机随时、随地消费并结算。移动金融融入线下生活场景，通过移动终端融入商务服务全过程。移动金融不但有非常好的私人属性，通过身份识别、个人偏好筛选、物理定位能够提供个性化服务，而且移动金融对象更广泛、服务内容更丰富，能够解决各种金融排斥，具有普惠性。移动金融平台可以使客户经理脱离物理网点的束缚，为客户现场展示金融产品并办理账户开立、电子渠道签约及风险评估、贷款申请、理财产品购买等金融业务。同时，营销人员能够根据客户的信息及行为进行分析，综合设计服务方案，向已有客户推销其他金融服务品种，从而最大限度地挖掘客户的潜在需求。

在我国，移动金融业务在西部地区虽然起步较晚，但是发展迅速。由于拥有手机的用户众多，移动金融能够在移动端为西部用户提供快捷便利的金融服务，在西部地区拥有巨大的潜在市场和促进经济发展的巨大作用。

移动金融的使用

本书主要是面向广大读者介绍移动金融技术目前发展的基本状况，特别是移动金融的主要产品移动支付、手机银行、移动证券、移动理财、移动保险、移动 P2P、移动众筹的使用方法，以及移动金融业务的安全保障。作者希望本书能为广大读者了解移动金融产品的使用带来帮助和方便。

编　者

2020 年 3 月 25 日

目　录

第一章
移动金融业务基础

第一节　移动金融业务发展及其对现有金融业务的改变

移动金融是指采用移动终端、无线网络及移动通讯技术，结合云计算、大数据、移动网络、社交网络等移动互联应用的运营理念和营销策略，对外提供金融产品、服务及其他增值业务的金融服务业态。借助于智能手机、平板电脑和无线 POS 机等各类移动互联网设备工具来支持相关金融业务的办理，透明度更强、参与度更高、协作性更好、中间成本更低、操作上更加方便快捷。理论上任何涉及到的广义金融的互联网应用，都应该是移动金融的范畴，包括但是不限于第三方支付、在线理财产品销售、信用评价审核、金融中介服务、金融电子商务模式。移动金融又称作移动互联网金融，是金融行业与移动互联网相结合的新兴领域，是未来金融创新发展的一个主流方向。

一、移动金融业务的主要发展历程

（一）国外移动金融业务主要发展历程

数据显示，2009 年美国手机银行用户占其全部手机用户的比例仅为 10.8%，而到了 2014 年这一比重大约增长至 48% 左右。美国的手机银行用户数与整体手机用户数的占比将达到接近一半的水平。现在更多的美国人愈来愈将手机终端视为全方位生活管理的核心，对于财务管理的安全性、可用性、灵活性、控制力的需求也日益提高。从 2006 年开始，美国的 AT&T 公司和高通的子公司就开始合作为广大移动客户提供手机银行服务。同时 AT&T 公司和 Firethorn 于 2008 年 11 月联合宣布，向 iPhone 手机提供市场领先的手机银行应用服务。AT&T 公司提供的手机银行服务能够使移动客户安全有效地管理财务状况，包括资金余额和历史交易记录查询、转账、收款、查看支付账单及奖励积分跟踪等。AT&T 公司将手机银行与 iPhone 移动终端的结合体现了移动金融服务紧跟消费者快节奏生活步伐的发展趋势，并且 AT&T 公司还在客户终端操作的安全性、便利性以及透明度方面开展一整套的战略性设计，以便进一步扩大手机银行的客户使用范围。目前美国的移动金融产业由金融机构、电信运营商以及第三方支付公司多方参与其中。总体而言，美国的移动金融产品创新程度深、水平高，移动产品的范围早已跳出了移动支付的本身，并全面渗透到了移动生活的各个方面。在美国，移动用户越来越将手机视作全方位生活管理的“利器”，位于德克萨斯的 USAA 银行目前已经能够做到利用手机的摄像头完成对支票的识别和入账，实现了支票的完全电子化操作。

在欧洲，移动金融最早可以追溯到 20 世纪。随着 GSM 的应用，欧洲的用户通过银行账户直接在互联网上或者移动互联网上向位于欧洲的 600 家商店支付货款，只要简单的输入用户名、密码还有数量金融数值就可以完成交易了，这是一种基于 SSL 的解决方案，就是移动支付的雏形。1984 年，芬兰用户开始使用这种付款方式，这也是线上银行首次被引入市场。1992 年，芬兰 Merita 银行率先推出手机银行业务，允许客户通过 GSM 网络支付账单。1997 年开始，英国 Barclay 银行与 Cellnet 进行了手机银行业务的合作。用户在一部特殊的手机上拨“Barclay”键，就会收到一份简短的银行声明，用于检查信用卡额度、余额，随后又开通利用短消息检查账户余额及交易等业务。到 1999 年，有 94% 的欧洲银行提供了在线银行业务。20 世纪末，WAP 手机的问世，给移动金融带来了新的机遇，手机银行业务开始从短消息向 WAP 转变。Meritu 在结束了与诺基亚合作的 8 个月试验期后，在 1999 年 10 月推出了商用 WAP 银行业务。基于 WAP 技术的手机银行于 2000 年开始普遍上线，包括著名的 IBM 公司也开始渗透到这个领域。通过手机远程操作现有的银行业务，具体包括：外汇买卖、当前账户查询、转账（转到 VISA 卡/ Eurocard 卡/Master 卡），发票和公共事业费用支付、通过移动商贸系统购买商品等。俄罗斯 Guta 运用多级认证系统确保手机交易安全。WAP 技术使得手机银行更方便，无需去银行网点，只需用登陆 Guta 银行的网站即可。意大利 Toscana 银行推出的 BT 手机银行更加适用于 GSM 手机用户，服务功能包括：当前账户查询及交易、移动电话充值、转账、股票交易、外汇买卖等。Toscana 银行和客户之间采用了安全数据加密，并运用两级密码即登陆密码和交易密码来确保交易安全。德国 Deutsche 银行和诺基亚公司合作开发了 WAP 手机银行，诺基亚提供 WAP 服务器及其多媒体手机终端产品。1999 年 8 月，法国电信开始移动网购物的 Tti Achat 业务，采用带有智能卡识读器的摩托罗拉话机，用户使用这种话机通过 Cartes Bancaires 公司付款。用户将自己的 CB 传输到一家参与业务的银行，银行为用户的移动电话提供一个虚拟的钱包，可支付所有移动商务交易的费用。英国政府的付款委员会曾于 2009 年 12 月做出一项重要决定，至 2018 年 10 月 31 日，英国将逐步结束使用支票进行付款，积极推动电子、手机等其他多种付款方式。尤其是西欧地区的移动金融产业为多国电信运营商所共同联合运营，银行方面仅仅作为该移动金融产业的合作者，并不参与其中的具体运营活动，同时这一地区用户的消费习惯也比较难以改变，从而成为该地区移动金融产业发展的一个最大障碍。但英国政府有关支付方式的改革动态明确了移动金融手机银行业务的发展趋势。因为手机支付取消了实物流转的过程，而且成本相比支票、现金、借记卡、信用卡会更低廉。英国政府的付款委员会预计，手机支付将在数年内迅速取代小额支票付款方式。到 2018 年，成本昂贵的支票付款将逐渐退出历史舞台。

日本的电信运营商占据了移动金融产业链的绝对主导地位。早在 3G 技术出现于 20 世纪 90 年代开始，日本便积极采用先进技术建设移动通信网络，加快淘汰旧有的第二代移动通信网络，使其移动电子商务快速融进 3G 时代。建立在宽带基础之上的日本第三代移动通信系统可以向客户提供较高数据传输速率，20 世纪 90 年代开始至本世纪初，3G 网络几乎是支撑日本移动金融的高速信息传输平台。数据显示，截至 2006 年末大约有 9 960 万左右的日本客户通过移动装置访问互联网络，规模人数约占日本总人口比例的五分之三左右。在日本的移动通信市场上，主要有 NTT DOCOMO 公司、KDDI 公司和 Vodafone KK 三家运营商在提供服务。这三家公司都具有各自鲜明特点，同时能满足各自不同领域客户的业务需求。其中以 NTT DOCOMO 公司的运营最为成功，其依托自身庞大的客户群体，通过混业经营，对商业银行和信用卡公司的参股等方式与手段，扩展了对移动金融上下游产业链的控制，从而获得了巨大的成功。

韩国移动金融产业是由电信运营商和商业银行联合主导。韩国政府出台了一系列支持通信运营商加大移动网络普及和升级力度的政策与措施，为移动金融的发展提供了良好的环境与条件。由于其良好的政策法规环境，同时产业链上下游各方合作密切，韩国的移动金融产业能够蓬勃发展。韩国的无线通信网络的信号覆盖率较高，通信运营商的强势主导地位十分明显。占据韩国移动商务领导地位的三家通信运营商公司分别是 SKT、KTF 和 LGT。三家运营商牢牢掌握着移动金融产业链，同时各商业银行也积极布局移动金融产业。为了配合相关业务的推进和发展，通信运营商普遍采取的是手机终端的定制策略，三星、LG、3COM、SKTT 等手机终端厂家全部都是按照通信运营商的相关需求，向其提供各种不同种类功能强大的手机定制终端设备。在韩国移动金融的发展过程中，其手机银行业务主要依托技术的更新换代来不断推进手机银行用户规模的快速增长，技术的进步是推动韩国手机银行业务用户规模快速增长的主要驱动力量。目前，韩国的三星和 LG 在全球手机制造商中仍处于技术先进行列，韩国主要移动运营商 SKT、KTF 和 LGT 技术储备雄厚，韩国的运营商与商业银行协作主要是发展手机近场支付技术。

（二）国内移动金融业务主要发展历程

在我国，金融业的发展经历了三个主要的业态类型：一是以分支机构为代表的物理金融业态；二是以网上银行为代表的电子金融业态；三是以手机银行为代表的移动金融业态。随着互联网技术的快速崛起，金融业的后发优势和创新成果非常明显。究其原因，首先，移动金融政策环境利好。移动金融得到了监管政策大力支持，特别是放开移动支付限制对促进移动金融发展具有积极作用。2014 年央行发文鼓励商业银行拓展 NFC 手机近场支付应用，2015 年央行发文指出“移动金融是丰富金融服务渠道、创新金融产品和服务模式、发展普惠金融的有效途径和方法”。其次，移动金融更好满足客户行为需求。特别是随着 5G 技术普及、用户体验提升及移动设备普及率的提高，消费者互联网设备进一步向移动端集中。其实早在 2000 年，日本韩国尝试移动支付模式的成功，激发我国也开始探索着发展相关业务。国内通信运营商开始推出一些移动支付业务，如屏幕图片及其手机铃声下载服务，但由于技术不成熟加之经验不足，类似业务在国内发展缓慢。2000 年以前，国内金融业态仍以银行网点为主要渠道。物理机构是金融服务的起点，也是终点。也正如此，物理机构的选址布局尤为重要，但是仍然存两大局限：一是时间上存在一定限制，客户一般可以在工作日的 8 小时内接受银行的服务，其他时间则很难协调；二是空间上存在一定局限，客户必须主动到银行网点才能享受服务，只有比较特殊的情况下才可以预约到银行的上门服务。需要说明的一点是，目前中国大陆的银行服务时间较不少欧美发达国家要长，例如德国的银行周六日基本全部休息，与客户作息时间完全同步，如您想要办理业务必须牺牲工作时间，毕竟休息的福利对大家而言都是对等的稀缺资源。

2000 年至 2010 年，电子金融业态以网上银行为主要渠道，逐步突破了上述两点限制。在此，银行做了大量的创新和变革工作。在时间上，银行开始布设大量的 ATM，实现了存取款、转账等基础业务的“全天候服务”；同时借助网络大力建设网上银行，给予客户更多的时间选择，丰富了其他业务种类。在空间上，银行进一步完善物理布局，使得 ATM 等自助设备成为网点的有机补充；更为重要的是，网上银行使得客户足不出户，借助电脑及其手机就能办理很多业务，大大节约了客户的时间和交通成本。“客户排队”问题的逐步化解印证了中国银行业态转型的成功。随后，客户需求随着移动金融服务的不断扩展而日益受到人们普遍关注。

2011 年开始，移动金融业态以手机银行为主要渠道。从物理到虚拟，从定时到随时，从固定到移动，主要依靠的是信息技术的发展创新，2004 年以后，随着笔记本电脑特别是触屏电脑的逐步兴起，使其成为很多单位、家庭和个人的首选。但是，无论笔记本或者后来的触屏电脑往往体积相对较大、质量偏重，虽然可以实现移动支付，但客户体验一般，很多人感觉还不是非常方便。那么，如何进一步优化移动金融的便捷性问题呢，进而提升客户体验呢？银行想到了更为轻巧方便的手机。特别是智能手机的出现和 APP 的应用，使得支付渠道变得顺畅、便利。手机起到了电脑的作用，完成了笔记本的瘦身；手机银行整合了网上银行的若干功能，可以提供更为便捷私秘的金融服务。随着互联网和移动终端技术的广泛应用和迅速发展，移动金融已成为未来金融服务发展的重要方向。据统计，2014 年国内支付机构共处理移动支付业务 153.31 亿笔，金额达到 8.24 万亿元，同比分别大增 305.9% 和 592.44%。2016 年 1 月 13 日，中国人民银行印发《关于推动移动金融技术创新健康发展的指导意见》，明确移动金融技术创新健康发展的方向性原则。金融监管当局开始把移动金融当做丰富金融服务渠道、创新金融产品和金融模式、促进普惠金融的有效方式，给予了充分的肯定和支持。移动金融进入了快速发展阶段。

我国移动金融业务的发展主要包括手机银行和手机支付两大部分。我国手机银行业务虽然起步相对较晚，但发展非常迅速。业务范围涵盖银行和股市交易、管理账户和访问用户信息。2014 年，我国上市银行中手机银行客户已达到 5.46 亿。我国手机支付主要以手机钱包、二维码扫描、微信支付等形式出现在市场上。根据中国人民银行发布的《2014 年支付体系发展报告》，2014 年，中国电子支付业务 333.33 亿笔，金额 1 404.65 万亿元，同比分别增长 29.28% 和 30.65%。电子支付分为网上支付、电话支付和移动支付三类，其中，移动支付业务 45.24 亿笔，金额 22.59 万亿元，同比分别增长 170.25% 和 134.30%，远高于电子支付笔数和金额 29.28% 和 30.65% 的增速。目前，我国越来越多的金融机构开始敏锐的发觉到移动金融市场的巨大潜力，各大运营商、银行、第三方支付等机构也纷纷借助迅速崛起的移动社交工具发力，在移动端为用户提供贴心的金融服务。自 2013 年 7 月招商银行宣布推出首家微信银行以来，我国各大商业银行相继开通微信银行，为客户提供 24 小时即时服务。2013 年 7 月，阿里巴巴上线手机端支付宝钱包，并在支付宝钱包内置余额宝，同年 7 月 22 日的数据显示，在手机上操作过余额宝转入的用户数占比就已经达到惊人的 57%。2014 年 5 月，中国电信与渤海银行签署合作协议，联手为消费者提供手机支付、话费充值、生活缴费、在线商城、掌上理财、娱乐在线、商务旅行等线上线下服务；2014 年 1

月 22 日，腾讯微信移动理财平台理财通正式上线，派发红包 1 000 万元，与阿里巴巴的余额宝展开钱袋客源争夺。同时，百度理财推出百发和百赚两款产品，以宜信为代表的 P2P 网贷平台，也不失时机地加入到移动金融的布局中来，推出了借款 APP。此外，许多新兴的创业公司也凭借各种创新解决方案进入到移动金融领域。

在商业运营模式方面，我国移动金融最早出现的是移动支付，此业务从 2001 年由电信运营商开始推广，通过手机短信接入方式，提供功能简单的小额支付。2004 年，随着第三方支付机构的发展，移动支付业务覆盖范围越来越广，产业链各环节也开始介入，积极地寻求合作机会。后来，随着 4G 技术在中国投入运营及其市场规模的不断扩大，以及手机端支付技术的不断成熟，移动支付变得更加便利，银行、电信运营商、第三方支付公司也分别推出了以自身为主导的移动支付业务和手机银行业务。目前，我国在移动支付领域，成熟的商业模式尚未正式形成，以银行和运营商为主导的两大阵营正在不断地推进过程中。银行业的优势主要体现在账户、监管度、支付环境、安全保证等方面，运营商的优势则体现在移动支付环境、统一化技术标准和监管体系方面。考虑到单一行业无法支撑起整个移动支付链，跨行业合作将成为移动支付业务发展的必然选择。在手机银行领域，虽然全国有 50 多家银行都推出了自己的手机银行应用客户端，但大多数银行的移动端应用产品及服务都是依据过去台式机界面的经验和流程而设计的，用户体验方面并不令人满意。随着越来越多的用户，特别是年轻一代客户都开始习惯于通过移动设备访问和使用银行服务，符合新一代银行客户群体使用及体验需求的手机银行应用开始陆续推出。根据中国互联网络信息中心（CNNIC）发布的《第 30 次中国互联网络发展状况统计报告》，截至 2012 年 6 月底，中国网民数量达到 5.38 亿，其中手机网民达到 3.88 亿，在整体网民中占比 72.2%，手机网民首次超越台式电脑网民数量，一跃成为中国网民的第一大上网终端。截至 2013 年 12 月，手机网民规模达 5 亿，较 2012 年底增加 8 009 万人，网民中使用手机上网人群占比达到 81%。这显示了随着手机网民占网民比例不断上升，手机已经取代 PC，成为人们上网的最常用设备。智能手机已经成为人们 24 小时的随身装备，成为现代信息社会生活方式的最重要特征。从增长的速度和发展前景看，移动金融的增长速度远远超过网银的增长速度。

2017 年 3 月 30 日，北京移动金融产业联盟第一届会员大会第三次会议在大连召开。联盟秘书处发布的 2017 年度移动金融产业报告指出：纵观 2017 年，金融领域监管总体继续收紧。中国人民银行从机构监管、账户监管、备付金监管三个方面，对整体移动金融市场采取较为严格的金融管理模式。与此同时，2017 年金融科技的迅猛发展为移动金融产业的快速成长带来了活力和动力。采用新的监管科技手段合理处理创新与监管、安全与便捷的关系，成为未来监管的重要思想。基于大数据、人工智能、云计算等技术提升金融风险甄别、防范与化解能力，不断创新监管手段。

需要指出的是，2016 年至 2018 年是中国人民银行密集出台移动金融系列政策文件及其关联性较强的文件较多的时期，主要有：2016 年 6 月，中国人民银行印发《关于进一步加强银行卡风险管理的通知》（银发〔2016〕170 号）；2016 年 9 月，最高人民法院、最高人民检察院、公安部、工业和信息化部、中国人民银行、中国银行业监督管理委员会印发《关于防范和打击电信网络诈骗犯罪的通告》；2016 年 9 月，中国人民银行印发《关于加强支付结算管理防范电信网络新型违法犯罪有关事项的通知》（银发〔2016〕261 号）；2016 年 11 月，中国人民银行印发《关于落实个人银行账户分类管理制度的通知》（银发〔2016〕302 号）；2017 年 1

月，中国人民银行印发《关于实施支付机构客户备付金集中存管有关事项的通知》（银办发〔2017〕10号）；2017年1月，中国人民银行印发《关于强化银行卡受理终端安全管理的通知》（银发〔2017〕21号）；2017年1月，中国人民银行印发《关于开展违规“聚合支付”服务清理整治工作的通知》（银支付〔2017〕14号）；2017年3月，中国人民银行印发《关于持续提升收单服务水平规范和促进收单服务市场发展的指导意见》（银发〔2017〕45号）；2017年5月，中国人民银行印发《关于加强小额支付系统集中代收付业务管理有关事项的通知》（银办发〔2017〕110号）；2017年5月，中国人民银行印发《关于加强开户管理及可疑交易报告后续控制措施的通知》（银发〔2017〕117号）；2017年5月，中国人民银行印发《关于强化银行卡磁条交易安全管理的通知》（银办发〔2017〕120号）；2017年5月，中国人民银行、中国银行业监督管理委员会、中国证券监督管理委员会、中国保险监督管理委员会、中国国家标准化管理委员会印发《金融业标准化体系建设发展规划（2016—2020年）》（银发〔2017〕115号）；2017年11月，中国人民银行印发《关于进一步加强无证经营支付业务整治工作的通知》（银办发〔2017〕217号）；2017年12月，中国人民银行印发《关于规范支付创新业务通知》（银发〔2017〕281号）；2017年12月，中国人民银行印发《条码支付业务规范（试行）的通知》（银发〔2017〕296号）；2017年12月，中国人民银行印发《条码支付安全技术规范（试行）》和《条码支付受理终端技术规范（试行）》（银办发〔2017〕242号）；2017年12月，中国人民银行印发《关于调整支付机构客户备付金集中交存比例的通知》（银办发〔2017〕248号）；2018年1月，中国人民银行印发《中国人民银行关于优化企业开户服务的指导意见》（银发〔2017〕288号）；2018年1月，中国人民银行印发《关于改进个人银行账户分类管理有关事项的通知》（银发〔2018〕16号）。

进入2017年，移动金融产业仍保持着高速的发展态势，移动支付业务较去年有了较大的普及。监管机构、行业协会积极出台相关政策指导产业发展，制定技术、业务标准规范，强化检测认证手段。金融机构积极拓展新的移动支付应用场景，改善用户体验，移动支付业务量稳步提升。2017年，国内移动金融产业发展具有以下四个方面的特征：第一，金融科技是助推移动金融产业发展的利器，驱动优势明显。商业银行、非银行支付机构借助移动智能终端、移动互联网、条码、TEE（可信执行环境）、NFC、Token等技术，简化供需双方的交易环节，降低资金融通的边际成本，开辟触达客户的全新途径，扩展金融服务的受众群体，增强金融的核心竞争力。第二，支付交易小额高频特征明显，业务应用场景广泛。移动支付用户支付行为呈现小额、高频特征明显，单笔支付交易多为500元以下，但金额在100元以下的单笔支付业务的交易量下降，同时每天使用移动支付的用户数量显著提升。第三，龙头企业带动效应明显，金融机构合作成为主流。2017年国有工商银行、农业银行、中国银行、建设银行与京东、百度、腾讯、阿里巴巴展开合作，传统商业银行和金融科技公司告别过去的竞争态势，开始步入到合作共赢的模式。第四，移动金融产业走出国门，推动国际移动金融产业发展。以云闪付、支付宝、微信支付等中国支付品牌将中国的移动金融产业模式、金融标准规范、系统平台、应用场景经验推向国际社会，将中国经验、优势与国际社会共享，从而实现合作共赢。

应该看到，传统银行业务与互联网的隔阂正逐渐消失，信息技术对商业银行的改造和融合获得了前所未有的深入。商业银行仅通过自建渠道已不能满足自身的发展，必须转变经营模式，以互联网为基础，推进服务开放，扩展与第三方的跨界融合，通过建立与其他企业之间互联合作、信息共享、协作共生的生态圈，才能在市场竞争中取得高速稳定的发展。近年来，为应对互联网企业挑战，商业银行积极拥抱技术创新，纷纷以开放的心态建设和培育互联网金融生态体系。以工商银行为例，截至2017年12月底，存量融e行客户达到2.82亿户，全年增加3 327.6万户，全年业务笔数283.95亿笔、交易金额突破40万亿元，同比增长69%和86%。在火热的二维码支付领域，其商户也有274.8万户，新增116.8万户，累计交易为4 666.5万笔，共计74.9亿元，笔均160.6元。而在移动支付领域，银行业金融机构全年移动支付业务375.52亿笔，金额202.93万亿元，比上年度分别增长46.06%和28.80%。2017年第一季度，银行业金融机构移动支付业务93.04亿笔，金额60.65万亿元，同比分别增长65.71%和16.35%；2017年第二季度，银行业金融机构移动支付业务86.22亿笔，金额39.24万亿元，同比分别增长40.51%和33.84%；2017年第三季度，银行业金融机构移动支付业务97.22亿笔，金额49.26万亿元，同比分别增长46.65%和39.42%。2017年第四季度，银行业金融机构移动支付业务99.04亿笔，金额53.77万亿元，同比分别增长35.13%和31.90%。

《中国互联网发展报告2019》相关数据显示，截至2018年底，我国网民规模达到8.29亿，全年新增网民5 663万，互联网普及率达59.6%，较2017年底提升3.8个百分点，超过全球平均水平2.6个百分点。截至2018年底，我国手机网民规模达8.17亿，较2017年底增加手机网民6 433万，其中网民中使用手机上网的比例由2017年底的97.5%提升至2018年底的98.6%。根据2019年3月18日中国人民银行发布的2018年支付体系运行总体情况报告引用相关数据显示，2018年度电子支付业务中，移动支付业务量快速增长。2018年，银行业金融机构共处理电子支付业务1 751.92亿笔，金额2 539.7万亿元。其中，网上支付业务570.13亿笔，金额2 126.30万亿元，同比分别增长17.36%和2.47%；移动支付业务605.31亿笔，金额277.39万亿元，同比分别增长61.19%和36.69%。从另一角度来看，移动技术的不断创新和完善助推了移动金融业务的快速发展，特别是金融技术的不断创新。在支付领域，随着二维码支付技术的成熟，众多商业银行相继推出二维码支付服务，基本覆盖了线上线下和O2O支付全场景。移动金融逐步从单一的移动支付向“一站式金融生活移动平台”发展。目前，互联网金融机构纷纷向移动端布局，APP已经成为一站式个人账户资产管理工具，涵盖了存款、投资、保险、消费、贷款五大金融运用场景。移动金融作为一个新型的融合产业，正吸引着大量的金融企业、通信企业、互联网企业纷纷加入到这个市场。移动金融不仅可以利用无线网络的优势，为用户提供安全便捷、丰富多彩的产品和服务，而且还能够满足用户个性化的多样的金融和非金融的需求，满足各个利益相关企业的发展诉求，为整个移动金融产业链创造更多的产品及其增值服务。随着无线网络的普及，移动终端的更新换代，云计算、大数据等信息处理技术的发展，移动金融开始了新一轮以智能化、平台化、服务化、去中介化为核心的市场革新。移动金融业态的崛起，将使现有金融模式向智能信息化与移动网络化并重的新模式转型。国内众多金融机构对金融科技、数字化转型更加重视并持续投入，在不同的金融科技领域实现了亮眼的突破。

工商银行自2015年首度发布“融e行”移动金融APP以来，最近的四年里一直以“三驾马车”—“三融”系列（融e行、融e购、融e联）作为核心平台平铺金融科技发展战略，并被公开宣传为e-ICBC 3.0战略。数据显示，2018年末“三融”平台用户人数全面破亿，其中融e行用户3.13亿，融e联用户1.50亿，同时工行透露，融e购2018年全年交易额达到1.11万亿元。同时，2018年是银行业全面入局开放银行的一年，发展开放银行也成为工商银行e-ICBC 3.0战略的重点推进方向。截至2018年底，工商银行通过API开放平台已将业务切入超过1 700个互联网场景，涵盖政务、信息、生活、投资理财、公共服务等领域，具体包括教育、出行、医疗、零售业、公共缴费等具体场景。并且，为有效渗入各场景，增加服务广度并提升服务精细度，工商银行配合开放银行场景建设的需要推出了基于工银e钱包产品的B2B2C服务模式，为客户提供随手可得的场景触发式金融服务。工行e-ICBC 3.0战略的重点业务线还包括支付、消费金融、数字普惠等，其中e缴费、聚合支付等方面发力成效明显，工行新加坡分行于2018年4月8日推出了企业版的电子转账服务。

农业银行通常被视为国有大行中低调、接地气、践行普惠金融的代表，2018年农业银行继续以建设“互联网智能银行”为目标，并围绕“做强B端商户”和“做活C端客户”两条工作主线深入推进互联网金融服务三农“一号工程”，加快产品创新，完善网络金融服务平台，布局金融服务场景。其中，农行针对B端商户在2018年推出了小微特色融资产品“微捷贷”，并在移动金融主要平台上线“普惠金融”专属频道；并加强“农银惠农e通”平台服务能力，加快推进金融科技服务三农“一号工程”突破提升。针对C端客户，农业银行在2018年实施“移动优先”战略，以“智能+掌银”为主攻方向，发布全新智能掌银1.0版，重点上线了快农贷等普惠融资产品。年报数据显示，农行“掌银”月度活跃用户数同比增长了63%。

中国银行2018年度手机银行业务增长迅速，功能体验持续提升，在权威机构与主流媒体测评中排名取得大幅进步。线下网点业务替代率达到93.99%，电子渠道交易金额达到223.53万亿元，其中手机银行交易金额达到20.03万亿元，同比增长82.68%，成为中国银行目前活跃客户最多的线上交易渠道。同时，中国银行贯彻移动优先策略，打造集团综合金融移动门户。围绕手机银行开展数字化转型攻坚，在转型的过程中紧抓数据与场景两条主线，以数据运营为数字化转型基石，以场景经营为转型突破口，不断丰富跨境、分行特色等增值服务。目前中行已有多款产品通过手机银行入口深度融入不同互联网场景，包括但不限于在线开户、出国金融服务、风险测评等公共服务，并与合作伙伴共同推出积利金、外币零钞预约等场景金融服务。

建设银行在2018年最抢眼的数字化转型事件是启动了新一轮金融科技“TOP+”战略。2018年4月18日，建设银行在“TOP+”战略下成立建信金融科技公司，并整合形成七大核心事业群。在建设银行的战略规划中，“T”代表科技驱动（Technology），“O”代表能力开放（Open），“P”代表平台生态（Platform），“+”代表培育鼓励创新和支持创新的文化（Plus），彰显了建设银行在向数字化、网络化、智能化转型中的决心与目标。相关年报数据显示，建设银行在2018年全年数字化转型过程中在智能网点建设、手机银行用户数、新技术应用、开放银行等领域成效显著，其中，手机银行用户突破3亿，首度超过个人网银用户规模，电子银行业务收入更是达到185.85亿元，大幅增长98.96%。

交通银行在国内银行业较早提出财富管理服务理念，尤其是“沃德理财顾问”“我的管家”等智能化服务推陈出新，线上线下一体化经营初显成效。2018年交通银行聚焦人工智能、区块链、大数据、知识图谱、物联网、家居银行等领域，加强新兴技术在银行业务相关场景应用研究，着力打造金融科技平台，推进大数据、移动互联和人工智能等技术应用。交行在2018年正式推出“蕴通e动金融服务平台”，以公司金融微信公众号、企业手机银行及微信小程序等移动产品，构建公司金融移动服务新模式。该平台以“金融科技赋能移动服务”为核心，将科技、场景和大数据与交行对公服务进行紧密结合，着力打造数字化、智慧型银行经营模式。同时，还特别聚焦小微企业对移动端服务的差异化需求，推出了“e开户”“e动贷”“e动付”“e管家”等系列特色服务产品。

2018年最新跻身“六大行”序列的邮储银行尤为重视金融科技手段在深耕“三农”金融领域中的作用。邮储银行积极运用大数据、云计算、移动互联网等技术全面开展“三农”金融服务优化、产品创新和风险控制，稳步推进“无纸化”“智能化”作业模式。具体举措包括运用移动智能终端优化信贷员现场调查流程；研发优化移动金融APP对C端“人脸识别+电子签约”功能；利用大数据有效识别风险、拓宽服务范围、降低服务成本，不断提升客户，尤其是农村客户的贷款可获得性。截至2018年期末，邮储银行“E捷贷”累计放款1 177.81亿元，“掌柜贷”累计放款11.51亿元。2018年新运营的线上贷款产品“极速贷”试点4个月，累计放款4.68亿元。

二、移动金融业务对现有金融业务的改变

移动金融借助社交网络、云计算、大数据等技术手段打破了既有的金融行业的严格界限和竞争格局，正在影响和改变着人们的金融消费习惯和金融生活方式以及金融机构的经营模式。

（一）对金融消费者习惯的改变

移动金融技术比传统金融手段更能有效满足客户多样并富于个性的金融服务需求，不但有助于消费者实现随时随地快捷消费，而且能够选择更加符合自身需求特征的定制化金融产品或者服务。在服务技术方面，以NFC近场支付技术的应用为例，以往的刷卡交易模式被刷机操作替代，消费者无需输入密码和签名确认，刷一下手机便可在几秒内完成支付，便捷的操作使得NFC近场支付在小额快速消费领域较为普及。在远程支付方面，随着重力加速感应等新技术以及摄像头、扬声器等辅助部件不断融入，“摇一摇”转账、声波支付，二维码支付等新型支付模式层出不穷，进一步优化支付流程和用户服务体验。此外，移动金融的发展还加速了金融产品和服务手段的不断创新，如手机刷卡器、滴滴打车和线下扫码支付等产品及其服务技术的采用，极大的丰富了消费者的金融消费体验特别是消费的便利，带来更人性化的优质服务，有助于实现用户生活行为与金融服务的无形融合。

（二）对金融业务监管方式的改变

移动金融业务的快速发展对金融监管提出了新的要求，加大了金融监管的难度。目前金融创新不断，金融新产品或者新的服务方式推出周期明显缩短，产品或者服务的更迭速度加快，许多新领域几乎都是政策监管盲区。而移动金融业务几乎都是在金融机构以外的场所操作，使得移动金融业务的监管感觉还是有些“捉襟见肘”。一是移动金融业务的虚拟性促进其摆脱了时空局限，本身在客观上已经拓宽了业务市场。然而由于移动金融的流程公开有限，监管部门很难实现对交易真实性的考察；二是我国现有的金融监管法规体系的发展肯定是相对滞后于移动金融的发展。换句话说，当前的金融监管无法完全覆盖所有移动金融领域，短期内客观存在一定的监管缺位；三是移动金融监管存在灰色区域，移动金融渠道极有

可能客观造成金融违法犯罪案件数量短期内的极具增加和膨胀，特别是利用网络进行洗钱、套现、欺诈圈钱等非法活动的案件比例会在短期内出现逐年攀升的趋势。从另外一个角度来看，政府金融网络监管重要性日渐凸显，监管技术需要及时跟进。

（三）对金融机构技术路径的改变

随着移动金融的快速发展，大多数金融机构已经意识到其巨大的市场前景，并开始发力移动金融领域，包括转账支付、在线购物、公共事业缴费、投融资理财等各种手机终端、PAD 终端的移动应用程序越来越多，不仅涵盖面广，而且功能丰富，甚至可以按照个人需求进行功能定制。工商银行全新打造的“E－ICBC”战略，建设银行首个银行电商平台“善融商务”上线，招商银行确立的大力推进电子渠道创新战略，同花顺网络信息股份有限公司的移动端软件产品都在积极探索移动金融新模式的发展目标。目前，国内金融机构的营业网点主要集中在城镇及其交通枢纽地区，金融机构特别是商业银行受到物理网点经营成本过高、设备及其服务技术迭代不断等因素影响，使得实体经营网点难以延伸到金融基础设施相对薄弱的欠发达地区，无法满足特定区域人群的金融需求。而移动金融借助通信网络的完善和智能手机的高普及率，能有效填补银行网点的空白，成为目前降低经营成本、拓展金融服务范围的有力举措。应该讲，移动金融技术加速推进了我国金融全面进入大数据时代，对以往金融客户经理营销为主的金融运作模式带来颠覆性改变。人们通过移动互联网产生的所有交易，都会以数据形式留下记录，大数据是移动金融技术的一个重要特征。营业网点线下金融业务的展开，其对客户的了解和开拓几乎都是通过客户经理或者大堂经理、柜员在营业现场展开，存在成本高、产品匹配度低的弊端。而在海量数据支撑下的数据分析，金融机构可以精准预测出客户金融消费偏好、金融产品需求、潜在风险水平，为金融产品的理性设计和精准营销提供最大的可行路径。移动金融时代与传统金融时代相比，消费者会面临更多的消费选择及其机会选择，同业竞争会更加激烈，倒逼金融机构提升客户服务定位、改善客户服务体验感、提升客户产品和服务满意度。刷手机乘地铁公交、闪付结账，ETC 高速公路通行费结算，极大推动了移动支付市场发展，提升客户服务质量。

（四）对金融业务发展模式的改变

为减少前期投入并迅速占领市场，移动金融市场主体积极探索与现有金融开展多领域合作来发展自身。在第三方支付与银行机构合作方面，腾讯微信携手众多银行业金融机构推出微信银行，提供包括信用卡还款、充值缴费、投资理财等各项微信端服务。在第三方支付与基金合作方面，支付宝联合天弘基金，微信理财通联手华夏、广发、易方达、汇添富等基金提供移动端自助基金交易服务。在第三方支付与保险合作方面，平安保险为支付宝提供支付安全承保，中国人保财险为微信支付承保。商业银行与电信运营商的合作则主要体现在手机近场支付产品的联合研发和推广方面。此外，银行、保险、互联网企业也在积极探索多边合作，力求优势互补，实现效益最大化，典型的事例就是中信银行联合腾讯微信、众安保险推出了虚拟信用卡业务。当然，移动金融逐渐覆盖至移动通讯、银行卡支付和日常生活服务等领域，对现有金融业务肯定带来的是业务发展空间和利润成长空间的协同与挤压，二者之间既有合作也存在竞争激烈。面对移动金融通过“红包”“网上叫车”业务快速占领移动支付市场的局面，各大银行积极推行基于银联移动支付平台的 NFC 手机支付业务予以应对。京东金融推出的“白条”、支付宝推出的“花呗”业务意在改变银行在信用卡方面的“霸主”位置，挤压银行的获利空间。移动金融还在投融资和跨境消费方面对商业银行的相关业务领域展开直接竞争。

三、移动金融业务在西部地区发展的特殊意义

据统计，2013 年全球移动支付交易规模就已经超过 2 300 亿美元，其中移动支付普及率最高的地区是非洲。非洲金融体系发展落后、银行业机构网点稀少、拥有银行账户的人口比例非常低，但这些反而为当地快速推广和普及移动支付提供了条件，移动支付已成为当地转账、汇款和支付的重要手段。最成功的案例是肯尼亚，68% 的肯尼亚成年人使用手机钱包，这一比例位居世界第一。

我国西部地区包括 12 个省、自治区和直辖市，土地面积 686.7 万平方公里，是全国最大的经济区域，占全国的 71.5%；而同时，西部地区总人口仅为 3.8 亿，占全国的 29%。广袤的西部高原、山区、荒漠纵横，少数民族群体种类多样、宗教信仰群体多元、人口分散却数量不多，经济贫困落后是长期以来西部地区的真实写照。我国东西部地区城乡发展极不平衡。西部区域自然环境恶劣，地理状况复杂，气候条件多变，交通设施网络不及东部发达。西部地区金融服务覆盖面受到空间地理的极大制约。但随着时代的发展进步，移动互联网、智能移动技术与终端的发展日新月异，现代通信技术日臻成熟，为移动金融领域的发展奠定了基础。特别是移动金融服务的形式，使人们的金融消费需求能够在很大程度上脱离物理空间、时间、地域的限制与约束，相对于传统实体物理网点与普通的网上服务，移动金融在信息获取、传输、共享的服务效率与灵活性提升方面更具优势，能够实现西部金融发展的高起点、高跨度对接，以移动信息技术引领西部金融创新，克服西部空间地理的阻隔与限制，扩大金融覆盖程度。

我国西部地区城乡二元结构形态明显，小农经济特点突出，贫困偏远的农村和人迹罕至的少数民族村寨大量散布在广袤的西部区域。从实体金融机构网点及人力配置的金融资源状况来看，东西部之间、西部省份之间表现出明显的差异。据统计资料显示，2012 年西部地区每万平方公里银行业金融机构网点数为 81 个，而东部为 872 个，接近西部的近 11 倍；西部省份中，重庆因为地理面积相对较小和金融发展水平较高，每万平方公里银行业金融机构网点数 629 个，而西藏只有 5 个，内蒙古、甘肃、青海、新疆的金融机构网点覆盖程度也很低。2012 年西部地区每万平方公里银行业金融机构从业人员数 1 183 人，而东部高达 16 340 人，接近西部的 14 倍；西部省份中，重庆该项指标是 7 476 人，西藏仅有 58 人，两个省份相差近 129 倍。与东部发达地区相比，西部实体金融机构网点与从业人员数极低的覆盖比重，难以满足多样化的金融需求。西部地处偏远的农村基本就是金融服务的空白点。这些地区金融交易频率低，特别是支付结算基础设施落后，结算方式单一，非现金支付服务交易量少。由于金融机构物理网点的运营成本高昂，使得正规金融机构不愿意在此类地区拓展网点，而且还可能收缩和撤销实体网点，农村金融需求与实体金融资源供给失衡。

解决西部边远地区、农村地区、少数民族聚居区金融发展严重滞后，基础金融服务空白的关键是大力发展移动金融业务。2011 年银监会《关于继续做好空白乡镇基础金融服务全覆盖工作的通知》，以及 2013 年 12 月中国人民银行行长周小川指出移动金融在此方面的重要作用都证实了这一点。从国际经验来看，在经济欠发达或者较贫困落后的国家与地区，比

如非洲的肯尼亚、赞比亚、南非，东南亚的菲律宾和印尼，移动金融应用广泛，以手机银行为主要工具的移动金融普及率非常高。移动金融应该成为西部地区金融发展的一个重要趋势与方向。截至2012年底，我国移动手机农村用户已经超过90%，银行卡持有率已经低于手机持有率。西部地区移动手机平均为78.8部/百人，3G移动电话用户数为5 225.5万户。从通讯基础设施建设来看，2013年国内大部分偏远地区、农村都实现了三家移动运营商无线通信网络覆盖，而西部地区则是中国移动互联网产业最具成长性与潜力的区域。2013年我国网民使用电子银行服务分布情况中，44.6%的用户使用过手机银行业务，西部欠发达地区手机银行用户占比高于网上银行用户，西北地区手机银行用户占比13%，网上银行用户占比12.3%，西南地区手机银行用户占比3.5%，网上银行用户占比3.4%。未来西部地区移动金融的广泛普及与应用不仅将引领西部互联网金融的发展方向，移动金融产业链将成为我国移动金融发展的重要驱动力量。

大力发展西部地区移动金融有利于提升金融服务效率。移动金融最大的优势在于大大降低了交易成本，打破了时空限制，从而能为西部地区偏远的农村、山区、少数民族聚居区居民提供低价优质的金融服务，极大地提高了金融服务效率。特别是手机银行在西部地区的广泛应用和普及具有经营管理成本低、投入成本低、网络覆盖面广、信息传输与处理速度高的特点，可以帮助众多金融机构解决网点铺设高成本和处理小额交易高成本的问题。根据世界银行扶贫协商小组的统计数据显示，手机银行的成本是建立物理银行分支机构网点的1/30，用手机银行替代物理网点银行服务使得银行运营成本降低50%左右。国外金融机构调查数据表明，由物理网点金融从业人员处理的每笔交易平均成本是1.07美元，每笔交易通过手机银行处理的平均成本是0.16美元；国内的相关数据则显示，柜台每笔交易处理的业务成本约为4元，而手机银行每笔交易的平均成本只有0.6元。手机银行提供金融服务的交易和费用成本低，以及手机便于随身携带、易于上手操作、传输时间损耗小等特点，使得西部欠发达地区居民，特别是低收入群体能够负担得起，克服了西部地广人稀、交通不便的地理空间限制。西部贫困山区、偏远农村普遍经济发展落后，农村金融机构缺乏营销推广和业务拓展的动力，金融产品结构单一，西部居民获取的金融服务种类与渠道很有限，民间借贷的居民超过了正规金融机构借贷的比例。而移动金融业务的覆盖与推广，使得原来接触不到正规金融服务的居民通过手机银行能随时办理金融业务，提升了金融机构在西部地区的迅速覆盖。目前，国内主要商业银行都推出了以手机银行和支付为主要工具的移动金融业务，而非银行机构主导型模式选择主要依托于第三方支付方面。新浪、腾讯、阿里巴巴、网易、百度等互联网巨头推出的第三方支付平台都非常活跃且有自己的稳定的客户群。2014年支付宝数据显示，西藏连续3年移动支付占比排名全国第一，越是金融物理网点与人才缺乏的偏远省份，移动支付越活跃，在很大程度上有此消彼长的关系。第三方支付用户群体庞大，移动端用户大多以青年为主，互联网公司有更加积极的金融业务与产品创新动力。金融机构，移动运营商和第三方支付平台针对偏远山区、农村、少数民族村寨的移动金融发展模式下的相互之间的深入合作，会不断拉升西部地区金融服务的效率。

第二节 移动金融对普惠金融的作用及其主要特征

一、移动金融对普惠金融发展的作用

目前，互联网金融的发展已经从PC端走入移动端，移动互联网正在成为移动金融的主流承载工具，是最具创新活力的互联网新形态。移动金融是移动互联网时代最具发展潜力的领域，充分体现了互联网普惠大众的战略意义。

（一）促进金融业务适应能力更强

移动金融是传统金融服务与互联网和移动通信网络的有机融合，实现了线上、线下金融服务并行。金融机构依托互联网和移动通讯网络，将金融服务的触角不断延伸，逐渐形成高覆盖率的金融服务网络，为用户打造贴身的支付、信贷、理财服务，使用户在办理资金支付、资金融通、投资理财等业务时不受时间和空间限制，享受到优质高效的金融服务。除了个别业务需要客户前往金融营业网点进行办理外，几乎所有的金融交易都可以在移动终端实现操作，特别是移动金融可针对各类人群分别提供量身定制的金融服务产品或者服务项目，使金融服务不断丰富和细化的同时，得到效率和水平方面的显著提升。金融机构利用移动网络全覆盖的特点，并结合实体服务产品多样等优势，可使其金融服务渠道向多元化发展，进一步提升金融服务辐射的广度和深度，从而实现金融服务惠及百姓生活的目标。移动金融既可依托银行卡受理网络开展银行卡业务，又可接入移动互联网开展线上金融服务，具备线上线下互通、业务融合发展的优势，能够有效提升金融服务的覆盖面和便利性，移动金融依靠较少的基础设施投入扩大金融服务的覆盖范围和受众群体，有利于弥补农村、偏远地区及其传统金融服务空白，增强金融业务发展适应的能力，解决发展普惠金融的商业可持续性难题。

（二）促进资源配置效率更高

移动金融恰如其分地利用了金融用户的碎片化时间完成支付、信贷、理财、保险等一系列金融活动，不仅节约了用户的时间成本，而且提高了用户满意度，有效降低了金融机构的经营成本。在移动金融模式下，金融机构能够有效延伸实体网点服务的触角，通过数据分析自动判断用户风险等级，大幅减少了网点金融服务方式的人工成本和运营成本，并降低了金融业务风险。金融机构借助信息化手段，不仅可以快速、准确地获取、传递及共享金融信息，而且信息安全度更高，分析结果更精准，可有效提升资源配置效率。在我国，对于经济发展相对落后的偏远地区及其少数民族地区来说，普遍缺乏金融机构实体服务网点，当地居民较难获得专业安全的金融服务，而移动金融可以解决用户差异化需求和实体网点建设成本高的难题，打破了时间和地域的限制，有效推动了普惠金融在老少边穷地区发展的进程。中国人民银行2019年第二季度支付体系运行总体情况分析显示，全国银行卡在用发卡数量79.78亿张，环比增长2.64%。其中，借记卡在用发卡数量72.67亿张，环比增长2.60%；信用卡和借贷合一卡在用发卡数量共计7.11亿张，环比增长3.04%。数字货币的广泛使用能够节约现金生产和发行所消耗的资源，降低现金流通带来的社会成本，符合我国建设资源节约型社会和发展普惠金融的需要。金融业务信息化显著降低金融机构运营成本。大数据、云计算、社交网络、电子商务等信息技术的创新应用促进了资金流、信息流、商品流的汇聚，提升业务处理效率和响应能力，显著降低运营成本。

（三）促进交易特征更加明晰

移动金融服务的应用场景具有小额高频的特点，这种特征既与普惠金融的基本特征相符，又具有包容性增长的功能。移动金融获得客户的渠道既可以是金融机构原有的目标客户，还可以是在互联网平台上面的新的金融消费群体，客户与相关的金融机构进行的所有交易都被限制在特定的APP软件提供的交易平台上进行。交易的种类及其过程透明且程序化，交易过程的数据留痕，非交易性结算很难混入其中。移动金融几乎都借助于原有成熟的金融交易种类及其既有的规则，只是通过相关的技术将其移至到手机、平板电脑或者移动POS机终端来进行，便民成本低廉，仅需投入少量的基础设施及其软件APP开发费用便可体现出其在推广普惠金融方面的突出优势，是现有金融服务的重要延伸及其空白的有效补充。近年来，移动金融发展速度非常之快，创新理念也被更多用户所接受，缩短了金融服务与用户的距离，客观上扩大了金融服务的覆盖范围和受众群体，进一步满足了不同层次用户对金融服务的多样需求。

（四）促进信息对称程度更高

移动金融的应用降低了众多经济实力较弱的小微经济主体参与金融活动的门槛，用户在通过手机等移动终端办理金融业务时，金融机构可依托云计算等方式，通过对大数据资源对用户资信进行分析整理，深入了解用户资质，采取具有差异性、针对性的金融服务策略，进而有效解决金融服务中信息不对称的问题，提高金融机构寻找目标用户的准确性。从另一方面来看，移动金融平台凭借其在金融信息获取、传递、共享的效率和成本方面的优势，能够为信息消费提供安全可信、方便快捷的金融环境保证，有效带动相关产业链升级。而且，随着移动金融向平台化、体系化发展，其本身已成为交易信息、信用信息、消费信息的核心载体。发展移动金融将进一步丰富信息消费的内容，挖掘和释放消费潜力，活跃信息消费市场，催生新的信息消费模式，成为拉动消费升级的重要力量。

二、移动金融主要特征

移动互联网丰富了基于有线网络的金融服务形态，以移动元素为特征，与更多的智能技术结合，向运营主体多元化、服务渠道多样化、应用场景智能化的方向深入发展。移动金融主要具有如下特点：

（一）便捷性

移动金融服务没有空间限制。信息技术的发展，使得金融服务具备了移动的特征，从而打破了金融业固化网点的旧模式，突破了空间限制。移动信息技术快速发展，使得移动网络有着数以亿计的客户基础，银行机构只需要在用户的智能手机上部署一个 APP，该手机即成为该金融机构的一个“移动客户”工具，借助该工具能满足客户对于金融服务几乎所有需求。可以预见，随着移动互联网时代的到来，手机银行将替代实体银行交易，成为未来的商业银行的主流模式之一。当前，消费者已能可通过手机银行、移动 POS 和平板电脑等方式享受到移动支付、现金转账等的金融服务。随着移动金融的发展，传统的金融服务模式将加速向移动金融服务模式发展。从技术上看，现有移动支付技术的发展已经相当成熟，理论上只要有网络信号覆盖的地方都是金融机构的服务范围，实现了金融服务无空间限制。而且借助移动金融这一重要手段，还可以低成本解决我国边远落后山区金融机构网点布局较少的不利局面，从而实现普惠金融更大的社会价值。移动金融的最大优势在于便捷性。使得金融服务提供的场景不仅局限于已有的物理网点，甚至延伸到了客户家里书房、阳台、卧室、厨房，直至客户所在任何一个能够联通网络的位置，客户只要是能够从公文包、书包、裤兜里掏出手机或者平板电脑即可进行相关金融业务的操作和处理。这是客户选择移动金融最为重要的原因，移动金融拉近了客户与金融机构的距离。

（二）实时性

移动金融的重要优势还在于提供产品或者服务方面的实时性。移动金融突破了物理网点人工服务 8 小时工作时间的限制，客户不用再受金融网点日常服务时间的约束，也不用因 24 小时服务的自助设备故障而烦恼。只要有网络，只要网上银行、手机银行正常运作就随时可以使用。移动金融让客户使用商业银行或者其他金融机构提供的手机 APP 实时沟通，轻松手指一滑，就得到相应的金融服务，无论对客户还是金融机构来说，这些服务几乎都是全天候的。首先，空间距离的缩短本身就让金融业务的办理更为及时，省去了乘车、步行等交通和网点里面排队等待的时间；其次，服务时间的延伸使得很多业务更能及时得到处理，不必等到第二天的网点营业时间再去办理，更为快捷自在。而且 APP 软件都是集多种功能于一身的操作软件，方便客户能够在任何的短时间内完成多种关联业务或者非关联业务间的快速操作，这在物理营业网点即使是推行柜员制的条件下恐怕也是无法相比的，况且不少金融业务需经过授权之后才能操作。

（三）多样性

移动金融涉及多个产业，产业相关性强。移动金融不仅涵盖了银行信贷、证券投资、保险投资、理财投资，而且还有生活缴费、支付结算、信息查询，甚至是生活用品和服务购置。对于移动金融，不能简单的将其理解作电信业或是金融业衍生出来的产品或者服务，或者理解作电信业务在金融业产品或者服务领域的延伸。移动金融从某种角度上来看，可以看作是一个新型产业，一个综合多行业的产业链。相比于传统产业而言，移动金融产业链的科技含量更高，产业的附加值更大。移动金融业务几乎覆盖了目前网点金融业务的所有，而且还有众多相关联的非金融业务链接，移动金融实现了除现金交易之外几乎全部业务的虚拟管理和处理，手机银行与网上银行的功能几乎没有差别。

（四）私秘性

移动金融的消费者主要是通过智能手机、移动 POS 和平板电脑等移动终端设备享受到移动支付、投资理财、现金转账等方面的金融服务，因而其相关业务的办理并非需要一个有金融部门工作人员或者其他相关人员必须在场才能完成整个业务程序的操作，只要是会使用移动终端设备的客户都会方便自如操作移动金融产品的买卖或者相关服务的选择。办理金融业务的私密空间得到了最好的安全性保护，同时也最大程度杜绝了客户个人敏感信息的泄露。在移动终端使用的环境安全保障方面，APP 软件的使用都需要捆绑手机或者验证码验证后才能进行使用，敏感信息的传输被限制在特有的网络渠道和信息端口，使得移动金融的交易过程和服务过程更加迅捷、隐蔽和安全，办理业务和享受服务的环境更加安静和隔离，最大程度排除了非本人操作的可能性及其不应有的他人干扰，信息被窃取的可能性降到了最低。

三、移动金融主要模式

移动金融需要智能手机、平板电脑和无线 POS 机为代表的各类移动设备的支持和使用，同时需要依托于移动互联网才能运行。移动金融业务的发展，是使产品和服务在技术、模式和业态方面进行深度的整合和全方位的创新。

（一）移动支付

移动支付是指使用移动终端完成支付或者确认支付，而不是用现金、银行卡或者支票支付。买家可以使用智能手机、平板电脑或者移动 POS 机具购买一系列的服务、数字产品或者商品。移动支付是互联网时代一种新型的支付方式，通过移动终端对所购买的产品进行结算支付，移动支付的主要表现形式为手机支付。移动支付是第三方支付的衍生品。所谓第三方支付，是指通过第三方支付平台的交易中，买方选购商品后，使用第三方平台提供的账户进行货款支付，由第三方通知卖家货款到达并进行发货；买方检验物品后，就通知付款给卖家，第三方再将款项转至卖家账户。第三方支付实质上是一种信用中介，为交易的支付活动提供一定的信用保障，从而消除由于买卖双方不对称信息而产生的信用风险问题。从技术层面看，移动支付主要包括近场支付和远程支付两种。近场支付主要采取手机刷卡、二维码扫描等方式进行付款，远程支付主要向金融服务机构发送支付指令进行支付。当前，各家金融机构推出的手机银行支付到手机钱包、微信支付、微博支付，移动支付产品层出不穷，创新不断。从目前众多的移动金融模式对比来看，移动支付随时随地随需的支付模式更能体现移动金融的特征，对提高金融服务效率发挥的重要作用最显著。

（二）手机银行

手机银行是以移动互联网为信息传递载体，以智能手机为主要终端，以商业银行业务系统为后台支撑，客户通过智能手机办理金融业务的功能产品。手机银行是网上银行出现后一种新的电子银行服务方式，作为一种结合了金融服务与移动互联网的崭新服务，客户可以在任何时间、任何地点办理传统的银行金融业务，极大地丰富了银行服务渠道和内涵。手机银行既是产品，又是渠道，属于电子银行的范畴。目前，银行业转型的方向和重点在于非利差收入、资本投资、成本控制及业务创新。移动金融与银行转型需求高度匹配，是银行业转型依托的重要业务渠道，有利于银行建立差异化的竞争优势。除了现金业务，银行现有的柜台业务几乎都可以搬到手机银行上来。手机银行的功能可分为标配功能和拓展功能。查询、转账、汇款、缴费、临时挂失等属于标配功能。拓展功能就是在标配功能的基础上发展的基金理财、商业支付、网购等功能。拓展功能的提供，离不开银行后台的支持。能否提供手机银行业务模式是银行间展开产品或者服务竞争特别是客户拓展的重要手段。目前手机银行客户端分作 Android 和 iPhone 两个版本。

（三）移动证券

移动证券是基于移动通信网的数据传输功能来实现用手机进行信息查询和的新一代无线应用炒股系统，让一个普通手机成为综合性的处理终端。只要手机在 GSM/CDMA 网络覆盖的范围内且可以收到信号，就能够进行相关股票交易行情查看并进行股票交易操作。目前移动证券交易系统线路资源相对丰富，相比较电话委托的“堵单”和 PC 端网口的“线路连接不上”，手机在下单速度和线路通畅的可靠性上更胜一筹。目前除了柜台交易、电话委托和网上交易这三种方式外，最受股民欢迎的方式恐怕就是快捷、方便的手机了。手机软件炒股有以下明显优势：虽然电话委托和网上也能使股民足不出户就完成，但这两种终端的固定性决定了不能随时随地进行相关操作。其实只要是一部具有上网功能的手机，就具备了无线炒股的基本条件。目前，随着智能手机的发展，手机出厂时基本都会内置移动证券的功能，让移动证券（手机炒股）显得更加专业。从技术层面来看，炒股手机分为以下两大类别：一类是软件扩展型的，即预装了专门的炒股软件或者可以后期用户下载炒股软件的手机，这其中又分为智能手机和 JAVA 手机两大类。另一类是无法装置第三方软件的手机，它们也有无线炒股的办法，那就是 WAP 炒股。WAP 炒股无需下载软件，只要用手机登录专门的 WAP 网站，就可以进行行情查看、买入卖出等交易了。不过，这种方式的安全性、方便性稍微要差一点。目前国内三大电信运营商的移动炒股软件主要是中国移动“手机证券”，用户需要下载、装置 JAVA 程序，目前手机的主流机型都支持该项业务；中国联通用户可以使用“掌上股市”业务，用户进入“互动视界”，选择“掌上股市交易版”，然后可以看到该栏目下的所有带交易功能的软件。目前“钻石版”所支持的机型覆盖市面上几乎所有的主流机型。中国电信用户可以使用“手机炒股”业务，用户进入“手机下载”，在手机炒股栏目下有多款手机炒股软件，一类是“鑫财通”系列；一类是“同花顺”系列；一类是“券商交易”系列。其中，鑫财通钻石版提供股票交易、个股走势、K 线等功能，还有一定的选股功能，其特有的分析专家功能能够为用户选股提供一定的帮助；鑫财通精华版的基本功能与鑫财通钻石版完全一致，但不具备选股功能，对于资深股民来说，应该是一款性价比较高的软件；神奇股票行情版软件是一款提供综合行情的软件，不带交易功能，但资讯和行情更全面。同花顺系列的软件延续了 PC 上同花顺软件的风格，与电脑结合的更紧密一些，同时还考虑到了手机用户的操作习惯。

（四）移动保险

移动保险是指保险企业采用移动网络来开展保险活动的经营方式，它包括在保户、政府及其他参与方之间通过移动设备来共享结构化和非结构化的信息，并完成保险产品相关商务活动、管理活动及其消费活动。移动保险是实现保险产品销售的未来电子交易主流方式，并通过移动网络实现投保、核保、理赔、给付。在移动报价方面，保险公司和一些分支机构能够通过移动互联网平台将公司简介、公司险种、受保说明、服务内容等信息进行及时发布，让用户通过终端设备可以方便快捷地进行浏览和查询。同时，保险公司通过移动网络来实时解答客户提出的各种保险问题，普及保险知识，特别是保险公司可以随时以短信等方式向客户传递有关保险的各种信息。使用移动投保方式，只要投保人将自己的姓名、性别、年龄、职业及需求保险意向等信息输入到保险公司的移动网络上，保险公司的网络系统就会自动从保险产品中为投保人设计一种最佳的保险计划。如果获得投保人同意，即可以完成一份移动投保单；如果保险公司同意承保，即可以通过短信或电子邮件方式予以确认。当保险费通过手机银行划入保险公司后，该份保险合同即可生效。

（五）移动理财

移动理财主要通过移动终端，基于相关移动平台或第三方支付平台购买金融理财产品。在购买基金、黄金等传统的理财产品基础上，目前移动金融最具特色的理财产品为互联网货币市场基金，它的投资门槛低，具有较高的投资回报率，还融入了消费支付功能，可随时赎回，进行直接支付。近年来，互联网金融公司不断适应着监管政策的变化，使得互联网金融整个行业的未来充满了希望。互联网巨头纷纷推出自己得理财产品，阿里的余额宝，腾讯的理财通，京东的小金库，百度的百度理财，各大银行也紧随其后，如平安银行推出“平安盈”、民生银行推出“如意宝”、中信银行推出“薪金煲”等，所有这些理财产品全部都基于移动客户端，而且越来越多的理财平台推出自己的 APP 产品，让客户可以更方便、更快捷的进行投资理财。据工信部公开的数据显示，截至 2018 年 12 月底，我国市场上监测到 APP 数量总量已达 449 万款，其中金融类应用增长至约 14 万款，较 2018 年初增幅超过 20%，互联网金融类 APP 下载量超过千亿次达 1 067 亿次，移动理财已然成为新金融行业发展的大势所趋。2019 年 12 月 3 日，中国互联网金融协会在京召开金融业移动金融客户端应用软件备案管理工作试点启动会议，安排部署金融机构客户端软件备案试点工作，推进金融行业全覆盖的客户端软件实名备案工作，全面贯彻落实《中华人民共和国网络安全法》、中央网信办等四部门 APP 专项整治活动以及中国人民银行《金融科技（FinTech）发展规划（2019—2021 年）》《关于发布金融行业标准 加强移动金融客户端应用软件安全管理的通知》（银发〔2019〕237 号），提升客户端软件安全防护能力，加强个人金融信息保护，保障金融消费者合法权益。对于 2019 试点移动金融 APP 产品，央行规定了不得以默认、捆绑等手段变相强迫用户授权；在信息使用结束后，各金融机构应立即删除敏感信息；金融机构不得泄露、非法出售或非法向他人提供个人金融信息。相关数据研究显示，金融科技行业每年可增长 44% 左右，到 2020 年产值将达到 4 600 亿元人民币规模；收益最明显的支付宝和微信会几乎霸占了整个支付市场，预计其收入每年可以增长 42% 的规模，到 2020 年收入将达到 202 亿元。不难看出，金融科技大主题下的移动理财市场，是一个足够庞大的规模体量，随着移动互联网的红利释放，它会更加引人注目。

（六）移动信贷

移动信贷是以移动互联网为依托，采用大数据技术对信用进行评估，通过移动终端办理小额信用贷款，从而构建一个安全而高效的移动借贷平台。通过获取广泛来源的大数据，建立评估模型合理评估借方的经营活动情况、抵御风险能力和信用等级，根据评估情况确定信贷额度，基于线上开展信贷业务。移动信贷目前主要开展的是无抵押贷款，无需提供抵押担保，凭借个人信用贷款。因在无抵押的情况下放款，所以提供移动信贷的金融机构需要承担的风险较大，而且与抵押贷款相比，移动信贷的利率要高很多。目前使用信贷的客户数量越来越多，由于移动信贷所利用的信贷数据是电子化数据，传输高效，不易被篡改，克服了现有的线下手工作业不能满足时效性需求，以及人工处理信贷流程存在风险盲点、流程无法追踪、资料调阅和统计繁琐、数据质量难以保证的问题。使得放贷平台能够对贷款客户信息数据化分析及其审批更加高效，克服了现有客户数据零散，部分业务流程审核耗时长，出错后需要重复作业、存在效率风险的问题。而且移动信贷下信贷资料流转增加了预审环节，针对数据录入有复核交叉验证工作，使得上传的电子数据形成的手工修改、主观评价、交叉验证都能在流转的过程中存档，最大程度上保证了移动信贷原始数据的完整。未来中小银行在零售业务方面的转型能否成功，很大程度上将取决于互联网科技的采用水平，而“移动信贷”是大势所趋，能否快速崛起在于能否借助移动信贷平台借力打力。在安全性方面，移动信贷推出的声纹识别加上瞳孔、指纹多方面的复合性生物识别技术，前端的风控手段已经能够将风险进行一定程度的阻断。而事中的拦截也让很多风险被阻断。

（七）移动融资

移动融资当前主要为基于移动互联网平台开展众筹，移动融资作为一个新兴的互联网金融模式，支持客户利用剩余资金对项目进行投资，从而为客户创造更多的财富。这种模式的兴起打破了传统的融资模式，使得融资来源不再局限于风投等机构，而可以来源于大众。移动融资是指用手机 APP 的形式，向网友募集项目资金的模式。移动融资利用互联网和 SNS 传播的特性，让小企业、艺术家或个人对公众展示他们的创意，争取大家的关注和支持，进而获得所需要的资金援助。移动融资通过互联网方式发布筹款项目并募集资金，融资活动更为开放，能否获得资金也不再是由项目的商业价值作为参考标准。只要是网友喜欢的项目，都可以通过移动融资平台获得项目启动的第一笔资金，为更多小本经营或创作的人提供了无限的可能。移动融资的方向具有多样性，在国内的移动融网站上的项目类别包括设计、科技、音乐、影视、食品、漫画、出版、游戏、摄影等几乎所有的生活领域。移动融资平台能帮助企业家了解如何准备及呈现自己的项目，从而吸引更多的投资人。另外，移动融资平台还能提升信息分享，谈判及融资的速率，拥有自己的技术，帮助简化融资过程。移动融资平台有成千上万的投资者在使用它，投资者形成了一个群体，而移动融资平台往往也能让他们相互交流，在尽职调查中提供投资帮助。借助集体的智慧，投资者也往往能做出更理性的决策。

第三节　移动金融发展原则及其使用的技术

一、移动金融发展的原则

移动金融要想更健康加快速发展，除了需要政策的引导与支持外，更需要移动金融市场各方的持续创新。相关部门和金融机构应守住安全底线，把握好以下原则：

（一）坚持安全原则

移动金融技术创新应以安全可信和风险可控为底线，遵循金融及密码领域的相关技术标准，发挥检测认证的质量保障作用，切实维护客户资金和信息安全，保护金融消费者合法权益。安全是金融业持续健康发展的生命线，也是移动金融发展的底线，是金融业务开展的第一原则要求。没有安全，就谈不上金融稳定，更谈不上金融普惠发展。金融安全是国家安全的重要内涵。移动金融涉及账户管理、个人资料、金融交易等方面的敏感信息，其产品的规范性与安全性至关重要。各类金融机构在开展移动金融创新应用时，应坚持“安全可信、联网通用”原则，推行基于金融 IC 卡安全芯片的线上有卡交易方式，始终把客户权益保护放在首位，设身处地为百姓和企业着想，严格落实国家及金融行业相关标准和信息安全要求，让百姓和企业在享受便捷金融服务的同时，有效保障金融资产安全。

（二）更加便捷经济

移动金融业务发展要让更多百姓便捷、经济享受到金融创新和信息技术发展的成果。金融普惠发展的目标是移动金融创新应用的立足点。各金融机构应秉持服务民生的理念，从业务、产品、服务等方面扎实做好移动金融应用创新工作，让百姓切实享受到移动金融服务使用上的便捷性，得到更为人性化和高效率的金融服务。移动金融技术创新应以服务民生为出发点，采用安全可控技术有效扩大金融服务覆盖范围，特别是填补农村及偏远地区金融服务空白，让社会公众享受到移动金融的普遍性、安全性和便利性。

（三）集成创新发展

目前的移动金融集智能终端与金融 IC 卡芯片于一体，是金融 IC 卡的功能拓展和应用创新，是在现有金融基础设施和应用环境下的继承式发展。2011 年以来，我国金融 IC 卡推广工作先后完成商业银行发卡系统升级、受理终端改造、电子现金跨行圈存、关闭降级交易等重要工作，截至 2019 年第二季度末，我国银行卡发卡量 79.78 亿张，移动金融应用环境已经成熟。所有这些，既为移动金融发展提供了良好应用环境、政策基础和产业氛围，也为移动金融业务的持续不断创新开辟了广阔空间。移动金融在加快规模化创新发展的同时，最大限度利用现有金融 IC 卡受理环境、支付转接清算系统、金融安全保障体系等金融领域的丰富资源，避免重复建设和浪费，实现继承式创新发展的集成效益。

（四）注重服务融合

移动金融是跨地区、跨行业、跨领域、跨网络的金融创新平台和多服务融合载体，具有广泛的业务适应和服务拓展能力。开展移动金融业务应注重移动金融跨地区应用的特点，推动金融与公共服务领域各管理部门的跨行业协作，通过银行卡受理网络、证券交易网络、保险网络、理财网络、融资网络与移动通信网络互联互通，实现银行卡业务与网上银行、网上证券、网上保险、网上理财、网上融资业务融合，创造多种新型金融应用，提供多渠道、全方位金融服务；发挥移动金融对跨领域服务的整合作用，推动现有金融机构实现从信息服务、交易支付向电子商务、公共服务等领域的普惠发展；为社会大众提供更为安全便捷的普惠金融服务，促进国民经济持续健康发展。

二、移动金融使用的技术

2015 年 1 月 13 日中国人民银行印发了《关于推动移动金融技术创新健康发展的指导意见》（银发〔2015〕11 号），要求各商业银行、清算机构在发展移动金融之时，应重点发展基于安全芯片的账户介质。这意味着，基于安全芯片为基础的 NFC 移动支付技术和手段将成为金融机构未来推动移动金融的主流方向。

NFC 的中文全称为近场通信技术。NFC 是在非接触式射频识别（RFID）技术的基础上，结合无线互连技术研发而成，是我们日常生活中越来越普及的各种电子产品所采用的一种十分安全快捷的通信方式。NFC 中文名称中的“近场”是指临近电磁场的无线电波。无线电波实际上就是电磁波，因而它遵循麦克斯韦方程，电场和磁场在从发射天线传播到接收天线的过程会一直交替进行能量转换，并在进行转换时相互增强，例如我们的手机所使用的无线电信号就是利用这种原理进行传播的，这种方法称作远场通信。而在电磁波 10 个波长以内，电场和磁场是相互独立的，这时的电场没有多大意义，但磁场却可以用于短距离通讯，我们称之为近场通信。近场通信业务结合了近场通信技术和移动通信技术，实现了电子支付、身份认证、票务、数据交换、防伪、广告等多种功能，是移动通信领域的一种新型业务。近场通信业务增强了移动电话的功能，使用户的消费行为逐步走向电子化，建立了一种新型的用户消费和业务模式。NFC 技术的应用在世界范围内已经受到了广泛关注，据业内预测，基于近场通信技术的手机应用将会成为移动增值业务的下一个杀手级应用。

我们日常生活中的非接触式支付方式很多，如 Google Pay、Huawei Pay、Apple Pay、云闪付等方便快捷的手机支付及其目前仍在大量使用的公交卡。2017 年，苹果操作系统开放了 iPhone 上的 NFC 应用程序，NFC 功能不再被锁定于 Apple Pay，第三方开发者现在可以利用 iPhone 读取 NFC 标签的能力。事实上，在全球各主要手机操作系统中，已经有超过 20 亿种 NFC 功能的设备。这足以使地球近四分之一的人口拥有 NFC 技术的服务。据保守估计，未来 10 年，NFC 市场将继续增长 17.9%，至 2025 年底达到近 500 亿美元。

根据有关资料显示，在 2003 年的时候，日本索尼公司和当时的荷兰飞利浦半导体进行合作，基于非接触式射频卡技术研发一种更加安全快捷的并且能与之兼容的无线通讯技术。经过几个月的研发后，双方联合对外发布了一种兼容 IS014443 非接触式卡协议的无线通讯技术，取名 Near Field Communication 简称 NFC，具体通信规范称作 NFCIP－1 规范。在发布

NFC 技术没多久，双方向欧洲计算机制造商协会（ECMA）提交标准草案，申请成为近场通信标准并很快被认可为 ECMA.340 标准，紧接着借助 ECMA 向 ISO/ IEC 提交了标准申请并最终被认可为 ISO/IECl8092 标准。目前所使用的近场通信技术是由诺基亚、飞利浦和索尼共同制定的标准，是在 ISO 18092、ECMA 340 和 ETSI TS 102 190 框架下推动的标准，同时也兼容应用广泛的 ISO 14443、Type－A、ISO 15693、B 以及 Felica 标准非接触式智能卡的基础架构。2003 年 12 月 8 日通过 ISO/IEC（International Organization for Standardization/International Electrotechnical Commission）机构的审核而成为国际标准，在 2004 年 3 月 18 日由 ECMA（European Computer Manufacturers Association）认定为欧洲标准，已通过的标准编列有 ISO/IEC 18092（NFCIP－1）、ECMA－340、ECMA－352、ECMA－356、ECMA－362、ISO/IEC 21481（NFCIP－2）。近场通信标准详细规定近场通信设备的调制方案、编码、传输速度与射频接口的帧格式，以及主动与被动近场通信模式初始化过程中数据冲突控制所需的初始化方案和条件，此外还定义了传输协议，包括协议启动和数据交换方法。

NFC 是一种短距高频的无线电技术，NFCIP－1 标准规定 NFC 的通信距离为 10 厘米以内，运行频率 13.56MHz，传输速度有 106Kbit/s、212Kbit/s 或者 424Kbit/s 三种。NFCIP－1 标准详细规定 NFC 设备的传输速度、编解码方法、调制方案以及射频接口的帧格式，此标准中还定义了 NFC 的传输协议，其中包括启动协议和数据交换方法。

NFC 工作模式分为被动模式和主动模式。被动模式中 NFC 发起设备（也称作主设备）需要供电设备，主设备利用供电设备的能量来提供射频场，并将数据发送到 NFC 目标设备（也称作从设备），传输速率需在 106kbps、212kbps 或 424kbps 中选择其中一种。从设备不产生射频场，所以可以不需要供电设备，而是利用主设备产生的射频场转换为电能，为从设备的电路供电，接收主设备发送的数据，并且利用负载调制（load modulation）技术，以相同的速度将从设备数据传回主设备。因为此工作模式下从设备不产生射频场，而是被动接收主设备产生的射频场，所以被称作被动模式。在此模式下，NFC 主设备可以检测非接触式卡或 NFC 目标设备并与之建立连接。而在主动模式中，发起设备和目标设备在向对方发送数据时，都必须主动产生射频场，所以称为主动模式，它们都需要供电设备来提供产生射频场的能量。这种通信模式是对等网络通信的标准模式，可以获得非常快速的连接速率。

NFC 标准为了和非接触式智能卡兼容，规定了一种灵活的网关系统，具体分为三种工作模式：点对点通信模式、读写器模式和 NFC 卡模拟模式。点对点模式下，两个 NFC 设备可以交换数据。例如多个具有 NFC 功能的数字相机、手机之间可以利用 NFC 技术进行无线互联，实现虚拟名片或数字相片等数据交换。点对点形式关键指的是把两个均具有 NFC 功能的设备进行连接，从而使点和点之间的数据传输得以实现。经过把点对点形式作为前提，让具备 NFC 功能的手机与计算机等相关设备，真正达成点对点的无线连接与数据传输，并且在后续的关联应用中，不仅可为本地应用，同时也可为网络应用。因此，点对点形式的应用，对于不同设备间蓝牙连接及其通信数据传输方面有着十分重要的作用。读卡器模式下 NFC 设备作为非接触读写器使用。例如支持 NFC 的手机在与标签交互时扮演读写器的角色，开启 NFC 功能的手机可以读写支持 NFC 数据格式标准的标签。读卡器模式的 NFC 通信作为非接触读卡器使用，可以从展览信息电子标签、电影海报、广告页面等读取相关信息。读卡器模式的 NFC 手机可以从 TAG 中采集数据资源，按照一定的应用需求完成信息处理功能，有些应用功能可以直接在本地完成，有些需要与 TD－LTE 等移动通信网络结合完成。基于读卡器模式的NFC应用领域包括广告读取、车票读取、电影院门票销售，比如电影海报后面贴有TAG标签，此时用户就可以携带一个支持NFC协议的手机获取电影信息，也可以连接购买电影票。卡模拟形式是将具有NFC功能的设备模拟成一张标签或非接触卡，例如支持NFC的手机可以作为门禁卡、银行卡等而被读取。卡模拟形式关键指的是把具有NFC功能的设备进行模拟，使之变成非接触卡的模式，比如银行卡。这种形式关键应用于商场或者交通等非接触性移动支付当中，在具体应用过程中，用户仅需把自身的手机或者其他有关的电子设备贴近读卡器，同时输入相应密码则可使交易达成。针对卡模拟形式中的卡片来讲，其关键是经过和非接触读卡器的RF域实行供电处理，这样即便NFC设备无电也同样可以继续工作。另外，针对卡模拟形式的应用，还可经过在具备NFC功能的相关设备中采集数据，进而把数据传输至对应处理系统中做出有关处理，并应用于与支付方面。

三、移动金融发展的展望

移动金融本身的完善就是其发展的一个重要方面，特别是在便捷与安全、普遍与特殊、虚拟与现实、时间与空间四个方面实现有机融合是移动金融发展的重要思路。

（一）便捷与安全的融合

移动金融技术是目前发展非常快的互联网金融主流技术，自然其移动金融的安全问题特别是移动支付安全问题备受关注。随着客户使用移动终端设备的增多，相关安全风险事件和案件层出不穷。尽管移动金融十分便捷，仍有很多客户特别是风险抵抗能力较弱的中老年客户使用率相对较低。还有一些客户曾经在使用金融设备方面吃过亏上过当，对移动金融技术存在不信任感。移动金融风险的防范需要金融机构、客户、政府监管机构和公安机关乃至全社会的共同重视和防微杜渐。金融机构需要加强安全使用规范宣传的同时，不断更新移动金融软件的防火墙技术，采取线上和线下结合的模式确保移动金融交易的安全特别是移动支付的安全。监管机构和公安司法机关需要持续完善社会的信用体系建设，持续打击金融钓鱼和金融诈骗，同时加快对移动终端设备的相关财产保护立法。

（二）普遍与特殊的融合

移动金融的差异化、个性化体验应该是客户关注的焦点，也是其最吸引客户的“王牌”。移动金融在可以实现普遍惠众的金融服务，满足客户转存、转账、购买理财、证券投资、保险投资、基金交易、贵金属交易、交纳水电煤气费等多种需求的同时，还需要根据每一位客户存在的投资理念差异、风险偏好差异、产品选择习惯等诸多不同来为客户线上提供能够享受到的专有“定制服务”特别是“定制产品”，也更便于金融机构向客户实施“精准营销”，建立更为密切的联系。而大数据技术的使用恰恰可以实现全面信息与个性独有信息的共享。领先的金融机构已经退出千篇一律的普通低端移动金融版本，而是根据不同的客户群差异提供更具特点的个性移动金融版本，并针对客户常用的安卓和苹果智能手机的平台差异提供不同的APP服务；金融机构和网上商城根据客户的购物和交易习惯，逐一甄别和有针对性地推送金融或实物产品介绍。“精准营销”的模式更容易激发客户的需求和关切，还可以不断发掘客户的价值潜力、真正增加客户的黏性。

（三）虚拟与现实的融合

移动金融并非完全取代物理金融，而是需要与物理金融实现更完美的融合。事实上，现有的移动金融技术的“短板”仍旧不能实现现实交易，现金存款、现金取款、客户真实身信息采集仍旧依赖现实交易来完成。金融机构需要首先建立与客户对应的物理支持体系，满足客户现实金融服务的需要。不少金融网点开展的存量网点选址优化、智能网点建设、社区网点推广等都是一种支持体系的完善。接下来，现实金融还可以借助相关渠道的优势来满足客户的多种需要，特别是与连锁超市、社区服务站、交通枢纽、甚至是快递公司建立联盟合作关系，借助二维码等技术，实施移动支付、扫码缴费甚至小额现金速递等金融服务。这样一来，客户在物理网点、自助设备之外，还会有更多的现实金融服务选择，并可以利用下载到手机上的二维码作为支付凭据，可以运用识别码并借助手机完成或者复核日常缴费信息，还可以在需要用款时足不出户解决燃眉之急。

（四）时间与空间的融合

在金融业务发展主要历程中，物理金融业态受到了时空的较大限制，电子金融业态有效解决了“随时”的问题，移动金融业态有效解决了“随地”的问题。但是，满足移动客户的深层次需求，真正实现移动客户“随心所欲”的服务体验还需要借助移动金融技术的发展和线上线下业务的整合。在移动金融技术的基础上，客户对去网点的时间应该会有着不同选择，甚至对网点的客户经理有特殊的选择偏好；而金融网点面临客户资源特点不同、客户办理业务时间长短繁简不一的难题，能够借助移动金融的手机预约和网点内部业务流程及其资源分配进行适时整合匹配来解决上述矛盾，特别是借助客户的线上预约来合理分配柜台资源、满足客户的个性化需要。对某些客户经理与偏好较高的客户主动整合到一定时段，提前网上告知“明星经理”的预留时间，提高集中接待和受理的效率。同时，通过双向选择办法将客户预约或引导到业务较少的时段，削峰填谷，实现峰顶与峰谷的平衡。在信息共享和大数据整合的前提下，让客户在物理网点逗留的时间更加经济有效，实现“无缝连接”和“全程对接”，提升网点的服务效率与质量。

第二章
移动支付业务使用

第一节　了解移动支付业务

移动支付是指通信运营商及其商户、互联网金融机构允许用户使用其移动终端（通常是手机）对所消费的商品或服务进行账务支付的一种服务方式，性质上看作客户利用手机端等电子产品来进行的电子货币支付。移动支付将互联网、终端设备、金融机构有效地联合起来，形成了一个新型的支付体系。移动支付又被称作手机支付。单位或个人都可以通过移动设备、互联网或者近距离传感直接或间接向开卡银行发送支付指令产生货币支付与资金转移行为，从而实现移动支付结算。移动支付是第三方支付的衍生品。第三方支付，是指通过第三方支付平台的交易中，买方选购商品后，使用第三方平台提供的账户进行货款支付，由第三方通知卖家货款到达并进行发货；买方收到货物并检验无误后，通知第三方平台付款给卖家，第三方再将款项转至卖家账户。

一、移动支付主要发展历程

（一）国外移动支付主要发展历程

移动支付根据实现方式的不同，可以将移动支付分为两种：一种是通过短信、WAP 等远程控制完成支付。另一种是通过近距离非接触技术完成支付，主要的近距离通信技术有 RFID、NFC、蓝牙、802.11。移动支付两种实现方式的技术方案都起源于欧美国家。欧美国家移动支付业务起步较早，运作模式较为成熟。2004 年，飞利浦、索尼、诺基亚共同发起了 NFC 论坛，开始推广 NFC 技术的商业应用。其中，美国在移动支付发展初期以金融机构主导和第三方支付平台主导的两种模式为主，欧洲以多国运营商联合运营为主，PayPal 电子邮件支付、谷歌数字钱包和 Square 卡包/收银台产品均是比较有代表性的移动支付产品，使用技术日臻完善。2014 年 9 月，苹果召开了其秋季新品发布会，会上除了发布最新款 iPhone 外，还发布了苹果移动支付解决方案 Apple Pay，并于 12 月 20 日在美国正式上线。在欧美现有的移动支付技术中，PayPal 电子邮件支付是指付款人通过移动互联网登录 PayPal 支付页面，通过发送电子邮件发起支付指令，实现收款人和付款人之间在 PayPal 支付账户间的资金划转。谷歌数字钱包是付款人将 NFC 智能手机靠近谷歌数字钱包专用受理终端，手机自动发送支付信息至谷歌数字钱包绑定的账户完成扣款。谷歌数字钱包存储付款人所有交易记录、打折优惠信息及购物积分等，并将其同步到云，为消费者提供支付便利。Square 卡包/收银台产品是用户在手机上打开 Square 卡包应用，在支持包/收银台产品应用的商店选购商品后，向收款人提供姓名、点击支付按钮即可完成支付。与美国及其欧洲国家有所不同的是，日本移动支付业务以移动运营商主导模式为主。Osaifu Keitai 是日本最大的移动运营商 NTT Docomo 推出的移动支付业务，即在手机内嵌入 Felica 芯片进行近场支付，包括 ID 和 DCMX 两种服务方式。Osaifu Keitai 手机客户在使用 ID 服务前，需先申请一张能与该功能兼容的借记卡或信用卡，并获得的相应授权信息存储在手机的 Felica 芯片中。消费时，客户把 Osaifu Keitai 手机在专用终端上扫一下即可完成购物或取现。DCMX 服务又分为 DCMX 和 DCMX mini。DCMX 具体操作方法与 ID 相似，但不同的是，Felica 芯片能够把信用卡和手机集成在一起，并可以实时查询关联信用卡的消费余额、消费记录信息。DCMX mini 的消费款项计入每月客户话费账单，用户甚至不需要提前申请信用卡，通过 i - mode 下载相关应用程序端即可，操作较 DCMX 和 ID 更加简捷。

近年来，移动支付的快速发展使欧美国家金融服务的普惠性和可得性大幅提高，而且作为一个入口和平台，逐渐向理财、贷款、教育、医疗、出行、娱乐等多种服务业态延伸，全方位融入用户生活，也提升了支付服务机构的价值和地位。目前世界上有 50 亿部移动电话，全球移动支付的创新发展也随之达到新高度。支付机构规模快速扩张，交易额和用户数量稳步增长，新型服务解决方案层出不穷，填补了传统金融体系的欠缺。据 Merchant Machine 调查数据显示，2016 至 2018 年，全球移动支付交易额由 2.2 万亿美元增至 4.3 万亿美元，年均复合增长率 39.4%。预计未来全球移动支付规模仍将保持高速增长势头，2022 年将接近 14 万亿美元。从活跃程度看，当前全球 34.5% 的移动支付注册账户处于活跃状态，其中拉丁美洲及加勒比海地区用户活跃度最高，达 48.5%；亚洲（东亚及太平洋地区和南亚）的活跃度增长最快，多个国家的提升幅度都在 10 个百分点以上。从国别看，挪威这个北欧国家人口虽只有 520 万人，但对创新较为推崇，移动钱包使用率达 42%，仅低于中国手机持有者使用移动钱包进行支付普及率 47% 水平的 5%，明显高于欧洲其他国家；在英国，手机钱包使用率 24%，居全球第 3。相对于欧美国家，亚太地区有 6 个国家跻身前 10。日本、澳大利亚分别以 20% 和 19% 的使用率位列第 4、第 5；美国、新加坡、加拿大分列第 7 至第 9 位，手机钱包使用率 17% 左右。在用户数量方面，Merchant Machine 调查数据显示，欧美国家的支付机构和中国相比较，微信支付拥有 6 亿用户，规模居全球移动支付机构之首；其次是支付宝的用户超过 4 亿户；虽然美国 PayPal 创立时间最早，但仅以 2.1 亿用户规模位列全球第 3；在美国苹果手机用户中 36% 使用移动钱包，带来 Apple Pay 用户数量的迅速增长，目前以 8 700 万用户位列第 4；Samsung Pay 吸引了 3 400 万用户，排名第 5，但近年用户规模有所缩减。从用户年龄看，18 ~ 34 岁的年轻人无悬念地成为使用移动支付最多的人群，其中 48% 的用户安装了移动钱包，32% 的用户没有移动钱包，但对这一功能感兴趣；35 ~ 44 岁的中年人对移动支付应用也很欢迎，44% 的用户使用移动钱包，另有 32% 的用户感兴趣。

（二）国内移动支付主要发展历程

在我国发展移动支付业务有着更加特殊的经济意义。第一，移动支付业务的发展能够提升金融服务便捷性，更好服务广大客户。商业银行已经在我国有一个比较长的发展历史，经历了物理金融形态、电子金融形态以及移动金融形态三个发展业态形式。目前的移动支付手段延伸了客户服务的渠道，满足了客户的多样产品及其服务需求，特别是相对于那些目前还比较落后，尚未有足够数量的金融机构网点而言的地区，通过移动支付可以将金融的一些优惠政策及其金融服务传播到空白区域，改变他们的金融消费的落后，从而提高金融服务在老少边穷地区的覆盖面。第二，移动支付业务的发展变革了现有的清算方式。我国的支付清算体系经历了手工和同城票据交换，以及电子信息处理一系列的技术手段过程。在科技高速发展过程当中，互联网支付特别是移动支付迅速崛起，使得我国现有的支付系统、银行卡清算系统、外汇交易系统及其移动支付系统共同构成了现代支付清算体系。跨行以及跨地区资金结算更加方便高效。第三，移动支付业务的发展打破时间以及空间的限制，特别是突破了物理网点的束缚，减少了增设物理网点的费用，而且由于费用低廉促使中小银行能够和大银行进行同质业务较量，更好拓宽自身业务范围，增加客户的满意度。

国内最早的移动支付出现在1999年。当年，中国移动与中国工商银行、招商银行等金融机构合作，在广东等一些省市开始进行移动支付业务试点。2002年，银联推出第一代手机支付模式，通过短信互动完成交易，可实现手机话费查询和缴纳等多种服务。2005年，成立刚满3年的中国银联设立了一个专门的项目组，负责跟踪、研究NFC的发展。很快在2006年，中国银联便推出一项基于金融IC卡芯片的移动支付方案。2006年，中国移动在厦门启动近场支付的商用试验，并在2008年将近场支付试点扩大到长沙、广州、上海、重庆地区。2009年4月，中国联通推出内置NFC芯片定制刷卡手机，但一直到2011年移动支付业务应用仍然较少，市场规模难以大幅扩大。主要原因有：运营商、商业银行以及第三方支付等移动支付产业方尚未形成合力，在一定程度上存在相互掣肘的现象，影响了移动支付的发展。中国移动与中国银联关于2.4G和13.56M之争曾对国内芯片终端制造商产生了困扰。2010年之前国内的移动互联网覆盖基础稍弱，2010年之前移动互联网用户量不到2亿人，移动电子商务用户仅为0.77亿人，广大的国内用户没有养成使用移动网络进行支付的习惯，直接限制了远程支付的发展，也限制了用户使用近场支付的思维。2010年之前智能手机渗透率过低，限制了远程支付和近场支付的应用推广。2010年国内装有NFC近场支付模块和智能存储卡的智能手机出货量6 200万部，渗透率仅为7%。主要是3G网络兴起和当时POS终端并未普及以及NFC技术标准分歧，手机支付的速度和使用感受基本无法体现。而在2011年之后，阻碍国内移动支付发展的因素正在逐渐消除：2012年6月21日，中国移动与中国银联签署移动支付业务合作协议，标志着中国移动支付标准基本确定为13.56MHz标准。标准统一，阻碍移动支付发展的技术分歧去除。2011年之后移动互联网和移动电子商务普及率的提高为移动支付提供广阔的商用平台，培养了用户网上支付的消费习惯，这是是移动支付市场爆发的重要催化剂。同时，智能手机普及率提高，支持移动支付发展的硬件条件逐步具备。

据相关数据统计，进入2011年10月，我国3G用户总数已达1.1亿户，用户渗透率达11.3%，移动电话用户达9.64亿户。庞大的潜在客户群为手机支付带来了巨大的潜力和发展空间。这一年 6 月，央行下发第一批 27 张第三方支付牌照，银联、支付宝、银联商务、财付通、快钱等获得许可证。这一年，三大运营商也纷纷成立了移动支付公司。中国移动于 2011 年 7 月成立中国移动电子商务有限公司，中国联通于 2011 年 4 月组建了联通沃易付网络技术有限公司，中国电信 2011 年 3 月成立天翼电子商务有限公司。2011 年 12 月，三大运营商移动支付子公司同时获得央行颁布的支付业务许可证。而 2011 年，支付宝推出条码付款，标志着线下扫码支付时代的开启。随后的 2013 年 8 月 9 日，微信 5.0 版本发布，新增了微信支付功能，正式向支付宝发起挑战。2014 年的春节红包大战，微信支付份额迅速逼近支付宝，而在这个时间点中还有一件事情对移动支付起到了重要的推动作用。2012 年，打车软件出现，但是初期并未形成大规模影响，也并未改变人们的出行方式。直到 2014 年，阿里巴巴和腾讯分别补贴 10 多亿元给自己支持的打车软件对消费者进行打车补贴。而打车所采用的便是通过手机软件进行的支付，这意味着两家不仅仅是为了争夺出行打车市场的份额，背后更是为了抢占移动端的支付入口和培养用户的移动支付习惯。这一年的双 12 是支付宝最早的一次大规模线下推广，当天支付宝联合约 2 万家线下门店推出支付宝钱包付款打 5 折的活动。支付宝在“双 12”下午 3 点半的交易数据显示，支付宝钱包全国总支付笔数超过 400 万笔。出于安全性方面的考虑，2014 年 3 月，央行曾出台了《关于暂停支付宝公司线下条码（二维码）支付等业务意见的函》，要求全面评估线下条码支付、虚拟信用卡的合规性和安全性，但是同年 7 月，支付宝低调重启二维码支付，并在上海进行补贴推广。8 月，微信支付也推出“面对面收钱”的功能，重启二维码支付。但是支付方式从原来的客户扫描商户的二维码，变为由客户生成二维码，再由商家手持 POS 终端扫描读取，安全性相对更高。2015 年 12 月，中国银联正式与 20 余家商业银行联手推出“云闪付”产品，开始了对二维码支付的反击。一周之后，中国银联又宣布与苹果和三星达成合作。2016 年 8 月 3 日，中国支付清算协会向支付机构下发《条码支付业务规范》（征求意见稿），明确指出支付机构开展条码业务需要遵循的安全标准，官方开始承认二维码的支付地位。2016 年 10 月 13 日，支付宝推出收款二维码。这一年，对扫码支付起到推动作用的还有一个事件：共享单车的出现，通过手机扫描自行车上的二维码，骑行结束后通过手机支付，进一步增大了扫码支付的应用范围。2017 年 5 月，中国银联联合 40 余家商业银行正式推出银联云闪付二维码产品，京东金融、美团点评等非银机构也加入其中，持卡人通过银行 APP 可实现银联云闪付扫码支付。但是，中国银联的二维码支付和支付宝、微信的二维码支付的理念不同，是基于卡组织、发卡银行、商户和收单机构的“四方模式”，这是一个开放的标准，银联希望越来越多的机构介入进来，银联作为其中的基础设施提供方，接入这一体系，就等同于接入了银联已有的受理环境，因此有越多的机构接受其标准，对其越有利。而微信、支付宝支付则是直连银行的“三方模式”。支付宝和微信两者试图竭力在筑起一堵墙，力求其他对手无法进入这一领域来尽可能减少竞争对手。

二、移动支付主要特征

（一）时空限制小

互联网时代下的移动支付打破了传统现金支付和非现金支付对于时空的限制，结合了先进的移动通信技术，使用户可以随时随地进行移动支付活动。特别是以现金支付为主的结算，需要用户与商户之间面对面操作，因而对支付时间和地点都有很大的限制。移动支付以手机支付为主，用户可以用手机随时随地进行支付活动，不受时间和空间的限制。支付设备随身携带的移动性，消除了距离和地域的限制，用户可以在互联网覆盖的任何地区随时随地获取所需要的金融产品或者服务，或者随时在网上商城进行购物和支付活动。

（二）方便管理

用户可以随时随地通过手机进行各种支付活动，并对个人账户进行查询、转账、缴费、充值等功能的管理，用户也可随时了解自己的消费信息。这对用户的生活提供了极大的便利，也更方便用户对个人账户的管理。

（三）隐私度较高

移动支付是用户将银行卡与手机绑定，进行支付活动时，需要输入支付密码或指纹，且支付密码不同于银行卡密码。这使得移动支付较好的保护了用户的隐私，其隐私度较高。目前的移动支付 APP 软件都会基于现有的移动通信技术和简易友好的手机操作界面，用户甚至定制自己的消费方式和个性服务内容，账户交易更加简单方便。

（四）集成度较高

移动支付有较高的服务内容集成，并为用户提供了多种不同类型服务。用户不但可以通过手机缴纳各种家庭生活费用，而且还可以通过手机进行个人账户管理，用户可以通过手机进行网上购物等各类支付活动。以智能手机为载体，通过与终端读写器近距离识别进行的信息交互，运营商可以将移动通信卡、公交卡、地铁卡、银行卡等各类信息整合到以手机为平台的载体中进行集成管理，并搭建与之配套的网络体系，从而为用户提供十分方便的支付以及身份认证渠道。移动支付业务是由移动运营商、移动应用服务提供商（MASP）和金融机构共同推出的、构建在移动运营支撑系统上的一个移动数据增值业务应用。移动支付系统能为每个移动用户建立一个与其手机号码关联的支付账户，其功能相当于电子钱包，为移动用户提供了一个通过手机进行交易支付和身份认证的途径。用户通过拨打电话、发送短信或者使用 WAP 功能接入移动支付系统，移动支付系统将此次交易的要求传送给 MASP，由 MASP 确定此次交易的金额，并通过移动支付系统通知用户，在用户确认后，付费方式可通过多种途径实现，如直接转入银行、用户电话账单或者实时在专用预付账户上借记，所有这些都是由移动支付系统（或与用户和 MASP 开户银行的主机系统协作）来完成。

三、移动支付发展的展望

（一）移动支付会关联更多的企业和应用

2019 年国内智能手机的出货量 14.86 亿台。随着智能手机出货量的持续快速增长及其各类 APP 金融软件的推广和日臻完善、为移动支付交易规模的扩大提供了重要的基础，而移动支付交易的激增又成为数字经济增长的主要驱动力。移动支付机构日渐成为企业不可或缺的合作伙伴。在非洲移动支付生态体系中，大型电信运营商具有掌控性地位。而在亚洲，互联网巨头和金融科技企业涌入支付领域，开发了一系列契合用户需求的移动支付应用，赢得了包括金融机构在内的一大批合作伙伴。数据显示，每个提供企业对个人（B2P）支付服务的移动支付机构平均与 237 家企业相关联。拉美地区一些大型移动支付机构，关联企业数量可达 4 000 ~ 6 000 家。同时，不同移动支付机构间、移动支付机构与银行间的互通性和兼容性明显增强。这不仅使用户能够在更广泛的场景中使用移动支付，而且带来支付结算行业规模的迅速扩大及用户体验的显著提升。数据显示，移动支付的使用者数量与年龄有着密切的关系，18 ~ 34 岁年龄段的人，对移动支付的使用率能够达到该人群的 48%；35 ~ 44 岁年龄段对移动支付的使用率能够达到该人群的 44%；45 ~ 54 岁年龄段的人，对移动支付的使用率能够达到该人群的 37%。年轻人和中年人是移动支付的最大消费群体。

（二）移动支付在普惠金融中位置更重要

据国内相关数据显示，2017 年全国 5. 2 亿支付宝用户的移动支付占比为 82%，其中贵州、山西两省以 92% 的比例并列第一，是国内移动支付使用比例最高的两个省份。当年移动支付占比超过 90% 的省份超过 11 个，全部都在中西部地区。世界银行最新报告显示，全球仍有 17 亿人尚未享有安全、便捷的金融服务。然而，移动支付应用的日益普及，带动多个新兴市场的普惠金融实现了跨越式发展。数据显示，近 3 年全球 31 个国家金融账户拥有量的增速都超过了 5 个百分点，主要驱动力就是移动支付交易的日趋活跃，其中以亚洲、非洲和拉丁美洲的国家增长最为迅速。更重要的是，从全球视角看，移动支付为农村、贫困地区等以往被传统金融体系排除在外的人们打开了一扇门，使其可以享有更充分的金融线上产品及其服务。特别是在广阔的农村及其边远地区，移动支付客观上助力了农业实现了金融服务的穿透，加速了农业产业价值链的数字化进程。在非洲的加纳、肯尼亚、赞比亚等国家，已有 40% 左右的农产品销售通过账户转移支付的方式进行，其中移动支付成为主流。另一方面，移动支付成为触及难民和贫困人口的重要服务工具。根据联合国的数据，2018 年全球仍有超过 1. 35 亿人需要人道主义援助。为更高效地解决这一问题，慈善机构逐步采用数字化金融服务，来替代现金等实物救助的方式。对有关国家的调查显示，超过 55% 的移动支付机构正在与慈善组织合作，以增强救助支付的便利性。

（三）移动支付的市场价值提升更快

2018 年中国移动支付用户规模较 2017 年增长 17. 2%，达到 6. 59 亿人，2018 年中国移动支付交易规模 277. 4 亿元，较上年增长 36. 7%，移动业务增长势头强劲。调查显示，在撒哈拉以南的一些非洲国家，大约 80% 的中小企业拥有移动支付账户，其中 83% 的企业用它来满足业务需求。这些国家的中小企业移动支付交易频率要高于个人用户，超过 30% 的企业每天进行多笔交易，包括接收客户付款、支付水电费和货款等。在满足中小企业和个人需求的过程中，移动支付机构的盈利能力不断提升，市场价值和地位持续强化。2018 年，全球移动支付机构平均营业收入增速达 23. 9%，约 30% 的机构息税折旧前利润率（EBITDA）超过了 25%。更重要的是，移动支付演变为一个平台，将用户与各行各业的服务连接了起来，支付的意义超过了支付本身。由此，移动支付机构开始扩张业务边界，解决用户多种多样需求，逐步构筑起全生态系统的金融服务格局。

（四）移动支付的监管愈发严格

监管对移动支付的发展有着显著作用。从最新发展走向看，各国对移动支付的监管呈现出越来越严格的态势。2018 年 6 月，亚洲的印度尼西亚出台新的监管规定，虽然放宽了部分移动支付用户的交易限额，但同时提高了对移动支付机构的要求，包括具有最低 30 亿印尼盾的资本金、外国投资者的持股份额不得超过 49%，以及强制要求通过国家支付网关开展境外汇款业务等。2020 年 1 月 21 日，中国支付清算协会出台了《人脸识别线下支付行业自律公约（试行）》，要求在采集环节，坚持“用户授权、最小够用”，明确告知用户信息使用目的、方式和范围，并获得用户授权；在存储环节，将原始人脸信息加密存储，并与银行账号或支付账号、身份证号等用户个人隐私进行安全隔离；在使用环节，收单机构、商户等中间环节不得归集或截留原始人脸信息，实现端到端的个人隐私保护。具体来看，当前全球移动支付行业主要面临税收、客户信息、跨境汇款、国家普惠金融政策和数据五个方面的监管。其中，数据监管对移动支付机构的影响最为敏感。客户数据对支付机构丰富服务内容、提高盈利水平十分重要，但这一过程也增加了客户数据泄露的风险，使支付机构的声誉受损。不少国家对移动支付实施了更为严格的反洗钱和客户信息保护监管，包括出台数据保密法规、注重数据本地化和数据安全、强调数据处理和数据共享的合法性，规定支付机构收集客户私人数据必须获得授权，并严格在特定授权范围内进行，在较大程度上限制了客户信息的大规模非法应用。

四、移动支付主要方式

（一）短信支付

短信支付是手机支付的最早应用，将用户手机 SIM 卡与用户本人的银行卡账号建立一种一一对应的关系，用户通过发送短信的方式在系统短信指令的引导下完成交易支付请求，操作简单，可以随时随地进行交易。手机短信支付服务强调了移动缴费和消费。短信服务是移动支付中经常用到的，用于触发交易支付、进行身份认证和支付确认的移动技术。在移动支付中按照信息流的流向可以分为上行和下行两种方式。用户使用短信的上行通道，发送特定信息（此信息格式由移动支付运营商提供，一般包括购买商品的编号、数量等）到指定的特服号进行支付；另外，也可以通过下行通道向客户推送一些商品或服务，如提醒充值用户进行充值，如果用户确认充值，则完成了此次的移动支付。同时下行通道也是进行用户消费确认的渠道，来保证支付的安全，避免支付中的欺诈行为。

（二）扫码支付

是一种基于账户体系搭起来的新一代无线支付方案。在该支付方案下，商家可把账号、商品价格等交易信息汇编成一个二维码，并印刷在各种报纸、杂志、广告、图书等载体上发布。用户通过手机客户端扫描二维码，便可实现与商家账户的支付结算。最后，商家根据支付交易信息中的用户收货、联系资料，就可以进行商品配送，完成交易。

（三）指纹支付

指纹支付是使用目前已经成熟的指纹系统进行消费认证，即顾客使用指纹注册成为指纹消费折扣联盟平台会员，通过指纹识别即可完成消费支付。是将消费者的指纹数据信息与指定的付款账户（用户在申办业务时指定的银行账户或电子钱包账户）绑定，购物时只要在一台指纹终端机上将手指轻按，确认是本人后，就完成了付款，消费金额会在对应的银行账户中进行扣除，整个过程仅需 5 秒钟左右。使用“指纹付款”业务，顾客需要让商家把自己的指纹取样，然后留下详细的银行账户信息和家庭地址即可，商家就可以根据顾客的消费记录直接在其银行账户上扣款。“指纹消费”系统中的指纹并不只是手指表面的纹路，而是由数学方式分析指纹的特定纹路，逐一译成密码后存盘。由于出现同样指纹的几率非常小，因此利用指纹确认身份十分可靠。在建立指纹密码文件过程中其实并无法复制原指纹，因而并不抵触个人敏感信息资料保密的法律规定。

（四）声波支付

声波支付是利用声波的传输，完成两个设备的近场识别。其具体过程是，在第三方支付产品的手机客户端里，内置有“声波支付”功能，用户打开此功能后，用手机麦克风对准收款方的麦克风，手机会播放一段“咻咻咻”的声音。声波支付与短信类似，用户可以通过拨打某个特服号码进行移动支付。在用户支付确认和购买商品确认流程中也使用到 IVR 技术，如在用户支付前，用户收到一个由移动支付平台外拨的自动语音电话，用户根据电话提示进行支付；支付成功后，商户也收到一个由支付平台外拨的语音电话，通知商户支付成功可以提供商品或服务。

（五）刷脸支付

刷脸支付是基于人工智能、机器视觉、3D 传感、大数据等技术实现的新型支付方式，具备更便捷、更安全、体验好等优势。用户在无需打开手机的情况下，凭借“刷脸”完成支付。刷脸支付的使用，有效提升用户的消费体验，提高了商家的收银效率，实现了商业升级。以目前的支付宝刷脸支付系统为例，使用刷脸支付的用户进入支付环节，选择“刷脸支付”方式；收款设备采集符合质量要求的人脸并完成活体检测；用户输入支付宝绑定的手机号。根据支付宝刷脸付后台强大的安全风险智能决策系统，用户在不同场景下使用刷脸支付，要求输入的手机号位数可能会不同。从用户的感知角度，对于偶尔光顾某家门店使用刷脸支付的用户来说，通常需要输入 11 位手机号。对于经常光顾门店使用刷脸支付的用户，通常只需要输入后 4 位手机号甚至不需要输入手机号，即跳过手机号输入界面，直接进入支付确认页面；如果当前用户被确认为手机号对应的支付宝账号的本人，则展示确认支付页面；用户点击确认支付后，根据订单金额完成支付宝账号的扣款操作。

（六）NFC 支付

NFC 支付是手机近场支付技术。目前影响较大的 NFC 支付技术的手机主要是苹果、三星和华为手机。Apple Pay 作为苹果真正染指移动支付的一大杀手锏，Apple Pay 基于 NFC 技术，从 2014 年 9 月 10 日发布以来，目前已经进入澳大利亚、法国、加拿大、中国、俄罗斯、瑞士、英国、新西兰、新加坡、西班牙和日本等多个国家地区。苹果 iPhone 6 之后的产品都拥有 NFC 芯片，所以只要升级到 IOS 9. 2 系统之后就都能使用 Apple Pay 的功能进行移动支付。目前在中国的主流银行都支持 Apple Pay，只需要在 iPhone 设备的 Wallet 中添加银行卡，打开 Wallet App，点击右上角的加号图标。通过摄像头或手工输入银联储蓄卡或信用卡卡号信息，如果是信用卡则需要输入卡片有效期和卡片背面的3 位安全码，阅读“条款和条件”并选择“同意”，随后输入银行发来短信的6 位数验证码即可完成激活。激活完成后在线下支付时，只需要将手机靠近具有“银联云闪付 Quick Pass”标志的 POS 机，使用苹果的 Touch ID 即可完成支付。最方便的是在支付时，即使不点亮手机屏幕，只要手机靠近 POS 机，手指靠近指纹模块也能瞬间完成付款，非常快捷简便。继苹果 Apple Pay 之后，三星也带来了使用场景更丰富的 Samsung Pay。Samsung Pay 的本质其实与传统的银行刷卡支付一样。Samsung Pay 能将我们银行卡电子化“存储”在手机上面，可以直接刷手机完成支付。值得一提的是，Samsung Pay 不仅支持 NFC 功能的 POS 机，而且其还使用了 MST（磁信号安全传输）技术，能模拟 MST 磁条信息，在旧款磁条 POS 上面同样能使用，带来更高效、便捷的支付体验。目前，Samsung Pay 能通过指纹识别 + Token 验证带来理便捷的“刷卡”支付体验，并且在支付过程中主要通过随机加密的 Token 来验证银行卡信息，商家和三星都无法获知我们银行卡信息，安全性比传统刷卡支付高，但本质上还是平时常见的刷卡支付。使用 Samsung Pay 支付时，信用卡仍可以正常积分。Huawei Pay 是中国银联和华为联合，共同推广华为移动设备上基于安全芯片的 Huawei Pay 服务。致力于提供更实用支付功能的华为 pay，也是利用内置支付卡和银行卡绑定，达到手机替代银行卡的功能，安全系数也非常高。在使用前，需要在手机系统设置中打开 NFC 功能，确保信息能够交换畅通。使用 Huawei Pay 的时候，可以在不点亮屏幕的情况下，只需要将设备靠近支持闪付功能的银联 POS 机，就会自动唤醒支付功能，只需按住指纹进行身份验证，即可完成支付，支付过程同样快捷简便。Huawei Pay 安全支付能够支持所有由银联部署的闪付支付渠道，覆盖的商户非常范围。2019 年上半年移动智能终端 NFC 支付交易规模 154.8 亿元。虽然占整体移动支付交易规模的比例非常有限，但增速较快。

五、移动支付主要产品

据 2019 年第三季度移动支付监测报告数据显示，2019 年第三季度，支付宝市场份额占 53.58% 而居第一位，财付通（微信支付）占 39.53% 而占第二位，两者占据了国内移动支付市场的 93.11%。

（一）手机支付宝

手机支付宝是阿里巴巴集团于 2004 年底创办的独立第三方支付平台。支付宝是国内领先的独立第三方支付平台，致力于提供“简单、安全、快速”的在线支付解决方案。手机支付宝客户端是支付宝官方推出的集手机支付和生活应用为一体的手机软件，通过加密传输、手机认证等安全保障体系，让用户随时随地使用淘宝交易付款、手机充值、转账、信用卡还款、买彩票、水电煤缴费等功能。目前除淘宝和阿里巴巴外，支持使用支付宝交易服务的商家已经超过 46 万家；涵盖了 B2C、网游、航空旅游酒店、教育缴费、公共事业缴费、传统行业（物流、保险、服务）、海外商户等领域。这些商家在享受支付宝服务的同时，更是拥有了一个极具潜力的消费市场。从用户数据上看，支付宝连续多年保持高速增长的态势。2016 年支付宝用户数 4.5 亿，2017 年支付宝用户数 5.2 亿。而截至 2018 年 9 月 30 日，支付宝的国内年度活跃用户超过 7 亿，其中 70% 的用户使用 3 项及以上的支付宝服务。

支付宝提供担保交易，货到付款，最大限度确保买卖双方货款都安全无损。支付宝三大安全法宝是指：支付宝实名认证，数字证书，手机动态密码提升账户安全；128 位 SSL 加密传输技术，确保交易信息的安全；风险控制系统 24 小时运作，做到事前防范，事中控制与事后处理相结合；订单管理与资金进出分权限管理，保障账户操作安全；全国唯一一家在银行进行资金托管的第三方支付公司，确保资金安全。

支付宝操作流程简单，交易、账单管理体系一目了然；提供全套在线资金结算服务，简化传统业务流程；7×24 小时服务热线，及时解决客户的各种问题。即时到账业务加快资金的周转；绑定支付宝卡通业务，银行资金及时到账；支持全国 95% 以上的银行，其中包括 15 家全国范围银行以及众多的地方银行，外加移动与线下支付功能，为用户提供多种充值及支付渠道，极大方便用户。

支付宝提供的即时到账业务能够加快资金的周转速度；绑定支付宝卡通业务，银行资金及时到账；支持全国 95% 以上的银行，其中包括 15 家全国范围银行以及众多的地方银行，外加移动与线下支付功能，为用户提供多种充值及支付渠道，极大拓展用户。支付宝属于信用担保型平台，所谓信用担保就是在网上支付过程中起到信用担保和代收代付的作用，其运作的实质是以支付宝为信用中介，在买家确认收到合格货物前，由支付宝替买卖双方保存支付款的一种增值服务。

（二）微信支付

微信支付是微信中的一项重要功能，而微信是腾讯控股有限公司在 2011 年 1 月 21 日推出的一款支持 S60v3、S60v5、Windows Phone、Android 及 iPhone 平台的聊天软件。微信用户不仅可以通过智能手机用户端与好友分享文字与图片，而且该聊天软件还支持分组聊天和语音、视频对讲功能。微信软件完全免费提供。微信支付是集成在微信客户端的支付功能，用户可以通过手机完成快速的支付流程。微信支付以绑定银行卡的快捷支付为基础，向用户提供安全、快捷、高效的支付服务。2013 年 8 月 5 日微信支付正式上线后，2014 年 1 月 4 日滴滴打车率先接入微信支付，仅用 3 天时间业绩就突破了 10 万单总量。2014 年 8 月 28 日智慧生活全行业解决方案正式公布。2015 年 5 月零钱用户突破 3 亿户。至 2019 年 12 月微信支付 3 年连续接入线下门店超过 5 000 万家。

如果说支付宝是通过线上连接隔海相望的买家和卖家交易的连通桥梁，那么微信支付就是交易公路上架起的高架。在银联和支付宝已然做大的前提下，微信支付上线的主要作用是分解客户流量，甚至因为这条便捷快速支付通道的行车，激活更多潜在买家的支付欲望，增加客户支付意愿，同时巩固夯实已有买家的支付行为，为客户增加多一种支付工具的可能。其实，大家对支付宝看重的是其工具属性。但从开始推出余额宝产品后，支付宝就不仅仅是个支付工具，而是向用户提供了理财服务。当支付宝开通交水电费、煤气、信用卡还款等等功能时，它的目标是期望为广大用户提供另一种生活方式：不再去超时交电费，用支付宝；不再用老旧还款方式，用支付宝还信用卡。当支付宝链接商户和用户时，它又在影响人们的日常生活中的“购物”。支付宝链接用户和商家、链接用户和服务并没有引起大家的反感，归根结底是因为“利用支付宝还信用卡、交水电费比以往更方便”，为用户带来便利。但当支付宝期望更好满足人们之间互相转账、支付时就遇到棘手的问题：社交关系相对敏感并且腾讯实在太过强大。微信借助社交优势完美满足了人与人之间的支付场景。如果做为通讯工具的微信没做微信支付，支付宝切入社交中的支付场景不会有现在这么大的阻力，可能还会成为创举。微信支付是由微信社交关系链延伸的功能，它最开始起于“用户之间相互转账的社交需求”。微信支付也不满足于工具属性，其提供的理财通、链接用户与服务、用户与商户也在走支付宝的路线。大家都不满足于工具，而期望为用户提供一系列生活服务。而且微信支付如果想要完善更多的支付场景、生活服务，就不会一直依托于微信，而应该独立出来。如果一味依托社交关系，后续一系列的金融服务会受到局限。单就金融服务而言，支付宝品牌优势还是要强于微信支付。工具不仅仅满足于解决某个固定的需求，转而期望提供一系列服务来拓宽产品边界。

微信支付通常是在联系人之间进行，客户在玩微信的同时顺带着进行了支付消费，提升了消费支付的体验感，带来了使用微信的价值增值。因而微信会带来一定程度上线上支付的分流。同时，早期微信支付直接跟占银行发卡 90% 市场份额的前十家银行谈判，将其数据接口直接与银行连接，其在支付比例分成方面会减少银联的份额，从而为降低支付费率创造了可能，受益的自然是卖家。因为卖家渠道费用的降低，也为线上商品价格降低提供了一种可能。微信支付当属目前最快最简单的移动支付方式之一，付款的时候避免了顾客忘记带钱包，特别是不方便找零钱的麻烦。而且现在基本上每个到店消费顾客都有微信，都能使用微信支付，都是可以直接通过微信号进行消费。支付宝的出现是因为淘宝网和天猫的背后支撑。目前，淘宝网和天猫分别已经占领 C2C 和 B2C 的八成和五成份额，用户流量的巨大无可替代。虽然腾讯的流量大且质量高，但其流量的来源并非电商，并不能将流量瞬间转化为潜在买家和支付行为。微信用户更多是把“微信”当成一种消遣和社交工具，是作为社交网络移动端的延伸应用，并非为了购买和支付而来，就目前来看，更多的是新增了一个可以移动支付的工具，将微信上可交易的商品和服务进行支付购买。微信并不能指望支付工具来吸引流量，但可以在用户玩微信的时候顺带着将自己喜欢的东西转化为交易行为。

从短期来看，微信支付不会撼动支付宝的位置，而且对于支付宝和微信来说，消费者的使用习惯是不一样的，微信可以完全凭借其优势培养自己的使用和消费习惯，进而让用户成为微信支付的坚定使用者。微信支付从 2014 年 8 月正式上线以来，微信支付 + 微信公众平台组成的全套商业解决方案为众多行业提供了快速拥抱移动互联网的机会。买家在门店消费时用微信支付结账，过程只需数秒即可完成，并且还可获赠各种各样的奖励。商家通过电子货币收款可以有效避免假币和收银员作弊。而且使用微信支付收款，资金实时到商户自己的账户，随时归集，让商户现金流得到解放，做到最大利用率。消费者进店消费使用微信支付结账，当支付完成时消费者的微信自动关注商家微信公众号。商家长此以往便可以积累庞大的粉丝群体。微信支付平台内含线上自营销系统，商家可开通在线微商城，自行在平台内做营销活动，推送活动促销、产品更新等信息。而且由于有粉丝间互动平台，商家可在平台内推送裂变红包、问卷调查、抽奖券及其抵用券等赢得回头客，做到二次营销引流作用，增加商家和用户间粘性。微信支付有强大的数据统计功能，商家相关人员可以在后台查看当天或当月历史销售数据。为商家制定下一阶段发展战略提供精准的数据分析。目前，接入微信支付的商户，当满足官方活动要求时可以向官方申请最低 10 万元人民币的微信支付日活动补贴。活动内容有满立减，随机减，非常吸引客户群体。

第二节　移动支付业务操作

一、支付宝业务类型及其使用

（一）支付宝业务类型

1. 直接透支：支付宝推出信用支付，额度根据用户的工作性质、产品类型等综合评定，一个账户最高可透支 5 000 元。用户使用支付宝付款不用再捆绑信用卡或者储蓄卡，能够直接透支消费。继推出余额宝后，支付宝继续推出信用支付服务，贷款资金全部由合作银行提供。当支付宝账户中有余额时，直接输入支付密码用余额支付。支付宝卡通让你的银行卡与支付宝账户合二而一，从此无需在付款时再登录网银，只需输入支付密码，即可轻松用银行卡上余额完成支付，同时避免网银密码外泄风险，就像刷卡一样安全、方便，支持国内商业银行。同时支持实现实时提现功能，真正零等待。自动帮用户完成支付宝认证，收款、开店两不误。

2. 网上银行：使用支付宝付款时，可以自由选择任一家银行的网银进行支付。支付宝支持全国 14 家主流银行网银，并且支付宝还支持香港发行的带有 VISA / MasterCard 标志、开通 3D 认证的信用卡，只需在付款时登陆相应网银，即可享受购物乐趣。

3. 消费卡：无需开通网银，只要拥有一张百联 OK 卡就可以给支付宝充值进行网上购物。网点支付没有网银？担心网吧不安全？没关系，支付宝全国 3 万个线下网点突破互联网限制，在线下网点即可轻松充值、付款。可以在中国邮政、连锁便利店的拉卡拉终端、连连支付空中充值店使用现金或银行卡购买支付宝充值码，或为网上交易的订单直接付款。

4. 货到付款：支付宝货到付款，只需在拍下商品后选择货到付款功能，即可等待物流公司送货上门，验货完毕后将款项当面交付，轻松完成交易。货到付款服务主要限于淘宝网指定店铺使用。

5. 邮政付款：中国邮政和支付宝共同推出的支付方式，无须开通网上银行，用户只需到邮政柜台办理“邮政网汇 e 业务”就可以给支付宝账户充值。或者办理“邮政代收业务”直接完成支付宝交易付款。

6. 转账服务：支付宝转账产品包括我要付款、我要收款、找人代付、代充、代扣、送礼金、交房租、AA 收款共 8 项产品，力求为用户提供一个安全快捷的转账平台。我要付款是支付宝提供的付款产品，基于对交易对方的信任，自愿付款给对方，当用户点击我要付款，款项就马上到达对方支付宝账户。每个支付宝认证账户有 10 000 元的免费转账额度、每日可转账 2 000 元，同时，若安装了数字证书，可将每日转账额度免费提升至 20 000 元。我要收款是通过支付宝向另一位用户发起的收款产品，只要对方有邮箱就可以向他（她）发起收款，对方付款后，款项将直接到用户的支付宝账户中。每个账户每日可发起 21 笔收款，每笔金额不超过 2 000 元。

7. 找人代付：找人代付是指在网上购买商品后，可以找别人来完成网上付款业务。目前找人代付已支持82家商户，包括淘宝网、苹果官网等购物网站。

8. 代充代扣：代充是用户可以帮其他支付宝账号充值的产品。为保证用户的资金安全，每日只可以为同一个账户充值3次，每笔不超过500元。代扣是指支付宝根据设置的付款理由、付款金额、付款时间等信息，自动进行付款的产品。开通代扣后，支付宝会自动扣款并进行及时通知。

9. 其他：主要有送礼金、交房租、火车票机票、AA收款及其收款主页。送礼金是支付宝付款产品的一种，只需有朋友的邮箱或手机号码，立刻就可以给他（她）送礼金。交房租同样是支付宝付款产品的一种，只需要房东的邮箱或手机号码，就可以随时随地给房东付房租，方便快捷。AA收款也是支付宝收款产品的一种，当朋友一起聚餐聚会后产生了费用，可以用AA收款向与会者发起收款，只需要朋友名字，就可以轻松创建收款，把链接用QQ、微博、MSN发出去，即可把款项收回。收款主页，是支付宝最近推出了一个针对个人收款的新功能，现在可以免费申请收款主页，以后收款可以直接将主页链接发送过去，对方可以在收款主页上直接付款，同时收到款项后也会收到Email和短信通知。收款主页上只显示姓名和注册时间，以及是否为实名认证用户，支付宝账户和手机都进行了省略处理。这对于需要长期收款的个人用户是相当方便的，在网店、博客挂上付款链接后客户即可直接进入付款，方便很多。

（二）支付宝账户注册与管理

1. 手机支付宝的下载安装：目前，手机支付宝可以像网页版支付版一样进行手机充值、转账、信用卡还款、买彩票、水电煤缴费等功能，而且还可以随时随地用余额宝理财。用户需在手机应用商店“搜索框”中输入“支付宝APP”（英文字母大小写不限）文字后敲击“回车键”，则会看到所搜索到的支付宝APP软件产品（如图2－1所示）；点击进入支付宝产品页面后，点击右上角“下载”图标，进入手机支付宝软件下载页面（如图2－2所示）。

图2－1　手机商店中搜索支付宝APP

图2－2　支付宝APP软件手机下载页面

用户还可以通过手机内置的浏览器软件登录到支付宝网站，或者在“百度”搜索框中搜索“手机支付宝软件下载”字样进行相关下载搜索。根据支付宝官方下载页面弹出的对话框提示，或者识别扫描相应的手机下载二维码并选择好相应手机运行系统扫码下载到手机进行安装（如图 2－3 至图 2－5 所示）。

图 2－3　支付宝网站 APP 下载页面

图 2－4　支付宝 APP 软件下载页面

图 2－5　支付宝 APP 下载确认对话框

手机支付宝安装成功后，在手机屏幕上会出现支付宝图标。点击手机支付宝图标，并正确输入账号与密码后，将进入手机支付宝页面（如图 2－6 所示）。

目前，支付宝的页面主要由“首页”（如图 2－7 所示）“财富”“口碑”“朋友”及其“我的”四个快捷操作区域组成（如图 2－8 至图 2－11 所示）：“首页”主要是提供支付宝的主要产品及其服务，在页面上方集中了支付宝最主要的产品及其服务快捷键，包括有“扫一扫”用来扫码付款、“付款”用来提供直接的扫码付款结算、“收钱”用来提供直接的扫码收钱结算、“卡包”用来集中管理用户的银行卡。其次，支付宝页面还提供了用户会在日常生活中使用到的“转账”“信用卡还款”“充值中心”“余额宝”操作按钮；支付宝页面还有和用户日常生活密切相关的服务项目“我的快递”“滴滴出行”“生活缴费”“芝麻信用”“火车票机票”“花呗”的提供。使用相当方便。“财富”主要是集中了用户余额宝理财的操作及其信息。“口碑”则集中了目前支付宝所有的延伸产品及其服务，包括美食、外卖、酒店预订、淘票票、休闲娱乐，等等，为用户的日常生活提供了最大的服务帮助。“朋友”则集中管理用户的生活号、生活圈、小程序、生活缴费、花呗、蚂蚁森林、支付宝账户安全险、社区生活、高德打车等软件和公众号内容供用户选择使用。“我的”则集中了用户支付宝账户资产、余额、余额宝、花呗、银行卡重要信息及其管理功能。

图 2 – 6 含有支付宝平台图标的手机页面

图 2 – 7 支付宝“首页”页面

图 2 – 8 支付宝“财富”页面

图 2 – 9 支付宝“口碑”页面

图 2 – 10 支付宝“朋友”页面

图 2 – 11 支付宝“我的”页面

2. 支付宝账户管理：用户可以点击“我的”快捷菜单的右上角“设置”按钮，进入支付宝相关“设置”界面，进行相关支付宝账户“安全设置”“生物识别”“支付设置”“通用”“快捷方式设置”“隐私”“求助反馈”“关于”“换账号登陆”及“退出登录”相关操作或者信息查询。

若用户需要修改自己的支付密码，可以在点击“我的”快捷菜单的右上角“设置”按钮，进入支付宝相关“设置”界面；而后点击进入相关支付宝账户“安全设置”子菜单并点击打开“密码设置”子菜单；在“密码设置”子菜单中选择“重置支付密码设置”按钮后，系统会显示用户当前手机密码信息“记得”和“不记得”两个选项按钮。若用户记得自己原来的手机密码信息，则在点击“记得”按钮后，在系统弹出的“修改支付密码”对话框中输入当前手机密码，若无误则系统自动跳转到带有显示当前手机信息的设置6位数字密码页面；用户设置密码后，系统会要求用户再重复设置密码一次，以验证用户设置的密码正确无误。用户点击页面“下一步”按钮完成密码修改（如图2-12至图2-18所示）。

图2-12　支付宝“设置”页面

图2-13　支付宝“安全设置”页面

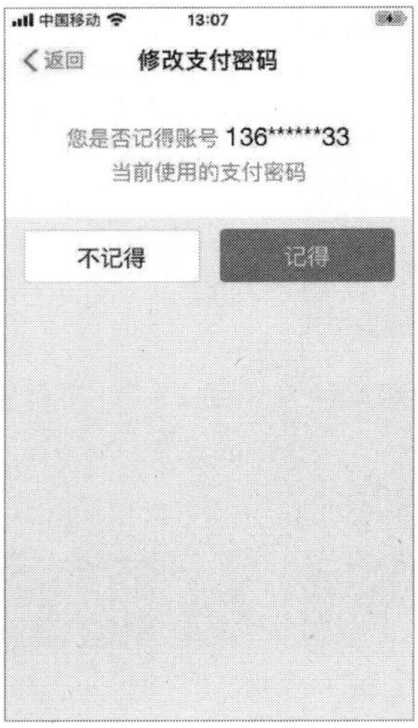

图2-14　支付宝“修改支付密码”页面

图2-15　支付宝“输入当前密码”页面

图2-16　支付宝“设置新密码”页面

图2-17　支付宝“确认新密码”页面

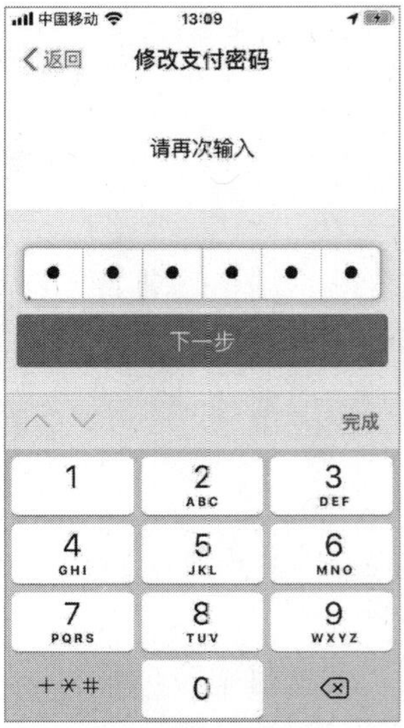

图2-18　支付宝“密码修改结束”页面

若用户有误操作的预防需求，用户在使用中需要给支付宝设置解锁手势密码（如图 2－19 所示），则需要点击“我的”快捷菜单的右上角“设置”按钮，进入支付宝相关“设置”页面；而后点击进入相关支付宝账户“安全设置”子菜单并点击打开“解锁设置”子菜单；在“指纹/手势解锁”设置对话框中选择“启动支付宝”图标，而后点击进入“设置手势密码”页面，进行手势解锁密码设置（如图 2－20 至图 2－22 所示）。若设置不成功则页面会显示相关提醒信息。

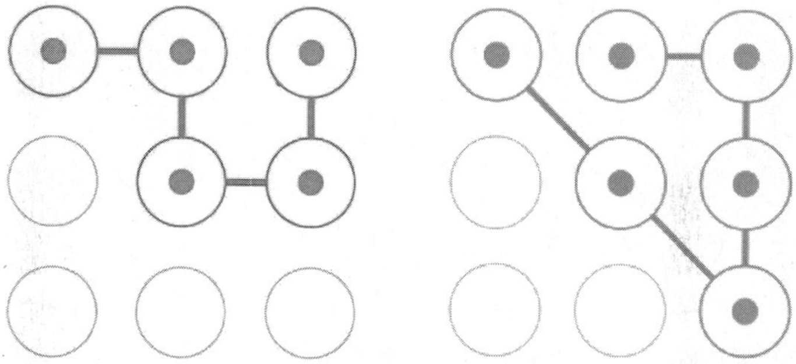

图 2－19　支付宝解锁手势密码设置图例（至少连接四个点位）

图 2－20　支付宝安全设置页面

图 2－21　支付宝指纹手势解锁选择页面

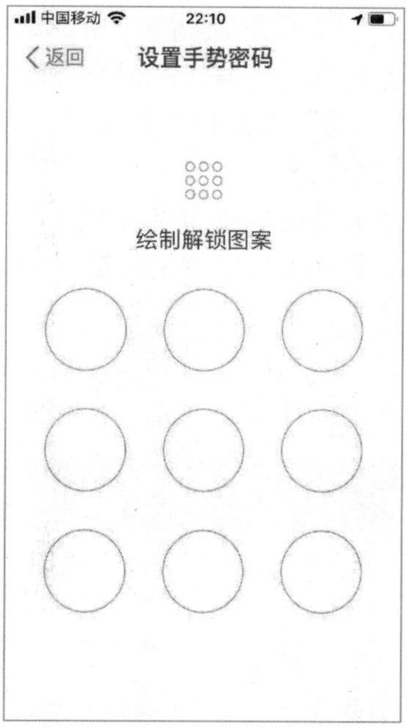

图 2－22　支付宝设置手势密码页面

若用户需要对原有设置的手势解锁密码进行修改，则应在“指纹/手势解锁”设置对话框页面中的底部选择“手势密码”按钮，而后进入“手势设置”页面，点击“修改手势密码”按钮，而后在系统弹出的“验证手势密码”页面输入原手势密码，无误后系统会自动弹出再次绘制手势密码页面，用户设置新手势密码后完成相关手势解锁密码操作（如图 2－23 至图 2－25 所示）。

图 2－23　支付宝修改手势密码选择页面

图 2－24　支付宝验证手势密码页面

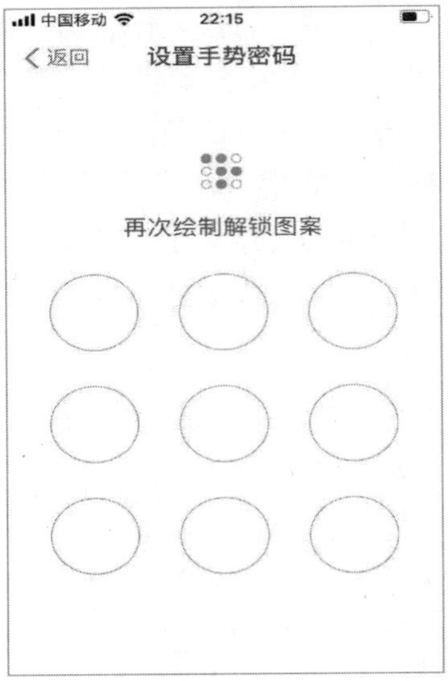

图 2－25　支付宝再次绘制手势密码页面

3. 绑定银行卡和解除银行卡绑定：支付宝的使用目前主要是采取用户绑定自己的银行卡来进行一系列的相关操作。若用户需要绑定自己的银行卡时，在支付宝首页页面下端点击“我的”快捷键并进入“我的”菜单，在菜单中选择“银行卡”选项进入银行卡相关页面，用户点击银行卡页面“添加银行卡”按钮进入添加银行卡操作页面，在系统弹出的添加银行卡页面“银行卡卡号”输入栏内输入银行卡卡号数字并点击下面“提交卡号”按钮，系统显示支付宝绑定的银行卡信息供客户核对，核对无误后点击下面的“同意协议并绑卡”按钮，系统会通过手机传送校验码并由用户填写在校验码填写栏，而后用户点击校验码栏下方“下一步”按钮，系统将会显示支付宝银行卡添加成功信息并同时收到开卡银行绑定银行卡成功的短信通知（如图 2－26 至图 2－33 所示）。

图 2－26　支付宝“我的”快捷菜单页面

图 2－27　支付宝银行卡信息页面

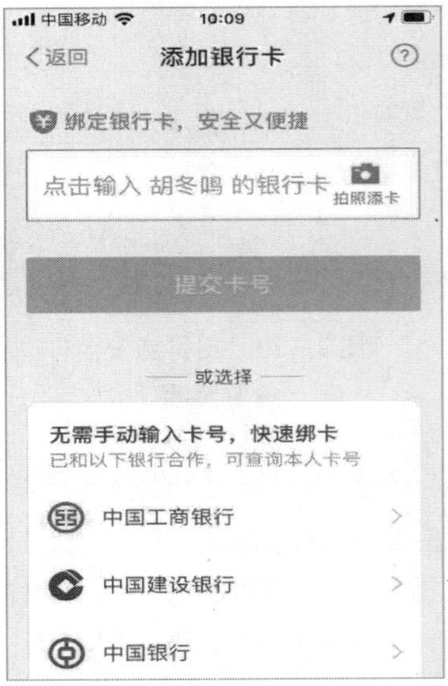

图 2－28　支付宝添加银行卡页面

图 2－29　支付宝添加银行卡操作

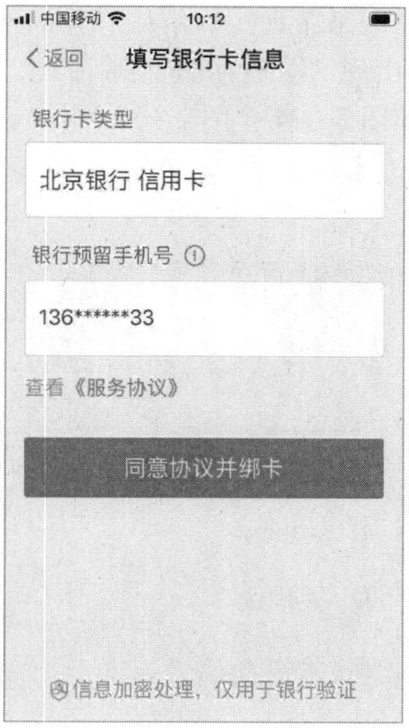

图 2－30　支付宝银行卡信息核对页面

图 2－31　支付宝银行卡身份验证页面

图 2－32　支付宝添加银行卡成功页面

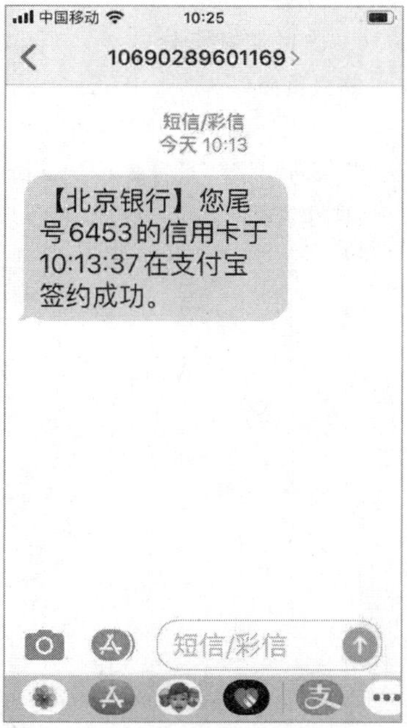

图 2－33　开卡银行短信通知页面

用户若需要对已经绑定的银行卡进行解除处理，则需要进入支付宝“银行卡”信息菜单：用户点击选择需要解除绑定的银行卡；在银行卡图标的下方点击“其他”选项菜单，而后页面底部会自动弹出“管理”或者“取消”选择菜单；用户点击“管理”菜单选项，系统会自动显示需要解除绑定的银行卡的具体操作选项页面；用户选择“解除绑定”菜单选项，系统会再次问询具体的原因来帮助用户解决具体的使用困难；用户点击页面下方的“仍要解绑”按钮，而后系统会出现“设置解锁”对话框，用户点击“仍要解绑”按钮则完成了对银行卡的解绑操作（如图 2－34 至图 2－39 所示）。

图 2－34　支付宝银行卡信息页面

图 2－35　所选择银行卡信息及操作菜单

图 2－36　银行卡其他菜单显示页面

图 2－37　银行卡管理操作页面

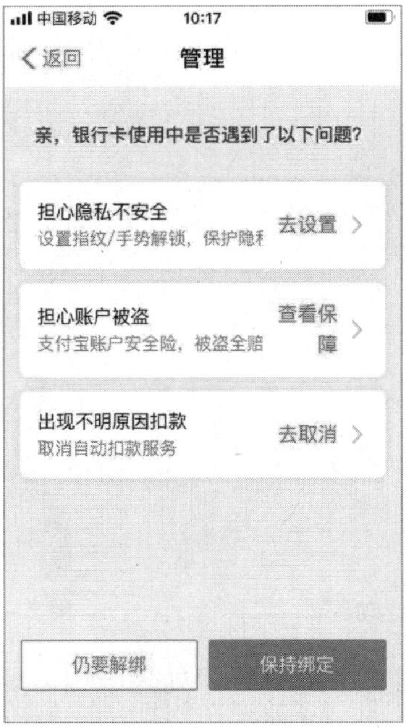

图 2－38　管理绑定选择操作页面

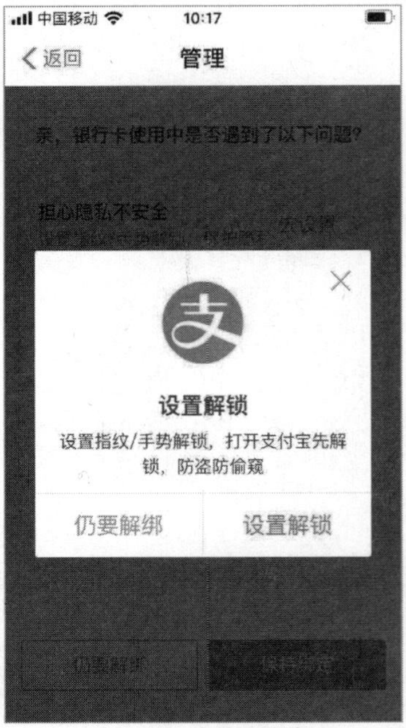

图 2－39　银行卡设置解锁提示页面

（三）支付宝使用

1. 扫一扫：用户如果在商户消费后需要使用扫码付款方式结算，须打开支付宝首页并选择点击上面“扫一扫”快捷键进入扫码模式，根据系统页面显示的扫描区域提示框对准商户的支付宝收款二维码进行扫描；系统会自动弹出“确认付款”页面，用户在金额输入对话框内输入商户给出的结算金额后，点击页面右下方的“确认”按钮，进入确认付款页面；在确认付款页面，用户可以选择需要付款的银行账户，而后点击下面的“立即付款”按钮完成付款操作；付款完成后系统会自动显示付款的银行账户及其金额信息，同时还会收到开卡银行的付款短信提醒（如图 2－40 至图 2－42 所示）。

图 2－40　扫一扫确认付款页面

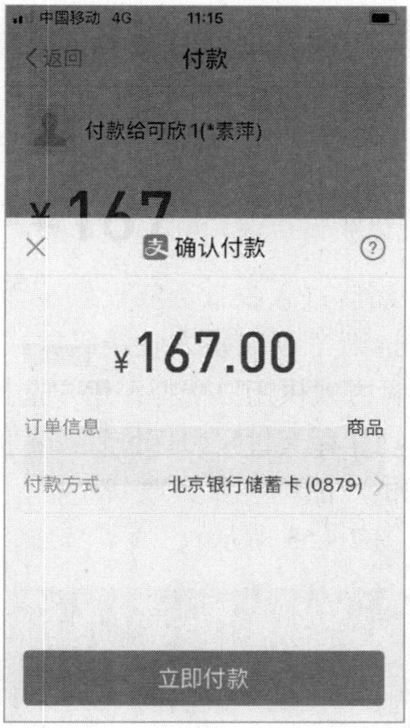

图 2－41　扫一扫立即付款页面

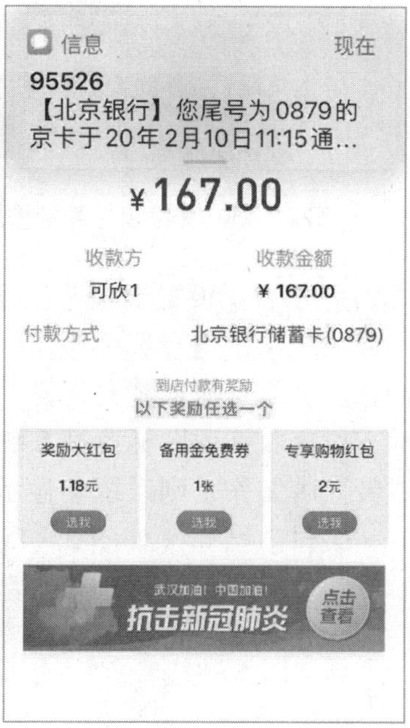

图 2－42　扫一扫结算付款通知页面

需要强调的是，若收款商户拒绝付款用户使用信用卡付款结算，或者个人用户间进行款项结算，则付款用户在确认付款时会无法正常使用信用卡账户进行结算，用户只能选择储蓄卡账户付款结算。

2. 付钱：支付宝“付钱”功能快捷键的提供主要是对收付款双方对结算金额无异议的前提下，方便收款方快捷收款而提供的快捷操作功能。收款商户在使用该快捷功能时，需要在柜台提供支付宝专门扫码付款硬件设备。用户在商户提供的收款设备上面，点击打开自己支付宝页面“付钱”快捷键并进入支付宝付款二维码页面；用户将支付宝付款二维码页面对准商户提供的扫码付款器或者支付宝码枪进行付款操作；付款完成后系统会自动弹出结算账户及其结算金额信息短信通知供用户进行核对（如图 2－43 至图 2－44 所示）。

3. 收钱：若用户属于经营店铺的商户或者有频繁收取款项的相关结算则使用支付宝的“收钱”快捷操作非常方便。使用时，用户在打开的支付宝首页页面上方点击“收钱”快捷键并进入收钱码操作页面；在系统弹出的“个人收钱”二维码对话页面，用户可以点击二

图 2－43　支付宝付款操作后通知页面

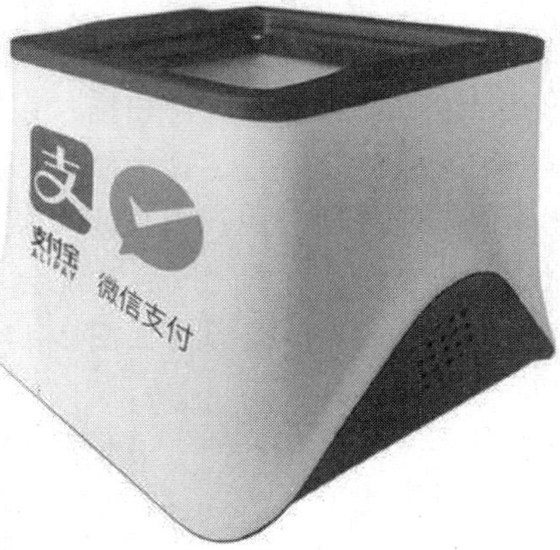

图 2－44　支付宝微信付款器

维码下方的“设置金额”按钮，而后进入收款金额设置页面，或者在系统弹出的使用二维码方式选项中进行选择操作；若选则“领取官方收钱码方式”则点击选择按钮，系统会自动显示官方寄送或者自行打印两种方式供用户选择；用户选择自行打印方式的话，系统会显示支付宝收钱码图标及其系统自动保存支付宝图标位置提示信息。用户若选择官方收钱贴纸或者立牌制作，则系统会显示提供产品种类及其收费金额；点击“同意并申请”按钮，完成相关付款结算（如图 2－45 至图 2－53 所示）。

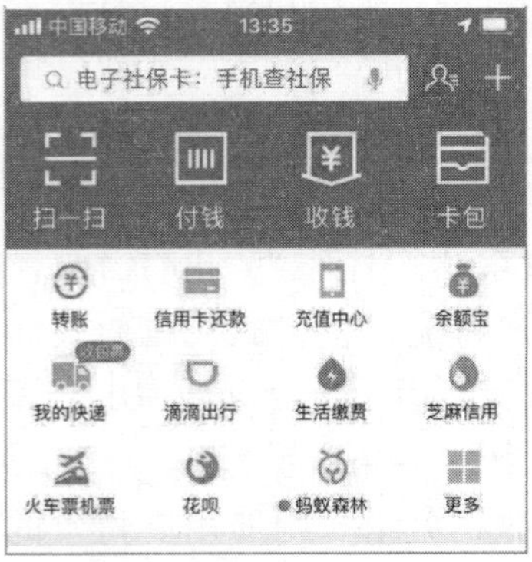

图 2－45　支付宝首页快捷键页面

图 2－46　个人收钱二维码页面

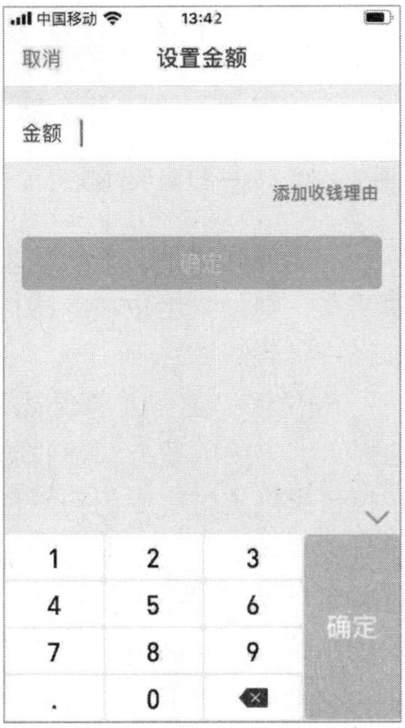

图 2－47　收钱二维码金额设置页面

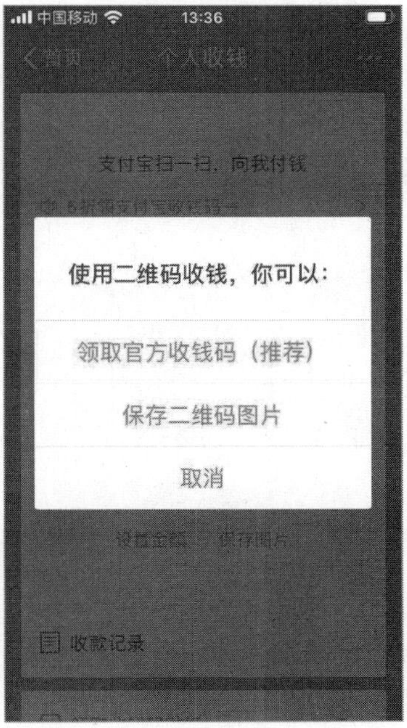

图 2-48　使用二维码方式选择页面

图 2-49　收钱二维码获取选择页面

图 2-50　支付宝收钱码页面

图 2-51　收钱码保存位置信息提示页面

图 2-52　官方收钱贴纸或者立牌制作选择页面

图 2-53　支付宝收钱码立牌样式

4. 淘宝网购物结算：支付宝主要功能是向淘宝网买卖双方提供结算工具。用户在淘宝网上浏览相关店铺并在店铺内浏览相关产品；用户选择并点击自己感兴趣的产品图片，在系统弹出的该产品详细介绍信息页面上面进行商品信息阅读；用户有意购买时可以在该产品页面右下方的“加入购物车（购买多件商品）”或者“立即购买（购买单件商品或者自己不需要再次确认的商品）”按钮间进行选择点击操作；用户若点击“立即购买”按钮，系统会弹出包含有本次购买商品的报价及其运费信息的“确认订单”页面；用户点击“确认订单”页面右下方“提交订单”按钮则系统会弹出“确认付款”对话框，用户点击页面下方“立即付款”按钮完成本次付款结算（如图2－54至图2－58所示）。

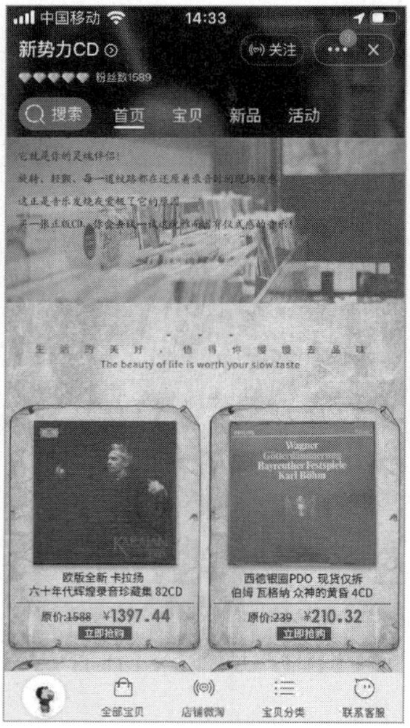

图2－54　淘宝网店铺首页页面

图2－55　商品介绍信息页面

图2－56　商品订单确认页面

图2－57　支付宝确认付款页面

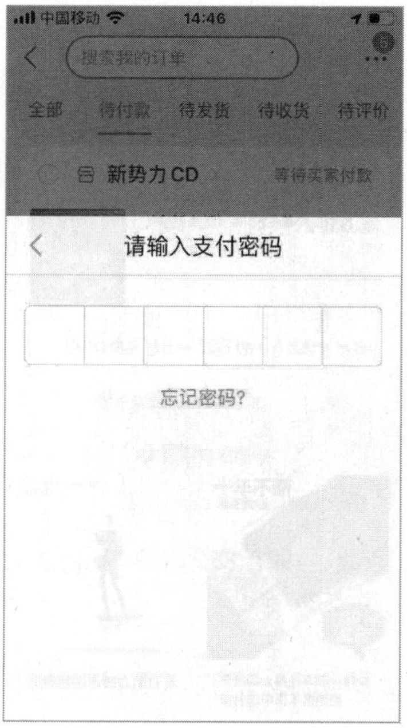

图2－58　支付宝支付密码输入对话框

若用户需要对快递方式及其快递公司进行更改则会使店铺页面原设定的运费报价产生改变。用户需要和商户商议后由店铺重新进行结算报价，用户在支付宝首页点击“待付款”按钮后系统会自动弹出经店铺重新修改价格后的新“确认订单”页面；用户点击新“确认订单”页面右下方“付款”按钮则系统会弹出“确认付款”对话框，用户点击页面下方的“立即付款”按钮完成本次付款结算（如图 2－59 至图 2－64 所示）。

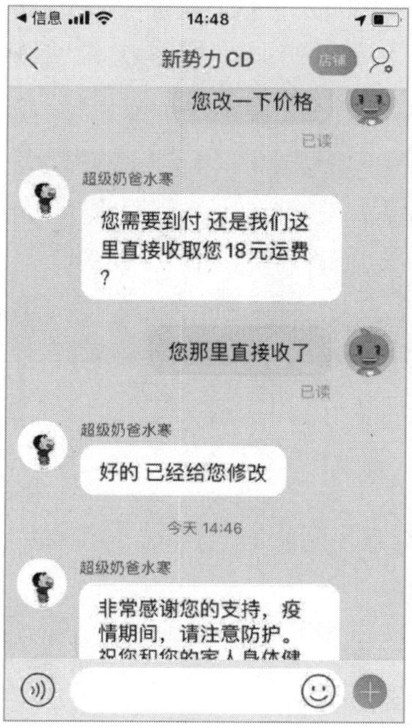

图 2－59　支付宝聊天工具页面

图 2－60　手机淘宝网首页页面

图 2－61　店铺新报价订单页面

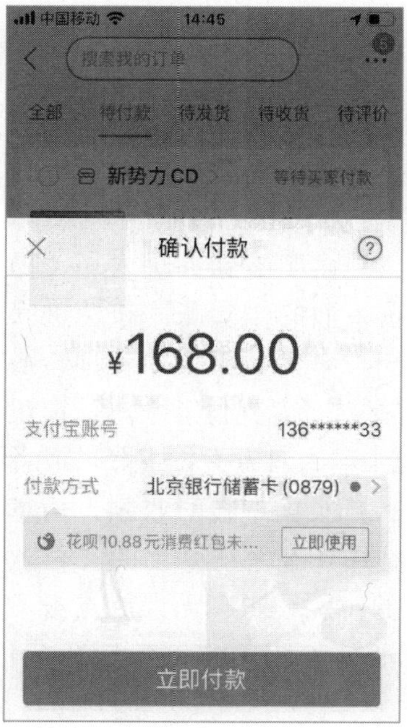

图 2－62　支付宝确认付款页面

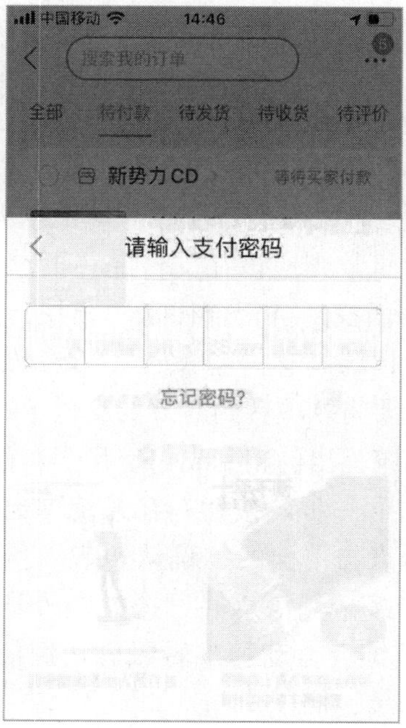

图 2－63　支付宝支付密码输入对话框

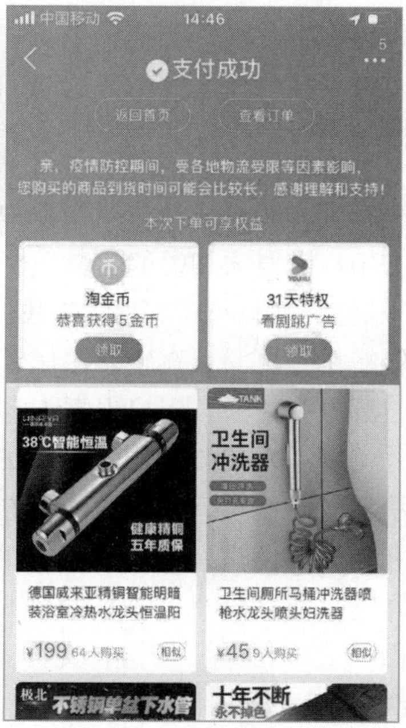

图 2－64　支付宝支付成功页面

需要强调的是，若用户在“确认订单”页面看到了结算手续费支付提示信息，则是店铺经营者拒绝承担信用卡结算手续费的原因。用户可以采取以下的方式方法解决该问题：改由储蓄卡进行结算；仍用信用卡结算但自己来承担结算手续费；和店铺商户商议修改原有的结算价格。

用户在收到商品后，打开支付宝首页，点击首页底部“我的”快捷按钮进入“我的”页面；用户在“我的”页面点击“账单”选择按钮进入“账单”页面；选择已经签收成功的“等待确认收货”账单点击进入；在系统弹出的付款页面输入支付密码完成本次款项结算整个过程（如图 2－65 至图 2－67 所示）。

图 2－65　支付宝账单明细页面

图 2－66　支付宝账单详情确认对话框

图 2－67　支付宝支付密码页面

5. 转账：支付宝“资金往来”模块中的“转账”功能主要是向用户提供转到所需转账到收款方账户的“支付宝账户”“转到银行卡”“跨境汇款”三种方式下的转账结算操作。若用户需要向相关的收款人转账付款则应该在支付宝首页点击“更多”按钮并进入相关操作页面；用户在“我的应用”页面找到“资金往来”模块，点击下面的“转账”按钮进入转账操作页面；在转账操作页面顶部“支付宝账户”“转到银行卡”“跨境汇款”三种转账结算方式中，若用户根据约定需要将款项转到对方的支付宝账户则选择“支付宝账户”按钮并点击进入相关操作页面；在系统弹出的转到支付宝账户对话框中输入对方支付宝账户或者手机号码信息，而后点击下方“下一步”按钮；在系统弹出的转账页面中核对收款人信息并在金额栏输入转账金额，而后点击下面的“确认转账”按钮；用户在系统弹出的“付款详情”对话信息提示页面核对转账金额信息并可选择修改具体的付款账户，无误后点击下面“立即付款”按钮；支付宝系统会自动弹出转账成功短信页面（如图 2－68 至图 2－74 所示）。

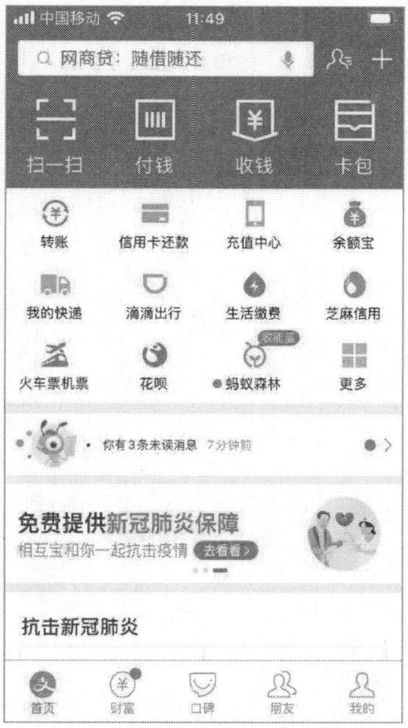

图2－68　支付宝首页页面

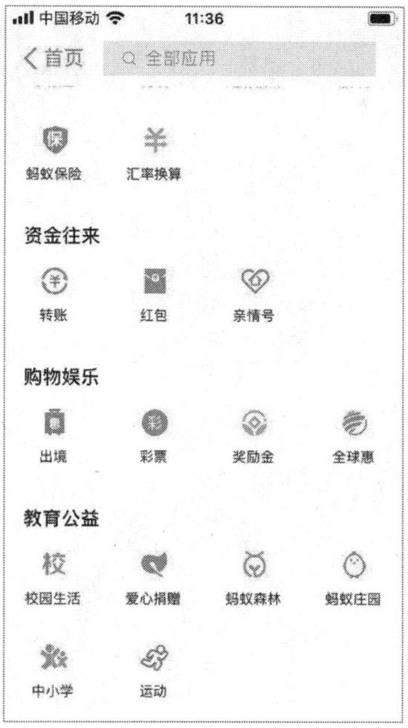

图2－69　支付宝更多应用页面

图2－70　支付宝转账操作页面

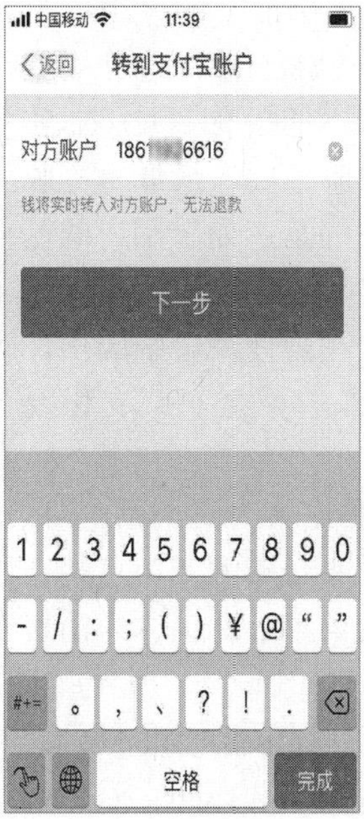

图2－71　支付宝对方账户页面

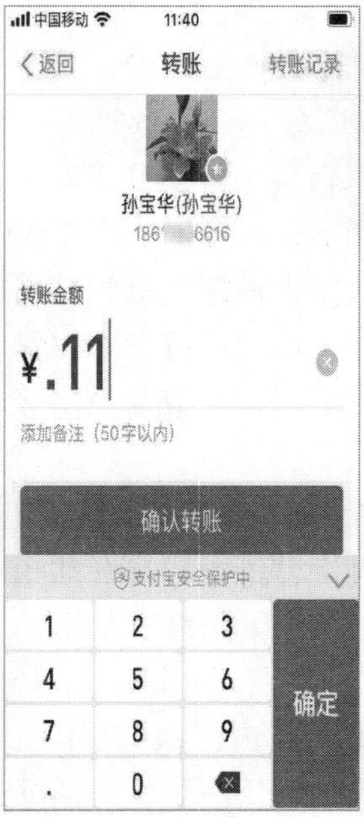

图2－72　转账金额页面

图2－73　付款详情页面

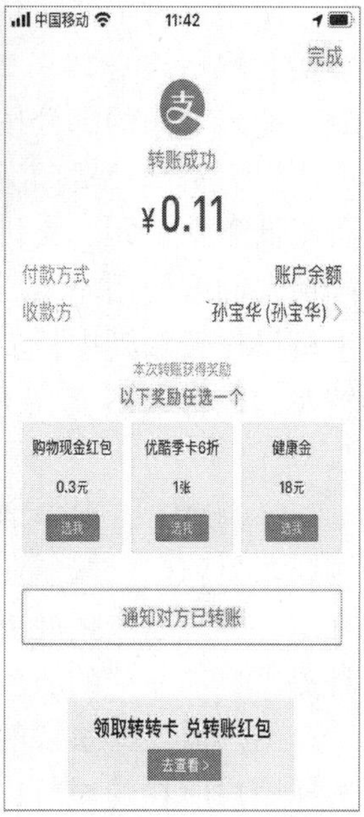

图2－74　转账成功页面

若用户收到通过转账方式转入的款项则在转账信息页面看到转入者的身份信息及其联系方式，用户点击页面下方的“确定”按钮则转账处理方式的选择页面会显示在“朋友”操作页面，用户若点击“转账给你”款项处理方式，则接受的转账款项会自动转入支付宝账户，系统会显示交易成功通知信息（如图2－75至图2－77所示）。

图 2－75　支付宝转账通知页面

图 2－76　支付宝转账接收选择页面

图 2－77　支付宝转账结果页面

使用支付宝转账到银行卡（包括本人和他人卡）收费规则：同一身份证下的多个支付宝实名账户终身共享 2 万元基础免费额度（含转账到银行卡、账户余额提现），超过额度后，超出金额的部分按照超出金额的 0.1% 收取服务费，最低每笔收费不低于 0.1 元。非实名账户无基础免费额度，转账到银行卡金额按照转账金额的 0.1% 收取服务费，最低每笔收费不低于 0.1 元。支付宝倡议用户完成并使用实名认证转账。需要说明的是：如果用户的基础免费额度使用完结后，实名用户可在手机支付宝上使用蚂蚁积分兑换免费额度。用户使用手机操作转账到支付宝账户、从余额宝页面操作转出到银行卡不收费。用户使用电脑端操作转账到银行卡不支持余额宝付款，用户使用手机端操作转账到银行卡选择余额宝支付要收费。

6. 淘票票电影：淘票票由阿里影业推出，后阿里影业旗下淘宝电影更名为淘票票电影。淘票票目前向泛娱乐业开放了包括线上售票、精准营销、用户互动相关平台资源和信息整合资源，围绕票务拓展更多的应用场景，帮助合作伙伴开展线上线下结合的整合营销，为消费者提供更加便捷的服务。

用户需要淘票票的话，需要在支付宝首页页面点击“淘票票电影”按钮进入相关页面，选择用户所在的城市；系统会自动弹出是否允许使用用户位置对话框，用户选择同意后，进入“淘票票票电影”操作页面；用户选择相关文娱演出节目，用户有意购买后点击“立即购买按钮”，系统自动弹出出票信息核对单，进行相关金额及其时间选择并确认无误后点击右下方“确定”按钮；在系统弹出的对话框中输入用户姓名及其手机信息后提交订单；而后，系统会弹出确认付款对话框，用户点击页面下方“立即付款”按钮，通过人脸识别或者指纹付款模式完成付款操作（如图 2－78 至图 2－86 所示）。

图 2－78 支付宝首页选择页面

图 2－79 淘票票电影城市选择提示页面

图 2－80 淘票票电影城市选择页面

图 2－81 淘票票电影位置信息页面

图 2－82 淘票票电影操作页面

图 2－83 淘票票电影分类页面

图 2－84　淘票票电影节目信息页面

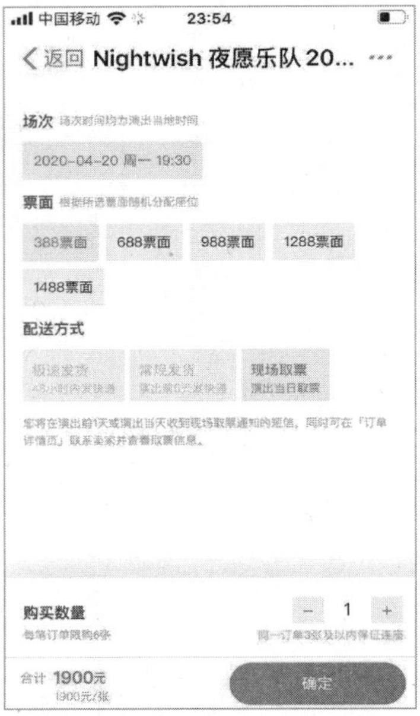

图 2－85　淘票票电影时间金额选择页面

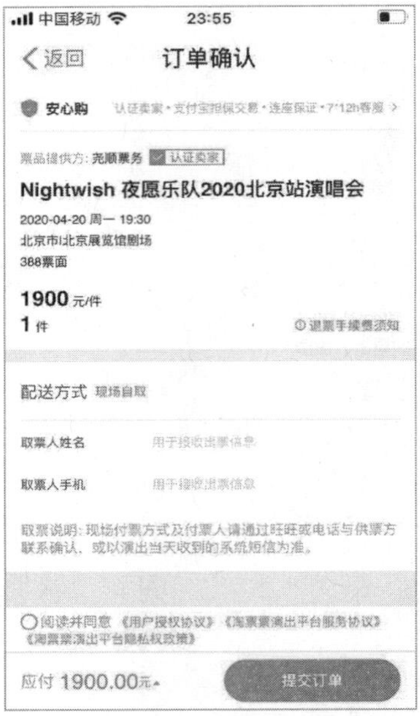

图 2－86　购票用户信息页面

用户若想取消所选择的票务订单，可以在淘宝订单详情页面下方选择点击“取消订单”按钮，而后在系统弹出的原因选择页面选择自己取消订单的原因，选择点击“确认”按钮，完成取消操作。需要说明的是，取消操作后订单并没有真正被删除出移动淘宝系统；若要真正删除订单，还需要点击“删除订单”按钮，并在确认后票务订单后，才能真正被彻底删除出移动淘宝系统（如图 2－87 至图 2－89 所示）。

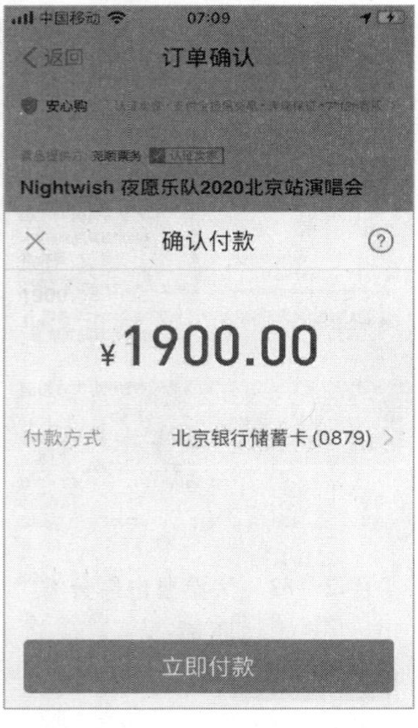

图 2－87　淘票票电影立即付款页面

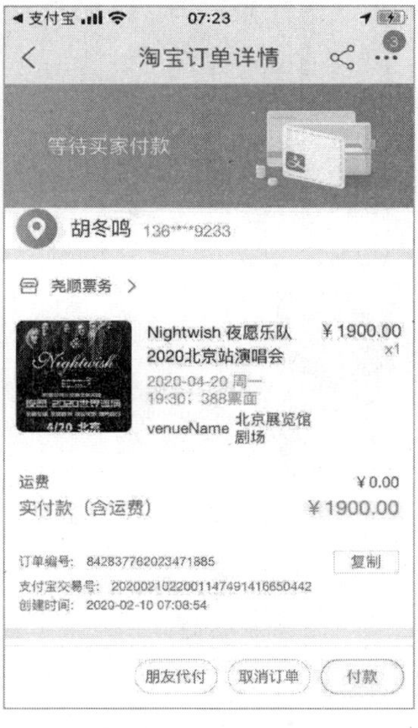

图 2－88　淘票票电影取消订单选择页面

图 2－89　淘票票电影取消原因及其确定页面

7. 火车票机票：支付宝“火车票机票”购票业务功能模块实际是与相关国内火车票及其机票购票系统关联后帮助客户联网实现在线购买火车票和飞机票。客户需要在相关火车票及其机票购票网站上面进行注册后才能够正常使用该项业务。因而用户在线购买火车票机票自然有两种方式：一种是登录火车票机票相关购票网站并选择好火车票机票后使用支付宝进行票款结算；使用该种操作方式也可以直接在支付宝“火车票机票”页面底部快捷键中直接选择点击“登录12306”按钮进入关联的购票网站。另一种是在支付宝软件中进行关联火车票机票相关购票网并在选择好火车票机票后使用支付宝进行票款结算。

若用户采用后一种方式购买火车票，则在支付宝页面点击“火车票机票”按钮进入相关页面；在城市名称选择对话框点击后，分别选择始发地城市名称和目的地城市名称；点击日期选择对话框后选择出发日期；相关信息确认无误后点击下面的“搜索火车票”按钮；在显示的火车票信息页面中选择自己看中的时间和价格合理的车票；核对系统弹出的该车次信息并点击“立即预定”按钮；利用原注册信息在关联的12306购票网站登录；在相关的车次信息页面点击下面的“添加乘车人”按钮并在系统弹出的乘车人信息对话框中填写个人真实身份信息点击“提交”按钮提交；根据系统回复的信息核对单进行信息核对，无误后点击“确定”按钮；系统若能出票则会显示带有“立即预定”按钮页面，点击进入结算页面（系统显示购票信息提示）；若页面显示“占座成功”字样则表示可以结算，用户点击下面“去付款”按钮进行结算；在系统弹出的“确认付款”页面下方点击“立即付款”按钮，完成票款结算（如图2－90至图2－103所示）。

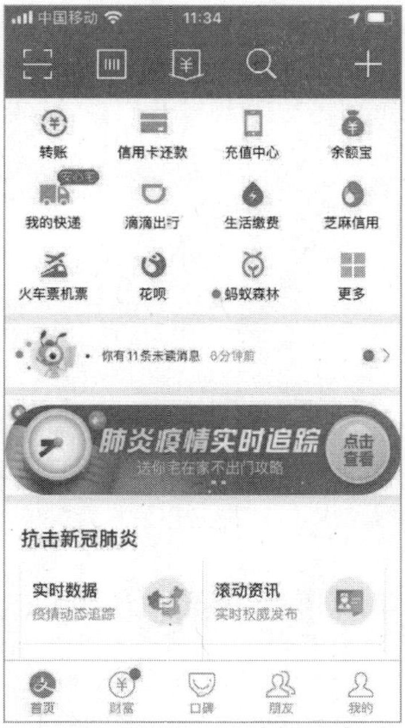

图2－90 支付宝首页页面

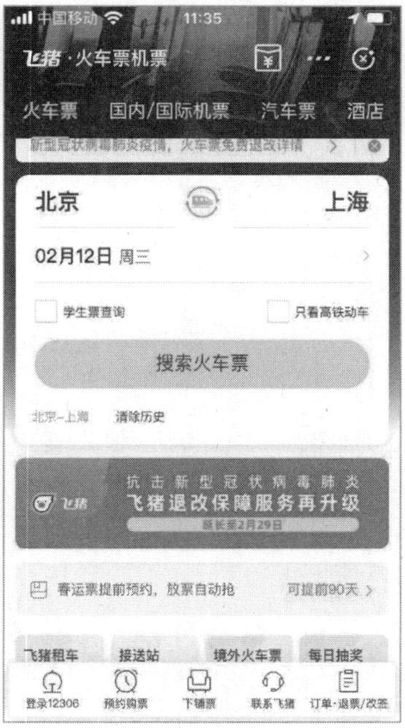

图2－91 火车票机票购票页面

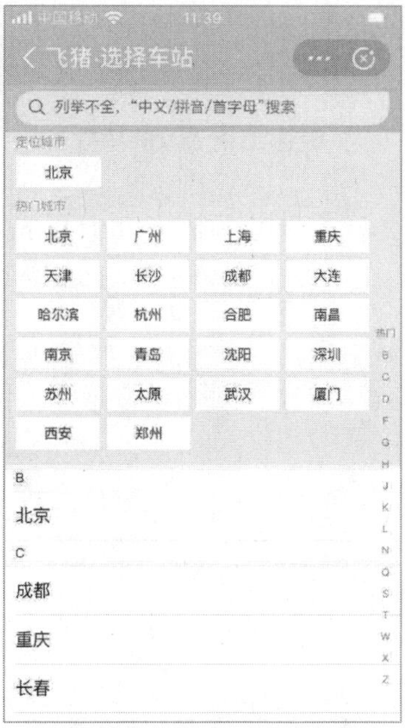

图2－92 火车票来往城市选择页面

图2－93　火车票地区时间提示页面

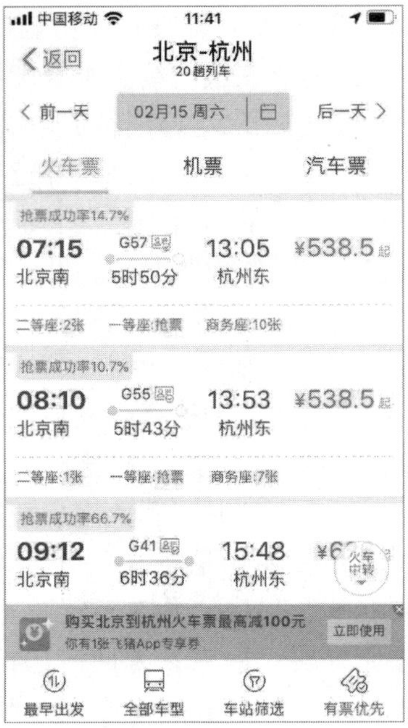

图2－94　火车票车次信息及选择页面

图2－95　具体火车票信息页面

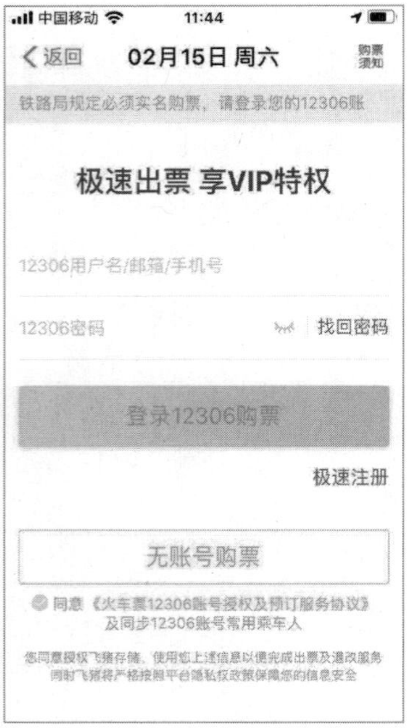

图2－96　关联12306网站登录页面

图2－97　添加联系人手机信息页面

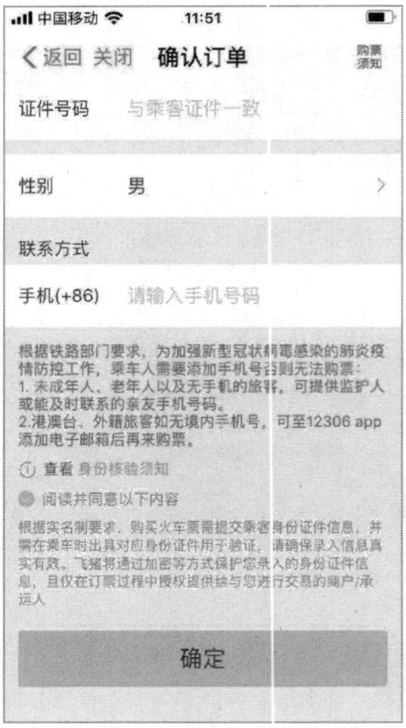

图2－98　添加乘车人信息页面

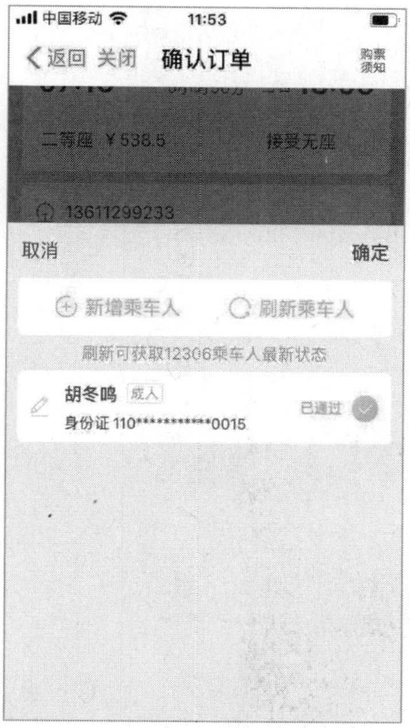

图 2－99　乘车人信息核对通过页面

图 2－100　乘车人订单确认预定页面

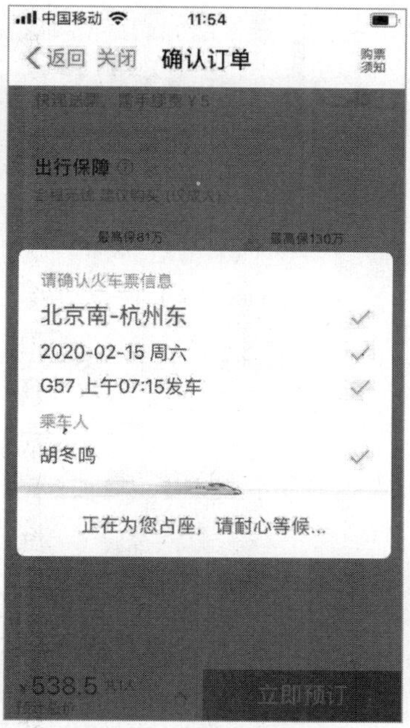

图 2－101　火车票出票提示页面

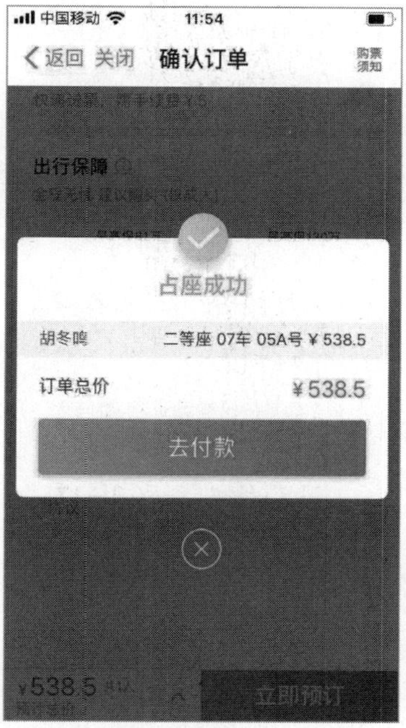

图 2－102　火车票出票成功可付款页面

图 2－103　火车票结算付款页面

8. 手机充值：若用户想要给自己的手机充值，应在支付宝页面中点击“充值中心”按钮，进入“充值中心”页面。“充值中心”页面会显示需要充值的手机号码及其支付宝售卖的手机充值金额券。选择相关的充值券金额进行充值（如图 2－104 和图 2－105 所示）。

图2－104　支付宝功能页面图示

图2－105　支付宝手机充值页面

手机页面会自动弹出“确认付款”对话框，点击下面“立即付款”按钮，手机会进入密码或指纹付款模式；付款成功后，页面会自动跳转到“充值成功”页面，并显示充值业务当前工作进度。通常客户会收到电信运营商的充值短信提醒（如图2－106至图2－108所示）。

图2－106　支付宝充值确认付款对话框

图2－107　支付宝充值成功通知

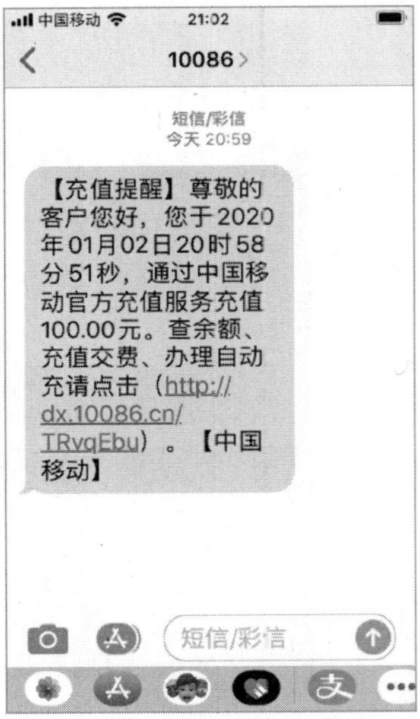

图2－108　支付宝手机充值提醒短信

9. 生活缴费：若用户有生活中的电费、水费及燃气费的预付款及其相关费用缴纳问题，应在支付宝功能页面选择“生活缴费”按钮并点击进入相关页面，若预缴电费，选择需要预缴费用的电表信息核对无误后，在金额输入框内输入用户预购的电费金额，而后点击屏幕右下方的“确定”按钮（如图 2－109 和图 2－110 所示）。

图 2－109　生活缴费页面缴费记录菜单

图 2－110　支付宝预购电费操作页面

用户会收到系统弹出的应缴金额信息核对页面，确认无误后，点击页面下方的“立即缴费”按钮，系统会自动弹出确认付款及其付款银行账户信息的页面。若用户需要改变支付款项的银行账户，则需要点击付款方式菜单，并在展开的银行账户信息中选择需要付账的银行账户，而后点击页面下方的“立即付款”按钮，进行密码、指纹或者刷脸付款（如图 2－111 和图 2－112 所示）。

图 2－111　预购电费信息核对页面

图 2－112　预购电费付款操作页面

付款操作完毕后，系统会自动弹出支付成功信息，同时用户还会收到付款银行转来的付款短信（如图 2 – 113 和图 2 – 114 所示）。

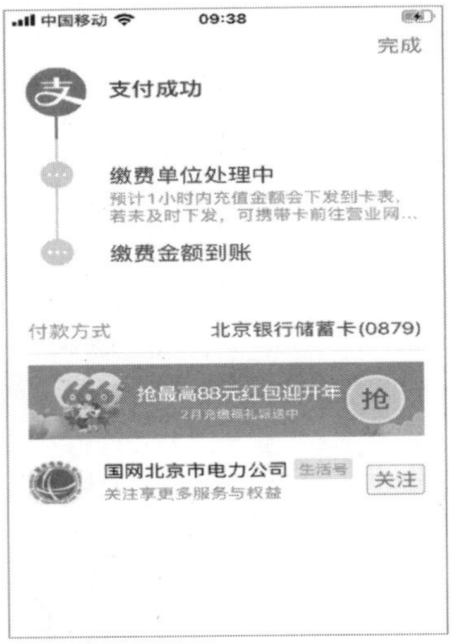

图 2 – 113　支付宝付款成功页面

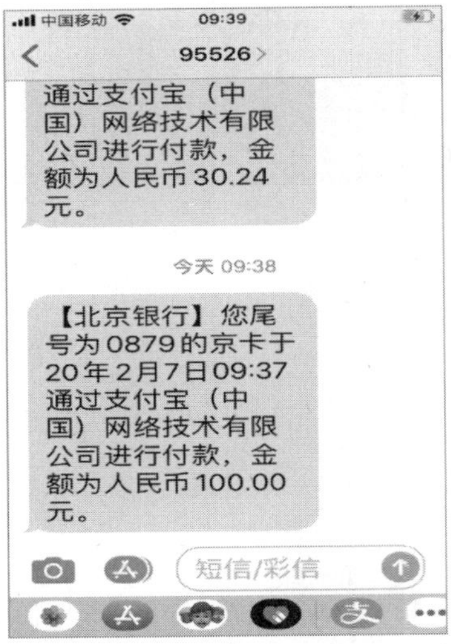

图 2 – 114　付款银行付款成功短信页面

10. 交通罚款：用户若有交通违章需要缴纳罚款，则可以点击支付宝首页“更多”按钮进入“更多应用”页面，点击“车主服务”按钮进入相关页面；第一次使用该项服务的用户系统会自动弹出车主位置或者车辆位置信息对话框，用户点击“立即切换”按钮并切换到车主所在地区或者选择车辆所在位置服务页面，以后使用时点击车主服务页面顶端位置信息按钮在下拉菜单中选择所在城市名称；点击“罚单缴费”按钮后进入“罚单缴费办理”页面，输入处罚决定书编号并点击页面下方的“立即查询”按钮，系统会自动显示用户的违章信息；用户核对无误后选择要缴费的相关违章记录并点击页面下端“处理并缴费”按钮完成相关缴费结算（如图 2 – 115 至图 2 – 120 所示）。

图 2 – 115　手机支付宝首页页面

图 2 – 116　支付宝更多应用分类页面

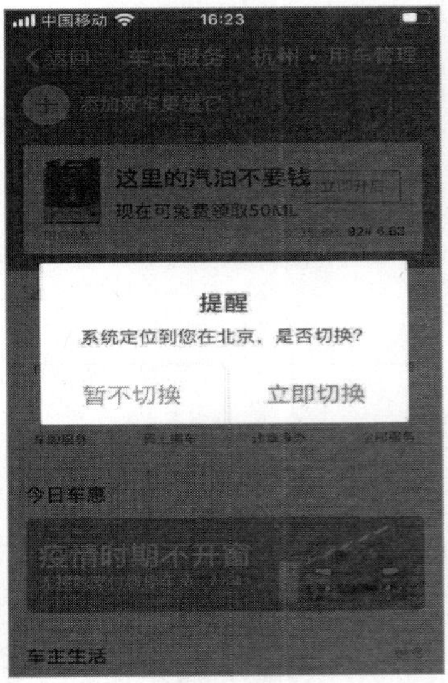

图 2 – 117　支付宝车主生活定位用户页面

图 2－118　支付宝车主生活应用页面

图 2－119　罚单缴费办理页面

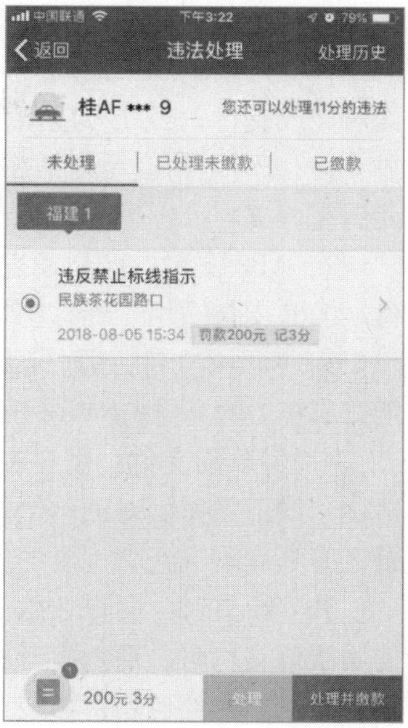

图 2－120　违章处理信息确认并缴费对话框

需要说明的是，12123 软件目前在交通违章罚款缴纳操作页面上面也增加了支付宝支付选择页面（如图 2－121 所示），方便支付宝用户非常方便进行结算。

图 2－121　软件 12123 关联支付宝结算选择页面

二、微信支付业务类型及其使用

（一）微信支付业务类型

1. JSAPI 支付：商户通过调用微信支付提供的 JSAPI 接口，在支付业务中调起微信支付模块完成收款。适用于在公众号、朋友圈、聊天窗口等微信内完成的相关支付。JSAPI 支付的三种应用中，线下应用是调用接口生成二维码，用户扫描二维码后在微信浏览器中打开页面后完成支付；公众号应用是用户在微信公众账号内进入商家公众号，打开某个主页面，完成支付；PC 网站应用则是在网站中展示二维码，用户扫描二维码后在微信浏览器中打开页面后完成支付。

2. APP 支付：商户通过在移动端应用 APP 中集成开放 SDK 调起微信支付模块来完成支付。APP 支付适用于在移动端 APP 中集成微信支付功能的应用。

3. Native 支付：商户系统按微信支付协议生成支付二维码，用户再用微信“扫一扫”功能完成相关的支付。Native 模式适用于 PC 网站、实体店单品或订单、媒体广告支付等应用。

4. 付款码支付：用户展示微信钱包内的“付款码”给商户系统扫描后直接完成支付，适用于线下场所面对面收银的应用，例如商超、便利店、餐饮、医院、学校、电影院和旅游景区等具有明确经营地址的实体场所。

5. H5 支付：商户在微信客户端外的移动端网页展示商品或服务，用户在前述页面确认使用微信支付时，商户发起本服务唤起微信客户端进行支付。主要用于触屏版的手机浏览器请求微信支付的应用。可以方便的从外部浏览器唤起微信支付。

（二）微信支付账户注册与管理

1. 微信支付的下载安装：目前，手机微信支付可以进行收款付款、手机充值、转账、信用卡还款、买彩票、生活缴费等功能，而且还可以用理财通理财。用户需在手机应用商店“搜索框”中输入“微信”文字后敲击“回车键”，则会看到所搜索到的微信 APP 软件产品（如图 2－122 所示）；点击进入微信产品页面后，点击右上角“下载”图标，进入手机微信软件下载页面（如图 2－123 所示）。

图 2－122　手机应用商店微信搜索页面

图 2－123　手机商店微信下载页面

用户还可以通过手机浏览器在百度搜索页面输入“微信或者微信下载”搜索词，点击页面右面的“百度一下”图标按钮，系统会显示微信下载所有网站信息；点击进入官方微信下载网站或者链接；在微信网站弹出的微信下载页面，用户根据自己手机系统类型选择APP 软件下载安装。用户须根据自己手机操作系统的类型下载相应的操作软件，否则微信无法正常使用（如图 2－124 至图 2－126 所示）。

图 2－124　手机浏览器百度搜索微信页面

图 2－125　微信下载首页页面

图 2－126　微信 APP 软件下载页面

手机微信安装成功后，在手机屏幕上会出现微信图标。点击手机微信图标，正确输入账号与密码后，会进入手机微信页面（如图 2－127 所示）。

2. 微信支付账户管理：微信支付账户的主要管理操作集中在其“支付管理”模块中。微信用户可以点击微信菜单中的“支付”选项进入微信支付页面；用户点击页面右上角“…”图标按钮，进入微信“支付管理”页面，进行相关微信账户“实名认证”“修改支付密码”“忘记支付密码”“指纹支付”“允许通过手机向我转账”“快捷方式设置”“转账到期时间”“红包退款方式”“服务管理”“注销微信支付”相关操作或者信息查询。

若用户需要修改自己的支付密码，可以点击微信页面右下角“我的”快捷菜单；在系统弹出“我的”快捷菜单中点击上面的“支付”选项，进入微信相关“支付”页面；在系统弹出支付页面用户点击页面右上角“…”图

图 2－127　含有微信图标的手机页面

标按钮，进入微信“支付管理”页面；用户点击微信账户“支付管理”子菜单并点击打开“修改支付密码”子菜单；在“修改密码”子菜单中的数字框内输入原支付密码进行验证；系统验证原支付密码无误后自动弹出“设置支付密码”对话框，用户设置新密码完毕后系统会要求用户再重复设置密码一次，以验证用户设置的密码正确无误。用户点击页面“完成”按钮结束密码修改（如图 2 – 128 至图 2 – 131 所示）。

图 2 – 128　微信支付管理页面

图 2 – 129　微信支付验证原密码页面

图 2 – 130　微信支付新密码设置页面

图 2 – 131　微信支付新密码确认页面

若用户在使用中有误操作的预防要求，则需要给微信设置解锁手势密码。但和支付宝有所不同的是，微信支付的解锁手势设置需要点击“钱包”快捷菜单里面的“安全保障”子菜单选项，在系统弹出的“微信保护你的支付安全”菜单中点击“安全锁”子菜单选项；在系统弹出的“安全锁”操作菜单中点击“手势密码解锁”按钮进入手势密码设置操作；用户首先需要输入支付密码在系统验证身份，通过后自动进入手势密码设置界面，完成后需要再次输入所设置的密码进行确认密码正确（如图 2－132 至图 2－137 所示）。若设置不成功则页面会显示相关提醒信息。

图 2－132　微信支付钱包账单页面

图 2－133　微信支付安全选项页面

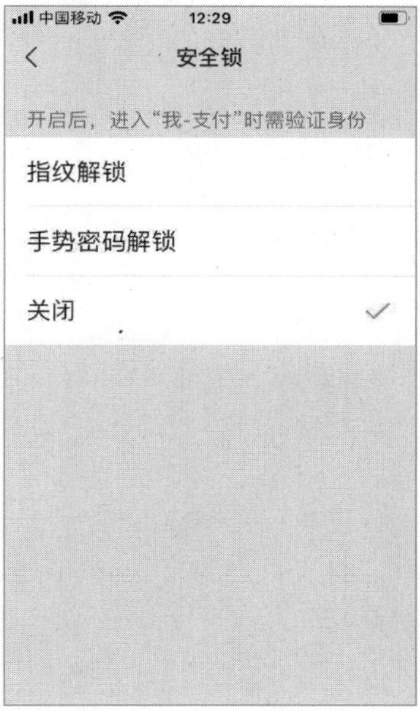

图 2－134　微信支付安全锁选项页面

图 2－135　微信手势密码验证身份页面

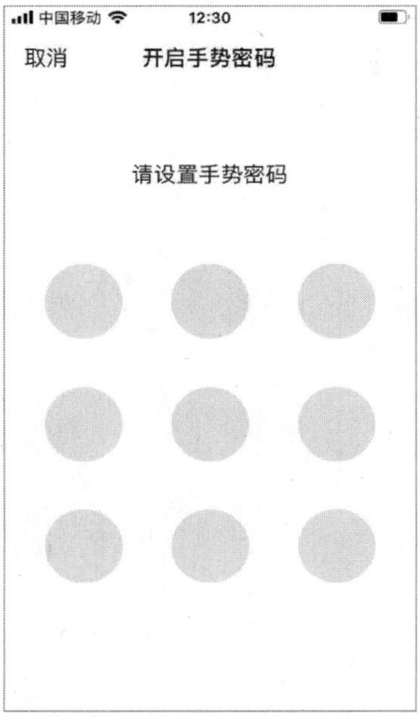

图 2－136　微信手势密码设置页面

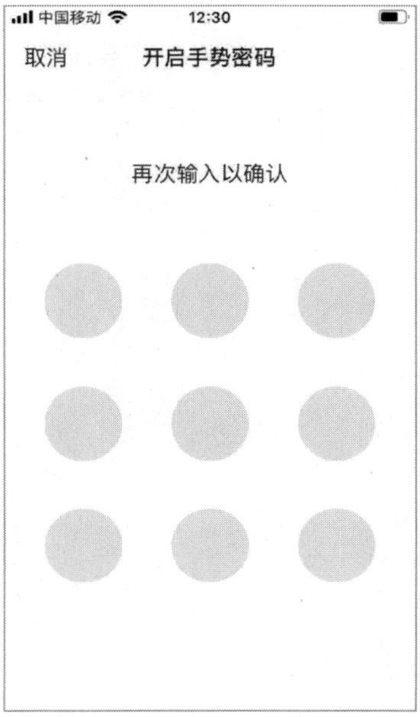

图 2－137　微信手势密码确认页面

若用户需要修改解锁手势密码，则需要在系统弹出的“安全锁”操作菜单中点击“修改手势密码”按钮进入手势密码修改操作；用户首先需要输入原手势密码在系统进行身份验证，通过后自动进入手势密码重新设置页面，完成后需要再次输入所设置的密码进行确认新密码正确（如图2－138至图2－141所示）。若设置不成功则页面会显示相关提醒信息。

若用户需要关闭解锁手势密码的使用，可以在“安全锁”菜单中选择“关闭”选项。之后在进入微信支付页面操作时无须在屏幕上面进行解锁手势密码输入的相关操作（如图2－142所示）。

图2－138　微信支付安全锁选项页面

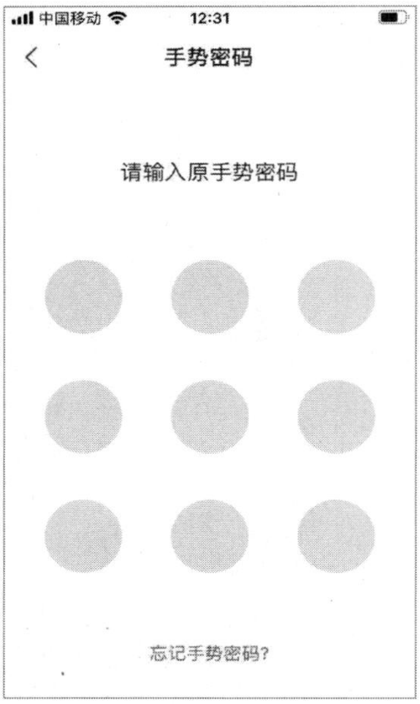

图2－139　微信支付原密码验证页面

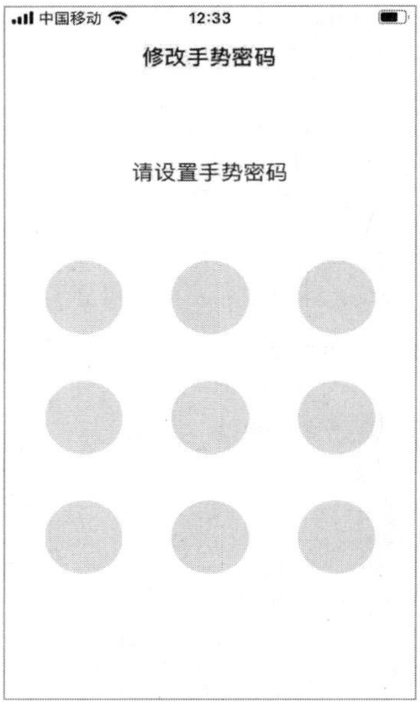

图2－140　微信支付新密码设置页面

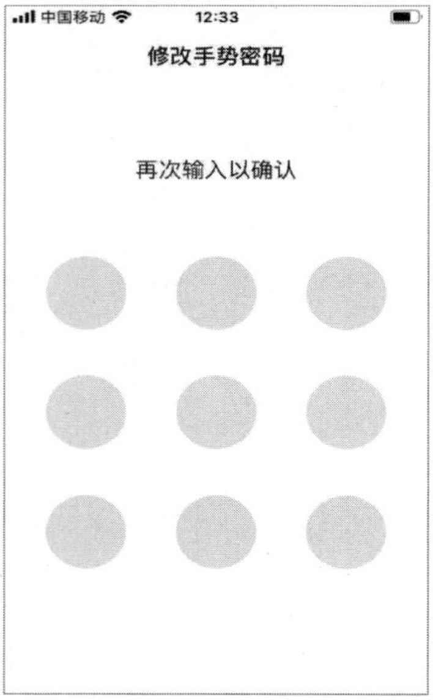

图2－141　微信支付新密码确认页面

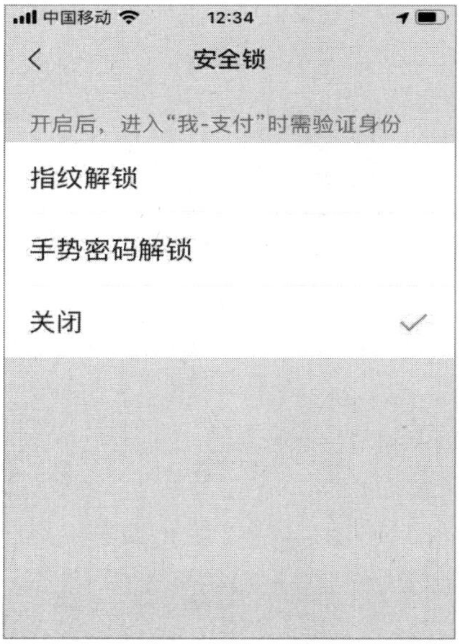

图2－142　微信支付安全锁选项页面

若用户需要添加银行卡则需要进入微信点击页面底部“我”快捷按钮，在系统弹出用户信息页面点击“支付”选项并进入支付页面；点击“支付”页面上端“钱包”快捷键并进入相关操作界面；在“钱包”页面会看到“我的银行卡”选项，点击该选项进入“银行卡”操作页面；用户在系统弹出的“银行卡”操作页面点击“添加银行卡”按钮；如果用户曾绑定过银行卡则会有已绑定的银行卡片信息。用户首次进入添加银行卡相关操作，系统会要求用户输入个人实名信息；用户如果是绑定非第一张银行卡，系统则会要求用户先输入支付密码后才能转到“添加银行卡”页面的“输入银行卡号”操作并点击“下一步”按钮；在系统弹出的“填写银行卡及身份信息”页面，用户需要核对银行卡类型、用户真实姓名、用户所在地区、身份证号码及其手机号相关信息，认真阅读并点击文字“同意《微信支付协议》”前面的复选框，而后点击“下一步”按钮。用户在系统弹出“验证手机码”页面，接下来用户手机会收到一条来自腾讯的验证码信息，将获取的验证码输入“对话框”中并点击“下一步”按钮。若用户没有设置过支付密码，而后用户还需要设置支付密码信息。输入完成后，就完成了微信与银行卡的绑定，并在以后利用该项服务功能实现在线支付（如图 2－143 至图 2－152 所示）。

图 2－143　微信首页页面

图 2－144　微信支付产品页面

图 2－145　微信钱包账单页面

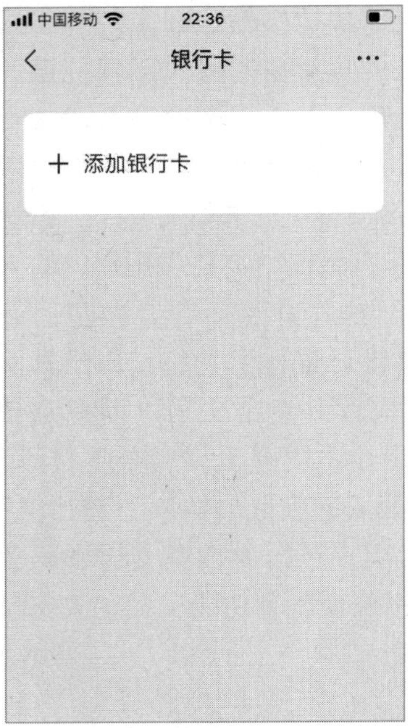

图 2－146　微信银行卡页面

图 2－147　添加银行卡密码验证页面

图 2－148　添加银行卡卡号输入页面

图 2－149　填写银行卡及身份信息页面

图 2－150　填写微信验证码页面

图 2－151　添加银行卡成功页面

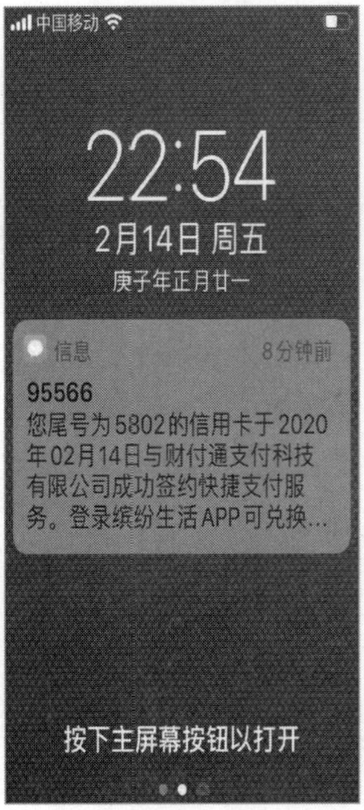

图 2－152　开卡银行短信通知页面

（三）微信支付使用

1. 收付款：若用户属于经营店铺的商户或者有频繁收取款项的相关结算则使用微信的“收付款”快捷操作非常方便。使用时，用户在打开的微信支付“收付款”页面上方点击

“二维码收款”选项并进入收钱码操作页面；在系统弹出的“二维码收款”操作界面，用户可以点击二维码下方的“设置金额”按钮，而后进入收款金额设置界面，或者在系统弹出的使用二维码方式选项中进行选择操作；若选则“保存收款码”则点击选择按钮，系统会自动显示并保存后期可以自行打印的二维码照片供用户选择；用户选择设置金额方式的话，系统打印出来的微信收钱二维码图片会显示微信收钱码图标及其收款金额提示信息（如图2－153至图2－158所示）。

图2－153　微信收付款页面

图2－154　微信二维码收款页面

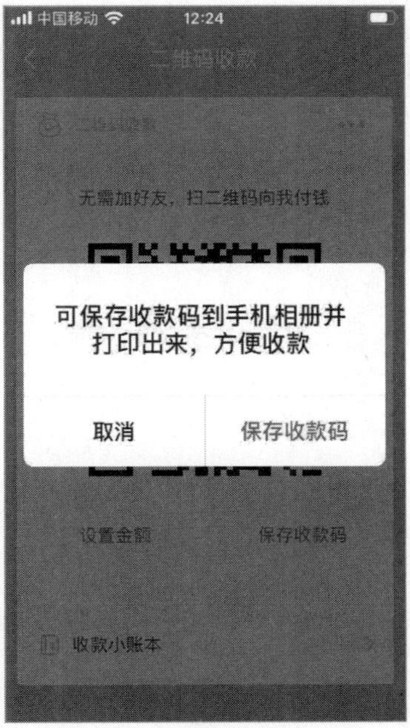

图2－155　收款二维码保存提示

图2－156　二维码收款金额设置页面

图2－157　二维码收款金额生成页面

图2－158　微信收款二维码图标

移动金融的使用

若用户想通过扫描商户展示的二维码进行支付，则商户需要根据微信支付的规则，为不同商品生成不同的二维码并展示在各种购买场合，方便用户扫描购买。属于事前得到用户认可的结算金额，用户可以直接在商户提供的付款器上面或者对准客户的扫码枪展示自己微信付款二维码进行直接结算。该种方式不需要用户输入支付密码，属于微信快捷支付。而对于在网站选定商品后选择微信支付结算方式的用户，商户须在后台生成付款二维码并在页面展示给用户，用户使用微信“扫一扫”扫描二维码后，获取商品支付信息；用户在系统弹出的付款操作界面输入结算金额；用户确认支付金额无误后，可选择零钱或银行卡方式进行支付；用户在系统弹出的输入支付密码界面输入支付密码，而后点击右下方的“支付”按钮完成结算款项支付。系统会发送到用户手机端付款成功提示短信，支付失败会弹出错误提示页面（如图 2 – 159 至图 2 – 163 所示）。商户后台得到支付成功的通知后进行发货处理。目前微信支付支持手机系统有 IOS、Android 和 WP。

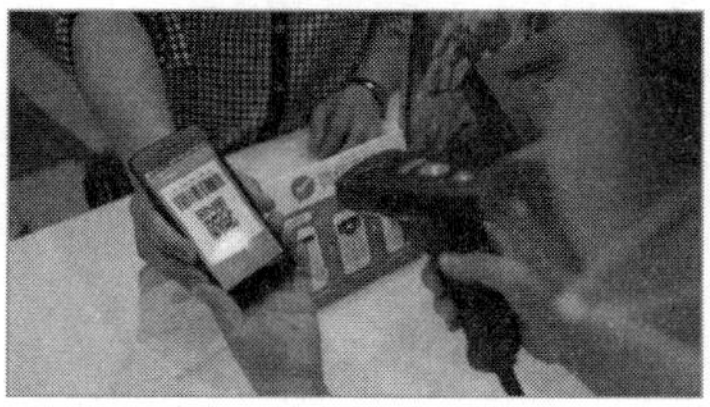

图 2 – 159　微信二维码直接付款

图 2 – 160　微信二维码付款完成短信通知

图 2 – 161　微信二维码付款操作页面

图 2 – 162　微信付款确认支付对话框

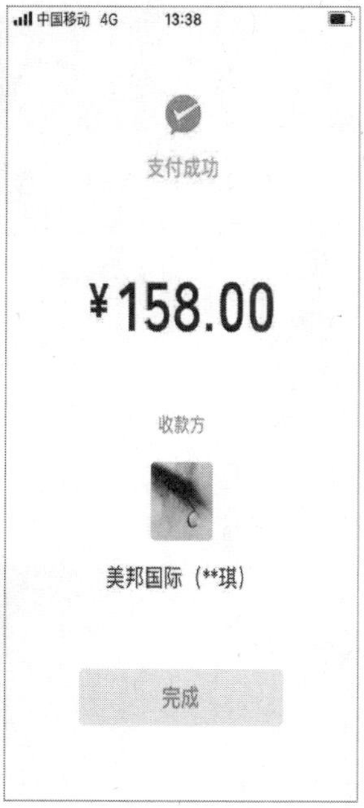

图 2 – 163　微信付款支付成功通知

需要说明的是，用户在自动售货机扫码进入购买商品页面后，点击商品类别菜单并选择好自己喜欢的商品，用户点击商品页面底部“购物车”快捷键进入“购物车”查看自己所购买的商品，核对无误后用户点击右下方“结算”按钮后，在系统自动弹出的带有微信支付提示的结算付款页面右下方点击“立即支付”按钮，用户在系统弹出的“确认支付”对话框点击“确认支付”按钮，若采用指纹密码方式结算付款则结束本次付款操作，或需要人工方式输入支付密码。微信支付会转来支付成功短信通知（如图 2－164 至图 2－168 所示）。

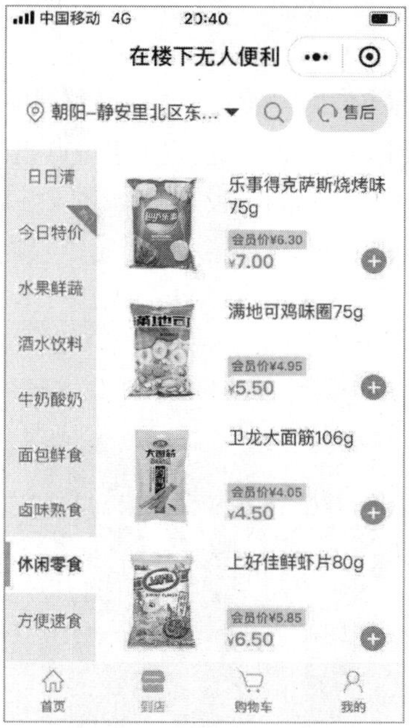

图 2－164 售货机商品选择页面

图 2－165 售货机购物车状态页面

图 2－166 微信支付结算付款页面

图 2－167 微信支付确认支付对话框

图 2－168 微信支付结算成功页面

用户通常会在微信上面看到商户的红包发放信息（如图 2－169 所示）。用户领取红包后，相应资金会到达用户微信支付零钱账户，目前红包和钱包中的其他资金有一样的使用出口。若用户未领取该红包，则资金将会在 24 小时后退回商户的微信支付账户中。微信红包可以为企业拉取新用户、巩固老用户关系、提升用户活跃度。同时，结合巧妙的创意点子，辅以红包点缀，打造火爆的活动，提升商户与品牌知名度。商户以红包作为奖品，使你的抽奖、满送等营销活动更便利进行。除了营销之外，现金红包在商户日常的运营中还可以为员工返福利、为供应商返利、会员积分/虚拟等级兑现。

用户也可以得到亲朋好友通过转账方式发来的红包。用户可以在相关发送红包者微信聊天页面看到对方发来的发红包短信，点击打开后用户会看到金额信息及其发送人信息，点击该页面后，红包转账通知页面会显示该笔款项自动充值到用户的“零钱”账户（如图 2－170 至图 2－172 所示）。用户领取红包后在相关发送红包者微信聊天页面会显示用户已经领取了该红包的信息（如图 2－173 所示）。

图 2－169　扫码商户微信红包图标页面

图 2－170　微信用户收到红包通知页面

图 2－171　红包转入零钱通知

目前在许多商务场景都会安装微信刷脸支付设备“青蛙”来方便用户快捷结算。该设备系统安装方便，具有即插即用的特点，无需安装开发插件，轻松实现微信刷脸支付功能，同时也支持扫码支付。该设备配备 3D 结构光摄像头，支持连接多种外接设备，通过软件的升级让设备不断实现功能扩展和升级。该设备小巧轻便，8 英寸 1280×800 像素的高清屏幕＋L 型的一体化设计机身，设计非常简洁流畅。该设备 40 度倾角的人性化设计，适用于不同高度的台面，满足不同身高的用户，只要在使用时对机器进行额外的角度和高度调校即可。该设备具备深度学习能力，在用户常去、熟悉的环境下，无需输入手机号即可完成付款。

图 2－172　红包转入零钱信息页面

图 2－173　用户领取红包信息页面

用户使用该设备刷脸支付款项时，按住屏幕下方的“刷脸支付”按钮，进入页面，屏幕最上方出现了一个圆形的脸部识别框，把脸对准圆形框，机器开始面部识别（如图 2－174 所示）。

用户第一次使用刷脸支付设备时，被识别之后还需要输入微信绑定的手机号，之后再次识别就不用输手机号了，机器会记住你的信息（如图 2－175 所示）。

图 2－174　按住屏幕下方的“刷脸支付”按钮，进入页面

图 2－175　被识别之后需要输入微信绑定的手机号

用户输完号码后，设备页面会弹出你的微信头像小方框，点击屏幕“确定”按钮并等待 2 至 3 秒后，设备页面会显示支付完成短信提醒页面（如图 2－176 和图 2－177 所示）。

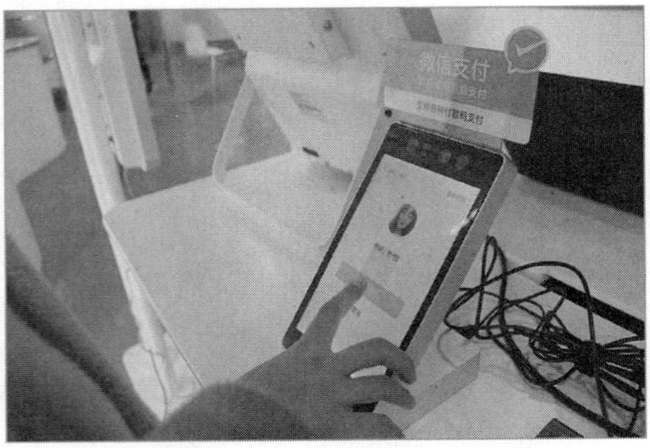

图 2－176　用户点击页面微信头像方框下“确定”按钮

图 2－177　用户看到微信刷脸支付成功通知页面

2. Q 币充值：Q 币，简称 QB ，也称 QQ 币、腾讯 Q 币等。通常它的兑换价格是 1Q 币＝1 元，用腾讯拍拍网交易一般都是 9 折。QB 是由腾讯推出的一种虚拟货币，可以用来支付 QQ 的 QQ 行号码、QQ 游戏充值券、QQ 会员服务。QQ 卡面值分别有 10 元，15 元，30 元，60 元，100 元，200 元。用户需要进行“Q 币充值”的话，需要进入“微信支付”页面，点击操作页面的“Q 币充值”的系统图标；在系统弹出的腾讯充值页面选择 Q 币充值金额种类，接着再输入要充值的 QQ 账户号码，然后点击“立即充值”按钮，而后输入用户微信的支付密码便可以使用微信进行 Q 币充值了（如图 2－178 至图 2－181 所示）。系统会显示充值详细信息。

图 2－178　微信支付操作选项页面

图 2－179　微信充值对话框页面

图 2 – 180　微信充值账户信息填写页面

图 2 – 181　充值支付密码输入确认对话框

3. 转账：微信“转账”功能主要是向用户提供转账到收款方零钱账户或者银行卡账户的转账结算操作。若用户需要向相关的收款人转账付款则应该在微信收付款首页点击“向银行卡或手机号转账”选项菜单；在系统弹出的转账结算方式页面有“向银行卡转账”和“向手机转账”两种转账结算方式供选择；若用户根据约定选择“向手机转账”按钮并点击进入相关操作页面，点击相关页面下面“开始使用”按钮（如图 2 – 182 至图 2 – 184 所示）。

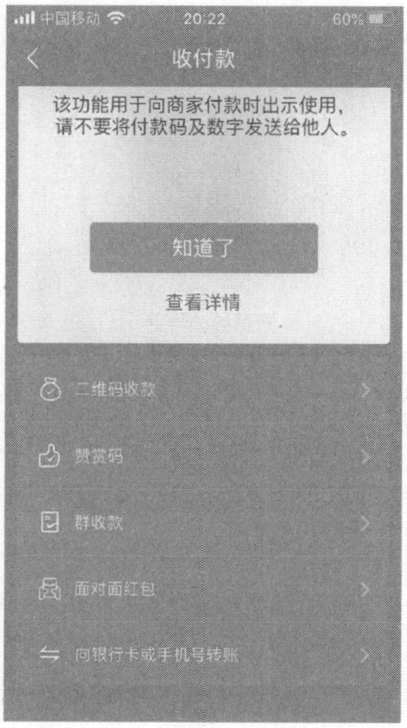

图 2 – 182　微信收付款首页页面

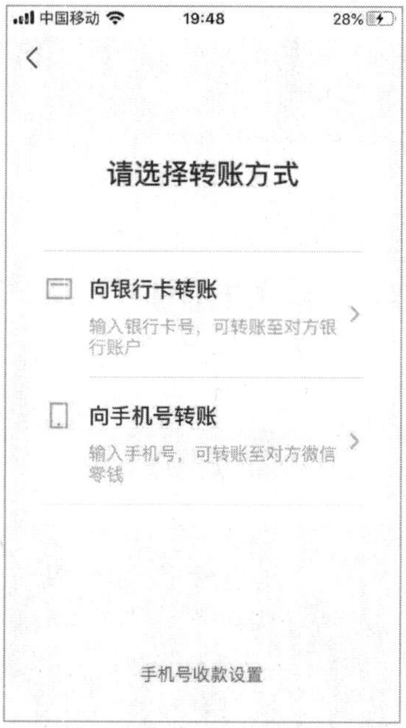

图 2 – 183　选择转账方式页面

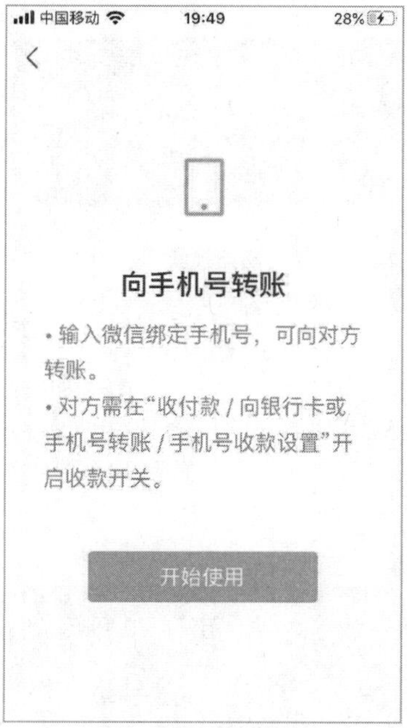

图 2 – 184　手机转账操作页面

在系统弹出的转账对话框输入转账金额和收款人手机号信息，而后点击右下方“付款”按钮；在系统弹出的转账提醒页面中核对收款人及其金额信息而后点击下面的“继续转账”选择按钮；在系统弹出的确认支付对话框中点击“确认支付”按钮后，若采用指纹付款则微信系统会自动弹出转账成功短信页面，若采用支付密码方式则需要继续输入支付密码才能完成本次转账（如图 2－185 至图 2－190 所示）。

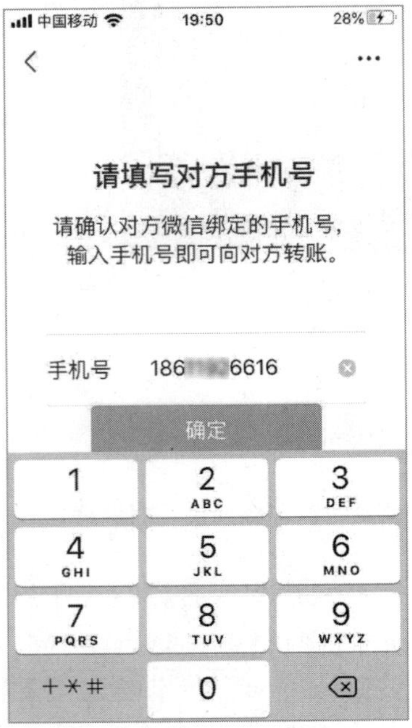

图 2－185　微信转账手机填写页面

图 2－186　微信转账手机信息确认页面

图 2－187　微信转账金额填写页面

图 2－188　微信转账提醒页面

图 2－189　微信转账确认支付页面

图 2－190　微信转账成功通知页面

若用户遇到以转账方式收入的款项，则在微信聊天信息页面会看到转入者的身份信息及其转账提示短信，用户点击短信提示则跳转到“待确认收款”操作页面。用户若点击页面“确认收款”按钮，则接受的转账款项会自动转入零钱账户，系统会显示交易成功通知信息（如图 2－191 至图 2－193 所示）。用户收到转账款项后，会在相关转出者微信聊天页面看到转账已收款提醒信息（如图 2－194 所示）。

图 2－191　微信转账提醒页面

图 2－192　微信转账确认收款页面

图 2－193　微信转账收款成功页面

图 2－194　微信转账已收款信息提醒

第三章
手机银行业务使用

第一节　了解手机银行业务

手机银行是指用户利用手机等移动通信终端办理各项银行金融业务的简称，又称作移动银行。手机银行作为一种结合银行金融业务和移动通信的崭新服务，不仅可以让用户在任何时间、任何地点处理各种金融业务，而且还丰富了银行服务的内涵，让银行以便利、高效而又较为安全的方式为客户提供服务。手机银行是网上银行的延伸，是商业银行应对信息化大潮，更有效服务客户而创新和发展出的又一项崭新的银行业务渠道，号称“贴身金融管家”。

一、手机银行主要发展历程

（一）手机银行主要发展历程

在欧美地区，网络技术发展及其普及的初期，其主要的移动运营商已经开始了手机端结算业务的尝试，但早期主要是在手机端提供通信费用结算及其彩信费用的结算。Orange、Vodafone、T－mobile 等欧洲当时最大的移动电信运营商曾在 2003 年共同建立了一个移动支付的品牌 Simpay，由独立于私家创始方的合资公司 Simpay 公司运营，旨在提供一种跨越国界的在手机端进行结算的广泛标准。由于没有金融机构的接入，Simpay 支付账户只能由运营商提供而非用户的银行账户，主要用于支付 10 欧元以下的交易。到了 2005 年，欧洲的铁路机构已经开始推行手机结算电子火车票购买。在欧洲，研究手机银行业务的团体主要有 GSM 协会、WAP 论坛、UMTS 论坛、Mobey 论坛、Radicchio、PKI 论坛等。事实上，早在 WAP 技术出现的时候，欧洲的运营商就已经考虑如何把移动通信和金融服务联系在一起。欧洲早期的手机银行业务主要采用的是 WAP 方式，因此也被称为“WAP Banking Service”，但是早期的 WAP 并没有达到技术要求的水平，虽然有了 GPRS 网络，但是由于终端、业务互操作、运营模式和价格等问题，手机银行业务不仅没有很好地发展起来，其他与 WAP 相关的业务也没有得到很好的发展。相反，不被市场看好的短信由于简单易用、操作性强得到了快速发展。3G 技术的普及给欧洲移动业务的发展带来了重要的机遇，欧洲移动通信行业整体向 3G 过渡。铃声图片下载、MMS、流媒体、MP3 下载等一些大流量的应用成为运营商业务发展和推广的重点，迅速提升网络数据流量从而盈利成为运营商最为迫切的需求，但对于手机银行业务而言，欧洲运营商在此领域的动作并不多。不过近几年，在围绕和信用卡的直接或间接合作方面，欧美地区的移动支付出现不少创新发展趋势。其典型的事例就是 Twitter 联合创始人在 2009 年创办的 Square 公司，主要研究手机支付服务项目——为商家和个人提供小额现场支付的一款手机刷卡产品。在手机上插入一个外接读卡器 Square Dangle，使用 Square 软件可以将手机变成一个 POS 机，接受任何人的信用卡或借记卡进行小额支付。与此同时，众多服务商也提出了自己的移动支付解决方案，如 VISA 欧洲推出的移动支付 Micro SD 解决方案 In2Pay，已在美国、欧洲和亚洲的金融机构进行测试。这款新的服务可在多家智能手机上运行，特别是风靡全球的 iPhone 移动手机。

美国的情况与欧洲基本类似。虽然美国移动网络升级迅速，移动数据业务的发展日新月异，但是移动上网、图片铃声下载、PTT、MMS/SMS 和流媒体是其业务发展的重点，而在手机银行领域并未有太多举措。进入 2010 年，美国国内手机银行业务开始具备一定的规模，手机银行技术有相对的发展。美国弗雷斯特调研公司发布的报告显示，使用手机银行的用户从 2007 年占美国网民总数的 7% 上升到了 2010 年第二季度的 12%，换句话说，有 1 000 万人在使用手机银行业务。但是纵观各大银行，还没有开发出真正吸引顾客的手机银行“杀手级应用”。2010 年时，弗雷斯特调研公司曾预测到 2015 年，通过手机办理银行业务的美国消费者将会超过 5 000 万人。弗雷斯特调研公司针对美国网上成年消费者的调查显示，37% 的人表示他们平时并不使用手机银行，因为他们看不到其中的任何价值。美国人除非外出度假，忘了付贷款，或者需要转账，否则他们觉得不需要手机银行。事实上，是每个顾客对于通过口袋里的移动设备访问银行都有兴趣。但如果你每个月要转 8 次账，就一定会对通过移动设备转账感兴趣。弗雷斯特调研公司的研究还发现，27% 的手机银行用户表示，自开始使用移动渠道以来，有更多的用户使用网上渠道了，这表明，如果银行能够扩大手机银行用户群体，同时也就扩大了其网上银行用户群体。美国的手机银行用户通过手机或智能手机来提供查询余额、转账和支付费用。银行为移动渠道引入更多的功能，以便充分运用手机银行的独特优势。远程储蓄就是个例子。这显然为消费者带来了很高的价值。银行还可以充分利用移动渠道的位置识别功能，使用谷歌地图及其手机 GPS 和摄像头可以引导顾客来到离他最近的那台自动柜员机。目前已经有多家美国银行走在了手机银行渠道的前列。花旗集团、富国银行和美国银行在保持多种手机银行业务模式方面做出自己的特色，它们在推广黑莓、iPhone 和 Android 应用系统时，也没有抛弃原先的手机 WAP 用户。美国如今的手机银行用户群体中大约一半是通过移动浏览器和 WAP 页面来访问的。美国著名的苹果公司在 2014 年 11 月 17 日宣布旗下应用商店 APP Store 中国区开始提供中国银联支付软件的下载业务。其实在 2014 年 10 月 24 日，苹果公司已经宣布手机银行将很可能成为下一代 iPhone 的集成方向的重要选择，并为此已申请了一种名为“点对点财务转账设备和方法”的专利，支持通过 NFC 或手机摄像头和一些智能影像识别技术进行支付。iPhone 用户可在手机上存储他们的信用卡及其银行账户信息，通过简单的点击操作就可快速进行个人或商业交易。

在日本，高度注重手机银行的安全管理，终端可以直接使用 JAVA 和 SSL，交易的信号经过了多重加密，安全保障技术近于完美，再加上与各银行间使用专线网，因此，银行业和消费者对这一业务的信赖程度十分高。同时，NTT DoCoMo 等移动运营商把移动支付作为重点业务予以积极推进，手机银行在日本已经成为主流支付方式。在日本公司与索尼共同成立了移动钱包的方式，这种移动支付方式可用于实现购物、交通、票务、身份认证及在线金融。主要是运用于连锁的便利店、铁路公司和航空公司。随后，日本创立了新的支付方式，新的支付方式将不用通过现金的充值来实现网络交易，而是可以直接通过信用卡的方式来实现。

日本手机银行业务发展中最大的特点就是移动运营商利用在产业链中的优势地位，整合终端厂商和设备提供商的资源，联合银行提供手机银行业务。NTT DoCoMo 为了便于消费者识别和使用移动数据业务，把 i－mode 官方网站的内容和应用进行了分类，其中手机银行业务被排在第二位，拥有较多网站的栏目，但访问量相对于娱乐、游戏和铃声/图片下载等应用显得很小，这和移动互联网在商务方面还处在应用的初级阶段有关。NTT Data 创建了数据中心，使得小型银行可以低成本提供手机银行业务。日本有一些银行允许用户通过手机办理所有业务，如现金转账等，但大多数银行对此类功能进行了限制，只允许手机银行用户进行余额查询。

韩国手机银行业务已经形成一定规模，消费者已经把手机作为信用卡使用，几乎所有韩国的零售银行都能提供手机银行业务，每个月有超过 30 万人在购买新手机时，会选择具备特殊记忆卡的插槽，用以储存银行交易资料，并进行交易时的信息加密。在韩国有几万家餐馆和商店拥有能从手机通过红外线读取信用卡信息的终端，使顾客能够通过手机进行消费。2003 年韩国互联网报告提供的数据就显示韩国已经有 18 家银行提供了手机银行服务，全年交易超过 109 万次，仅在 2002 年 9 月就有 9 万次手机银行交易发生。而据韩国央行 2004 年的数据显示，在 2004 年 6 月份共有 58.1 万名韩国人利用手机完成 400 万笔金融交易。2004 年 8 月，SKT 推出了全新的“M－BANK”业务，“M－BANK”主要是通过在手机中内置智能型芯片，用手机进行银行存折、现金卡业务和互联网银行等电子金融服务。“M－BANK”特点在于结算信息密码化，因而具有很高的安全性。当用户使用“M－BANK”进行汇款等手机银行服务时，输入密码以后，密码化的信息反馈到 SKT 进行身份确认，之后传到信用卡公司得到交易确认。

国内手机银行的发展主要历程了起步探索阶段、启动发展阶段、高速发展阶段三个主要的过程。

中国的手机银行业务的起步探索阶段始于 1999 年。当时的中国移动通信集团公司率先与中国银行、中国工商银行、招商银行合作，在北京等 17 个省市开通了手机银行服务。2004 年，各大银行开始推广手机银行业务。开通短信银行服务，用户只需发送短信，就能快捷办理查询、支付、转账、缴费等业务。2008 年，工行推出页面可视化的 WAP 手机银行，涵盖账户信息查询、转账服务、理财购买等 11 大类 60 余项功能，实现在 WAP 金融服务领域的客户群体拓展。经过近几年的发展，手机银行用户数量飞速增长，并逐渐从短信模式过渡到功能更为丰富的 WAP 模式，但总体上国内的手机银行业务还处于发展的起步探索阶段。

3G 时代的来临为手机银行业务开启了新一轮的技术革新，国内手机银行业务的发展也进入了启动发展阶段。2011 年 11 月 22 日，中国工商银行在全国范围内正式发布“工银手机银行”子品牌，成为国内首家整体推出移动金融服务的商业银行。截至目前，工银手机银行涵盖了短信手机银行、WAP 手机银行、IPHONE 手机银行、ANDROID 手机银行和 IPAD 网上银行等一系列移动金融服务，覆盖全部主流智能手机的操作系统。包含账户查询、转账汇款、支付缴费、贵金属买卖、理财产品、结售汇等各类金融业务。2014 年，在注册账户、登录名、登录密码上完成手机银行和个人网上银行渠道的统一认证。2009 年到 2014 年，各大银行精准把握市场规律，重点发展移动金融业务，完善服务体系，在手机银行产品创新方面持续发力，手机银行业务实现了跨越式发展阶段。

国内手机银行业务的高速发展阶段开始于 2014 年。2014 年，央行下发《关于手机支付业务发展的指导意见》使手机银行业务发展进入规范化阶段。2015 年 3 月，中国工商银行正式发布互联网金融“e－ICBC”品牌，开始架构工商银行“融 e 行、融 e 购、融 e 联三平台、网络融资中心”手机银行业务主体，内容涵盖金融服务、电子商务、社交生活等方面，成为业内首家推出互联网金融品牌的商业银行。2016 年 6 月，工行手机银行“融 e 行”推出二维码支付功能，2017 年增加指纹登录、指纹一键支付等功能，同时在客户端接入“融 e 购”“融 e 联”两大平台。2017 年 8 月 30 日，工行宣布设立网络金融部，升级“e－ICBC3. 0”战略。促进创新服务生态圈布局更加场景化、平台化，推动传统服务向智能、轻便、网络化方向发展，全力打造新型智慧银行。到目前为止，工行手机银行的客户量和融资规模成为国内最多的银行。

手机银行相对于网上银行等其他电子渠道而言，有其自身的特色。网上银行无论从系统的建设还是业务的推广，基本都由银行来承担。而手机银行业务，在系统的开发、运行和市场营销等方面都要涉及与中国移动、中国联通等网络运营商的合作。与此同时，很多 IT 厂商，在作为第三方服务提供商经营短信业务的过程中，逐渐认识到手机银行服务对于客户的价值，看到了此类业务存在的可能利润空间，希望在此业务上与银行、网络运营商合作，具体的商业合作模式是：银行向第三方运营商提供金融服务的接口；网络运营商向第三方运营商提供通信接入；第三方运营商提供服务平台，并协调与银行、网络运营商的关系；三方面共同进行市场营销，并共同分享手机银行带来的增值利润。这种商业模式对银行而言，好处是开发成本、营运成本和推广成本低，建设速度快，也不需要投入太多精力协调与网络运营商的关系；缺点则是在安全方面可能会存在隐患，银行推广新业务的主动性和效率也可能会受到影响。如果能解决安全问题，制定一套有效的业务管理机制，银行可以对这一商业模式进行有益的尝试。

（二）影响手机银行业务发展的因素

相比欧美国家，国内不论在手机银行使用人数及手机银行业务覆盖范围方面都有着很大的优势。但也要客观看到，手机银行业务在国内发展虽然近几年基本属于迅速扩张阶段，但纵观整个市场的发展仍在培育期，许多不确定因素需要引起重视并给与矫正。

1. 政策支持因素。政府应该为手机银行产品及其服务的应用和推广提供优惠或激励政策，创造发展环境，使之具有市场吸引力，能够调动各参与主体的创新动力及推广积极性，保证手机银行业务健康有序地发展。

2. 安全支付因素。对手机银行业务来说，安全性是指如何保护用户的个人隐私和确保交易的安全可靠。手机银行涉及大量金额交易和资金流动，一旦出现交易失误、手机遗失、账户盗用等问题，不但使用户蒙受经济损失，也会给银行及相关机构造成经济及信誉损失。

3. 程序繁琐因素。手机银行业务用户进入和使用门槛较高，申请和交易程序比较复杂。操作的复杂性令传统用户望而却步。因此运营商必须在保护安全的情况下简化操作手续、设计出合理的流程，降低消费者门槛。

4. 标准兼容因素。标准和兼容性问题往往会阻碍产品及其服务的推广。目前国内支付系统多采用 STK、USSD 和 BREW 等不同技术手段提供服务，加上不同的移动运营商、商家、终端和银行的存在，运营商必须考虑服务的标准化和兼容性的问题。只有解决了标准和兼容性问题，才能减少用户使用的麻烦和故障，提高服务质量。

5. 普及应用因素。新兴的移动增值业务往往会受用户认知程度的影响。手机银行下属的业务众多，用户了解这些应用需要花费大量时间。运营商应该在产品及其服务品种的推广上多下些功夫，在一定时期内让用户免费体验手机银行的便捷，更多地熟悉其所新推出的业务。

6. 资费标准因素。国内现行移动通信网络的速度普遍较低，资费标准相对偏高，致使手机银行业务尚未体现出其应有的优势，一定程度上影响了用户使用的积极性，也给银行开展有偿手机银行业务的推广造成了阻碍。另外，用户如果想要享受手机银行服务，一般需要配置一部中高档次的手机，甚至还有需要支持 WAP 等方面的要求，与用户减少硬件购买成本，增加便利性的要求还存在一定的差距。

二、手机银行主要特征

手机银行被看作银行实现业务电子化的一种重要渠道，也被称作一种将电子货币与移动通信业务相结合的崭新的服务方式，代表着银行业务未来发展的主流。手机银行业务作为新时代信息化发展潮流的产物，主要具有以下特征：

（一）商业银行战略转型的重要平台

移动互联网时代，基于互联网的智能金融服务，已经渗透到人们生活中的方方面面。面对移动终端市场，各银行机构调整战略发展重点，将手机银行定位为产品创新、业务拓展、战略转型的重要平台。根据 Analysys 易观产业数据库发布的《中国手机银行市场季度监测报告 2018 年第 1 季度》数据显示，2018 年第 1 季度，中国手机银行客户交易规模已经达到 66. 89 万亿元人民币，环比增长 12. 5%。商业银行手机银行业务正在保持快速发展。从用户端来看，目前中国手机银行注册用户数已超 15 亿，活跃用户也在不断增长，逐渐成为用户最活跃的电子银行渠道。从交易规模来看，得益于转账、理财等金融类交易增长，2018 年第 1 季度，手机银行交易额环比增长 12. 5%。当前，手机银行业务的快速发展极大满足了现代商务办公的需求。中国工商银行、中国建设银行、中国银行手机银行、招商银行、农行掌上银行、邮储银行、浦发手机银行、民生银行手机银行、新平安口袋银行、交通银行、广发银行手机银行、中信银行手机银行占据了 2018 年国内手机银行市场的前 12 排名位置。目前，国内银行的业务拓展几乎是手机银行业务的拓展。未来网上银行业务的竞争几乎就是手机银行技术及其业务发展的竞争，它代表着银行业未来发展的潮流和方向。目前，国外手机银行技术的发展虽然相对落后于国内，但是不少的商业银行及其信用卡机构开始相关技术及其产品的研发推广。如巴克莱银行发布的 Pingit 的移动应用就支持手机付款。应该讲，银行业务移动化是紧跟时代潮流发展的大势所趋。

（二）业务种类不断丰富

目前的手机银行业务已经基本覆盖了存款、贷款、转账、投资理财及生活缴费、线上购物和服务消费等多个领域，而且近几年还在不断扩充自己的应用范围。非常典型的事例是，2018 年蚂蚁金服与光大银行、光大科技公司签署战略合作协议，三方在云缴费、金融科技方面展开深入合作，通过共建数据共创实验室来助力光大银行数字化转型。蚂蚁金服与金融机构的开放合作正在从最初的支付领域走向全面的业务场景开放。中国银行新版手机银行与教育部、高校合作推出了国家助学贷款、校园小额消费贷款等服务，满足学子基本学费以及日常合理消费的需求。广发银行手机银行在首页设计国寿精选专区，提供国寿用户专享入口及国寿保险产品。

（三）基本采取无偿提供服务

到目前为止，大多数手机银行业务的办理是无偿的，银行不收取任何手续费。相比 PC 时代繁琐的操作流程来讲，使用移动端操作除了简单省事之外，通过手机银行转账汇款大多是免费办理。有些手机银行还推出优惠政策，跨行跨地转账完全免费，给手机银行用户带来了很大的实惠。

（四）业务办理便捷

使用移动互联网最大的好处在于方便，用户无须打开电脑登录上网、插拔 U 盾、打电话、发短信或发邮件来了解账户信息，只要拥有一部智能手机，就能够随时随地访问自己的银行账户，查询信息。许多人觉得，最快、最简单的访问账户的途径是通过移动设备访问自己的银行账户。便捷的移动服务系统所带来的是银行自身运营效率的大幅度提升。2017 年 6 月，建设银行海南省分行耗时 6 年打造新一代系统竣工并上线，借助这个效能巨大的“金融工场”，该行在海南省的 92 个网点的运营效率得到有效提升，柜面立等业务的办理由 5 分钟缩短到 2 分钟以内。中国建设银行则通过业务流程由人工向智能转变，实现了工作效率和用户体验的大幅度提升。根据 Analysys 易观发布的《2018 年第一季度中国手机银行市场交易份额》来看，国内手机银行市场格局，建设银行以 27.7% 的市场份额继续占据第一位，工商银行、农业银行分别以 22.0%、14.4% 的市场份额位居第二、第三位。除此之外，中国银行、广发银行、光大银行、上海银行推出新版手机银行，加强迭代升级。以中国银行为例，其 2018 年推出的新版手机银行从解决客户金融服务痛点出发，对手机银行服务进行了全面升级，致力于为用户提供个性定制的一站式线上金融服务。目前，中国银行手机银行支持超过 200 项银行主要金融服务。为客户提供账户管理、转账汇款、信用卡、生活缴费等全面服务；同时打造跨境金融、移动支付、资产管理等特色专区。

（五）安全性能基本可靠

目前，各家商业银行通过不断推出先进的技术手段来提升现有手机银行业务办理的安全性，诸如加密技术、身份验证来确保用户资金的安全。中国银监会所发布的《电子银行业务管理办法》和《电子银行安全评估指引》将手机银行业务、个人数字辅助银行业务纳入到监管体系之中，进一步强化了手机银行支付的交易安全保证。当下，新技术新手段开始不断向手机银行的安全使用领域大面积进行渗透。在江苏银行新版手机银行中，人脸识别、指纹识别、语音识别等技术悉数登场，凡是在登录、注册、开户、贷款、更换设备等关键交易时，都会实时开启人脸识别或指纹验证功能辅助校验客户身份，配合银行实时反欺诈策略和安心账户主动式交易控制措施。另外，将生物识别技术应用于手机银行 APP 登录、转账等环节中的，还有光大新版手机银行，在其登录、转账、缴费、充值中新增面部及指纹识别。这一新的更新，降低了冒名登录、资金盗用的风险，从而保障用户使用安全。新技术手段的应用不仅体现在提高手机银行安全方面，还体现在提高用户使用效率。中国银行手机银行在新版更新中，还支持人脸识别自助注册，客户无需前往网点办理，在家中即可通过移动端开通并使用手机银行功能。

三、手机银行主要业务内容

手机银行的使用需要用户在手机端或者平板电脑端安装并注册使用开户行的手机银行 APP 软件来实现。目前，各家银行推出的移动 APP 下载软件能够适合于苹果、安卓、Windows phone 三种版本的手机银行客户端及平板电脑客户端，为移动客户提供账户管理、转账汇款、预约取现、网点查询、个人存贷款、生活缴费、理财投资、信用卡等各类银行服务。

存款功能方面，手机银行用户可在线办理定活互转、活期资金转存通知存款、个人特色存款，如工行推出的节节高系列、薪金溢系列等产品。

贷款功能方面，可在线申请个人住房贷款、网络抵押贷款、质押贷款、也支持自动还款和信息查询等功能。

信用卡服务方面，“投资理财”板块提供各类理财、基金、保险、债券、贵金属、手机股市、结售汇、外汇买卖、能源账户等功能项目。

缴费服务方面，为用户提供水电燃气、信息通讯、交通旅游、文化娱乐、医疗健康、教育缴费、财税缴款、保险保障、党团工会、跨境缴费等多种类别的缴费服务。

其他服务方面，支持网点预约、账户申请、无卡取现等服务；提供机票、火车票购买等商旅消费；余额变动查询、行情波动提醒服务；可实现 ATM 机扫码取款、小额快捷支付及二维码扫一扫功能等；手机银行功能越来越齐全，满足了客户多元化需求。

四、国内手机银行支付业务发展基本政策

近年来，随着手机用户规模持续增长，智能终端不断普及，我国手机支付产业获得较快发展，新的业务模式、产品和技术形态不断涌现，手机支付正逐步成为提高支付效率、拓展支付服务、促进金融普惠的新兴支付方式。为了促进手机支付产业持续健康发展，2018 年 1 月 17 日中国人民银行发布《关于改进个人银行账户分类管理有关事项的通知》，2019 年 4 月 30 日印发《中国人民银行支付结算司关于开展农村地区手机支付试点工作的通知》，2018 年 9 月 15 日出台《中国人民银行关于手机支付业务发展的指导意见》，对国内手机银行支付业务的发展提出了基本政策要求。

（一）拓展适合的便民支付应用

各家商业银行应该发挥市场需求在资源配置中的决定性作用，并激发市场机构的创新活力。手机支付产业尚处于初期阶段，市场各参与主体正在积极探索建立相应的业务模式和商

业模式。鼓励商业银行、支付机构、银行卡清算机构、通信运营商、手机终端厂商、芯片制造商等产业链各方，在防范手机支付风险、保障客户权益的前提下进行有益的合作与尝试、探索、创新适宜的产品形态和业务模式，满足用户多样化需求。同时，发挥银行及社会机构各方优势，实现协作共赢。手机支付产业链长、参与主体多，产业链各方应合理分工、加强协作，积极探索开放、共赢、可持续的业务发展模式，推动产业健康发展。与此同时，提升银行业务便利普惠。鼓励商业银行、支付机构与银行卡清算机构等产业相关各方基于可信服务管理平台开展广泛、深入合作，探索实现和推广“一卡多应用”的商业模式，便利客户管理和使用多种支付应用，提升产品便捷性，改进客户使用感受。

（二）规范手机支付业务

商业银行和支付机构发展手机支付业务，应当坚持业务创新与规范发展并重、提高效率与防范风险兼顾的基本原则。支持商业银行与银行卡清算机构等产业相关各方紧密合作，改进客户体验，引导和培育客户手机支付消费习惯，扩大手机支付的普及率。同时，鼓励支付机构基于银行卡（账户）开展手机支付业务，按照其取得的相应业务资质，规范开展业务，并加强风险防范，保障支付安全。取得银行卡收单业务资质的支付机构，可为实体特约商户提供商业银行直接发行在付款人手机安全载体内的银行卡（账户）及手机电子现金的近场受理服务，适用人民银行关于银行卡收单业务管理的相关规定。

（三）严格用户实名制和发卡记名管理

商业银行、支付机构开展手机支付业务，应采取有效措施核实与管理手机支付客户的相关信息。商业银行基于银行卡（账户），或基于复合借贷记账户应用的手机电子现金（以下简称手机复合电子现金）开展手机支付业务，以及支付机构基于银行卡（账户或支付账户）开展手机远程支付业务，应落实客户实名制度，并将客户用于支付的银行卡（账户）号码及手机复合电子现金或支付账户账号、身份证件号码、手机号码进行关联管理，且账户名称应与客户有效身份证件姓名一致。商业银行基于未复合借贷记账户应用的手机电子现金（以下简称手机非复合电子现金）开展手机支付业务，发行手机非复合电子现金时应对客户进行记名管理，将客户的姓名、身份证件号码、手机号码与其申请的手机非复合电子现金对应进行登记，并关联管理。

（四）协调创新手机支付的便民应用

在手机银行支付技术及其管理方面，人民银行各分支机构应加强属地管理，加强组织协调和创新支持，积极推广手机支付业务。主要包括：推动产业各方不断创新和优化业务流程；及时跟踪辖内手机支付业务发展情况，加强业务宣传和调查研究，积极推广手机支付应用，推动产业协调发展。同时，人民银行各分支机构应加快完善手机支付业务风险防范预警机制，及时识别辖内风险事件或隐患，通过采取风险提示等有效措施，建立和完善手机支付业务风险监管体系。商业银行、支付机构与银行卡清算机构应完善运营机制，研发贴近民生的手机支付产品，提升手机支付服务水平；针对不同客户群体普及手机支付安全使用知识，在培养客户支付习惯的同时，作好客户风险教育，提高客户风险防范意识。

第二节　手机银行业务操作

一、手机银行软件备案银行

为了使手机银行 APP 软件的使用管理更加规范有序，2019 年国内移动金融 APP 开始进行备案试点工作。首批进入移动 APP 试点备案的银行类金融机构有：中国工商银行、中国农业银行、中国银行、中国建设银行、交通银行、中信银行、民生银行、招商银行、广发银行、平安银行、西安银行、吉林九台农村商业银行、广州农村商业银行、重庆三峡银行、徽商银行、安徽省农信联社。

二、工行手机银行业务类型及其使用

（一）工行手机银行的业务类型

工行手机银行品牌全新升级“工银融 e 行”，华丽变身，盛装登场。新版手机银行进行了多项功能升级，无论用户是否持有工行卡，都可享受工行提供的安全、贴心、极致的金融服务体验。“超便捷转账、无卡客户注册、个性化定制、智能日历提醒、购物一键支付”等强大功能以及各种进行了全面升级，升级为“智服务”“惠生活”“最爱”“我的”四大功能主页，展现不一样的工行，让用户尽享“智・惠”新优惠，让用户尽享“智・惠”新生活。其中的“首页”主要功能有：个性化头像设置、自定义首页功能、即时推荐工行优惠活动；还可查账户明细、做转账汇款、进行投资理财、享受信用卡、e 缴费等诸多服务。“智服务”主要功能有：“金融日历”让用户理财规划不用愁，“猜你喜欢”为用户推荐爆款金融产品，还有更便捷的工银 e 支付、无卡取现、网点预约服务等用户体验。“惠生活”主要功能有：工行的酷玩“活动”、给力“优惠”推介，同时提供手机充值、水电燃气、机票酒店、医疗服务、交通罚款等各种便民服务。“我的”主要功能有：汇总查询名下资产与负债信息、自定义各项服务与安全设置、7×24 小时在线客服、精彩工行应用下载、使用意见反馈等。

凡具有工行灵通卡、理财金账户、e 时代卡、信用卡、贷记卡、国际卡的客户，均可注册开通工行手机银行（WAP）。

（二）开通工行手机银行的方法

方法一：持有工行卡的用户可以持本人有效身份证件及银行卡到工行营业网点，填写中国工商银行电子银行个人客户注册申请表，在柜台办理相关注册并开通手机银行业务即可。

方法二：可以通过手机登录进入工行手机银行，进行自助注册。

方法三：用电脑登录中国工商银行网上银行的官方网站进行自助开通。

开通手机银行，用户需要设置登录密码，设置完登录密码后，可以登录手机银行进行激活操作。在确保手机可成功联接网络的前提下（可用WIFI无线上网或者手机WAP）下载手机银行用户端。需要特别提醒的是：用户的登录密码设置不要过于简单，并且用户要牢记自己的登录密码。

（三）手机银行的下载安装

1. 在手机商店搜索开户银行APP软件或者“登录”手机银行官方版下载页面，“点击”免费下载。下载完成后打开应用程序。输入用户名（即银行卡号）和登录密码，成功登录后即成功激活了手机银行。

使用iPhone手机的用户，需要点击图标APP STORE中标有软件名称的用户端下载到手机；使用安卓系统手机的用户可以在手机网页浏览器中输入下载地址后进入下载页面，在选择手机类型后，点击“下载”按钮，将软件安装到手机。使用电脑操作的用户在进入操作系统后，点击“立即下载”按钮，进入相关操作页面（如图3－1所示）。

图3－1 个人手机银行下载页面

2. 用户根据手机屏幕显示的安装提示进行软件安装操作。安装完毕后点击进入“手机银行”首页，用户会看到登录前后的首页及首页上面“投资理财”“转账汇款”“我的账户”“AI投”“工银e支付”“资讯行情”等诸多业务的快捷按钮或者点击“全部”按钮后会看到的所有业务模块分类及其快捷按钮（如图3－2至图3－4所示）。

图3－2 工行手机银行首页（登录前）

图3－3 工行手机银行首页（登录后）

图3－4 工行手机银行“生活缴费”页面

3. 进入工行手机银行页面，点击页面左上角“登录”按钮，进入密码登录页面，点击“自助注册”按钮，输入需要注册的手机号码，等待短信验证码通知并输入验证码，阅读《电子银行个人客户服务协议》《工银融e行用户隐私政策》，接受并同意该协议和政策规定，点击“注册/登录”按钮，进入设置登录密码页面，输入登录密码，密码最好为数字和字母相结合，该页面会提示用户，为了保证账户和资金安全，请不要设置与其他软件（如社交软件）、网站（如社交平台、论坛）相同或相似的用户名和密码组合。再次输入登录密码。如果本手机经常使用并登录工行手机银行，将常用设备旁边的按钮“打开”，显示为“绿色”即为打开状态，当用户使用其他设备登录工行手机银行时，该手机会立刻接到短信通知并弹出提示，该账户已在其他设备上登录，以保证用户的账户安全。点击“下一步”按钮，进入注册成功页面，显示工商银行已成功为用户开通工银通行证，使用工银通行证可直接登录工商银行各线上应用（融e行/融e联/融e购等），方便快捷享受优质金融服务（如图3－5至图3－7所示）。

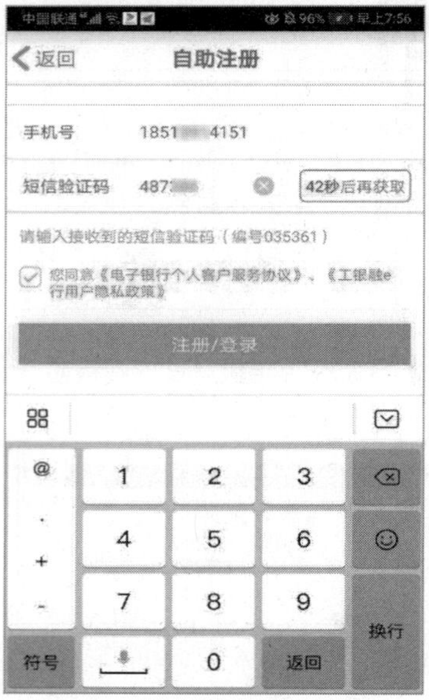

图3－5　工行手机银行自助注册页面

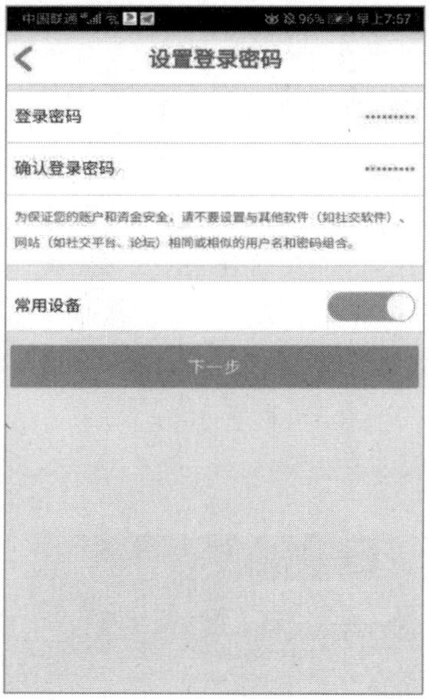

图3－6　工行手机银行设置登录密码页面

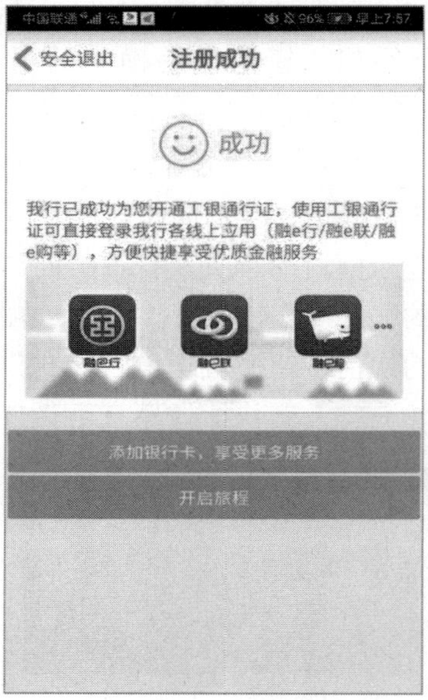

图3－7　工行手机银行注册成功页面

4. 用户可以直接点击注册成功页面下方的“添加银行卡，享受更多服务”按钮，或者登陆个人手机银行账户，点击“我的账户”按钮，进入“我的账户”页面，点击“添加银行卡/账户”按钮，绑定在营业网点已经开通网银的卡片。此功能可以添加本人本行或他行银行账户。点击“添加银行卡/账户”按钮，进入添加银行卡页面，填写银行卡信息，输入银行卡号或点击右侧照相机按钮，通过拍照卡片采集账号，选择开户银行，显示持卡人姓名。点击“下一步”按钮，进入添加支付卡页面，输入银行预留手机号码，勾选阅读并接受《中国工商银行电子银行个人客户服务协议》复选框。点击“下一步”按钮，进入添加支付卡信息采集页面，核对银行卡信息，输入该张卡片银行取款密码和短信验证码，点击“确认开通”按钮，进入设置支付密码页面，该页面提示“请不要设置与常用软件、网站等相同或相似的密码，并做定期修改”，改密码为使用工行手机银行支付时的密码，也可以使用该卡片的银行取款密码，设置支付密码，再次输入支付密码，点击“确定”按钮，添加支付卡成功（如图 3-8 至图 3-11 所示）。

5. 添加成功后，返回“我的账户”页面，在他行账户下面就可以查到刚才添加成功的账户（如图 3-12 所示）。

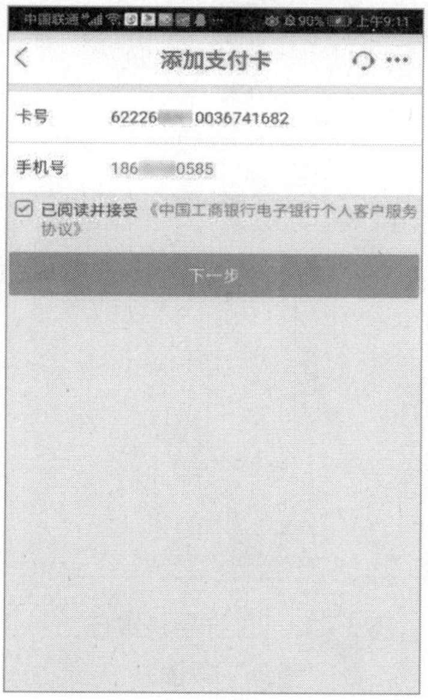

图 3-8 工行手机银行添加支付卡页面

图 3-9 工行手机银行确认开通页面

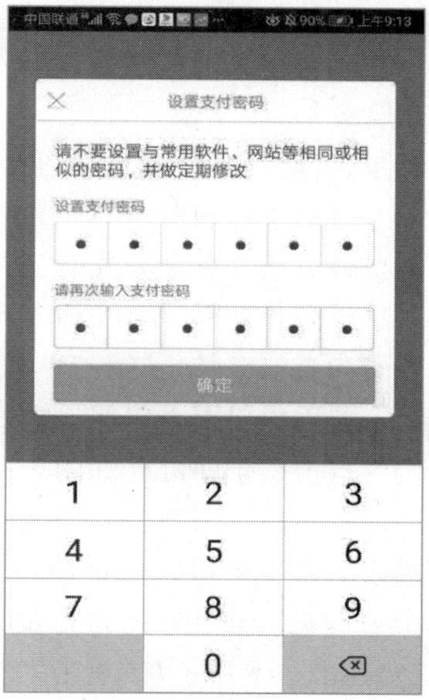

图 3-10 工行手机银行设置支付密码页面

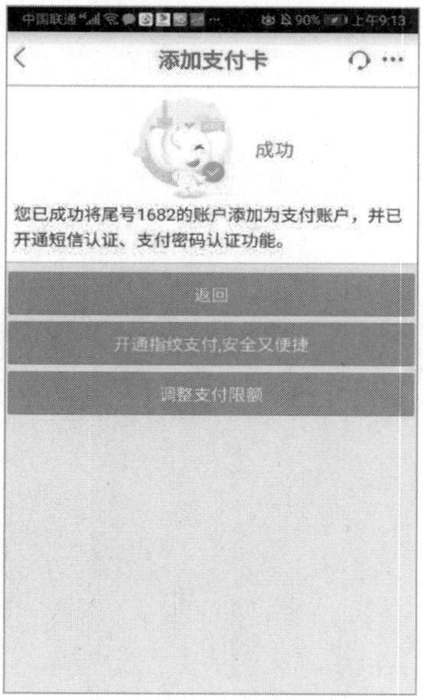

图 3-11 工行手机银行添加支付卡成功页面

图 3-12 工行手机银行“我的账户”页面

（四）手机银行账户登录管理

1. 用户如果想登录个人银行账户，首先要点击打开工商银行 APP 软件并进入首页页面，点击页面右下角“我的”按钮，进入页面。

点击“设置”按钮，进入设置页面，页面会显示“登录管理”“电子银行管理”“证件有效期维护”“客户信息补录”“注销电子银行”等信息。

点击“登录管理”，或页面左上角“登录”按钮，进入登录页面。登录方式有三种方式，第一种方式是直接输入手机号和密码。第二种方式是采用第三方登录（支付宝登录和微信登录），第三种方式是指纹或刷脸登录。

若用户使用密码登录方式，直接输入开户时设置的密码，点击登录即可（如图 3－13 所示）。

图 3－13　工行手机银行“登录”页面

若用户使用微信登录方式，点击下方“微信”图标。进入工行手机银行申请使用页面（如图 3－14 所示）。点击“同意”按钮，向银行发出申请后，进入关联登录页面（如图 3－15 所示）。点击“立即关联”，发出关联命令后，进入身份认证页面，输入手机号和短信验证码，勾选“同意电子银行个人客户服务协议”和“工银融 e 行用户隐私政策”复选框，完成身份认证（如图 3－16 所示）。

图 3－14　工行手机银行“微信登录申请”页面

图 3－15　工行手机银行“关联登录”页面

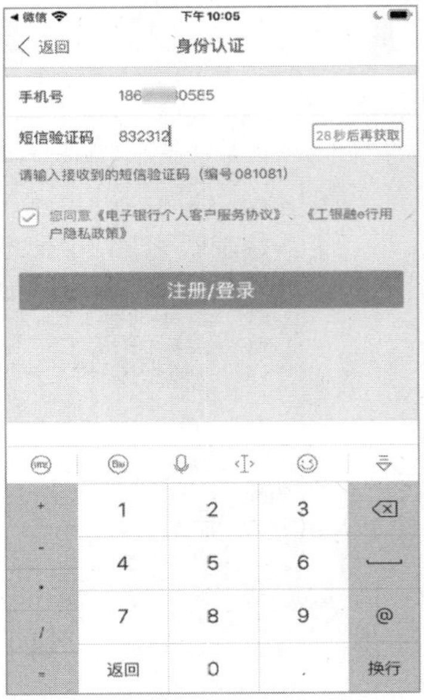

图 3－16　工行手机银行“身份认证”页面

点击“注册/登录”按钮。继续进行身份认证，输入密码后，进入面部识别页面，用户需要面对手机，按照语音提示操作，完成面部识别，目的是证明个人操作手机银行账户，保证个人账户的安全。系统会提示验证成功，如果没有成功，反复操作该流程即可（如图3－17所示）。身份验证成功后，直接显示开启旅程页面，点击即可登录个人银行账户（如图3－18所示）。

如果用户使用支付宝登录方式时，直接点击“支付宝”图标。用户点击“立即关联”按钮，进入支付宝授权页面。能够关联的前提条件是个人用户必须已经开通支付宝账户和手机银行账户。同意“工银融e行获取以下权限”：获取你的公开信息（昵称、头像、性别等）；使用身份信息（姓名、证件号码）办理业务。确认授权即表示同意《用户授权协议》（如图3－19所示）。

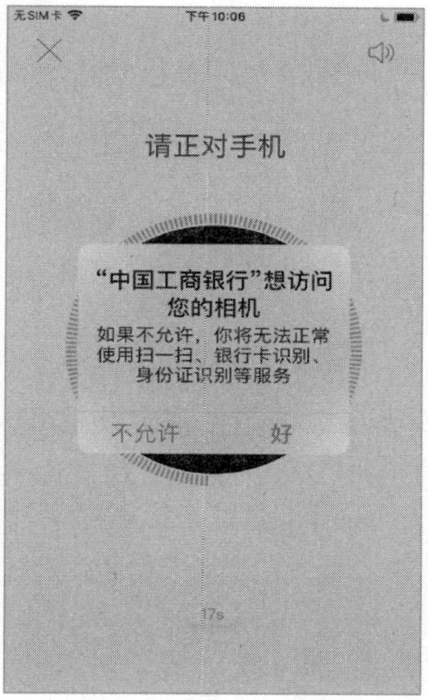

图3－17 工行手机银行“身份识别视频”页面

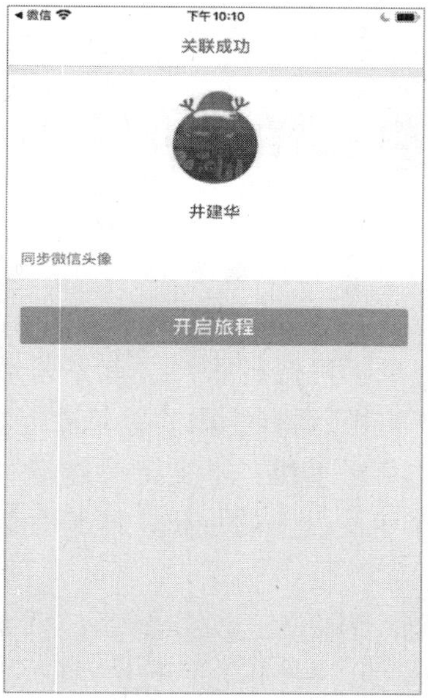

图3－18 工行手机银行“微信关联成功”页面

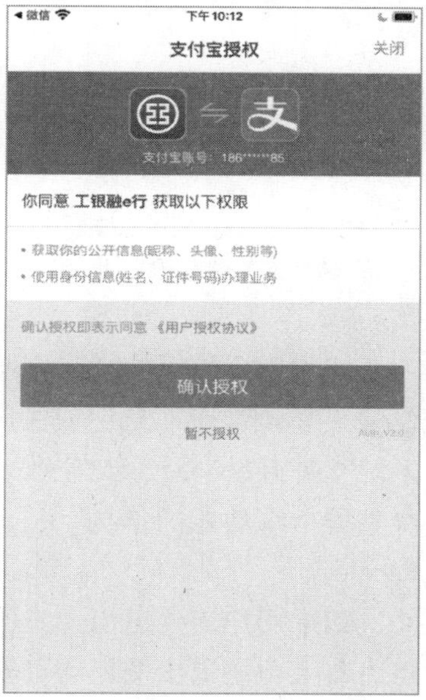

图3－19 工行手机银行“支付宝授权”页面

点击“确认授权”进入关联登录页面。关联后即可使用支付宝账号或工行账号登录。如果点击“暂不授权”按钮，不能使用支付宝方式登录账户（如图3－20所示）。

点击“立即关联”进入身份验证页面，输入密码，点击“下一步”按钮，完成身份的再次确认，输入密码后，进行面部认证（如图3－21所示）。

身份认证成功，进入“关联成功”页面，点击“开启旅程”后即可登录（如图3－22所示）。

图 3－20　工行手机银行“支付宝关联登录”页面

图 3－21　工行手机银行“身份验证”页面

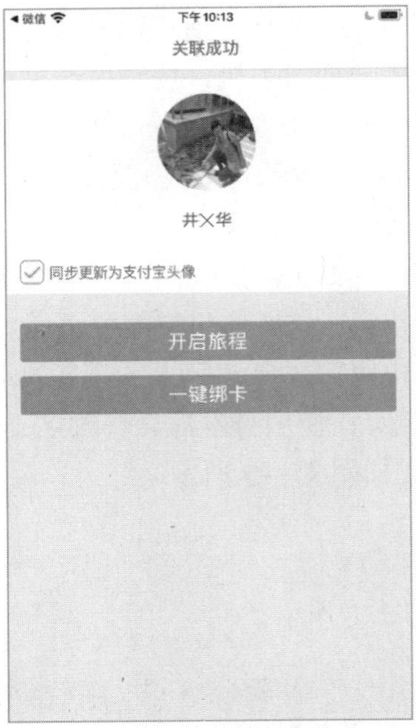

图 3－22　工行手机银行“支付宝关联成功”页面

如果用户使用指纹或刷脸登录手机银行账户，首先登录工行手机银行，选择“我的－设置－登录管理”开通或关闭手机银行指纹/刷脸登录功能。需要强调的是，指纹登录 IOS 系统支持 iPhone5S 及之后发布的苹果手机，不支持“越狱”的手机；安卓系统支持机型自身具备指纹功能的华为、三星 6.0 及以上的手机；刷脸登录仅支持 iPhoneX 手机且设置了 FaceId。

如果用户需要退出个人手机银行账户，必须采用安全的退出方式。主要包括两种方式：点击右上角的退出按钮即可安全退出；点击主页下方“我的”按钮，点击详情页面“设置”按钮。在设置详情页面上滑菜单，找到最底端的安全退出，点击即可安全退出。

2. 个人手机银行账户管理：个人手机银行账户服务功能主要包括我的账户、随心查、工银信使、电子工资单、刷脸交易、无卡取现、设置别名、账户挂失、投资理财、复制卡号、当面收款、账户互转、“一键绑卡”、闪付免密、删除账户、投资理财账户、添加银行卡/账户等功能模块。其中，添加银行卡/账户功能可以追加本人名下的账户，追加成功的账户为非签约账户，拥有非签约账户相应的服务功能。

用户打开“账户服务”菜单，可以看到包括“随心查”“电子工资单”“养老金”“工银 e 社保”“账户申请”等具体功能显示。点击“…”符号可以直接进入相关查询页面（如图 3－23 所示）。

在“我的账户”页面会显示账号及其账户的注册形式（自助注册或柜台注册），并包括“账户挂失”“设置别名”“删除账户”和“添加银行卡/账户”等功能，用户可以点击进入相关功能（如图 3－24 所示）。

用户需要紧急挂失操作，应在紧急挂失页面点击“确认”按钮，完成紧急挂失操作（如图 3－25 所示）。

图 3－23　工行手机银行“账户服务”功能模块

图 3－24　工行手机银行“我的账户”页面

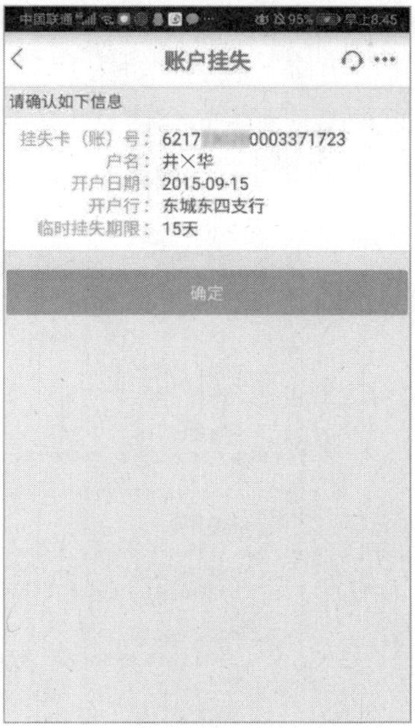

图 3－25　用户“账户挂失”页面

若用户需要闪付免密，则点击“闪付免密”，进入“闪付免密锁”页面，打开闪付免密锁，页面显示设置成功（如图 3－26 所示）。如果用户出于支付安全的考虑，也可以将闪付免密锁关闭，页面会弹出相关提示“解除闪付免密锁后，用户在银联指定商户 POS（商户名单见银联网站）上非接触进行小额交易时，无需输密码及签名即可完成交易”。点击“确定”，取消闪付免密成功（如图 3－27 所示）。

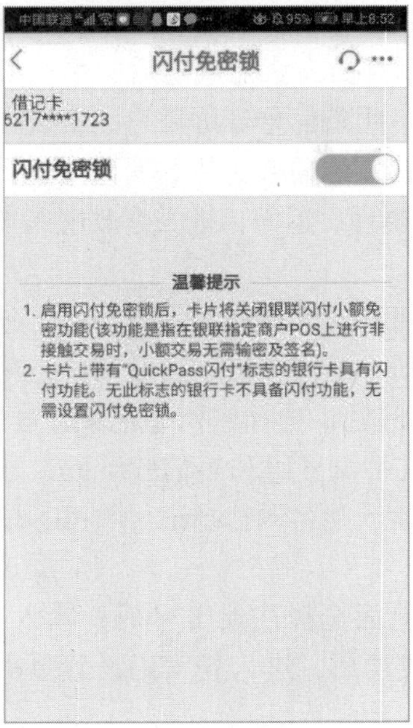

图 3－26　启动“闪付免密”页面

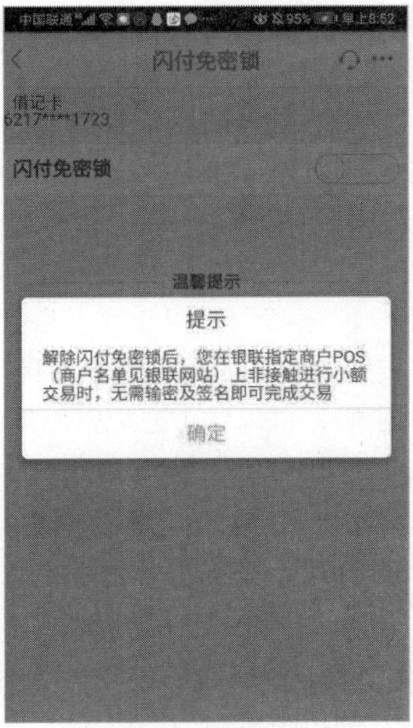

图 3－27　取消“闪付免密”页面

用户需要修改密码则须登录手机银行页面，点击“安全中心”，进入安全中心页面，点开“更多”按钮，进入“更多”页面，包括交易权限管理、设备管理、登录管理、切换认证方式、预留安全信息等内容（如图3－28所示）。点击“登录管理”按钮，进入登录管理页面（如图3－29所示）。

图3－28　工行手机银行“安全中心－更多”页面

图3－29　工行手机银行“登录管理”页面

点击“密码登录”按钮，进入修改登录密码页面，输入原登录密码、新登录密码，再次确认新登录密码。点击“确定”按钮。进入视频认证页面，认证成功后，系统自动弹出温馨提示“输入的新密码长度低于8位，请重新输入”，此条信息告诉用户，所设置的新密码不符合要求，过于简单，存在安全隐患，用户需要按照要求重新设置，密码设置最好包括字母、数字混合密码。所以，用户遇到这个问题后，需要再次返回，进入修改密码页面重新设置密码，直到设置成功为止（如图3－30所示）。

若用户忘记密码，点击手机银行APP，进入个人手机银行登录页面，再点击左上角“登录”按钮，在输入密码的下方有三个功能，自助注册，忘记密码，遇见问题，用户如果忘记登录密码，可以点击忘记密码按钮，或者点击遇见问题，选择密码忘记了，尝试找回。用户点击“忘记密码”按钮，进入忘记密码页面，输入手机号码和短信验证码，通过短信验证（如图3－31所示）。用户点击“下一步”按钮，输入姓名，选择证件类型，输入证件号码（如图3－32所示）。

用户点击“下一步”按钮后，在系统弹出的页面上面选择注册卡号码，输入卡密码，而后点击“下一步”按钮并进入视频认证页面。认证成功后，进入新密码设置页面，输入新密码，并确认新密码结束操作（如图3－33所示）。

图 3-30 工行手机银行“修改登录密码”页面

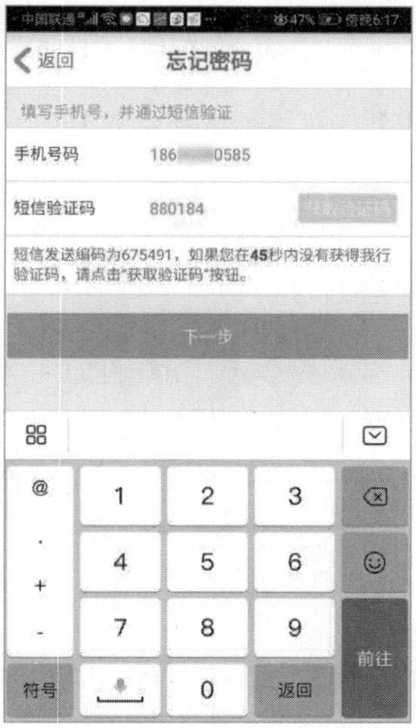

图 3-31 工行手机银行“忘记密码手机认证”页面

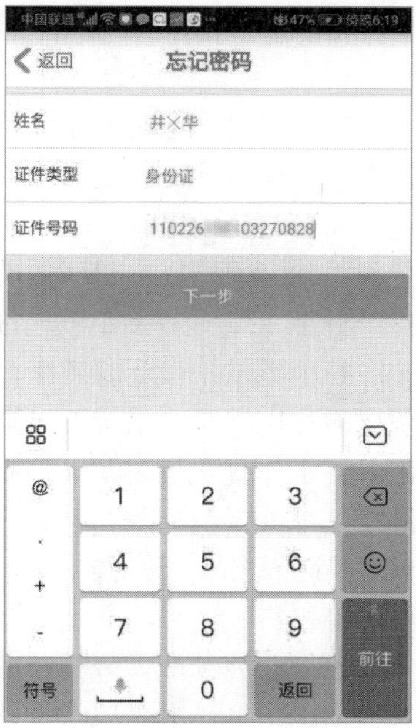

图 3-32 工行手机银行“忘记密码身份认证”页面

用户点击“确认”按钮后，新密码设置成功并显示成功重置登录密码的提示信息。用户可以使用自己注册的手机号及重置后的密码登录融 e 行、融 e 购、工银 e 生活及工银 e 校园等应用（如图 3-34 所示）。

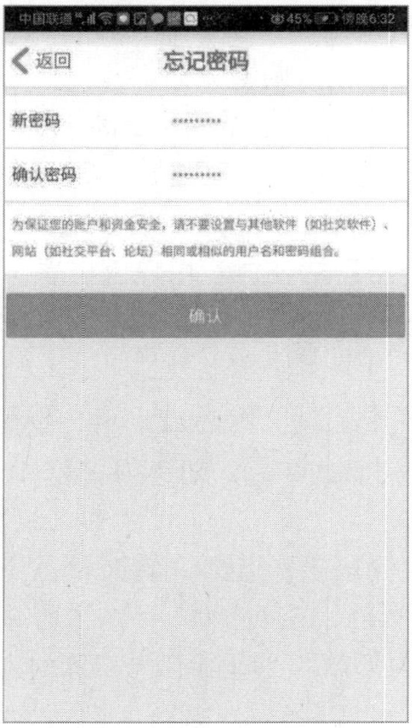

图 3-33 工行手机银行“新密码设置”页面

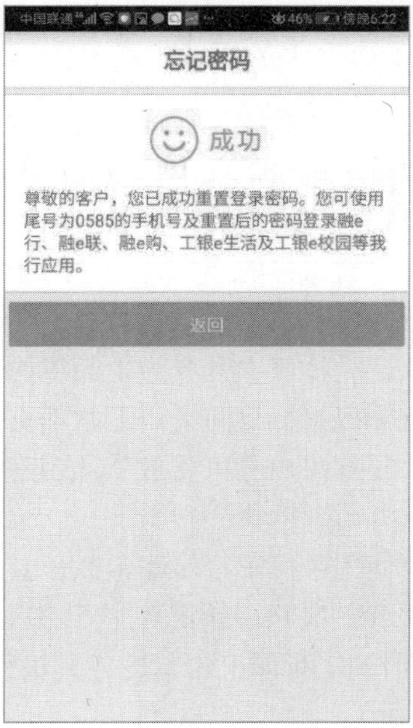

图 3-34 工行手机银行“密码修改成功”页面

（五）手机银行的使用

1. 手机银行转账汇款。手机银行转账汇款功能包括有：注册账户转账、境内汇款、境外汇款、语音转账、支付限额、我的收款人、汇款优惠套餐、绑定手机号收款、绑定 E－mail 收款、公益捐款、收款账单等。汇款类型主要有“实时汇款、普通汇款、次日汇款”三种汇款方式选择。对于“普通汇款”和“次日汇款”的用户可在限定时间内通过手机银行“转账汇款—查询汇款明细”页面进行撤销操作。

行内汇款一般实时到账，7×24 小时受理。100 万元（含）以下跨行汇款，工商银行将优先通过网银互联系统汇出至收款行，实时到账，7×24 小时受理。100 万元以上跨行大额汇款，工作日交易时间（前一日 20：30 —当日 17：15）实时到达收款行；工作日（周一至周四）非交易时间（17：15 — 20：30）提交，系统预约至当日 20：30 后汇出；非工作日，系统将做预约处理，待下一工作日交易时间（节假日最后一天 20：30 后）汇出。准确时间以人民银行系统为准。

当用户向其他银行汇款时，系统无法判断收款人信息是否准确，仅对信息格式进行校验，请用户务必准确填写收款人户名、卡（账）号、收款行等信息，若因上述信息填写错误导致汇款失败，手续费不退回。汇款成功后收款人信息将自动添加至“我的收款人”，方便用户再次汇款操作。用户还可直接输入收款人户名、手机号向其汇款，若其手机号已绑定银行账户（含他行），则将实施汇入绑定账户，若其手机号未绑定银行账户，则系统将向收款人发送短信，根据收款人短信回复卡/账号汇入资金。

若用户手机银行为柜面注册，且已开通工银 e 支付并设置支付密码（工银 e 支付—安全管理—支付密码），用户可自助上调 e 支付转账限额（转账汇款—支付限额—转账、消费、缴费），通过刷脸认证可上调转账认证方式（U 盾、电子密码器、短信、支付密码/指纹/刷脸）交易限额，用户可在“工银 e 支付—支付限额”下查看、调整。向绑定工行账户手机号汇款交易限额受支付认证方式控制；向绑定他行账户手机号汇款，单笔最高 100 万元；向未绑定银行手机号汇款单笔最高 5 万元。

手机银行境内人民币汇款目前暂不收费。

属于付款账户的用户自助注册卡无法使用 U 盾、密码器认证，若用户已申领 U 盾或电子密码器的可登录手机银行页面，在“我的账户”下点击“功能升级”按钮，按照提示通过刷脸认证后将该卡升级为柜面注册卡。

工行手机银行目前境内汇款不支持向 16 位财智账户卡汇款。国际借记卡、贷记卡外币账户作为收款账户只可接收本人其他同币种外币账户转入的钞/汇；如作为付款账户使用，则只可从外币现钞账户转出。

用户使用手机银行转账汇款，首先登陆个人手机银行账户，点击“转账汇款”按钮或者点击“我的账户—转账汇款”按钮，进入转账汇款页面，该页面显示“注册账户转账（用户注册到工行网上银行的各类银行卡和账户）”“境内汇款”“境外汇款”等内容（如图 3－35 所示）。

用户可以使用语音转账功能，按照系统相关提示进行操作（如图 3－36 所示）。

如果此次转账给最近转账的收款人，也可以使用一点即转功能，直接输入金额，点击下一步即可（如图 3－37 所示）。

图 3－35 工行手机银行“转账汇款”页面

图 3－36 工行手机银行“语音转账”页面

图 3－37 工行手机银行“快速转账”页面

如果用户此前没有给收款人进行转账汇款，需要选择“境内汇款”或“境外汇款”，核对转出卡号、输入收款人收款账号、收款银行名称、收款人姓名、转账金额（温馨提示：使用手机银行汇款单笔限额为 10 000 元，超过 10 000 元需要使用 U 盾到网上银行进行操作）、用途、电子银行密码等信息后，点击“下一步”按钮（如图 3－38 所示）。

用户核对并确认信息后，输入密码，点击“确定”按钮，完成快速境内汇款业务（如图 3－39 和图 3－40 所示）。

图 3－38 工行手机银行“转账汇款”页面

图 3－39 工行手机银行支付密码认证页面

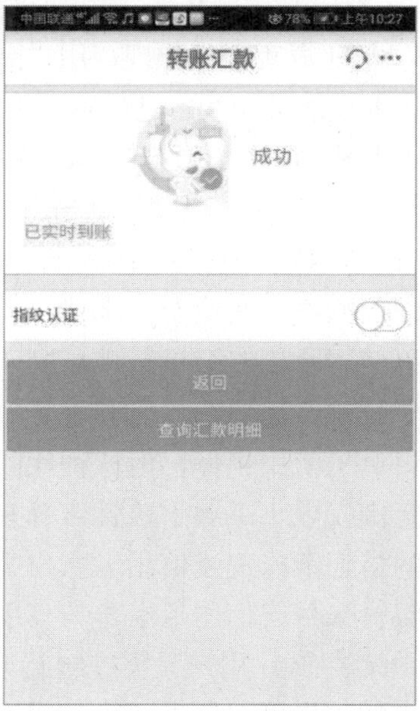

图 3－40 工行手机银行用户转账汇款成功页面

为操作方便，用户可将常用的收款账户信息保存至手机银行“工行转账汇款－>全部收款人”操作页面中，以便下次直接查询使用。用户可以在办理转账汇款业务时，通过查询选中“全部收款人”中某位收款人，系统将自动补齐收款方户名、账号等信息，这样有助于用户减少输入工作量及操作失误（如图3－41所示）。

若用户需要查询汇款明细信息，则需要登录手机银行，选择“最爱－转账汇款－汇款明细”功能页面，可查询近5年的汇入/汇出详情。用户进入“电子回单”页面后系统会默认屏蔽客户收付款的卡号/账号、手机号、e－mail，客户也可选择展示屏蔽内容（如图3－42所示）。查询后，点击“退出”按钮，安全退出手机银行账户。

图3－41 工行手机银行“我的收款人”页面

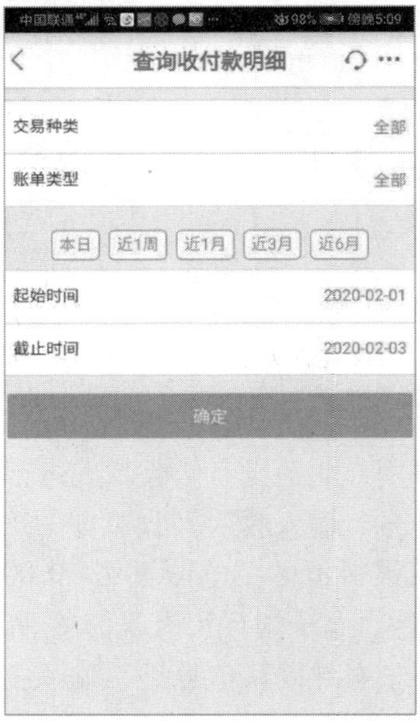

图3－42 工行手机银行“查询收付款明细”页面

2. 办理无卡取现：用户需要在手机银行首页点击“无卡取现”按钮。进入相关页面，输入取现的金额和自己设置的预约码，进入下一步，进行支付密码认证。需要强调的是，使用无卡取现时，一定要牢记预约码，该预约码需在自动取款机上输入（如图3－43和图3－44所示）。用户到工商银行ATM机上，点击“无卡取现”选择键，然后输入预约码即可取现了。

3. 支付业务：用户只需开设一个手机支付账户，即可通过该账户进行远程购物（如互联网购物、缴话费、水费、电费、燃气费及有线电视费等）。开通手机银行支付业务后，可以使用手机银行进行现场刷卡消费。手机银行支付主要有三种方式：（1）费用通过手机账单收取。用户在支付其手机账单的同时支付了这一费用，在这种方式中，移动运营商为用户提供了信用担保，但这种代收费的方式使得电信运营商有超范围经营金融业务之嫌，因此其范围仅限于下载手机铃声等有限业务，交易额度也有限；（2）费用从用户已开通手机银行的借记卡账户或信用卡账户中扣除，在该方式中，手机只是一个简单的信息通道，将用户的银行账号或信用卡卡号与其手机号联接起来，如果更换手机号码则需要到开户银行办理变更手续；（3）用户无需在银行开通手机支付功能，即可使用各种带有银联标识的借记卡进行支付，采用双信道通讯方式进行通讯，非同步传输，更加安全快捷，相对而言此种方式最为简单、方便和快捷。

图 3－43　工行手机银行“无卡取现”页面

图 3－44　工行手机银行“密码认证”页面

若用户使用手机银行缴纳电费，首先要登录个人手机银行，点击“e 缴费”按钮，进入“e 缴纳”页面，该页面显示我的缴费、缴费优惠、缴费设置等功能，缴费项目很多，包括党费、工会费、燃气费、水费等 8 项生活缴费项目，用户在进行缴费之前，可以查询一下我的缴费，会显示近一个月的缴费信息，如果想查询以往信息，可以点击“右上角”更多查询按钮，选择缴费明细，缴费种类，缴费项目，时间范围，点击查询，便可知用户的缴费信息了（如图 3－45 至图 3－47 所示）。

图 3－45　工行手机银行“我的缴费”页面

图 3－46　工行手机银行“查询明细”页面

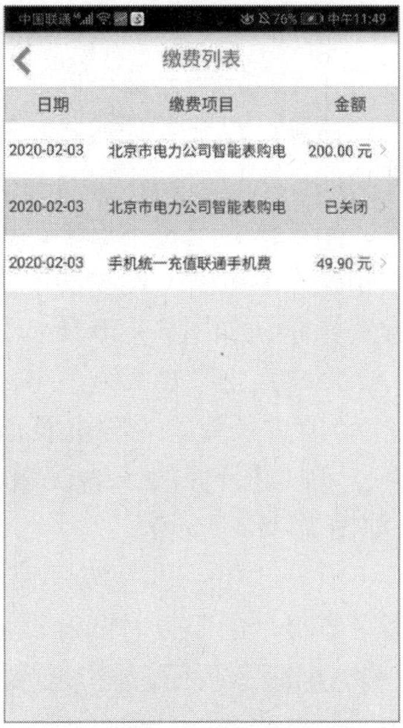

图 3－47　工行手机银行“缴费列表”页面

用户还可以查询缴费优惠信息，点击“缴费优惠”按钮，进入“缴费优惠”页面，显示我的红包和我的奖励金，这两项优惠在支付费用项目时可以抵减费用，如果用户领取的缴费红包不是当前使用的手机号码，可以通过页面下方的温馨提示，修改领取红包的手机号码，进入修改手机号页面，如果没有使用的其他手机号，页面会显示用户没有缴费红包或奖励金（如图3－48和图3－49所示）。

图3－48　工行手机银行“缴费优惠－我的红包”页面

图3－49　工行手机银行“缴费优惠－我的奖励金”页面

用户可以在当前页面进行缴费设置操作，包括设置账单提醒、设置委托代扣、设置小额免密、设置预约充值等内容。如果设置账单提醒功能，每次缴费可以通过短信或邮件通知待缴费信息。设置委托代扣功能，可以委托银行根据欠费情况主动扣款完成缴费，设置小额免密功能，可以对同一项目再次缴费时享受免密支付，该项功能可以根据用户需求，进行设置，如果认为免密不安全，可以不进行设置。设置预约充值功能，委托银行根据预约情况主动扣款完成缴费。此项功能避免出现未交费带来的各种损失。查询并设置完成后，可以进行缴费操作（如图3－50所示）。

用户点击“电费”按钮，进入“e缴费”页面，选择缴费项目和收费机构（如图3－51所示）。进入智能表购电页面后，页面会显示收费机构和缴费项目，如果误操作和操作错误，可以进行修改，确认缴费项目无误后，输入客户编号，再次输入客户编号和验证码（如图3－52所示）。

点击“下一步”按钮后，系统显示用户的购电信息，如果操作出现问题，可以根据页面下方显示的服务时间和联系方式，进行电话咨询，如果没有问题，可以点击下一步进入“购电金额”页面，输入需要购买的电费金额（如图3－53所示）。而后，点击“下一步”，按钮，对购电信息进行确认，核对的内容包括客户编号、电表标号、客户名称、用点地址、补加金额、扣减金额、购电金额、如表金额、补交阶梯差价电费、补交阶梯差价电费月份、

图 3－50 工行手机银行“缴费设置”页面

图 3－51 工行手机银行“e 缴费－电费”页面

图 3－52 工行手机银行“智能购电”页面

购电次数等信息，如果上述信息在核对过程中有疑问，特别是补交阶梯差价电费的金额项目，用户可以停止操作，电话咨询电力公司。用户若没有疑问，所有信息核对无误后，可以点击“缴费”按钮结束操作（如图 3－54 所示）。

用户在系统弹出支付信息页面选择付款方式，用户保证付款使用的银行卡账户有足够的金额用于支付。核对信息无误后，进入支付密码认证页面，输入支付密码（如图 3－55 所示）。

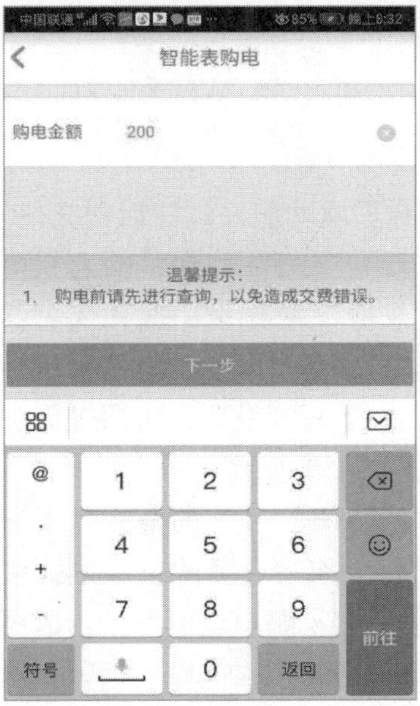

图 3－53 工行手机银行“智能表购电－购电金额”页面

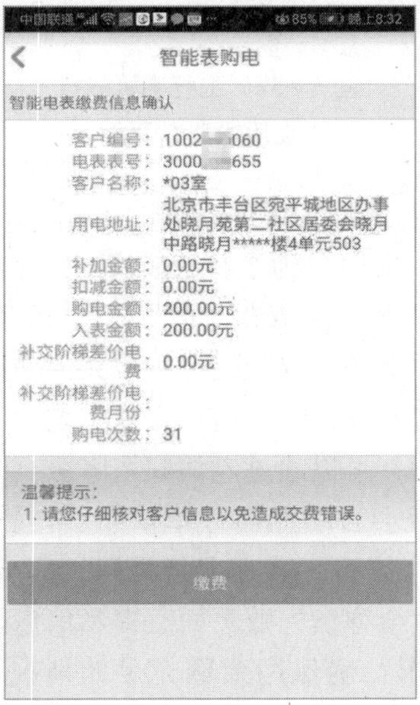

图 3－54 工行手机银行“确认缴费信息”页面

图 3－55 工行手机银行“支付信息”页面

确认付款后，会显示缴费结果“成功”信息通知页面。表示已成功缴纳电费。如果经常使用该设备缴纳电费，可以打开常用缴费，显示绿色即为打开，还可以签订小额免密服务，如果想签订，打开旁边按钮，让其显示绿色，如果不想签订，则无需操作（如图3－56所示）。

4. 手机充值：用户登录工行个人手机银行账户，点击“最爱”按钮，进入手机银行的功能页面，点击“e缴费”功能按钮后，进入“生活缴费”页面，或者点击登录页面下方的“惠精选”按钮，进入“随心查”页面，查找“手机充值”按钮点击进入相关页面（如图3－57和图3－58所示）。

图3－56　工行手机银行“缴费结果”页面

图3－57　工行手机银行“生活缴费”页面

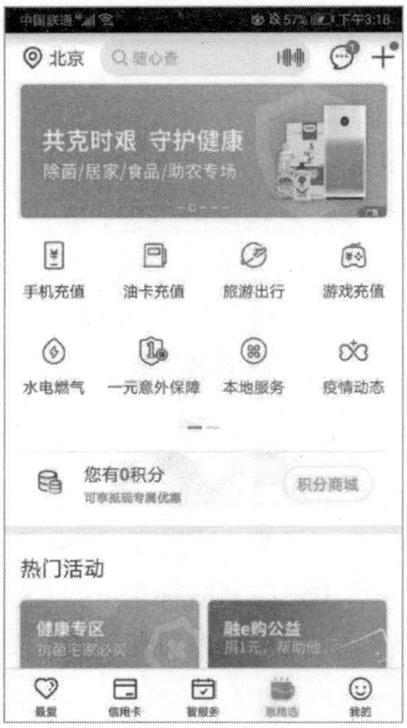

图3－58　工行手机银行“随心查”页面

用户点击“手机充值”按钮，进入手机充值页面，该页面有三项功能，包括话费充值、流量充值、充值历史等信息，如果用户为手机充话费，点击“话费充值”按钮，输入充值电话号码，选择充值的金额。如果有优惠券，请勾选“我有优惠券”复选框，输入优惠券码，点击使用，抵减付款的实际金额。温馨提示：该充值功能支持移动、联通、电信手机话费充值，充值服务提供上海瀚之友开具的增值税普通发票，不提供运营商发票，可通过历史查询查询交易情况，若需要帮助，可以通过电话联系客服（如图3－59所示）。

点击“确认付款”后，系统会自动弹出订单信息、付款方式、实际付款的金额，用户核对无误后，点击“确认付款”按钮，输入支付密码，完成支付。如果选择的付款方式账户内没有足额的款项用于支付，会弹出失败页面，提示信息显示：交易账户余额不足，请用户核查账户余额及委托交易情况，确保用余额充足的情况下重新交易（如图3－60和图3－61所示）。

图 3－59　工行手机银行“手机充值”页面

图 3－60　工行手机银行“确认付款信息”页面

图 3－61　工行手机银行“支付密码认证”页面

完成支付后，系统自动弹出支付成功页面，显示订单号、交易卡号、交易时间等信息，支付成功不能说明手机充值的钱已到账，需要等待数分钟后，待收到移动通信公司短信通知后，话费到账（如图 3－62 和图 3－63 所示）。

图 3－62　工行手机银行“支付成功”页面

图 3－63　中国联通“手机充值成功”页面

5. 油卡充值：用户可以使用手机银行为油卡充值，准备好加油卡，登录工行手机银行页面，点击页面下方的“惠精选”按钮，该页面包括手机充值、油卡充值、旅游出行、游戏充值、水电燃气、医院意外保障、本地服务、疫情动态、医疗健康、电影票、交通罚款、查房价、手机服务等功能。点击“油卡充值”按钮，进入加油卡服务页面，选择充值类型“中石化”，确认充值的金额，充值金额包括三种 100 元、500 元、1 000 元，根据需要进行选择，输入加油卡卡号，只需输入 100011 卡号后 13 位数字，输入手机号码，如果有优惠券，可以打开使用优惠券旁边按钮，显示红色即为打开，输入用户的优惠券码，确认使用，页面会显示使用优惠券后的金额，点击“立即充值”按钮，进入确认油卡卡号页面，认真核对充值的油卡卡号，确认卡号无误（如图 3－64 至图 3－66 所示）。

图 3－64　工行手机银行“惠精选”页面

图 3－65　工行手机银行“加油卡服务”页面

图 3－66　工行手机银行“确认油卡卡号”页面

点击“确认”按钮，弹出需要支付的订单信息，付款方式，选择可以支付的银行卡，核对实际付款额，点击“确认付款”，进入支付密码认证页面，输入支付密码，显示支付成功。支付成功不能表示充值成功，需要记录订单号、交易卡号、交易时间等信息，如有疑问，联系工行客服人员进行解决。点击“返回首页”按钮，退出充值页面。如果该张加油卡在开通时已绑定微信，等待数分钟后，会接到中国石化北京石油会员的微信通知，显示加油卡充值成功。温馨提示：充值后还需要到加油站的自助机上进行圈存后，才能使用（如图 3－67 至图 3－69 所示）。

图 3－67 工行手机银行“确认付款”页面

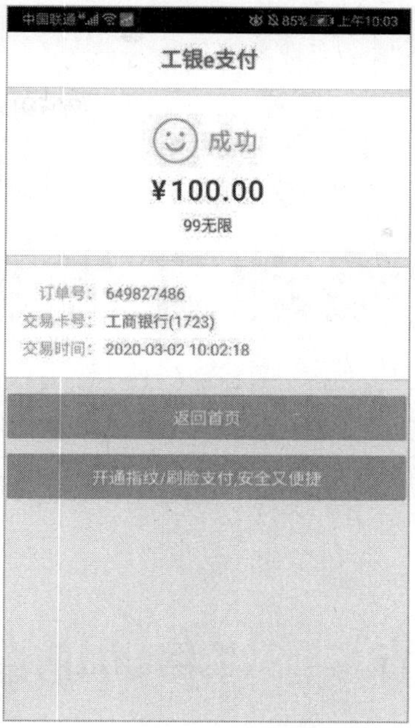

图 3－68 工行手机银行“支付成功”页面

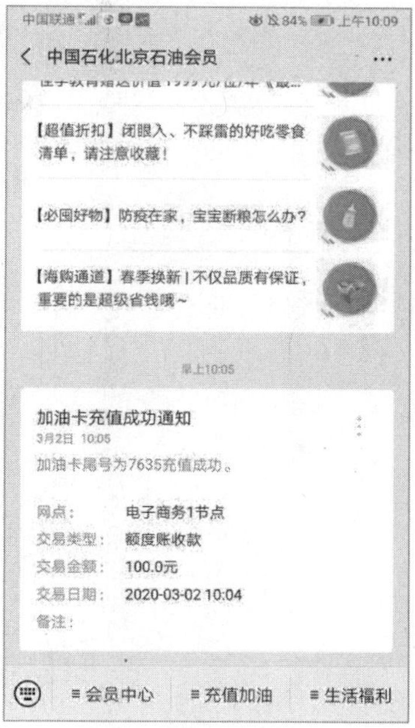

图 3－69 中石化会员加油卡充值成功通知

第四章
移动证券业务使用

第一节 了解移动证券交易

移动证券是基于移动通信无线网络的高速数据传输功能，由证券服务商提供的证券交易服务平台。目前的移动证券平台技术属于通过移动终端（或支持无线网络的 PDA、IPAD 等）的股票证券信息查询和交易的新一代移动证券应用系统，使一个支持移动网络的手机或者平板电脑成为综合性的处理终端设备。应该讲，移动互联技术的大规模应用给投资的方式带来了革命性的变化，移动证券技术代表着未来证券交易的技术主流。

一、移动证券主要发展历程

（一）移动证券主要发展历程

世界最早的证券交易开始于荷兰阿姆斯特丹证券交易所，创立于 1602 年。它位于阿姆斯特丹市的内达姆广场附近。阿姆斯特丹证交所是一个以金融股票为主的证券市场，而且外国股票占有相当高的比例，不过这些年来该证交所比较注意培养和发掘高新技术的企业股票上市。阿姆斯特丹证交所于 1980 年 9 月开始采用美国股票阿姆斯特丹系统交易，只要登账即可成交，以方便投资者在荷兰买卖美国股票。1985 年，它又和东京证券交易所签订协议，同样实行股票买卖转账清算。从 1984 年开始，阿姆斯特丹证交所开设了欧洲债券交易市场业务，进行 10 万美元以下的欧洲债券交易。2000 年 9 月 22 日，阿姆斯特丹交易所与巴黎证券交易所以及布鲁塞尔证券交易所正式宣布合并，形成全球第一个跨国境、单一货币的股票和衍生泛欧交易所。

美国纽约证券交易所于 1811 年由经纪人按照粗糙的《梧桐树协议》建立起来并开始运营，从此有了美国股市。主要由道琼斯工业股票指数、纳斯达克指数和标准普尔 500 指数三大股指来代表着美国股市的兴衰。

美国股票市场和股票投资的 200 年的发展大体经历了初步发展阶段、迅速发展阶段、规范发展阶段、现代投资时代四个重要的历史发展时期。

初步发展阶段是指从18世纪末至1886年。1790年，当时的美国财政部长亚历山大·汉密尔顿采取大规模发行债券直接导致了证券市场的活跃。1861至1865年的南北战争时期，美国联邦政府为军费融资，证券市场得到空前发展，股票发行也迅速增加。1860至1870年，铁路股票在美国大量上市，出现了铁路股票泡沫，使美国证券市场开始从过去的债券市场向股票市场转化，但1886年以前的大部分时间里，美国证券市场以国债、地方政府债和企业债券的交易为主。1811年美国纽约证券交易所的建立标志着严格意义的美国证券市场真正形成。1850年，华尔街成为美国股票和证券交易的中心。

迅速发展阶段是指从1886年至1929年。在美国，19世纪的后几十年股票市场才开始迅速发展起来，并成为华尔街的主角。这一时期的美国股票市场几乎纯粹是一个投机市场，华尔街的交易具有很强的掠夺性，当时美国政府的腐败也助长了股票市场的操纵和掠夺，市场操纵和内幕交易的情况非常严重。

规范发展阶段是指从1929年至1954年。从1929年大萧条以后至1954年，美国股市开始进入重要的规范发展期。1929年8月美国道琼斯工业指数最高超过380点，而1932年该指数最低下跌到42点，跌幅接近90%，道琼斯指数再次回到380点是在25年之后。1929年到1933年，美国股市下跌的同时，大量的债券被拒付，美国约有40%的银行倒闭。这一历史时期，美国股市真正进入投资时代，价值投资思想是这一时期主流的投资思想。

现代投资时代是指1954年开始至今。此阶段机构投资迅速发展、美国股票市场进入现代投资时代。“美国第一证券”是全美领先的网络券商，高品质的专业服务始于1985年。秉持“高水准的服务，更低廉的费用”的一贯宗旨，不断精益求精，让投资者无论身在何处，都随时随地可通过最先进的网上与手机交易平台进行方便快捷的证券交易、账户管理与研究分析。提供的证券交易与投资产品丰富齐全，股票、期权、债券、国库债券、超过1.1万种的共同基金以及定期存款等。此外，还包括传统与Roth个人退休账户和Rollover 401（K）账户的服务。“第一证券”不遗余力，增进服务品质，每笔交易零佣金，开户亦没有最低存款要求，也不收取账户闲置及维护费用。

1997年，Firstrade. com正式上线，成为当时少数几家网络券商的一员，也成为网上交易的先驱。美国苹果公司于2008年3月6日，对外发布了针对iPhone的应用开发包（SDK），供免费下载，以便第三方应用开发人员开发针对iPhone及Touch的应用软件。不到一周时间，3月12日，苹果宣布已获得超过10万次的下载，3个月后，这一数字上升至25万次。苹果公司一直以来推出的产品在技术上都保持一定的封闭性，比如当年的Mac，此次推出SDK可以说是前所未有的开放之举。继SDK推出之后，同年7月11日，苹果APP Store正式上线。7月14日，APP Store中可供下载的应用已达800个，下载量达到1 000万次。2009年1月16日，数字刷新为逾1.5万个应用，超过5亿次下载。苹果公司的应用开发包的上线，为美国第一证券打开移动证券的先河，第一证券通过移动应用程序及网络平台提供股票、部分封闭的开放式基金或者部分开放的封闭式基金ETFs，期权和共同基金的免佣金交易。相关的SEC（美国证券交易委员会）和FINRA或其他费用可能仍然适用。自2014年5月5日起，第一证券开户申请完全电子化，以往W-8BEN纸质表格的寄送，现在只需网站后台上传或电子邮件寄给Firstrade即可。

2019年7月23日，全美领先的Firstrade网络券商第一证券，正式推出全新升级的安卓版无佣金交易APP。此次升级将让投资者可以直接通过智能手机交易多种投资产品，带给投资者前所未有的投资体验。第一证券的 APP 复制了绝大部分其网络投资平台的功能，适用于所有投资新手或经验丰富的投资者。投资者可以更快地访问新闻、研究图表和交易工具。IOS 版本 APP 已于 5 月 29 日正式上线并获得大量下载及好评。

证券交易从人工交易到电报、电话交易，到 PC 端网络交易，再到移动端交易的全面应用，互联网在我国证券市场的应用已有近 20 年历史。早在 2001 年，证券公司就推出了手机炒股的移动交易服务，实现了随时随地看行情和移动交易服务。2005—2007 年，国内股票市场持续上扬，吸引了众多淘金者进入股市。特别是 2007 年，国内股市更加火爆，许多城市的证券营业厅、银行出现了股东、基金开户排长队的现象。中国股民人数已超过 1 亿大关，并有继续增长的趋势。

对于无法天天去营业厅的股民来说，他们大都采用非现场的电话委托和网上交易方式炒股。传统的电话委托不仅速度慢、不直观，在交易活跃时还会因电话占线而无法下单，从而影响交易。而网上交易虽然速度快，但移动性、便捷性差。相比之下，手机炒股与股票通知业务、实时股票信息和交易相结合，拥有独特的优势，使股民方便的随时随地炒股，成为电话委托、网上交易之外的第三种非现场交易方式。

而移动运营商针对潜在的大好商机，也纷纷升级其手机炒股业务。像中国联通“掌上股市”、中国移动“移动证券”，提供了银证转账、证券委托交易、实时行情查询、定制股票信息和资讯等服务，共同带动了手机炒股热潮，为移动融合金融产业链提供了很好的基础。

其实，手机炒股以及衍变而来的手机期货、手机外汇，都只是运营商增值业务在金融行业中应用的一个具体例子。因为利用手机终端，它还能以多种方式实现安全可靠、使用简单、服务全面的个性化理财，将繁琐的理财事务变得方便直接。例如以短信作为业务承载的主体进行个人理财的手机操作，可以为移动用户提供银行转账、手机支付、账户信息短信提示、信息点播等业务。

2013 年 8 月 29 日，国泰君安上海分公司率先在证券行业实现了股东账户的网上开户功能，证券行业实现了非现场、跨域开户的突破。之后，各家证券公司又陆续做到了 7×24 小时开户。2014 年下半年上涨行情的来临和之后“一人多户”政策的放开，更使证券行业加速进入全国性竞争市场的时代。投资者可以更加自主地选择能满足自己需求的证券公司的产品和服务，大大加大了行业的流动性和竞争力度。随着移动互联网技术的成熟，各家证券公司开始着力推广移动端开户，到 2015 年初，大部分券商均已实现通过微信服务号或 APP 进行移动端开户。从 2016 年中国证券业协会互联网证券专业委员会的行业调查统计可以看出，互联网平台在券商业务中的贡献也在逐步提升。在网络开户占比方面，绝大多数受访券商均在 90% 以上，有些甚至达到 99%；交易占比方面，各券商间差异较大，大部分在 30%～50%。在互联网平台佣金占比方面，券商总体占比不高，仅有少数券商超过 50%，大部分券商维持在 30%～50%。可见券商移动端的发展潜力依然很大。

2015 年各家证券公司积极寻求传统业务与移动互联网的深度结合。开户、股票交易只是服务零售类客户的基本形式，进而发展到投资咨询、资管等业务也开始寻求乘上移动互联网快车的机会。大型互联网平台具有丰富的基础客户资源，证券公司贡献的是基于研究、投资咨询、资产管理等方面有价值的“内容”。在优势互补的吸引下，两者之间的合作，大大提升了证券行业服务实体经济的效率与质量，也为资本市场引进了更多的投资者。

2016年开始，各家证券公司依然在抢夺互联网用户流量的同时，也在着手思考转型之路，在互联网证券提前布局的证券公司如何将优势继续扩大，中小证券公司如何把握机遇利用弯道实现超车，都有着不同的动作。基于移动互联网环境的客户呈现年轻化、低资产、互动强、流动大的特点，证券公司着手扩大市场份额、通过移动互联网技术的应用提升证券服务品质。移动增值业务与证券金融服务开始有机结合，已逐渐成为证券金融服务的主要发展方向。

进入2019年，移动端已经成为证券服务的主要窗口，证券类应用的用户规模开始大幅度增长，连续火热的行情导致部分移动端出现宕机，甚至影响了用户的实际操作。移动端已经成为普通用户主要炒股工具的前提下，各大券商都在重点投入移动应用的升级和优化。投资者加速入场速度，证券市场行业的利润加速向头部券商聚集。

（二）移动证券发展特征

1. 规模网上交易的条件日渐成熟。移动证券给投资者带来方便的同时，需要接入互联网证券交易的技术和规模都要达到应有的水准。从技术角度讲，网上交易已可以使投资者在时间上领先一步，而且我国的互联网用户群已呈现几何级数增长势头。与此同时，我国证券市场交易行为日趋成熟规范。所有这些，使得集中式网上交易已经成为目前证券交易的主流模式。我国证券行业正在向集中交易、集中清算、集中管理以及规模化和集团化的经营方式转换。网上交易采用这一经营模式，更有利于整合券商的资源，实现资源共享，节约交易成本与管理费用，增强监管和投机控制能力。

2. 网上经纪与全方位服务融合共存。在固定佣金政策的大背景下，使得国内券商提前从价格竞争进入了服务竞争阶段。通常情况下，这一竞争阶段应该是在充分的价格竞争之后到来。价格竞争的直接结果是导致网上交易佣金费率的降低，当竞争达到一定程度后，仅靠减佣模式已不能维持下去时，全方位服务模式就会出现。这时候，券商的收入将由单一的经纪佣金转向综合性的资产管理费用。

3. 交易速度得到根本性解决。目前基于有线电视的Cable Modem技术、基于普通电话线路的DSL技术以及基于卫星通信的DirecPC技术的发展，使电信能提供逼近于零时延、零接入、零故障的服务。而基于IP协议的交换技术的发展，又将使传统电信业务和网络数据业务的综合统一成为可能。由于互联网协议TCP/IP是电信网、有线电视网、计算机网共同接受的协议，因而移动证券交易实质上几乎是移动宽带的另一个技术代名词。目前中国所提出的5G无线空口技术（RIT）方案基于3GPP新空口（NR）和窄带物联网（NB-IoT）技术。其中，NR重点满足增强型移动宽带（eMBB）和低时延高可靠（URLLC）两个场景的技术需求，NB-IoT满足大规模机器连接（mMTC）场景的技术需求。5G技术的快速普及，在未来几年间，全智能化的移动证券交易网络会获得突破性发展。

4. 网上证券交易正在进入移动交易时代。WAP（无线应用协议）为互联网和无线设备之间建立了全球统一的开放标准，是未来无线信息技术发展的主流。WAP技术可以使股票交易更方便，通过WAP可实现多种终端的服务共享和信息交流，包容目前广泛使用的新型终端类型，如手机、平板电脑设备。用户通过手机对券商收发各种格式的数据报告来完成委托、撤单、转账等全部交易手续。未来几年基于互联网的移动证券交易市场将有巨大的发展空间。据资料显示，截至2019年底，手机用户数量已达到108 680万，位居世界第一。5G

手机出货量78.7万部。投资者可以借助手机终端进行网上证券交易是网上证券交易发展的必然方向。

5. 移动证券交易快速向农村和偏远地区发展。我国大多数县、县级市都没有证券营业部，投资者买卖股票需要到地级市，非常不方便。特别是在广东、江浙一带的许多县、镇经济非常发达，大多数县都有超过500台以上的ATM机，但却没有一家证券营业部。移动交易的普及，交易网络的无限延伸，将使占中国85%以上的小城市和农村居民变成潜在的股民，甚至使原来很多没有条件进行股票买卖的手机用户很快变成了“铁杆”股民。目前，中国证券市场已经变成全球证券市场的重要组成，股市变化正在融入国际市场，国际上的一些大券商会开始设法进入中国市场。这些券商的发展策略不可采取开设营业厅的方式，其策略一定是在网上，这必将促进移动证券业务在农村及其边远地区的发展。根据美国的经验，网上证券交易量一旦超过10%，就会有一个大的突破。

二、移动证券主要特征

（一）投资操作简便

用户通过手机获取行情、交易、资讯等系列证券应用服务，操作和在证券营业部一致，简单易用。无须开户、换卡，已预装终端可直接使用，未预装终端短信申请可直接下载，订购即可开通。目前的移动证券软件支持多款手机操作系统。基于KJAVA、Symbian、Windows Mobile、Palm等平台的手机终端都支持手机证券业务。

（二）多券商支持

目前的移动证券软件基本都会支持多家券商交易，用户在使用的时候可以选择指定交易的券商，进行在线证券交易。用户在基本不改变自身软件使用和操作习惯的前提下，可以对不同的券商进行服务水平和服务收费的比较，选择自己更加满意的券商进行服务，而且从社会资源的使用角度来看，既可以节省软件开发成本和普及成本，还可以让移动证券的交易技术沿着更加规范的路径发展前行。

（三）实时行情传送

目前的移动证券软件都支持K线、分时走势、报价等实时行情显示，速度和电脑炒股一样快。移动证券资讯丰富，都能提供即时、丰富的综合资讯和品牌资讯，包括专业的宏观资讯和个股资讯信息。

（四）交易无地域限制

使用移动炒股软件进行股票买卖，只要是中国移动、中国联通、中国电信GPRS信号覆盖的地方都能使用。而且移动用户会得到移动客服及营业厅业务支持，为用户提供完善服务。

目前国内市场最常用的四款手机证券软件是金太阳、大智慧、同花顺、操盘手，这四款在功能上大致相同，也有各自的特点，均可以提供比较齐全的股票服务。

三、移动证券主要业务内容

手机证券业务主要包括行情资讯和在线交易两大业务。其中，行情资讯主要向用户提供股票、债券、基金等有价证券的动态行情、财经资讯、公告等信息；在线交易中的交易操作主要是向用户提供在线股票、基金等有价证券的交易及其自选股的管理。

行情资讯中的动态行情主要包括沪深两市A、B股及基金实时行情，其中有指数、最新、昨收、涨幅、涨跌、振幅、金额、成交量、量比、委比等。需要支持图表分析功能，包括走势图、日/周/月K线图、量线图、指标图（至少包括以下指标：MACD、KDJ、DMA、RSI、DMI），支持自选股等个性化管理功能，并支持实时以及历史行情查询。根据不同的承载方式特点支持文字、图形、语言等表现形式。

行情资讯中的财经资讯主要是为用户提供包括财经政策、上市公司动态、新股申购必读、个股投资要点、个股大事提醒等资讯信息。

行情资讯中的公告信息主要是为用户提供上海/深圳交易所、券商所发布的公告信息。

在线交易中的交易操作是指在已开通手机证券在线交易的证券公司开户用户，在开通了手机证券在线交易功能后，用户可以通过手机中的手机证券客户端进行沪深两市各种有价证券的交易、查询等各项功能，其中包括买入股票、卖出股票、委托撤单、委托查询、成交查询、股票查询、资金查询、资金流水、配号中签等功能。

在线交易中的自选股是指移动证券软件所提供自选股的管理，查询K线、成交价格和成交量、提供自选股票的业绩报告、投资评级、专项评级、财务分析资料。提供自选股的交易链接，当用户点击相应链接，可以发起交易的操作（若用户没有申请在线交易业务，则向用户发出订购在线交易业务的提示）。

四、移动证券主要软件

（一）金太阳手机证券

金太阳手机证券软件是国信证券自主研发的手机炒股软件的品牌，国信证券集专业、技术优势倾心打造的电子交易方式，是目前市面上唯一一款支持沪、深、港股行情、银证转账功能的手机炒股软件，集国信资讯、行情、交易、转账、账户管理于一体的功能最齐全的免费手机炒股软件。国信“金太阳”手机证券软件注册用户突破600万户，被iPhone选为中国的唯一证券应用产品，品牌位置领军整个行业。荣获2009年“最佳手机证券”奖。“金太阳”作为全国唯一一家由券商自主掌控的手机炒股软件，与普通经过第三方系统的炒股软件相比，“金太阳”安全性更高。

“金太阳”手机证券提供的各种服务均免费，除客户证券交易成交所需缴纳的各项正常税费外。使用“金太阳”会产生移动运营商的上网流量费，客户可以根据自身的需求选择流量包月套餐。

“金太阳”手机证券运行稳定，依托国信证券雄厚技术实力、多年的非现场交易运行管理经验确保手机交易系统在任何流量下运行稳定。

“金太阳”手机证券操作便利，国信证券手机炒股根据客户的手机操作习惯、客户熟悉的网上交易习惯设计买卖、账户查询、业务办理等操作流程，让客户轻松完成投资交易。软件支持预约开户功能，可7×24小时手机开户；用户特享个股评级、机构策略、研究报告资讯；在财富管理方面，支持现金增利、债券分级、OTC 高端理财等理财功能；软件拥有 MACD，KDJ，RSI 等 11 种技术指标，日线、周线、月线等 7 种周期 K 线，满足用户股票技术分析需求；软件支持国内 A 股及其 B 股实时行情及在线交易功能，还可查看港股（港股 15 分钟延时）行情；支持股票质押融资、港股通，融资融券交易功能。

“金太阳”手机证券不仅具有灵活快速的委托下单方式来保证用户的交易，有专业的财经、投资相关资讯作为用户的专业理财帮手，而且用户还可在“申购宝”板块阅读灵活方便的新股申购策略。金太阳的“开放式基金”功能，可根据基金公司、基金代码及基金类型查询基金，同时方便灵活的进行基金申购、认购、交易甚至开户等操作。

“金太阳”手机证券支持查询全球股市行情指数，支持国信证券客户金天利，独有的客户信息推送，互动沟通功能。

“金太阳”手机证券覆盖面广，国信证券手机炒股针对不同手机品牌和操作系统平台定制了 Kjava、Symbian、Windows Mobile 等多个版本的软件。

（二）大智慧炒股手机版

大智慧炒股手机版是由大智慧官网重磅打造推出的一款手机炒股软件，为全中国广大投资者提供最全的市场行情，包括沪深、港股、美股、基金、债券及其外汇，现已支持上证期权、沪港通。具有独家投资咨询，最新重大消息的第一时间免费推送，同时提供自选股股价提醒、自选股消息、财经要闻即时提醒等辅助功能，让用户的炒股也能变得更轻松。大智慧手机版是一款涵盖港股及美股股票行情、彩票购买的投资理财软件。能够满足用户看行情、看主力、看资讯、在线交易的全部需求，而且还能够提供双色球、大乐透、快三、竞彩足球等 28 个彩种的购买。

大智慧炒股手机版荣获中国电子学会 2014“中泽嘉盟”首届全国移动互联网应用大赛移动应用类一等奖；大智慧炒股软件获得 2014 年中关村在线年度优秀产品奖。

大智慧炒股手机版提供全市场实时行情查看及在线下单；提供自选股信息、股价、涨跌幅、换手率，盘中异动实时提醒；透析个股，免费查看资金流、大单交易、异动主题选股决策；提供双色球、大乐透、快三、扑克三等在内的 28 个彩种购买；提供热卖的理财产品推荐。具体如下：

最全市场行情：大智慧手机炒股软件提供沪深、港股、美股、基金、债券、外汇等实时免费行情，并采用最新技术手段做到微秒级更新。

独家投资资讯：拥有阿思达克通讯社，用投资的角度提供独家金融投资资讯。并配合实时市场资讯，最全最新市场资讯，帮助用户抢占投资先机。

名师在线解惑：名师、高手齐聚一堂为您在线答疑解惑，您可通过围观他们的模拟大赛和股票池去实时洞悉他们的操盘风格与关注动向。

股友交流：路演、股友会等更多的股友互动平台，让您的交流更畅快，在这里您再也不是一个人在炒股了。

最贴心的推送：无需你动手，大智慧帮你抓住每一个赚钱机遇，自选股股价提醒、自选股消息、财经要闻即时提醒。

极速交易：快买快卖，投资下单快人一步。提供一键开户入口，只需轻松 3 步即可极速开户。

慧信群社交：让用户边聊投资，边做交易。找大牛/专家实时互动，聊股票、聊投资、谈技巧、解疑惑。无论是文字、视频、直播、语音，支持全方面的沟通需求，让你不再错过任何一个投资机遇。

针对不同层次不同经历的股民，大智慧炒股手机版都安排有自己的炒股专区：小白股民可以用选股宝、优选大师，好股票选出来；资深股民可采用数据监控，龙虎榜、董秘爆料，未来大事件，从资讯中获取投资机遇；而技术玩家则可用 DDE 决策，阶段统计，历史回看，通过技术指标编辑适合自己的投资策略。

更新后大智慧炒股手机版产品内容主要有：沪深 Level－2 大单分析升级，逐笔还原每笔明细，成交分布洞察大单流动；作者优质文章同步推荐至股吧，大流量曝光助你“圈粉”；全新股票群上线，一边看盘一边聊天，行情、数据穿透看；个人主页新增打赏，让内容创作价值变现；直播可看回放，老师精彩内容不会错失；新增“情绪转点”和“黄金通道”两大进阶指标，助力年末行情机会。

大智慧炒股手机版针对不同手机品牌和操作系统平台定制了 Kjava、Symbian、Windows Mobile 等多个版本的软件。

（三）同花顺手机炒股

根据国际权威的全球网站流量统计网站 Alexa 的统计，同花顺金融服务网在国内财经类网站排名一直稳居前 10 位；经上海证券交易所内部测评，同花顺系列产品在技术层面居同行业首位；公司取得了国内第一张基于 PKI 体系 X. 509 的 SSL 安全代理系统证书，是国家密码局指定的密码定点生产单位和密码销售单位。

根据国内著名专业中介机构赛迪咨询的评估，浙江核新同花顺网络信息股份有限公司是国内产品类别最全面的互联网财经信息服务商，是唯一与中国移动、中国联通、中国电信三大移动运营商同时合作提供手机金融信息的服务商。

浙江核新同花顺网络信息股份有限公司全资子公司杭州核新于 2004 年推出并运营“同花顺金融服务网”。同花顺金融服务网是一个综合性的金融信息门户网站，致力于为中国资本市场提供全面的金融资讯服务，内容涵盖了财经、证券、期货、外汇、基金、债券、理财、论坛、博客。公司的主要业务主要分为三类：证券信息服务软件、手机证券软件和交易系统软件销售及维护。其中的手机证券软件，最典型的产品就是手机炒股。手机移动通讯和互联网经过几年的高速发展，均已经积累了庞大的客户群。互联网及其移动互联网两网的相互融合已经成为未来发展的趋势。随着无线网络技术的发展，尤其是 5G 网络的推出，手机财经信息服务必将是未来最重要的服务方式。

截至 2019 年 12 月 31 日，同花顺金融服务网注册用户约 49 637 万人；每日使用同花顺网上行情免费客户端的人数平均约为 1 301 万人，每周活跃用户数约为 1 640 万人。公司与中国移动、中国联通和中国电信合作推出的手机炒股，真正实现了无空间地域限制，获得了高端商务人群的高度认同。同花顺的手机炒股是国内最大、支持手机型号最多、支持运营商最完善的服务提供商，市场占有率达 60%。

同花顺手机炒股功能强大，提供高速行情，支持沪深证券、权证，基金，外汇，港股（延时），期货等多品种证券行情查询；实现 PC 端软件与手机炒股软件间的自选股同步，采用和电脑相同加密模式的委托交易，不但可以支持全国 85% 以上的券商在线交易，更可以由行情页面下单。系统稳定，软件操作简单易上手，还及时提供专业丰富的证券资讯。300台服务器支持移动、联通、电信专用服务器，保证用户随时随地炒股需求，享受同花顺提供的快速行情；平均每天更新有6 000条各类行业资讯，让用户及时把握行情动态，信息地雷、实时解盘让用户行情资讯两不误；全面支持创业板，即可查行情又可下单交易，特别推出资讯栏目“创业板动态”；新增MACD云参数和MACD云参数选股、股价预警、股票池、智能选股功能。同花顺是全国唯一一家有能力支持达到90%券商，2 400多家营业部在线交易的专业手机炒股服务提供商。

国内第一张基于PKI体系X.509的SSL代理产品证书就是由国家信息安全测评中心颁发给同花顺的，同时同花顺也是行业内最早推广CA、RA证书系统在网上交易系统中应用并承建CA系统的公司。为了方便用户下单，特别推出了快速下单功能，用户随时在查看行情的同时进行下单交易。同花顺为方便用户操作设计了各种快捷键，而为触摸屏手机用户设计了大量的标签和触摸功能，以方便用户操作，让页面切换更加方便；为方便用户使用，各页面加入了帮助说明，在任何时候需要，只需通过选项菜单即可获得帮助。

系统设置里支持设置服务器、K线指标、交易账号登录时长、交易自动重连、横竖屏切换开关、屏幕待机时间、省电设置、PUSH信息推送开关、切换账号。可以查看软件信息包括产品介绍、免责条款及关于，支持自动更新功能、软件分享。自动旋转屏幕，打钩表示支持横屏查看。屏幕待机，可以设置屏幕在多长时间之后再进入黑屏待机状态。省电设置可以选择自动省电，此后屏幕变暗或锁屏后则停止自动刷新；点击屏幕亮度，亮度越暗则越省电。PUSH设置可以自由开关PUSH消息。搜索列表支持直接加自选股，且搜索时沪深股票排在前面。

同花顺手机炒股是国内用户使用量最高、性能最稳定、支持券商最多并支持手机在线交易的随身免费炒股软件，也是首家推出手机上Level－2数据查询的炒股软件。同花顺手机炒股同时支持联通、移动、电信三大运营商及其最新主流机型程序下载。支持Level－2全球股指和快速买卖，支持一键切换，支持触摸屏支持手指滑动操作，结合Level－2数据让用户能实时掌握盘中主力资金流向，提供十档买卖盘速度比普通行情快一倍。

同花顺手机炒股为第一家中金所授权，支持手机上查询股指期货行情查询，快捷键888直接进入股指期货行情列表。

全面支持创业板行情查询和下单交易，30快捷键直接进入创业板行情列表，点击名称查询个股；可从行情页面直接下单或输入代码进行交易。深市Level－2行情数据查询。通过绑定手机号，可在开盘时间通过个股选项菜单的“股价预警”功能设置条件进行短信预警。优化操作，输入券商首字母，快速添加营业部；支持VIP点数充值等；使用更加简单快捷。

同花顺支持超过2 000款的手机且数量不断快速增长中。同花顺手机炒股针对不同手机品牌和操作系统平台定制了Kjava、Symbian、Windows Mobile等多个版本的软件。

（四）操盘手手机版

操盘手手机版是益盟股份有限公司研发出品的手机证券软件。它不仅能随时随地查看大盘、个股及时行情，还新增了板块热点和基金持股信息推荐。

把操盘手手机版装在普通手机上，就能看个股K线、新股发行、外围股市涨跌信息；

软件操盘线能提示 BS 买卖信号，帮助把握关键价位；基金理财能让用户在手机上看基金涨跌，在手机上就能实现货比三家。手机操盘手的所有行情均由两大交易所直接授权，与实时交易完全同步。它记录了个股及大盘全天走势，更有个股涨跌幅、收盘价、开盘价、委比、内外盘数量、最新的 5 笔买卖盘实时数据等一系列信息，真正实现了行情快、数据准。

“道破天机”能够监控主力大资金的一举一动，找到大资金介入的强势个股。“板块监测”与“操盘线”B 点的结合使用，更能通过找出强势板块，从而找到先于大盘发出 B 点的强势个股。

操盘手手机版资讯及时丰富。每日盘中急报，热点股评，板块动向，各种预警提示，让用户在海量信息中把握市场真正动向。手机软件特色功能中的“明日提示”可以提前一天给出下个交易买入或卖出的条件；而操盘线 BS 点决策在所有周期上即时提示。

操盘手手机版首创的“一屏展示，一键流转”的设计原则，给用户最完美的触摸跳转体验，是移动证券软件的创新和领先者。拥有业内最全的 L2 资金指标，多角度展示主力资金的进出动向及控盘力度；“精品资讯”提供异动个股、盘面解读等高附加值资讯，在盘中及时推送给用户；而“牛博士”则是其独家推出的软件中培训平台，传授不同行情下操作技巧。

操盘手手机版支持 Kjava、Symbian、UIQ、PPC、Windows Mobile 等系统的主流手机均可下载使用手机操盘手。

第二节 移动证券业务操作

一、同花顺手机炒股业务类型及其使用

（一）同花顺手机炒股业务类型

同花顺手机炒股提供的业务类型主要包括证券行情、证券交易、系统设置三大服务。

1. 证券行情主要提供包括股票报价、期货报价、自选股、大盘分析、个股行情及其排行榜相关信息。其中，股票报价主要是提供上海 A 股、深圳 A 股、上海 B 股、深圳 B 股、债券、基金不同市场显示的实时价格及其成交量信息。期货报价显示期货品种的实时价格及其成交量信息。自选股是即用户选择自己所关注的股票放在一起，以便观察实时价格。大盘分析提供将按上证指数、上证 50 指数、上证 A 股、上证 B 股，深证成指、深证 100 指数、深证 A 股等显示总成交量、总成交额、涨跌、幅度等指标。个股行情包括个股报价、走势分析、历史 K 线、分笔交易、基本信息查询。排行榜提供按涨幅、振幅、量比、金额、委比、成交量、成交价对报价进行排序。

2. 证券交易主要是提供用户登录验证、委托买入、委托卖出、委托撤单、查询委托及成交、查询股票、查询资金操作。需要强调的是，委托买入后，直到交易所成功撮合买卖双方，交易成交为止，这部分钱是不能用的。如果还没有成交或者部分成交，可以提交撤单申

请，交易所受理后本次委托报废，钱立刻返回自己账户。如果直到下午三点收市，委托还没有成交，会自动做撤单处理，一般数分钟后钱返回自己账户。卖出委托则需要进入交易页面，点击“下单”按钮，进入买卖委托操作区，在代码编辑框内输入要卖的股票的代码，右边会立即显示该股票的名称，行情区域会显示这个股票的相应信息。在买卖栏选择“卖出”，该产品的可卖出股数即显示在股数编辑框内。也可以通过双击委托状态栏里的持股列表实现快速卖出操作。委托卖出须在限价输入框内输入合适的卖出价位，然后填入适当的卖出股数点击“确定”，再点击确认对话框的“确定”按钮进行下单。卖出股数也必须是100或100的整数倍，只有在全卖的时候才允许卖出少于100的股数。

3. 系统设置包括服务器地址、行情参数、K线参数、成交量参数相关设置操作。

（二）同花顺手机炒股下载安装

对于新股民而言，炒股的第一步是开户操作。目前新股民开户的形式有去营业部开户和手机开户两种，随着移动互联网的发展，手机操作方便快捷，手机开户也逐渐发展成为开户的主流形式。

1. 打开手机应用商店并在搜索栏中输入“同花顺手机炒股”便会看到搜索到的同花顺软件结果（如图4－1所示），点击锁定同花顺手机版软件，在打开的“同花顺手机炒股”下载页面点击“获取”按钮，便下载该炒股软件并自动安装到用户的手机上面（如图4－2所示）。

图4－1　手机商店同花顺软件搜索结果页面

图4－2　同花顺软件下载页面

2. 打开手机炒股软件页面，进入选择券商页面，或者输入券商简拼，或者通过字母顺序进行查找和观看，选择股票开户的券商，已经开户的用户可以直接输入股票账户号码和密码，而后点击“登录”按钮（如图4－3和图4－4所示）。

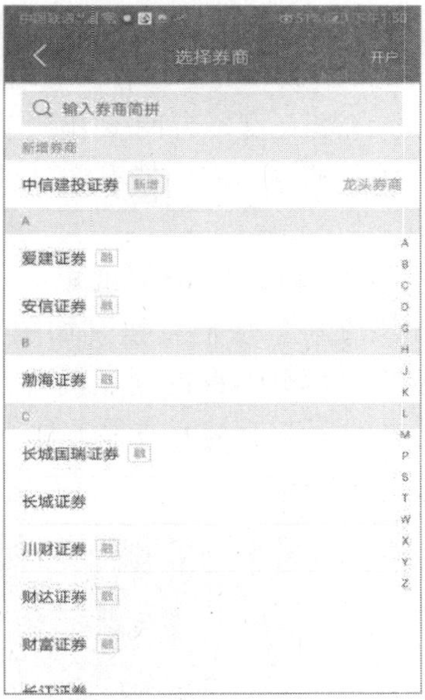

图 4－3　同花顺软件“选择券商”页面

图 4－4　同花顺软件“交易账户登录”页面

3. 若用户没有注册股票账户，可以在下载的同花顺炒股软件进入首页后，点击“股票开户”按钮，进入股票开户页面。用户在该页面可以看到列示所有可以开户的券商，如国泰君安证券、长江证券、东吴证券。用户可以任意选择一家进行开户操作（如图 4－5 所示）。

用户选择好服务券商后，如选择财富证券，点击券商右侧的“开户”按钮，进入券商开户页面，输入手机号，并获取验证码，将短信验证码输入后，点击“下一步”按钮。（如图 4－6 所示）

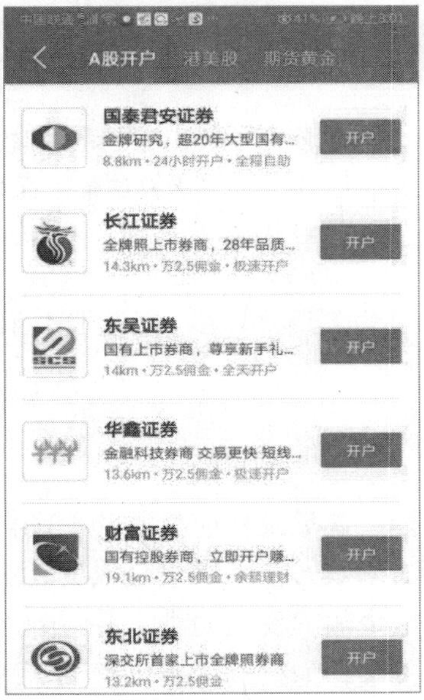

图 4－5　同花顺软件“A 股开户选择券商”页面

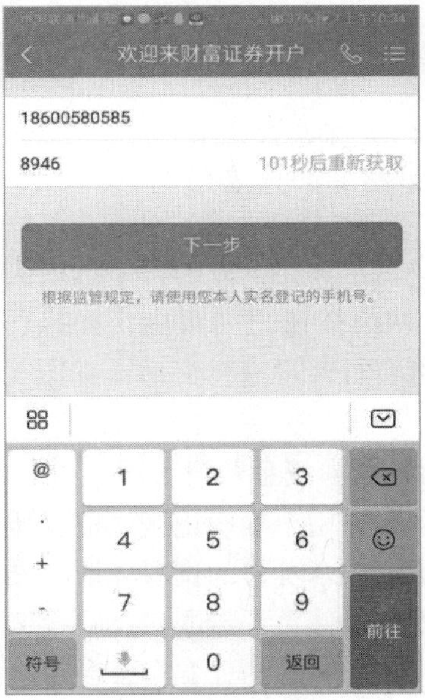

图 4－6　同花顺“证券开户登记手机号”页面

用户根据提示流程完成身份信息验证、视频验证、三方存管绑定等流程。然后进入状态详情页面，显示客户姓名、资金账户号码、上海 A 股、深圳 A 股、三方存管、签署的协议，包括开户及证券交易委托代理协议（自然人）、财富证券自然人投资者网上开户暨电子签名、工商银行存管协议等信息。若用户想投资 B 股或者融资证券，需要持有效证件到营业部办理（如图 4 –7 所示）。

需要提醒用户的是，证券公司一般在下一个交易日给用户发送审核通过的短信，收到短信后，打开同花顺手机炒股 APP，点击同花顺页面下方“交易”快捷按钮（如图 4 –8 所示），添加用户的开户券商，即可开始进行股票交易。现在大部分券商的创业板转签也都支持网上办理，网上开户还可以享受更低的佣金优惠，比去线下营业部开户要方便得多（如图 4 –9 所示）。

图 4 –7　同花顺软件“状态详情”页面

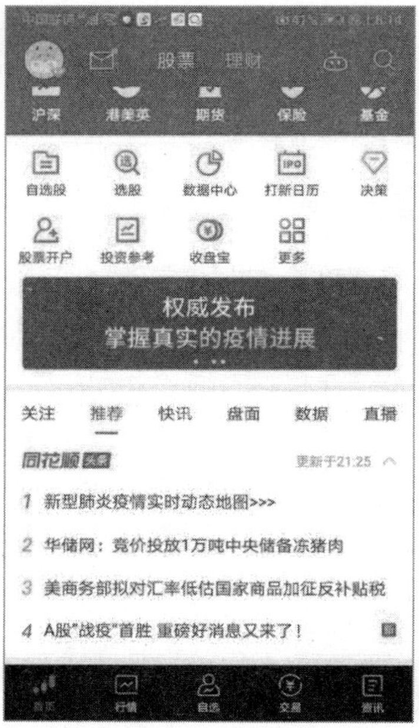

图 4 –8　同花顺软件首页页面

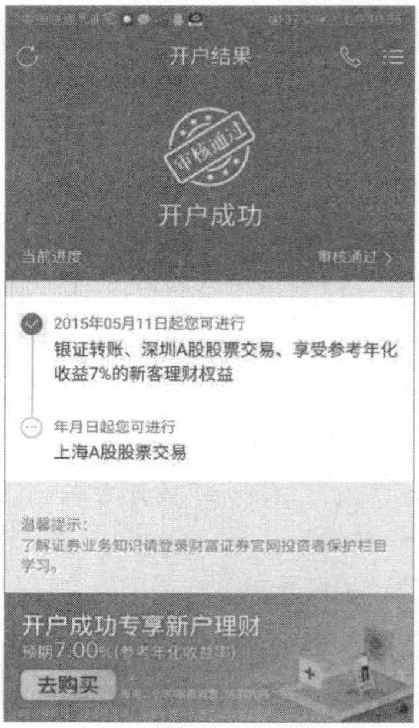

图 4 –9　同花顺软件“开户结果”页面

用户点击页面下方的各个选项快捷按钮，便可以在“首页”“行情”“自选”“交易”“资讯”快捷按钮之间自由切换操作，查看股市行情，查看交易情况、自选股及其证券资讯，也可自行开户进行交易（如图 4 –8 所示）。

（三）证券资金账户管理

证券账户用于准确记载投资者所持的证券种类、名称、数量及相应权益和变动情况的账册，是认定股东身份的重要凭证，具有证明股东身份的法律效力，同时也是投资者进行证券交易的先决条件。证券账户反映投资者证券交易结算资金余额的变动明细，并记载客户的银行结算账户和客户的证券资金台账之间的银证转账对应关系，为投资者提供查询管理账户变动明细的渠道。

证券账户注册成功后，登录手机炒股软件，用户可以进行证券资金账户的管理，其中包括：总资产、浮动盈亏、当日参考盈亏、总市值、可用（国债）、可取（转账）、个人持有的股票种类、数量、市值、盈亏、成本等账户信息。

1. 转入资金：用户登录同花顺软件，输入个人股票账号和密码，进入个人股票账户。该页面会显示多账户登录、总资产等信息（如图4－10所示）。用户点击“持仓”按钮，进入个人持股页面。该页面会显示个人持股、可用资金、可取资金信息（如图4－11所示）。

图4－10 同花顺软件“用户”页面

图4－11 同花顺软件“用户持仓”页面

用户点击“可取”按钮，进入银证转账页面，该页面会显示“转入”“转出”“查询”模块供用户选择操作（如图4－12所示）。用户转入资金时，软件会直接显示存管银行。用户最好先查询个人银行账户的余额，然后确定转入的资金的金额，输入银行密码后，即可完成转入资金的操作（如图4－13所示）。转入操作时间一般为交易日的9：00—15：00，不同银行有所区别。

2. 转出资金：证券账户有闲置资金且不准备继续再投资时，可以进入银证转账页面，使用转出功能，将资金转入与其关联的银行卡账户。需要此项业务的用户登录个人股票账户后，进入银证转账页面，点击“转出”按钮，输入转出的金额，如果想全部转出，可以直接点击“全部转出”按钮，系统会自动显示能转出的全部金额。用户点击“确认转出至银行卡”按钮，完成转出资金操作（如图4－14所示）。

银证转账的注意事项主要有：证券保证金自助转账服务时间为交易所开市时间；转账成功系统会有语音提示，转账资金及时到账，客户可在券商处直接进入电话委托或自助终端查询保证金余额，也可以通过电话银行电话或到网点客户服务终端打印存折查询；客户如变更资料、终止自助转账服务必须提供书面申请；转账金额超出证券营业部规定的最高限额，转账无效；客户必须注意资料的保密，任何以客户证券保证金账户密码为根据而发生的资金转移行为均视为客户根据自己的意愿主动进行的行为。

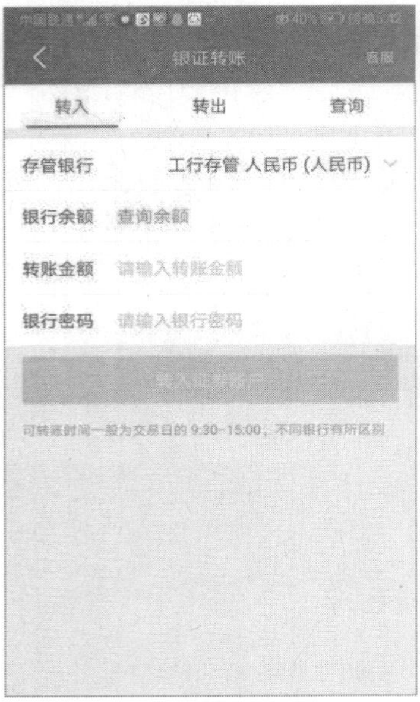

图 4－12　同花顺软件“银证转账”页面

图 4－13　同花顺软件“转入资金”操作页面

图 4－14　同花顺软件“转出资金”页面

3. 资金查询：用户使用资金查询功能，可以显示证券资金账户所有转入和转出的记录，确保资金转入或转出操作成功。该功能可查询当日流水和历史转账记录。用户点击“当日流水”按钮，即可显示当日的资金流水记录，如果当日无操作，会显示当日无转账或查询余额记录。（如图 4－15 所示）。

点击“历史转账记录”，显示“近 1 年无该类型记录，点击查询上一年”，继续点击“查询上一年”，会显示具体的操作时间、净转入金额等信息（如图 4－16 所示）。

图 4－15　同花顺软件“查询当日资金流水”页面

图 4－16　同花顺软件“历史转账记录”页面

如果用户使用炒股软件中可取资金的功能，则需要注意可取资金和可用资金的区别。可取资金是指可以从证券账户通过银证转账功能，转出至银行卡并实现取现操作，由于我国采取 T+1 制度，当天卖出的股票，资金无法取出，需等待第二个交易日方可提现。可用资金包括可取资金和当日卖出股票所得资金，可以在证券账户中进行正常交易，如购买股票、基金、理财产品等。

（四）炒股软件使用

1. 买入股票业务：使用移动炒股软件进行投资时，可能获得较高的投资收益，但同时也存在着较大的投资风险。为了使投资者更好地了解其中的风险，根据有关证券法律法规、行政规章、证券登记结算机构业务规则和证券交易所业务规则，特向投资者进行风险揭示，以便投资者对证券市场风险形成全面清醒的认识。同时，为了了解用户的风险承受能力，给投资者提供更适当的服务，根据相关法律法规要求，开立股东账户前需进行风险承受能力测评。测评结果有效期为一年，过期后系统会自动提示重新进行风险评估（如图 4－17 所示）。

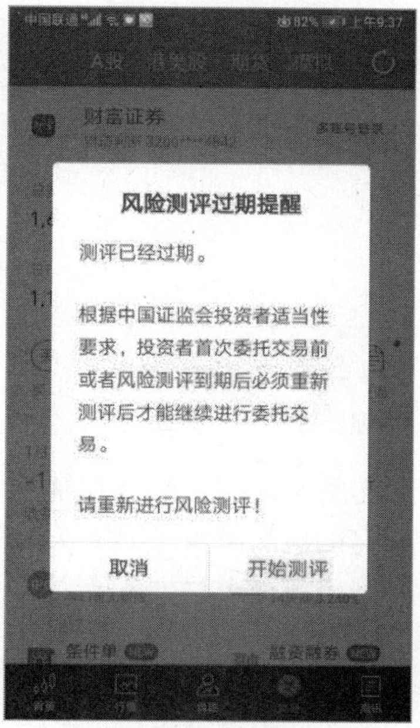

图 4－17　同花顺软件“风险测评”页面

风险评估活动旨在通过提供基于事实的信息并进行分析，就如何处理特定风险以及如何选择风险应对策略进行科学决策。作为风险管理活动的组成部分，风险评估提供了一种结构性的过程以识别目标如何受各类不确定性因素的影响，并从后果和可能性两个方面来进行风险分析，然后确定是否需要进一步处理。其好处主要包括以下方面：认识风险及其对目标的潜在影响；为决策者提供信息；有助于认识风险，以便帮助选择应对策略；识别那些造成风险的主要因素，揭示系统和组织的薄弱环节；有助于明确需要优先处理的风险事件；有助于通过事后调查来进行事故预防；有助于风险应对策略的选择；满足监管要求。

用户登录手机炒股软件，进入个人股票账户页面，点击“交易”按钮，系统会自动弹出“风险测评”或“风险测评过期提醒”的窗口，根据中国证监会投资者适当性要求，投资者首次委托交易前或风险测评到期后必须重新测评后才能继续进行委托交易（如图4－17 所示）。

点击“开始测评”后，进入完整性检测，系统会自动显示“身份证资料齐全方面显示民族信息不全”和“已签署电子签名约定书方面电子签名约定书未签署 ”（如图 4－18 所示）。

点击身份证资料齐全区域旁边“去更新”按钮，进入“上传身份证照片”页面（如图 4－19 和图 4－20 所示）。

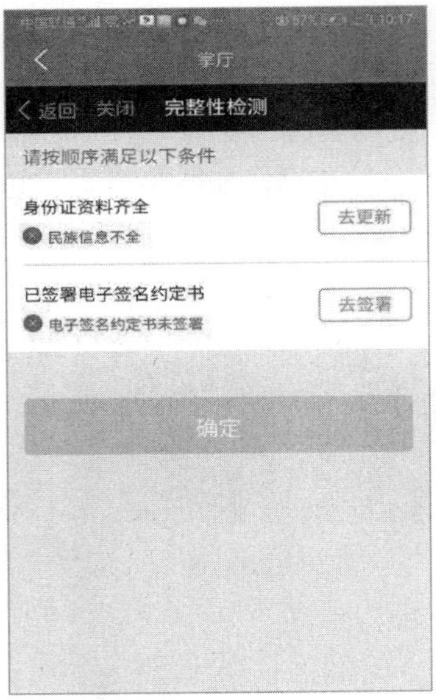

图 4-18 同花顺软件“完整性检测”页面

图 4-19 同花顺软件“上传身份证照片”之前页面

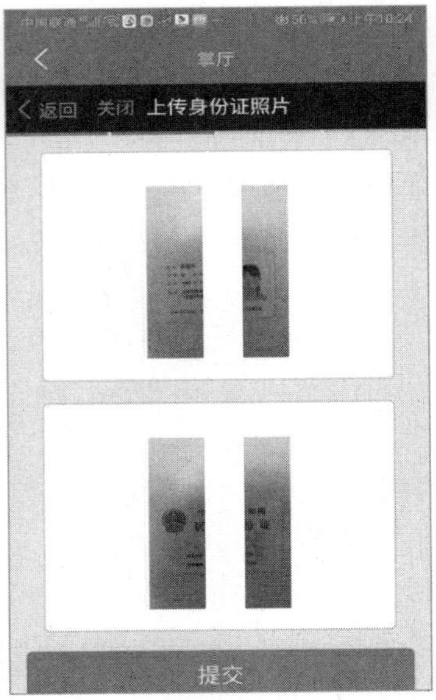

图 4-20 同花顺软件“上传身份证照片”之后页面

上传身份证照片后，系统进入信息确认页面，再次核对信息后，点击“提交”按钮。完成信息的提交操作（如图 4-21 所示）。

用户点击提交后，系统会弹出“温馨提示”对话框，显示“信息修改已提交审核，请耐心等待”字样。点击“确定”按钮后，等待系统审核通过。审核时间为提交审核当日完成，用户需要随时查看审核状态。（如图 4-22 所示）。只有通过审核后，才能进行信息的更新，如果没有通过审核，系统会弹出提示窗口，显示信息不全种类及其完善提醒。点击确定后，回到原页面进行身份证信息更正（如图 4-23 所示）。

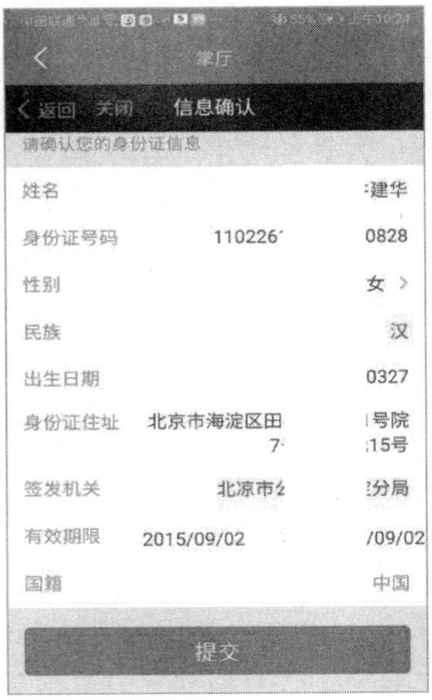

图 4-21 同花顺软件“信息确认”页面

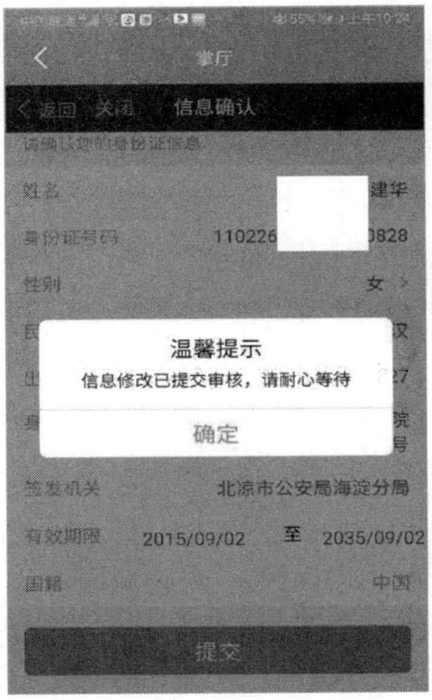

图 4-22 同花顺炒股软件“信息提交”页面

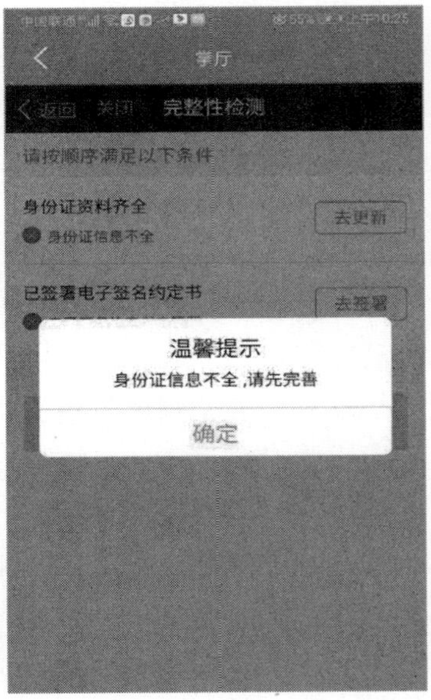

图 4-23 同花顺炒股软件“信息更新等待”页面

若用户身份信息审核通过后，会收到审核通过短信通知（如图 4－24 所示）。再次进入完整性检测页面，点击“已签署电子签名约定书”旁边的“去签署”按钮，进入电子签名约定书签署页面。用户需要仔细阅读“证券自然人投资者网上开户暨电子签名约定书”，若对约定书内容无异议，点击页面下面的“我已阅读并同意签署以上协议”按钮，完成签署操作（如图 4－25 所示）。

完整性信息检测全部完成后，系统会显示检查通过。点击“确定”按钮即可进入测试内容填写（如图 4－26 所示）。

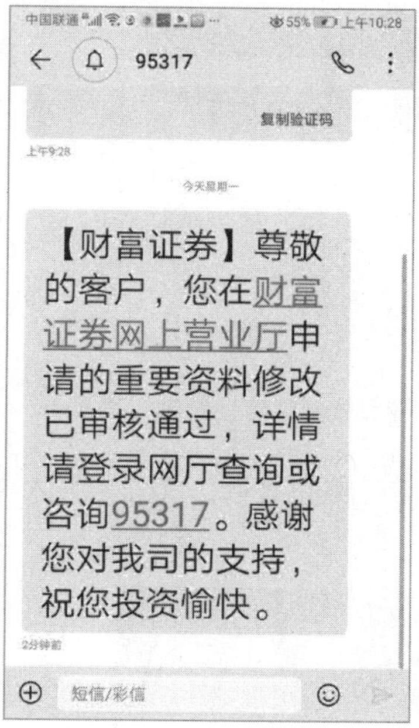

图 4－24　同花顺信息更新审核通过短信通知

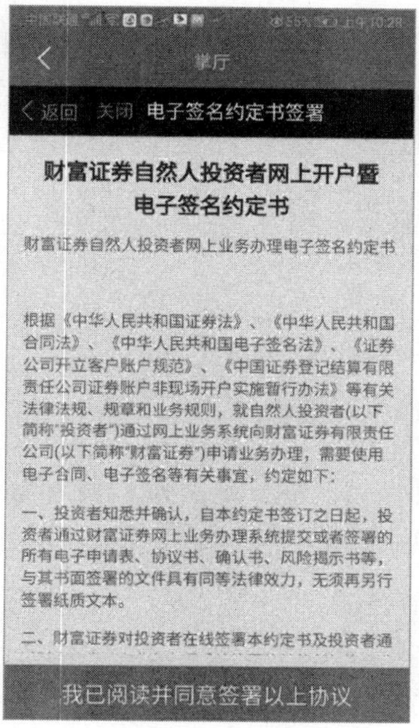

图 4－25　同花顺“电子签名约定书阅读”页面

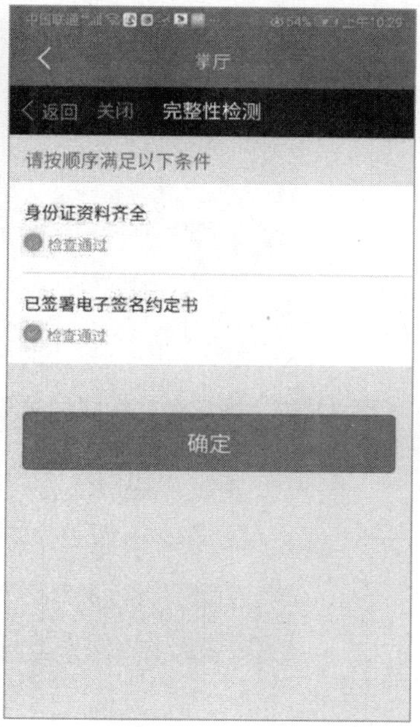

图 4－26　同花顺软件“完整性检测完成”页面

进入“风险测评”页面后，认真回答每道题目，所有题目全部答完后，系统会自动评分，并根据评分结果，如果用户同意该评估结果，勾选“我已阅读并同意签署《投资者风险承受能力评估结果告知函》”按钮后，点击“我同意并提交”按钮。系统会弹出温馨提示窗口，显示“测评成功”，点击确定后，来评价用户属于什么类型，如果用户不同意该测评结果，需要点击“与实际不符，重新测评”按钮，进行重新测试（如图 4－27 所示）。

普通投资者将根据风险承受能力等级，由低至高划分为 5 类：（1）得分 20 分以下：保守型投资者，可进行低风险投资；（2）得分 20 分～36 分：谨慎型投资者，可进行中低风险投资；（3）得分 37 分～53 分：稳健型投资者，可进行中等风险投资，可购买 A 股股票；（4）得分 54 分～82 分：积极型投资者，可进行中高风险投资。可购买港股通股票；（5）得分 83 分以上：激进型投资者，可进行高风险投资。

投资者除了完成风险测评后，还需要保证股票账户内有充足的资金，用户在进行交易之前，要检查股票账户的余额，如果余额不足，首先需要通过银证转账，把资金从银行卡，转到个人股票账户。注意：转入资金时需要在每个交易日的 9：00—15：00 间完成，其他时间不可以操作（如图 4－28 所示）。

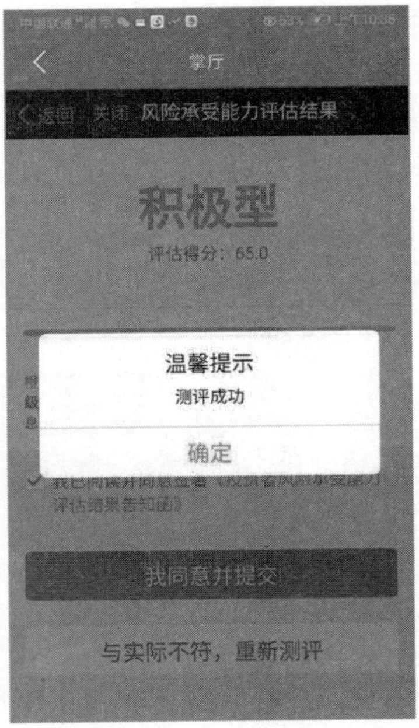

图 4－27　同花顺软件“风险测评成功”页面

图 4－28　同花股软件“银证转账”页面

个人股票账户里转入资金后，选择看好的股票，输入购买的价格和数量，点击“买入”按钮，即完成买入操作（如图 4－29 和图 4－30 所示）。

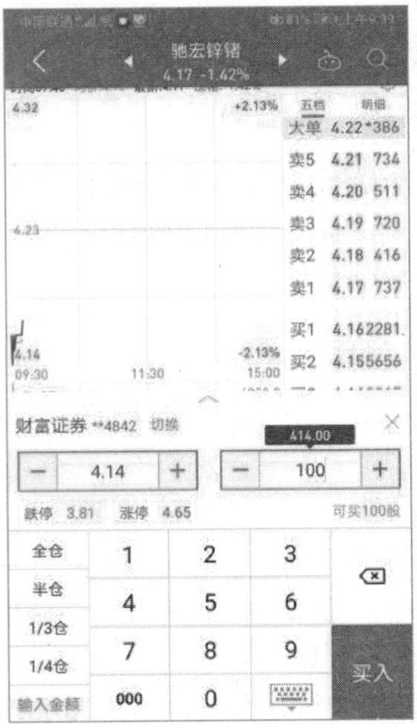

图 4－29　同花顺软件“股票购入”页面

图 4－30　同花顺软件“委托已报”页面

点击“查询”按钮，可以查询委托和成交的信息。再点击“当日委托”，查询委托订单记录（如图 4－31 和图 4－32 所示）。

图 4－31　同花顺软件“查询委托记录”页面

图 4－32　同花顺软件“当日委托”页面

当交易价格到达委托价格时，用户买入成功，买入记录从当日委托转到当日成交。若未成交，还是想买入的话，就得提高报价，进行买入了；或是等股价下跌买入。

2. 卖出股票业务：用户在卖出股票决策的时候，应该遵循以下重要原则：（1）公司宣布重大的重组或新投资项目时可以卖出股票。从股市的角度讲，这些消息往往会被当作出货的借口。公司重组、新的投资项目，往往意味着公司将要产生新的效益、创造新的局面，这似乎是一个很好的买入时机。但实际上，一个偏要进行重大重组或上马新的投资项目的公司，往往就表示该公司当前的经营状况不佳。企业重组后也许能够重新获得高速成长的机会。但根据经验显示，多数公司重组后的效果并不是很理想，有的公司甚至是年年重组、年年亏损，简直就成了为配合股价炒作而无中生有的“题材”。（2）用户发现更好的投资机会时可以卖出股票。对于每一名投资者来说，能够准确地判断价格走势的底部和顶部，可以说是梦寐以求的理想。但现实的情况是：没有一个人能够做到这一点。甚至人们的判断往往是与实际情况正好相反。因此，相对较好的策略不是去判断哪里是顶部，哪里是底部，而是一直持有股票。只有当发现了更好的投资机会的时候，才把原来的股票抛出，买入新的股票。（3）用户需要重新分配投资组合比例时可以卖出股票。成熟的、成功的股票投资最主要不在于投资者购买了哪只股票，而是取决于如何分配自己的资金比例进行投资组合。也就是说，采用组合投资的方法是一种比较好的方法。投资者可能决定把三分之一的资金投入金融地产股中，三分之一资金投入低市盈率股中。还有三分之一投入小盘股中。当投资者需要对组合进行调整时，比如几个月后，由于金融地产股市值上升，已占到总比例的二分之一，这时，投资者就可能要减持金融地产股，把资金补充到其他的板块中去。（4）股价超过预定目标价位时用户可以卖出股票。如果投资者一开始就没有确定目标价位，那就不需要参考这一原则。但如果定下了目标价位后，一旦真的达到这一价位时，就应该果断抛出。因为当初在确定目标价位时，投资者总有一定的理由。一般情况下还是比较理智的，但当股价继续上涨的时候，多数人开始头脑发热，忘乎所以。所以，为了避免犯错，最好还是及时抛掉。即使之后股价继续上升，也不必为此烦恼。因为这一部分利润已经超出了你的判断，也就是说它原本就不属于你。

卖出股票的方法主要有：（1）目标价位法。这种方法指的是买入股票时就制定好了盈利的目标价位，一旦股价达到了设置的目标，就将股票抛出。（2）顺势探顶法。一般指的是并不给股票事先设定目标价位，一直持有股票，到股价显出见顶的迹象再抛出。（3）投机性抛出。一般是说股价涨到偏离了投资价值，市场投机氛围很重时卖出的方法。

用户使用同花顺炒股软件卖出股票的操作方法如下：登录个人股票炒股软件，系统会自动判断账号，输入密码，进入个人股票账户，点开下方的“交易”按钮，进入个人账户。点击“持仓”按钮进入我的持仓股页面，该页面显示已买入的所有股票，选择准备抛售的股票，点击“卖出”按钮，输入卖出的数量和委托卖出的价格（如图 4－33 所示）。

用户核对卖出股票的信息，点击“确认卖出”按钮，结束股票卖出操作（如图 4－34 所示）。

图 4－33　同花顺软件“股票卖出”页面

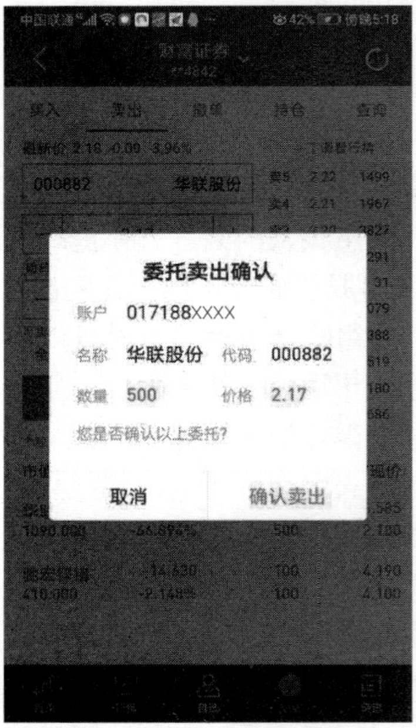

图 4－34　同花顺软件“委托卖出确认”页面

结束操作的用户可以到“我的持仓”里或是“已委托单里”查看，是否成交、卖出。若未成交，还是想卖出的话，就得降价卖出，或是等股价上涨卖出（如图 4－35 所示）。

需要强调的是，用户需要止损卖出股票时，在交易时间内，可以委托自己的一个止损的价格，如果股价跌到了你止损的价格，就会自动成交，如果没有，就可以继续拿着，一般没有时间盯盘的投资者可以采取这个方法。手机同花顺软件里在买入和卖出的时候可以设定价格，一旦达到设置的价格会自动出售或卖出。如果在成交前，还可以撤单。股票的委托单子都是当日有效的，如果当日没有成交的委托单就会以“废单”方式处理。当天成交的股票会一直显示在持仓栏里，只是不管卖出的股票价格以后怎么变化，栏中显示你的收益都是不变的，只有收益率会变。还有当天的成交不会出现在历史成交栏中，第二天才会在历史查询中显示出来，那时持仓栏中就没有了。资金股票里面还有是正常的，表示这是你当天所操作的股票。卖出去后，系统在第二天会刷新没有了。

图 4-35　同花顺模拟炒股软件“持仓”页面

（五）模拟炒股演练

为了帮助新入圈的股民熟悉股票买卖的操作，同花顺免费提供有模拟炒股软件。从该款软件技术实现来看，应该是国内目前最接近真实的模仿炒股软件交易系统。其实时的行情数据，专业的仿真交易渠道，结合了同花顺软件各个增值服务和功用，可以直接进行逼真的炒股操作，免除两个渠道间彼此切换。同花顺免费模仿炒股是新老股民的试验田，能协助股市新兵探究股市奥妙。同花顺模拟炒股软件堆集炒股经历，免除日后实盘资金缩水丢失的担忧；而炒股高手能在这儿查验自己的操作风格，参加模仿炒股竞赛，饱尝商场检测后，成为每一个投资者崇拜的方针。

同花顺模仿炒股有 100 多万用户，是现在最活泼的模仿炒股渠道，它最大的特点是在其渠道上有很多的模仿炒股竞赛并供给丰厚的奖金或奖品（大学生模仿炒股，炒股团队、组织、学院、证券公司、证券营业部模仿炒股），个人和企业可以免费创立模仿炒股大赛，专业的渠道规划、简易的操作方法、人性化的服务，让您从此能更便利的举行模仿炒股大赛，与广阔股民商讨技艺。

二、工行手机银行投资类型及其操作

（一）工行手机银行投资主要业务类型

目前，工行手机银行能提供基金、理财、储蓄理财、贵金属、手机保险、第三方存管、理财工具等丰富的投资理财的交易功能（如图 4-36 所示）。

1. 基金交易。用户可办理开放式基金账户开户，基金认购、申购、赎回、定投、转换、基金分红方式更正、指定日期交易、定期定额赎回、基金定投申请修改、浮动盈亏试算、基金信息及交易查询等业务。支持 7×24 小时全天候挂单撤单（定期定额申购除外）等全部基金交易委托。以及 7×24 小时基金持仓信息、交易和分红记录查询。用户在交易时间（每周一至周五 9：00—15：00，认购截止时间为 16：00）以外时点所做交易系统将视为下一日交易委托。定期定投交易需在交易时间内完成。

2. 贵金属。可选择人民币、美元两种结算货币进行黄金、白银买卖，并可进行账户贵金属交易账户设定、个人手机银行发起的委托交易、交易信息查询等操作，查询时段仅限当日及 12 个月内的账户贵金属买卖成交状况。贵金属的服务时间是：周一 7：00—周六 5：00（纽约夏令时），周一 7：00—周六 6：00（纽约冬令时）。

3. 移动保险：可通过个人手机银行查询在售保险产品、在线投保、缴纳保费、还可查询已持有的保单和历史交易记录，并对满足条件的保单进行续保、撤保、退保等操作。

4. 第三方存管：可通过该服务实现资金在银行结算账户与证券保证金账户之间的划转，以及查询证券保证金账户信息、交易历史信息等。转账服务时间为证券公司工作时间，台账查询服务时间为每个证券交易日的 8：30—16：40。

图 4-36　工行手机银行“投资理财交易”页面

（二）工行手机银行投资操作

1. 手机银行购买基金：用户进入手机银行基金页面。在该页面用户可以进行基金购买、查询已购买到的基金、交易查询、对基金账户进行管理和定投管理等操作。用户点击相应功能名称就可进入相关操作。用户点击“购买基金”按钮后，进行基金品种选择后，进入购买页面（如图 4-37 所示）。

用户在仔细阅读相关产品信息后，若用户有意购买，点击屏幕下方的“购买”按钮（如图 4-38 所示）。用户再确认“购买基金”页面信息后，用户输入“认购金额”和“电子银行密码”后，点击“确定”按钮。结束购买基金操作（如图 4－39 所示）。

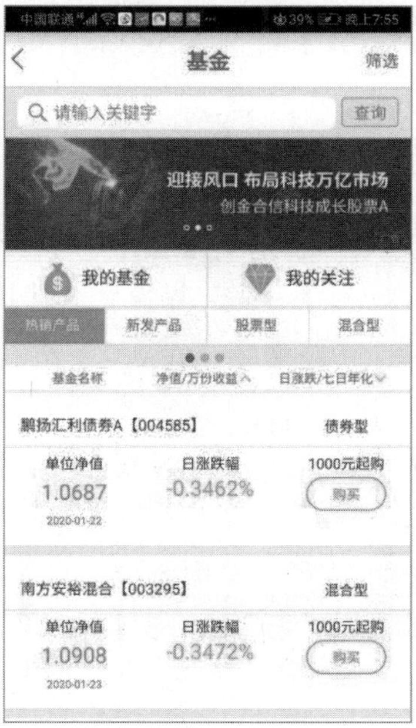

图 4－37　工行手机银行“基金”操作页面

图 4－38　工行手机银行“购买基金”页面

图 4－39　工行手机银行“用户认购基金确认信息”页面

2. 购买理财产品：用户使用手机购买理财产品和网点购买的理财产品是一样的，使用手机购买理财产品除了方便快捷外，收益率有时会高于网点销售，用户购买银行理财产品的要考虑多方面的因素。对于理财产品的风险通常有等级划分，但没有统一规定，各家银行对理财产品的风险等级采用了不同的符号。根据产品风险特性，一般银行将理财产品风险由低到高分为 R1—R5 共 5 个等级：

R1（谨慎型）该级别理财产品保本保收益，风险很低

R2（稳健型）该级别理财产品不保本，风险相对较小

R3（平衡型）该级别理财产品不保本，风险适中

R4（进取型）该级别理财产品不保本，风险较大

R5（激进型）该级别理财产品不保本，风险极大

银行理财产品的手续费包括申购费、销售费、管理费、托管费等，一般来说银行不收取申购费，不过其他费用还是要收的，每样费用大多不超过投资金额的 0.3%，总费用通常不超过 0.6%。但是一般银行在测算理财产品收益率的时候已经把这部分算进去了，也就是说银行测算出理财资金的收益率，扣除各种手续费，剩下那部分就是大家所熟知的“预期收益率”。所以，按照产品的预期收益率就能算出你实际获取的收益，不必考虑手续费的问题。

用户购买理财产品须进入手机银行页面，点击页面左上角的“登录”按钮，进入密码登录页面，也可以使用第三方登录的方式，支付宝和微信进行登录，如果选择密码登录，输入密码，点击“登录”快捷按钮，进入个人账户页面（如图 4－40 所示）。

用户点击“投资理财”按钮，进入投资理财页面，该页面显示个人总投资资产的金额，

为了保护个人资产的安全，可以点击旁边的“眼睛”图标，使其保持闭眼状态。个人工行手机银行“投资理财”的项目很多，包括理财、基金、贵金属、证券、结售汇、账户能源、账户基本金属、外汇买卖等内容（如图 4 –41 所示）。

图 4 –40　工行手机银行“个人账户”页面

图 4 –41　工行手机银行“投资理财”功能页面

点击“理财”按钮，进入理财产品页面，用户可以根据理财产品的信息选择所要购买理财产品。选择其中一款理财产品，点击“购买”按钮。系统会弹出“温馨提示”对话框，为了保障用户的权益，根据监管政策要求，用户必须到工商银行网点进行风险评估后才能继续进行该协议的申请交易，用户也可以同时领取工商银行全功能借记卡，享受更多投资理财交易服务和专属优惠，如需办理，请点击“预约办卡”划线字样；若点击“返回”操作，终止用户的理财协议申请交易。如果用户已经持有工行借记卡，但是属于首次购买，需要持有效身份证件和储蓄卡先到营业网点进行风险测评；同时申请一张多币种储蓄卡作为交易账户（如图 4 –42 所示）。

完成风险测评后，再次进入“投资理财”页面，选择看好的理财产品，点击“购买”按钮（如图 4 –43 所示）。进入购买理财产品的页面，输入购买的数量，选中“我已阅读客户权益须知和产品说明及相关协议并同意相关内容”复选框，点击“确认”按钮，购买操作完毕（如图 4 –44 所示）如果可用余额不足，系统会弹出交易失败对话框，需要存入足额的款项后，再进行购买。

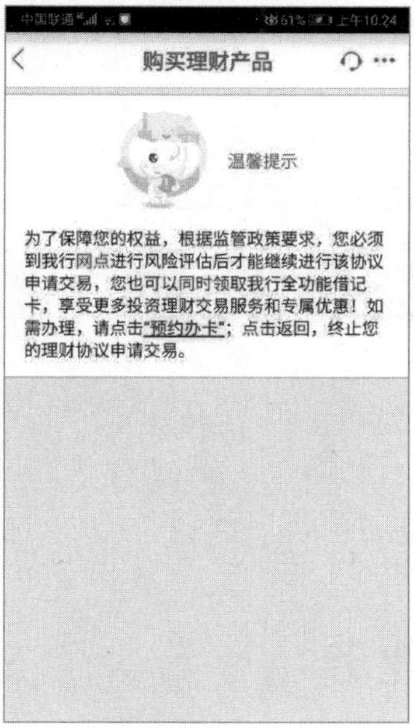

图 4－42　工行手机银行“购买理财产品”页面

图 4－43　工行手机银行“理财产品”页面

图 4－44　工行手机银行“购买理财产品”页面

第五章
移动保险业务使用

第一节　了解移动保险业务

移动保险是指保险行业借助移动互联网平台和现代通讯技术等科技手段，通过自营平台和第三方网络平台订立保险合同，提供保险服务业务的新型保险经营模式。移动保险开发和销售模式，有别于保险代理人营销模式，是保险公司或新兴第三方互联网公司以移动互联网和电子商务技术为工具来支持保险销售的经济行为，是将保险产品从保险公司的“货架”上拿下来，放到了手机世界里，让每一个消费者近距离接触和选择保险产品，在极大程度上简化了保险产品的购买手续，降低了保险产品的购买成本。

当前移动保险业务主要有两类业务平台：移动展业平台和移动自助平台。两种平台的区别在于使用主体、使用目的不同。移动展业平台是专门供保险公司业务员使用用来进行展业和进行业务处理的工具；移动自主平台是给保险客户使用，主要用于客户自主购买保险产品和进行信息接收与交互。

一、移动保险主要发展历程

（一）移动保险主要发展历程

互联网保险最早起源于20世纪90年代的美国，但有趣的是美国第一单保险产品并不是出自于美国保险业机构，而是出自于美国国民第一证券银行。第一单保险产品通过互联网渠道被销售，从此后就拉开全球互联网保险产品发展的大幕，在给客户带来便捷的同时也对传统保险行业也形成了极大的冲击。从第一单的尝试开始，迅速引发了行业的变革，截止到2007年美国所有的保险企业都开展了互联网业务。此后移动端技术成熟，互联网端业务逐渐向移动端转移。从险种来看，人身意外伤害类保险和财产类保险是美国移动端保险产品占比最高的两个类型。美国率先在全球掀起了互联网保险的热潮，英国紧随其后保险市场从B2C商家对客户形式起步，经历了从保险公司网站搭建、创造全新商业模式、公司与行业建立互通联系的阶段。日本互联网保险行业在社会与政策的双重推动力下，互联网保险行业蓬勃发展。由于日本新生儿数量较少、严重老龄化的特征，导致人寿类保险产品在日本受到广泛欢迎。日本互联网保险产品也出现了产品简洁化、保险小额化、产品人性化、以及购买方式便捷等特征；保险产品条款简介明了便于理解，移动端网上购买保险产品的发展，压低了保险费用从而促使保费降低；同时保险产品在初期设置时充分体现人性关怀的特征，保险购买环节考虑客户的操作便捷度。截至 2019 年，美国、英国、日本互联网保险产品无论从用户数量还是从行业业务总体规模上都占据世界领先位置，其中美国作为互联网保险产品的发源国家，目前也是全球保险行业规模最大的国家。

在我国，移动保险的发展主要依托于保险行业的发展和现代互联网技术的发展。国内移动保险的发展主要经历了以下四个阶段：

1997 年—2007 年是移动保险发展的萌芽期。保险逐渐走进大众的日常生活，人们生活水平的提升，越来越多的民众除基本生活需求外开始更注重生活品质，于是保险作为一种保障性投资走进人们的视野。互联网保险行业开端的标志性事件是 1997 年 11 月 28 日，中国保险学会连同北京维信投资股份有限公司共同成立了我国第一家保险网站——中国信息保险网。同年的 12 月，保险业巨头新华人寿保险公司签订了我国第一份互联网保险单，标志着我国保险和互联网两大行业顺利实现了融合。2000 年 8 月，国内首家依托互联网技术建立的集证券、保险、银行及个人理财等业务于一体的全能型个人综合理财服务网站——平安公司的 PA18 宣告成立。

2008 年—2011 年是移动保险行业的发展期。这个阶段互联网普及度从 2. 1 亿人增长到 5. 13 亿人，而移动端网民规模达到 3. 56 亿，占整体网民比率 69. 3%。截至 2011 年，我国经营互联网保险业务的公司有 28 家，互联网保费规模达 32 亿元。移动端网民数量的增长，带动了移动端互联网保险产品的消费。与此同时，互联网保险开始出现市场细分，除专业互联网保险平台外，更多中介服务类平台崛起，类似于慧择网、优保网等定位在保险中介和保险信息服务的网站出现，不仅 PC 端网站崛起，移动端随着手机的普及各大互联网公司纷纷在移动端布局，积极开发移动端互联网保险平台。

2012 年—2015 年是移动保险的爆发期。2012 年我国互联网保险规模仅为 111 亿元，2015 年互联网保险规模激增到 2 233. 96 亿元。互联网保险规模激增主要是由于网民数量增加，互联网访问量激增造成的，互联网保险产品被越来越多的网民接受。2015 年中国保险行业协会互联网分会在北京成立，这是金融行业的首个互联网分会，共有 60 多家会员单位，会员单位除传统保险业巨头外，还有阿里、腾讯、百度等互联网行业巨头。互联网技术的成熟，移动端支付方式的普及、电子商业的快速发展，在几大作用力的共同促进下，移动互联网产品的发展进入了爆发期，各大传统保险行业的龙头以及新兴互联网集团纷纷发力抢占移动互联网产品的开发高地，推出具有集团特色的移动端保险产品。保险消费者对保险产品需求扩大，促使保险业务规模的急剧扩张。在这场没有硝烟的移动端保险产品战争中，传统保险行业龙头企业和新兴互联网企业在抢占客源的同时提高了保险理财、保险理赔的效率，极大程度地方便了大众的生活。

2016 年，至今移动保险行业进入严监管期。2016 年共有 117 互联网保险公司，互联网保费收入达 2 347 亿元。2017 年中国互联网保险保费收入下降至 1 875. 27 亿元，同比下降 20. 1%。2018 年中国互联网保险保费收入达到了 1 889 亿元左右。相比于 2011 年—2015 年互联网保费收入整体呈现下降的趋势，主要由于监管形势整体趋严且发展动力后劲不足造成的。2017、2018 年颁布多项监管规则，对移动互联网行业发展，以及保险机构、保险中介机构以及保险公估机构经营互联网保险业务的范围进行明确限制，同时也对保险行业的从业人员以及平台管理合规事项做出明确规定。尤其是 2019 年 12 月最新发布的由银保监会牵头起草的《互联网保险业务监管办法（征求意见稿）》中厘清了保险监管对象和范围，重新明确了互联网保险的定义“保险机构通过互联网和移动自助终端销售保险产品，消费者能独立了解产品信息并自助完成投保行为的属于互联网保险业务”。此外，征求意见稿规定了目前能够销售互联网保险产品的仅有持牌机构自营平台，第三方网络平台则作为“营销宣传合作机构”不再销售互联网保险产品，能够从事互联网保险业务的机构只有保险公司和保险中介机构，且互联网保险公司不能线下销售保险产品，对业务范畴进行明确的硬性划分。

随着生活节奏越来越快，生活水平的不断提升，百姓对于保险产品的需求呈现快速增长且需求出现层次年轻化、需求种类多样化的特点。特别是随着手机和平板电脑产品的快速推广普及，在移动端植入保险产品软件会更加方便用户选择购买保险产品和申请理赔，保险产品的营销也更加富有效率。截至 2019 年 6 月底，中国移动端手机网民规模达 8.47 亿，手机上网的人群从 2018 年的 98.6% 提升至 2019 年的 99.1%，移动端手机网民的规模占比近乎网民总体数量的 100%。移动端网民的巨大发展潜力，使得保险行业依托移动互联网和信息技术的快速发展，不断推出移动保险产品上线销售，形成了保险产品百花齐放的行业格局。

（二）移动保险发展的原因

1. 移动技术的发展。移动端 APP 的开发赋予移动保险产品新的生命，移动端技术开发以其便捷性和安全性迅速改变了人群的网络消费习惯，保险开始融入用户的日常生活。大数据和云计算技术通过对用户进行精准画像后实现准确定位营销，提高了产品发布和营销效率、提高运营效能。使用人工智能对全价值链改造，精准营销、产品开发、承保风控、核保理赔解放了空间和时间对行为束缚，提高保险产业的运行效率；使用区块链技术对保险和再保险业务进行交易结算和风控反欺诈；移动端保险产品的开发解决了传统保险销售体系人力成本较高导致销售利润被压缩带来的问题，突破了保险业发展瓶颈，移动端技术的成熟为保险业市场发展带来了新的生机。

2. 客户的需求和年龄层次的影响。移动保险的主要目标客户群是保险消费者和网络消费者的交集，而从构成上来看保险消费者具有消费保险产品的原生动力，而网络消费者则是具有网络消费习惯而形成定的后天消费动力。我国互联网的普及率自 2010 年以来迅速提升，从网民的年龄层来看主要集中在 20 岁 ~39 岁，这个年龄段的网民占网民总体数量的 55%，在网民特征上呈现出高知、高收入、年轻化且容易接受新鲜事物的特征。随着年轻一代收入水平的提高，思维观念的转变，不再认为购买保险是不吉利的行为，而将保险视为抵御未来风险的防火墙，因此这部分消费群体成为保险行业的主力消费人群，有能力、有意愿消费保险产品的人群推动了移动保险行业的快速发展。

3. 移动销售和服务管理的优化。移动保险兴起的重要原因之一就是移动技术变革了传统保险业的消费方式，降低了保险行业的销售成本。保险公司想要提升综合竞争实力必须要依靠新型科技手段进行创新，移动互联网技术可以提升公司的沟通和管理效率，电子化留痕、无纸化沟通节省了公司管理的时间成本和资金成本。移动终端有客户信息维护、业务台账管理以及保险资料查询等功能，这些功能是传统线下保险营销方式不具备的。此外，保险移动终端系统可以每天自动分析和统计保险经纪人的工作量以及营销业绩并且实时传送到公司系统数据库中，数据传送速度快、不易被篡改、降低了统计员工作量，实现高效低成本的绩效考核与公司管理，优化了保险公司的销售和管理服务。据有关统计显示，保险行业中占比最高的财产险和寿险的销售成本分别占已赚保费的11%和8.5%左右，绝对值达480亿元和800亿元左右。如此巨大的一笔费用不是保险的赔款而是保险的销售成本，目前保险行业的代理人渠道人力成本提升大幅压缩了保险行业的利润。而移动保险产品的推广降低了销售的人力成本和时间成本，对于少量设计较为复杂的寿险产品保留线下购买和提供必要的专家咨询服务即可。

4. 政策红利的助推。国家一直积极出台各种政策鼓励移动保险行业的发展，鼓励保险行业扩大保险销售渠道、革新保险行业服务模式，为保险行业的深度发展提供了强有力的政策支持。2011年8月发布的《中国保险业发展“十二五”规划纲要》提出了大力发展保险电子商务，推动保险业创新发展，自此移动互联网保险行业开始走入公众的视野。移动保险行业的发展离不开监管层的规范和政策激励。2014年8月，《国务院关于加快发展现代保险服务业的若干意见》发布，文件中首次提出“支持保险公司积极运用互联网技术、大数据、云计算等先进技术革新保险行业销售渠道和服务模式”的观点，保险行业发展迎来新的发展契机。2015年李克强总理在两会期间的政府工作报告中提出“互联网+”的发展目标后，“互联网+”上升到了国家发展战略的层面，推动移动互联网、云计算、大数据、物联网、区块链等信息技术发展，引领传统产业发展方式变革。保险行业在“互联网+”发展战略的引导下，传统保险公司、互联网公司积极在保险行业布局，利用新技术推动移动端互联网保险发展。2015年7月，中国保险监督管理委员会出台《互联网保险业务监管暂行办法》，进一步从监管层面上明确了移动保险业务的红线，规范、促进互联网保险行业健康发展。2016年1月出台的《关于加强互联网平台保证保险业务管理的通知》，文件着重对互联网平台的选择、信息披露内容以及内控管理内容和方式进一步提出明确要求。

二、移动保险主要特征

（一）保险产品种类丰富

移动终端的保险产品相比于传统的线下保险产品，线上移动端保险产品种类更丰富，新颖灵活、可定制性强且产品更新频率快。传统的意外险、理财险、健康险以及重大疾病等险种已经不能完全满足消费者的需求，为了吸引更多潜在投保人，互联网平台与传统保险公司联手推出了更多适于现代生活的险种。例如物流损失险、猝死险、航班延误险、少儿医疗险、宠物医疗险、境内旅游险、境外旅游险等多种保险品种，更细致的保险品种能更好的满足不同消费者的需求，新兴保险品种保费较低，且覆盖面较广。移动端保险产品不仅种类丰富而且还可以利用大数据为互联网消费者进行偏好画像，根据消费者的年龄、收入、学历、职业以及消费偏好等特征，对个人定制保险产品实现精准营销。例如商业价值较高的球员或演员为身体的某个部位投巨额保险，频繁加班的中年人为自己投保猝死险，保险公司可以为特殊人群定制不同类型的保险产品抓住消费者的兴趣点。保险公司要坚守保险是为保障公众的基本利益的底线，产品设计要在法律允许的范围内创新，同时坚持科学合理的设计原则。

（二）手续简便高效

从保险产品购买的角度来看，相比于传统的保险产品购买，通过移动端购买保险产品的手续显得更为简便和快捷。从初期保险产品的选择和购买来看，从手机 APP 上购买各种保险产品为普通上班族节省了很多去保险公司现场购买保险产品的时间成本。从中期续缴保费的角度来看，移动端可以选择自动续保的方式，可以预防因遗忘缴纳保费带来不必要的麻烦。通过移动端购买的保险产品最终会形成一份电子保单，电子保单相比于原始纸质保单保存方式更简便，同时安全性更强，不会出现丢失和被篡改的情况。

从保险理赔的角度来看，线上保险产品和线下保险产品本质上一致，都是保险公司发行的保险产品。移动端线上投保一旦出现符合索赔的情形可以直接拨打保险公司或当时投保的第三方销售平台进行报案，根据专业人士给出的指导搜集、整理各项理赔材料，到保险公司柜面递交材料并申请索赔。如果是小金额相对简单的案件，可以直接在移动端进行报案，提交相关材料，关注官网微信公众号或下载 APP，都可以完成在线理赔，比传统的保险产品理赔更加高效、快捷，减少了人工递交材料的时间和金钱成本，删减了很多不必要的环节。互联网平台通常会与保险公司签署特殊的服务条款，为投保人提供理赔绿色通道，投保人在理赔环节中就可以优先享受理赔服务。不仅如此，传统的保险方式在理赔环节一旦出现争议，投保人由于专业性的限制一般处于劣势地位很难为自己争取最大化的权益，但移动端互联网产品在进行理赔时，第三方互联网平台时一般会帮助投保人与保险公司进行博弈，帮助投保人争取自身正当权益，力求实现客户权益的最大化。同时从手机移动端购买的保险产品申请线上赔付，理赔款可以直接通过线上绑定的银卡直接转入客户的账户中，免除了中间复杂的理赔程序。

（三）规避信息不对称风险

传统的保险产品的销售方式被线上移动端保险售卖方式取代，可以解决保险推销员和投保人之间存在的信息不对称问题，规避由于两方信息不对称带来的风险。由于保险产品的多样性和保险行业的专业性，造成了投保人在选择保险产品会出现迷茫情绪，在很大程度上投保人在初期选择保险产品时主要依赖于保险推销人员的推荐。保险推销人员在向客户推荐保险产品时一般会从自身的业绩提成和自身发展的角度考虑，不能完全做到从投保人的角度出发去判断投保人更需要哪种保险产品。现在移动端保险平台逐渐完善，保险公司设计的各类保险产品可以直接上架到 APP 上供投保人选择，投保人可以直观、全面的看到所有种类的保险产品。避免了保险销售人员和保险购买者之间的信息不对称带来的问题，保险购买者可以通过 APP 内对线上产品的介绍和购买限制以及保费等综合因素的考量，选择最适合自己的保险产品，在选择保险产品的过程中拥有完全的自主选择权和主动权。

（四）投保人年轻化

随着移动保险业务的快速增长，购买保险产品的年龄层结构开始发生改变。蚂蚁金服相关的数据显示，在蚂蚁金服上活跃的保民人数已经超过 4 亿，其中“90 后”占比最高，成为移动端保险消费的绝对主力人群。随着“90 后”人群步入职场和对生老病死的态度更加开放和包容，“90 后”购买保险和预防风险发生的意识远超其他年龄层次。“90”后作为年轻一代接触网络的时间更早，接受新鲜事物的能力更强。移动保险产品以购买方式简便、小额、保险标的适合等特点能够很快俘获一大批“90 后”客户。

（五）更注重用户体验

传统的保险产品销售是以推荐销售为主，而现代的移动端保险产品销售是以用户体验为主。目前在移动端保险产品销售，各大平台致力于给用户更好的体验，培养用户的保险习惯，建立更好的保险认知，引导客户厘清保险运营思路，了解自身保险需求。各大线上保险运营平台，根据保险客户的需求对保险产品做出调整，建立更好的线上移动端保险产品生态环境，来迎合大众对保险产品的消费需求。

三、移动保险运行模式与流程

（一）移动保险的运行模式

互联网移动端投保的兴起，本质上来讲并不是为了去中介化，从目前发展态势上来看反而促生了更多的中间商，这些中间商将移动端保险产品领域进行细分，进行更精细的设置，这种保险产品的细分帮助消费者节省更多挑选保险产品的时间，从买卖保险产品两端节省了时间，提高了保险行业的运作效率，一方面保险的推销人员不再需要对每一款保险产品进行解释和说明，更多的是辅助投保人进行购买保险产品的操作即可；另一方面保险产品的投保人，通过手机移动端对保险产品的细分，很快地根据自身对保险产品的需求，更精准的选择能够满足自身需求的保险产品，节省了选择保险产品的时间。同时由于是线上购买保险产品，所有的购买程序和购买手续已经被预先“程式化”，只需要根据手机上的操作提示进行操作，简化了保险产品的购买手续，缩短了购买时间，提高了购买效率。

（二）移动保险的流程

1. 保险前主要是智能服务和智能保顾。其中，智能服务是指 AI 客服，24 小时提供语音在线服务，客户可以拨打电话，AI 智能客服可以随时回答客户的疑问，对于客户而言可以及时响应提供最周到的服务，对于保险公司而言可以节省人力运行成本。智能回访是保险公司为客户提供智能回访服务来提供缴费续期提醒服务。智能保顾是指投保人将自己的姓名、年龄、职业、性别等基本信息以及个人保险需求意向等主观信息通过移动终端输入递交给保险公司，网络系统也会自主为投保人设计适合投保人的保险计划供投保人参考，投保人可以选择保险公司推介的产品也可以根据自身需求自主选择保险产品。

2. 保险中主要是指移动投保、移动核保、保单管理、移动保全。其中，移动投保就是保险公司和一些保险公司的分支机构将公司的简介、公司保险产品的种类以及保险产品相关的说明和可以提供的相关保险服务等公司信息在手机或 pad 等移动终端进行发布，投保人可以在移动终端上快速查询和浏览相关产品信息。根据移动终端对产品的主要功能和投保要求以及理赔限制条件介绍，投保人可以根据自身需求选择合适的保险产品进行投保。投保人一旦确认购买投保成功，就相当于完成了一份移动投保单。移动核保是客户在完成需求输入和保单基本信息录入后，移动终端将信息打包将全部实时传送到后台系统，后台专业核保人员对该笔保单进行远程核保。保险公司可以在线上进行智能核保，如果保险公司同意承保，可以通过短信或电子邮件的方式对投保人的保单予以确认。投保人支付的保费会通过移动银行划入保险公司，保单即时生效，节省客户的等待时间。线上核保的方式可以提升保险公司的效率，降低保险公司的核保成本。保单管理是指使用电子化保单存储在云端便于保管和随时调取，节省了保管保单的时间成本和人力成本。云端存储原保单，便于投保人的续保、退保和保全变更，以及实现保单的实时查询和保单售后全流程管理。对于投保人而言需要便利快捷的服务，云端电子保单可以帮助保险公司建立每一位投保人的个人电子保险档案，对于同一保险人的投保、续保、保全和退保等操作可以迅速反应，节省保险人的时间，缩短保险产品生效的周期，当投保人与保险公司出现争议时，保险公司能通过调取个人电子保险档案作为凭证。移动保全是保险代理人通过移动电子设备为客户提供保单保全的相关服务，通过移动保全的业务模式大大提高了保险的效率，提高了客户的服务体验。移动保全可以为客户办理的保全业务种类丰富，比如为保全业务续期交费方式变更、保单还款、变更客户联系方式、红利处理方式选择等一系列保险服务。依靠互联网技术和移动终端设备，通过人脸识别的方式查验和确认客户身份，借助 OCR 技术识别银行卡信息，在移动平台上完成各项保全服务的复杂流程，为客户提供高效、便捷的服务。

3. 保险后主要是核赔理赔和服务延伸。其中，核赔理赔是指投保人在线上购买保险产品一旦出险，出险第一时间拨打保险公司的客服电话申请理赔，可以将有出险的有关资料在平台上进行上传，同时要提供身份信息和保单号码以便于保险公司处理险情的相关人员能够核实投保人身份和保单真实性。不同类型的保险赔付方式不同，对于保险金额较小和保险标的相对简单的险情仅需要各类凭证资料拍照，在保险平台提交或通过保险公司的官微和电子邮件线上处理即可。现在的车险小事故，用户可以通过手机移动终端根据语音提示自助在保险 APP 上操作，整个理赔过程可以缩减到 30 分钟以内，终端设置了即时提醒功能可以随时提醒投保人案件进展的情况。有的案件可以通过客服了解理赔需要准备的材料后，将理赔材料邮寄到保险公司，不需要投保人到场。服务延伸是指提供移动保险的公司力求为投保人提供全链条、覆盖式的保险服务，提供被保场景后端的配套服务，建优质的服务生态圈。目前很多互联网保险公司为客户提供与保险相关的附加服务，例如为投保互联网健康险的客户提供健康管理、预约就医或其他增值医疗服务，保证投资者拥有最好的投资体验。

四、移动保险平台类型

根据 2019 年出台的《互联网保险业务监管办法（征求意见稿）》规定，能够进行互联网保险产品销售的平台必须是保险中介和保险公司（包含互联网保险公司），而第三方网络平台不再具有销售保险产品的资格。第三方平台虽然不再具备销售资格，但其目前仍是宣传互联网保险产品、提供技术支持和客户服务的重要渠道。

（一）第三方平台

第三方平台是互联网平台给保险买卖的双方提供专业服务的中介平台，这类平台一般是大型电子商业平台或综合类网站，为保险公司引客户流提供线上海量客户群，具有天然的优势，他们虽然不参与保险产品的设计但是起到宣传产品、提供技术支持以及优质的客户服务。例如现在的支付宝、京东、苏宁易购等大型电商平台都开设了专门的保险频道，消费者可以直接进入选择适合自己的保险产品。这种类型的平台有天然的客户优势、流量优势，因此受到保险公司的喜爱，在平台内上架自己的保险产品便于消费者进行选择；消费者对于此类保险平台接受度较高，由于其操作简便、快捷购买方式与购买其他商品类似，用户购买体验好，并且平台提供完整的咨询服务，语音人工智能 24 小时在线为客户解答所有问题，用户购买产品不受时间和空间的限制。虽然目前这种模式受到政策的限制，但作为保险产品的展示平台，平台拥有大量的线上客户资源，因此也是保险公司重要的合作伙伴。

蚂蚁保险平台是具有代表性的第三方支付平台，平台内嵌在支付宝的产品界面内，用户仅需要从支付宝界面进入找到蚂蚁保险产品即可。虽然受到新规的制约但由于支付宝具有很强的客户黏性，能够引导客户流进入平台了解保险产品信息。目前蚂蚁保险平台仍是各大保险公司重要的争夺对象。

（二）专业互联网保险公司平台

这种保险平台模式是互联网公司、保险公司成立的专门开展保险相关业务的平台。这种类型平台根据业务主体不同，主要分为三类：第一类是产险和寿险联合的综合性金融互联网平台；第二类是专注于财险或寿险的互联网营销平台；第三类是纯互联网模式的平台。专业互联网保险平台相比于其他的更加专业，有专业的团队进行数据搜集和分析，利用大数据和云计算等先进技术分析消费者行为精准捕捉消费者需求，为消费者定制开发新型保险产品，提供个性化服务。专业互联网保险平台有专业产品开发团队、产品宣传推广团队、风控团队来覆盖保险全链条服务，更加专业、更加高效。众安保险、泰康在线保险、安心财产保险等线上平台是专业互联网保险平台的代表。

泰康在线平台是专业互联网保险公司平台中代表性平台，平台内主要销售泰康保险公司研发的产品，在产品类型上较为单一，但从专业性和销售、结算等流程链完整程度上优于其他类型的平台，客户整体认可程度和接受程度较高，因此泰康保险在移动端保险行业占据重要地位。

（三）专业中介代理平台

专业中介代理平台是由保险代理或经纪公司建立的网络销售平台，保险中介代理类似于“保险产品超市”同时代理多家保险企业的保险产品，并提供保险相关服务。客户可以在该平台上在线了解保险产品、对比不同保险公司产品、咨询与保险产品有关事项、线上投保、即时理赔。这种类型的平台相比于其他的平台具有更强的综合性，保险产品种类相对丰富，产品对比和筛选起来更为方便，客户可以得到全面的一站式在线服务。由于是专业代理中介，其专业化程度更高。目前，专业中介代理平台自身发展尚未形成规模，相比于第三方中介平台客户流量低，相比于专业互联网保险平台专业性差，且消费者主动在网络内寻找专业中介机构网站购买保险的欲望低。中民保险网、优保网和葱泽网是专业中介代理平台的典型。

中民保险网则是中介代理平台类型的代表。平台内的保险产品种类丰富、品种多样、产品来源于不同的保险公司，在经营方式上更类似于保险超市，目前有平台内的产品来源于 90 多家公司拥有 2 000 多种保险产品。

（四）兼业代理平台

这种模式主要是非保险行业的公司利用自身的平台来代理保险公司销售产品并提供相应

的服务支持，主要集中在银行、航空、铁路和客运等行业，此类兼业平台代理险种由于代理行业的限制，产品类型主要集中在航空、铁路、汽车等交通工具类保险或者短期意外险。这种平台对于经营主体的规模门槛低，办理流程简便，保险目的单纯但是客户群体大，因此也成为互联网保险的重要一部分，这种模式的代表性平台是12306、携程、航空公司以及银行开发的各类代理服务平台。

招商银行掌上生活保险平台是内嵌在招商掌上生活内的保险平台，是兼业代理平台的代表。平台内保险产品来源广泛、种类繁多，投保人可以根据自身需求选取适合的产品。掌上生活拥有原生客户源，招商银行的客户可以转变为保险客户，同时由于保险平台以内嵌的方式存在，其保险购买的操作流程较为便捷，更受到消费者以及潜在消费者的欢迎。

第二节　移动保险业务操作

一、蚂蚁保险主要业务类型及其使用

（一）蚂蚁保险主要业务类型

蚂蚁保险是依附于支付宝的第三方保险平台，曾经是蚂蚁金服和保险公司共同合作开设的第三方销售平台，平台上销售的产品主要是保险公司设计和提供的，支付宝主要为保险公司提供了保险产品销售的平台。由于在监管新规下，规定第三方平台仅有展示保险产品、提供专业技术支持的资格而不得销售产品，因而目前蚂蚁保险的操作主要背靠支付宝平台，但仍是消费者了解保险产品的重要途径。蚂蚁保险是内嵌在支付宝“财富管理”板块下的产品，在支付宝板块内销售，支付宝作为行业内具有垄断性质的第三方支付平台，具有引导客户流、提高客户黏性的作用，使得蚂蚁保险在获客能力上具有天然的优势。蚂蚁支付宝首个人工智能保民中心发布全新数据，在蚂蚁金服上活跃的保民人数已经超过4亿，在年龄构成比例中“90后”的占比已经超过了“80后”，成为移动端消费者的主力人群。蚂蚁保险平台共推出了“相互宝”“好医保”“养老金”及“教育金”四个产品板块。

（二）蚂蚁保险注册与管理

1. 蚂蚁保险下载与安装：由于蚂蚁保险是内嵌支付宝业务板块下的一大板块，因此操作蚂蚁保险平台，需要下载移动端支付宝APP。在手机APP商城内下载“支付宝”APP，新用户可以点击《支付宝隐私权政策》查看文件的具体内容，选择并点击“同意”按钮，接受服务协议及隐私政策（如图5－1所示）。

2. 蚂蚁保险平台的管理：操作蚂蚁保险平台需要从支付宝端口进入，首先需要注册支付宝账户。初次登录的用户，输入个人手机号，获取动态验证码，动态验证码在60秒以内有效，超过时限则需要重新发送验证码。已经注册的用户凭账号和密码登录（如图5－2所示）。

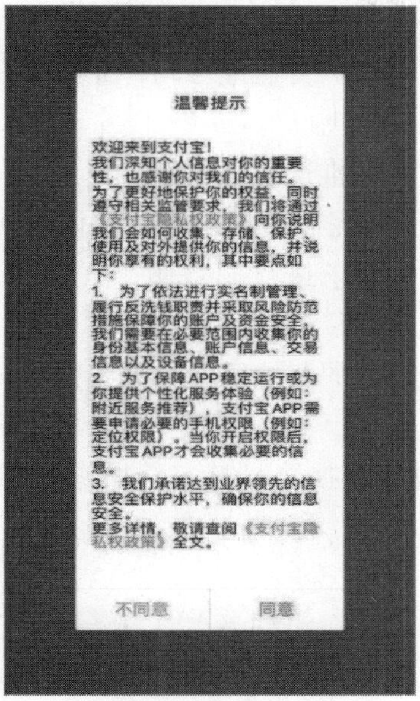

图 5－1　支付宝 APP“用户协议”页面

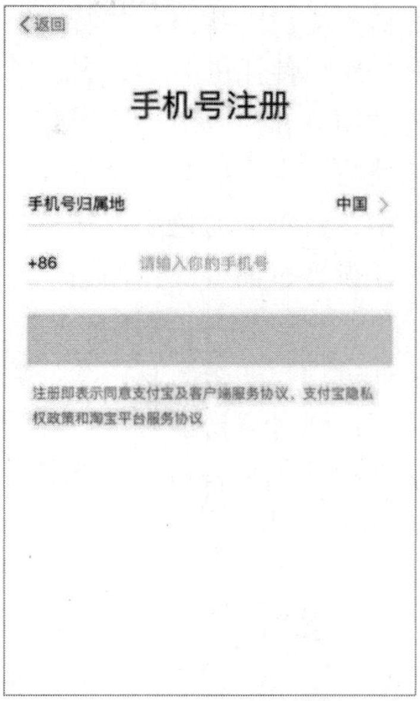

图 5－2　支付宝“新用户注册”页面

支付宝作为第三方支付的龙头平台，从初始账号管理与设置上为用户提供了多种便利，平台可以换更换账号登录，也可以进行快速挂失。若支付宝在这个界面上进行更换账号登录的操作，对于忘记账号的用户或者手机丢失的用户，可以点击“快速挂失”按钮进行挂失操作（如图 5－3 所示）。

用户进入“快速挂失”页面后，系统会显示“快速挂失”“解除挂失”“解除账户限制”“找回账号”4 项子菜单，一般前 3 项都用于用户账号发生异常变动或手机丢失的情形，对于忘记账号密码或登录名的用户则点选“找回账号”子菜单进行操作（如图 5－4 所示）。

图 5－3　支付宝“用户账号登录”页面

图 5－4　支付宝用户“遇到问题操作”页面

用户进入支付宝找回账号管理页面，平台需要对用户的身份进行验证。用户首先需要填写注册账号时所使用的真实姓名、输入用于注册账号时使用的身份证号码，完成全部信息填写后点击“下一步”按钮（如图5－5所示）。

用户填写完个人姓名、身份证号码信息并提交后，平台推送验证页面。用户根据平台验证操作提示，将页面蓝色小方块“向右划到底完成验证”，完成后进入刷脸验证页面（刷脸验证仅对于设置过面容支付的用户有效），用户根据提示要求进行刷脸操作（如图5－6所示）。

平台通过用户的个人身份验证后，页面显示该身份证号码目前已经与哪些账号关联的信息，用户可以通过身份证号码，找到账号信息，并点击进行登录，有多个账号的用户，可以依次按照在“我的—设置—换账号登录”的页面顺序进行更换账号的安全操作（如图5－7所示）。

图5－5　支付宝用户“找回账号信息验证”页面

图5－6　支付宝用户“找回账号验证”页面

图5－7　支付宝用户安全操作提醒通知

（三）蚂蚁保险的使用

1. 购买保险产品：用户完成注册后进入支付宝首页，点击页面底端“我的”快捷按钮进入“我的”设置页面，并在该页面的子菜单中找到“蚂蚁保险”子菜单并点击进入（如图5－8所示）。

用户进入蚂蚁保险的页面，主页面出现不同保险标的多种类型的保险（如图5－9所示）。目前蚂蚁保险险种主要有以下几类：相互宝、车险、健康、人寿、意外、旅行、好医保、养老金和教育金。用户可以点击相关产品名称或者将保险品种显示条向下侧滑动，在显示“查看更多”按钮后点击“查看更多”按钮可以显示更多的隐藏险种（如图5－10所示）。

图 5-8 支付宝“我的”设置子菜单页面

图 5-9 支付宝“蚂蚁保险产品”主页面（一）

图 5-10 支付宝“蚂蚁保险产品”主页面（二）

投保人根据自身需求选定保险产品后，进入保险产品介绍的页面，可以点击更多详情了解保险产品具体信息。用户可以点击查看《投保须知》《保险条款》《健康告知》《服务协议》（如图 5-11 所示），对投保产品服务条款进行具体了解。

投保人需要在投保页面补充信息，为谁投保、被保险人姓名、被保险人身份证号码，不同类型的保险需要填写的内容不同。以健康险为例，平台需要填写保险人是否有医保，来确定被保险人的风险从而确定保费，平台的付款方式可以按年支付（一次性支付），可以分期支付（按月支付），同时投保人可以选择开通次年自动续保的服务（如图 5-12 所示）。

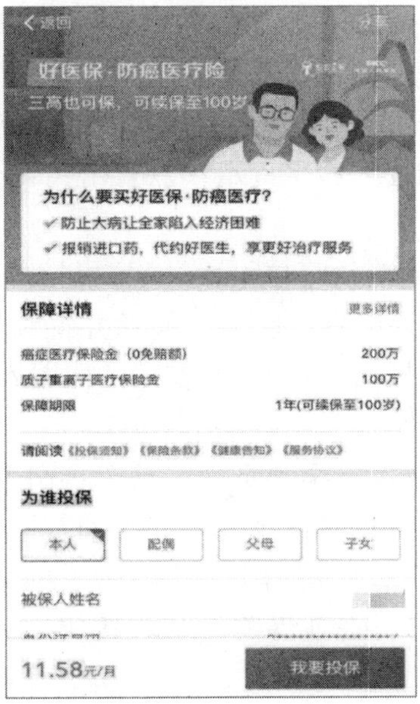

图 5-11 蚂蚁保险“好医保产品”介绍页面

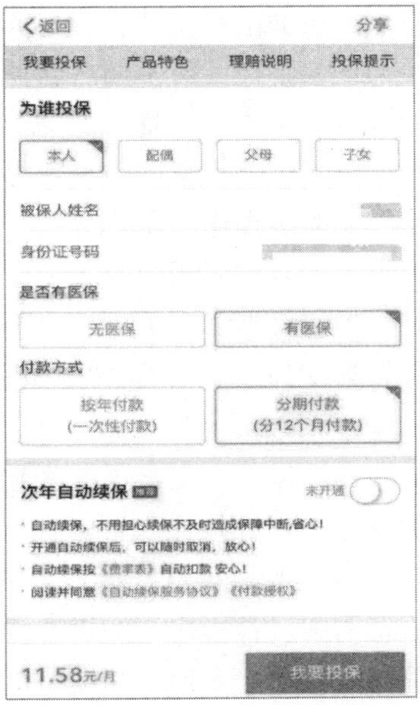

图 5-12 蚂蚁保险“好医保产品投保限制条件”页面

投保人在确定投保前，需要点击页面上端“产品特色”了解产品的具体功能和作用，对投保产品进一步了解（如图 5－13 所示）。

投保人点击页面上端“理赔说明”，投保人一旦出现需要理赔的事由后可以按照“理赔说明”的内容和顺序，向蚂蚁保险申请理赔。用户投保前要充分了解理赔流程（如图 5－14 所示）的相关说明。

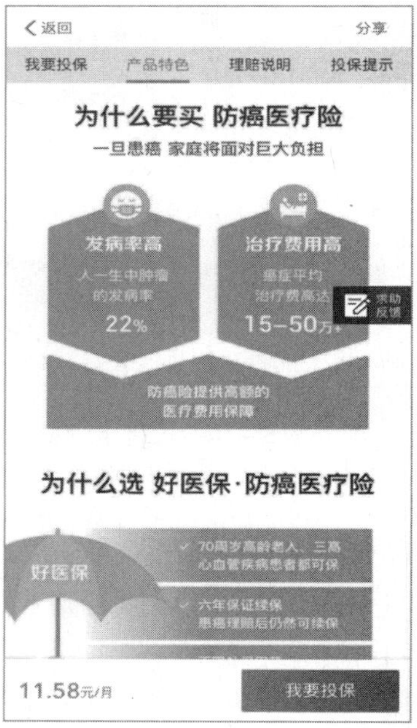

图 5－13　蚂蚁保险“好医保产品特色介绍”页面

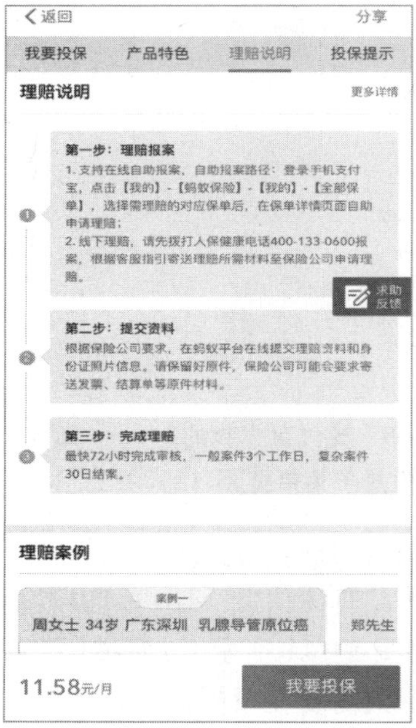

图 5－14　蚂蚁保险“好医保产品理赔说明”页面

用户点击页面上端“投保提示”，查看保险产品的投保提示。投保提示内有详细的保障范围以及与该保险产品有关的一切详细事项和对保险产品的解读和保险事由发生后如何补偿和履约的规定。由于投保提示是未来投保人与保险公司出现争端后保障自身权益的重要依据，因而投保人应该仔细阅读投保提示。投保人认真阅读“投保提示”后点击“我要投保”按钮进行产品购买操作（如图 5－15 所示）。

用户点击“我要投保”按钮后，页面会自动跳转到确认订单页面。用户仔细核对被保险人姓名、保费金额以及保费的缴纳方式内容并确认无误后，点击“同意并继续”按钮，系统会跳转到支付页面，用户按照页面付款操作提示即可完成款项结算（如图 5－16 所示）。

用户完成投保后，点击页面底端“我的”进入蚂蚁保险个人页面，点击页面上方“全部保单”快捷按钮，投保人可以查看已经购买保险产品的保单信息（如图 5－17 所示）。

2. 申请保险理赔操作：用户点击页面底端“我的”快捷键后会在界面中看到用户投保的保单信息明细。若用户需要进行商业保单理赔，点击“商业保险”选项按钮，可以查看保单详情（如图 5－18 所示）。

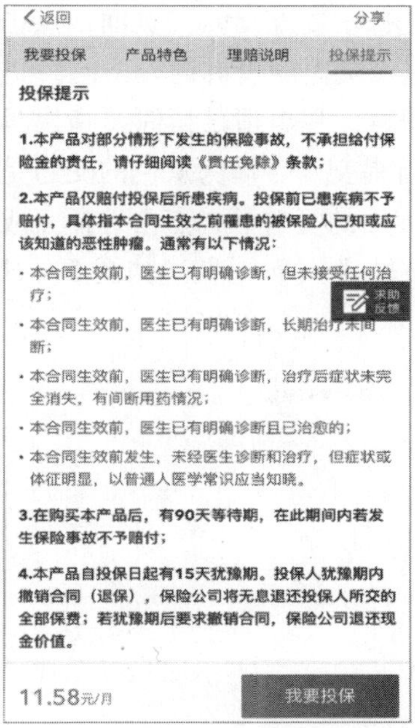

图5－15　蚂蚁保险“好医保产品投保提示”页面

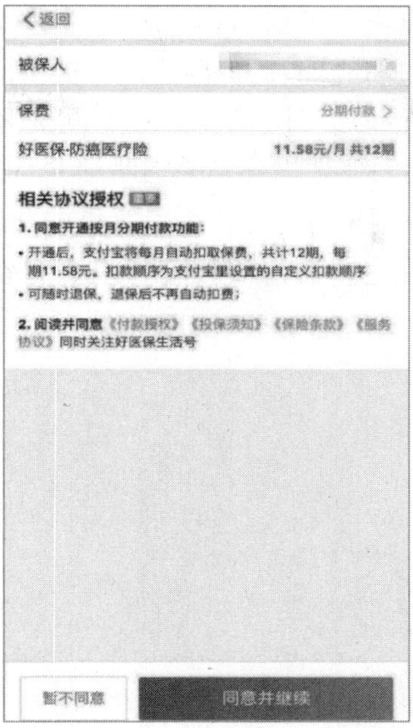

图5－16　蚂蚁保险“好医保投保确认”页面

图5－17　蚂蚁保险“个人账户查看保单”页面

在打开的商业保险保单详情页面，用户可以看到自己所购买的“支付宝账户安全险”产品的被保险人、保障期限、保险额度等重要内容信息。假定用户购买的险种“支付宝账户安全险”后出现账户金额异常情形，投保人点击“被盗申赔”进入申请保险理赔的程序（不同类型的险种出现的理赔情形不同）（如图5－19所示）。

图5－18　蚂蚁保险“个人保险产品”页面

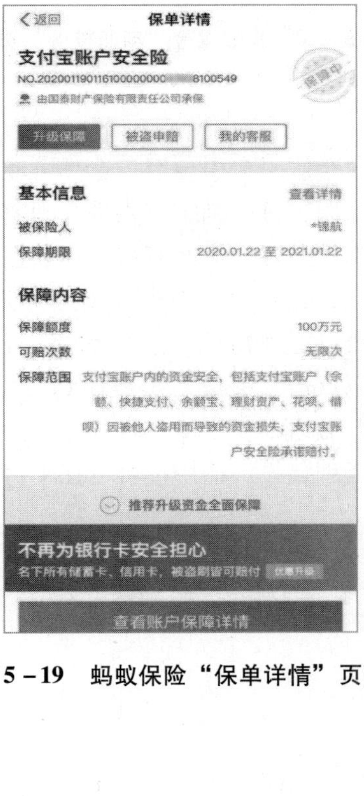

图5－19　蚂蚁保险“保单详情”页面

用户在“保单详情”页面点击“被盗申赔”按钮后进入“账户被盗投诉”页面，点击页面的“账户被盗投诉”（根据用户购买的保险产品种类不同这个页面的投诉内容不同）进行保险理赔申请（如图5－20所示）。对于用户购买的账户险而言，在申请赔偿时要指出具体哪一笔账户操作是异常的，用户要选出异常交易明细并且进行提交，字体为灰色的交易是每月自动交易不存在异常情形，用户可以点击黑色字体的交易前面的复选框，点击选择完成后页面下方的“提交”会变为黑色，点击“提交”页面自动跳转进入下一步（如图5－21所示）。

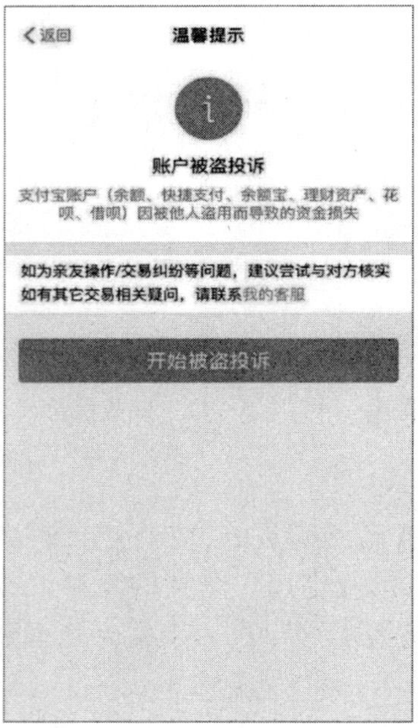

图5－20　蚂蚁保险“申赔投诉”页面

图5－21　蚂蚁保险“异常账户变动项目选择”页面

蚂蚁金服平台引导客户选择可能引起账户异常变动的原因，平台后台会通过账户选择的可能性原因，进行判定是否进行理赔（如图5－22所示）。购买账户险的用户可以申请账户被盗，当用户提交完所有与账户被盗相关信息后，还需留下自己的联系电话。用户手机号输入完成后，点击“下一步”按钮（如图5－23所示）。

完成以上被盗投诉，平台会通过信息推送告知用户已经完成全部操作。用户完成全部操作后可以点击“完成”按钮回到支付宝主页面，仍有疑问的用户可以点击“仍有疑问？联系客服”处理（如图5－24所示）。

完成理赔投诉的用户可以在平台内随时查看理赔业务申请的进度（如图5－25所示）。

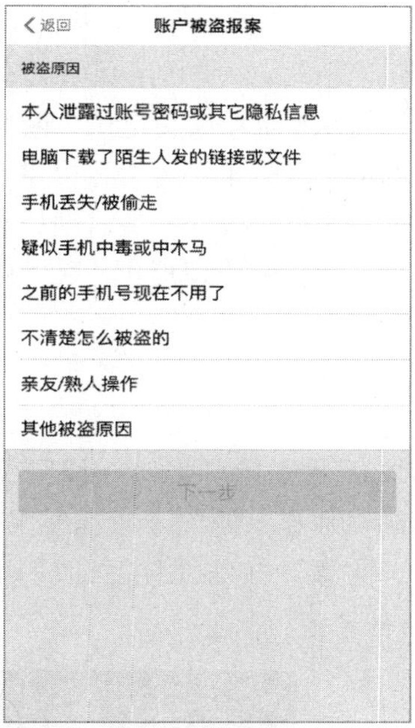

图 5－22　蚂蚁保险“选择异常账户变动原因”页面

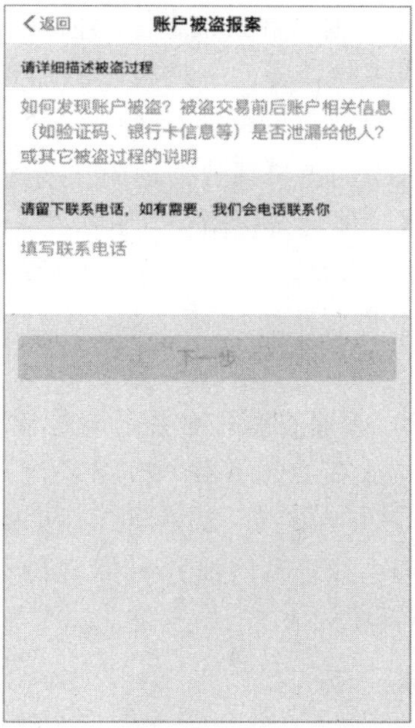

图 5－23　蚂蚁保险“账号被盗报案”页面

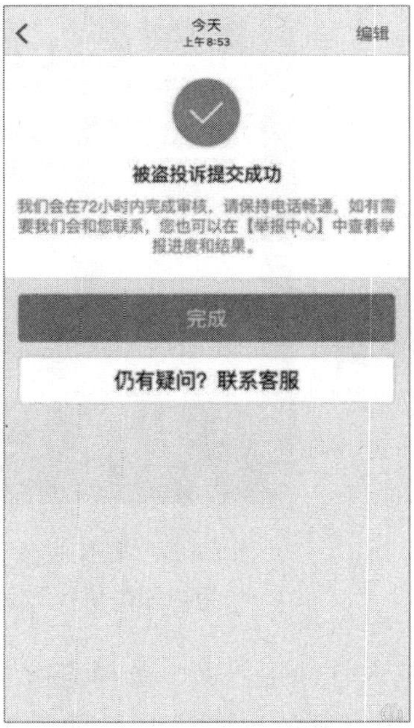

图 5－24　蚂蚁保险“被盗投诉提交成功通知”页面

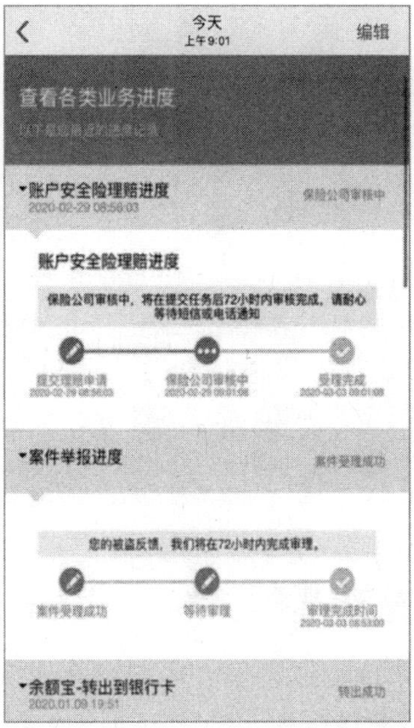

图 5－25　蚂蚁保险“理赔进度查询”页面

二、泰康在线主要业务类型及其使用

（一）泰康在线主要业务类型

泰康在线是互联网保险精选定制平台。泰康在线作为泰康保险集团下独立子公司成立于

2015 年，是国内首家大型保险企业发起成立的专业互联网财产保险公司，世界 500 强企业。泰康在线主打“保险 + 科技”和“保险 + 服务”的商业运营模式，是传统保险公司为主体开发移动保险产品的典型代表。泰康在线作为传统保险公司承担保险价值链中不断拓展不断创造新价值的重要部分，运用互联网和移动端技术缓解费用上升带来的压力，构建了一体化商业模式，使传统保险公司能够更专注于保险产品开发的核心价值部分，在借助技术手段重塑价值链的过程中，形成互联网保险的销售、流程、结算流程化的管理模式，赋予保险业发展新的生机与活力。

（二）泰康在线平台注册与管理

1. 泰康在线的下载与安装：用户在手机 APP 商店内下载安装“泰康在线”APP 软件（如图 5 – 26 和图 5 – 27 所示）。安装后用户需要阅读安装页面显示的《泰康在线服务协议》和《泰康在线隐私协议》具体文件内容，并选择点击“同意”按钮才能注册使用（如图 5 – 28 所示）。

图 5 – 26　手机商店“泰康在线搜索”页面

图 5 – 27　泰康在线“软件下载”页面

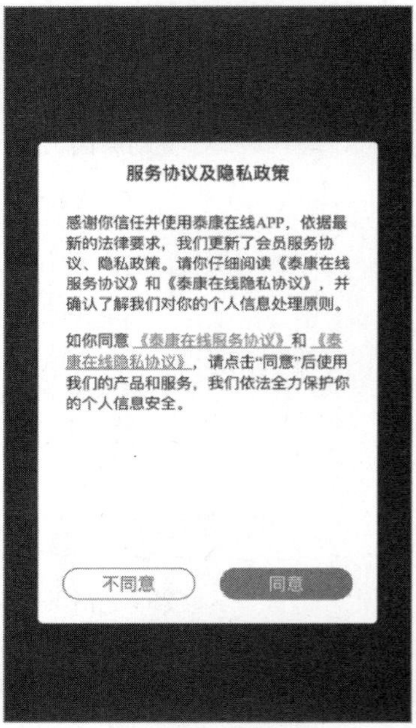

图 5 – 28　泰康在线“注册用户服务协议”页面

2. 泰康在线管理：用户在泰康在线平台注册，需进入软件主界面，选择点击页面底端“我的”快捷按钮，在“注册/登录”页面选择注册，用户点击页面右上方的“⚙”图标，即可进行账户安全中心里面的绑定手机号、微信、微博的相关操作（如图 5 – 29 所示）。已经注册成功的用户可以直接在登陆界面输入密码后跳转到泰康在线的主页面。

初次登录的用户，需要输入个人手机号，获取动态验证码。动态验证码在 60 秒以内有效，超过时限则需要重新发送验证码，老用户则直接使用账号和密码登录（如图 5 – 30 所示）。若泰康在线的用户忘记账户密码，则需要平台密码重置。用户点击“登陆后更精彩”页面“登录”按钮下面的“忘记密码”选项按钮，进行密码重置操作（如图 5 – 31 所示）。

图 5－29　泰康在线“用户注册/登录”页面

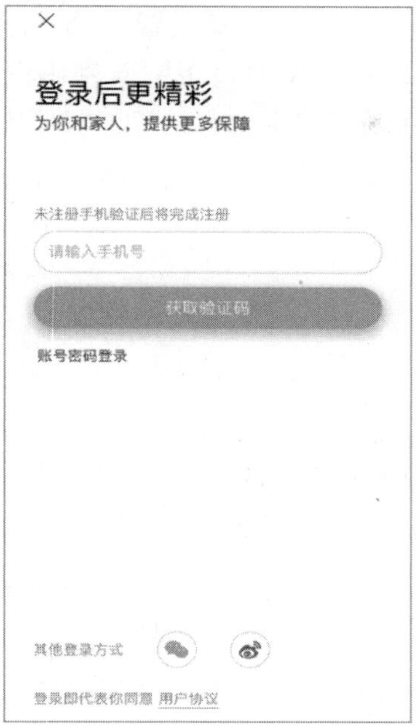

图 5－30　泰康在线“新用户注册”页面

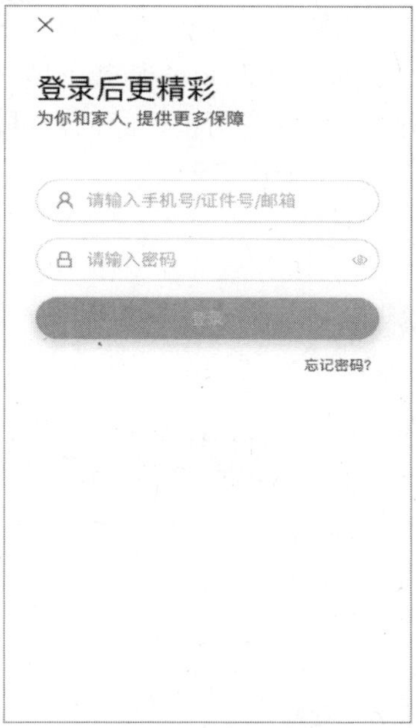

图 5－31　泰康在“线密码重置”页面

用户可以在该页面内输入注册时使用的准确证件号码或注册时所用的手机号码，完成输入后点击“下一步”按钮（用户主要采用手机号找回重置密码的方式进行操作）（如图 5－32 所示）。用户输入平台注册的手机号后，平台为验证密码重置申请人是否为本人，会向用户注册的手机号发送动态验证码，用户需要在 60 秒内查询短信并填写验证码，超过 60 秒时限则需要重新填写验证码（如图 5－33 所示）。

图 5－32　泰康在线“密码找回操作”页面

图 5－33　泰康在线“验证码填写”页面

用户可以在“设置登录密码”页面内重新设置登录密码，密码一般由字母+数字的形式构成，密码长度要求在8~20之间，用户设置完新密码点击“下一步”（如图5-34所示）。设置完新密码的用户可以重新返回平台登录界面，输入手机号和新设置的密码进行登录（如图5-35所示）。

图5-34　泰康在线“用户设置新登录密码”页面

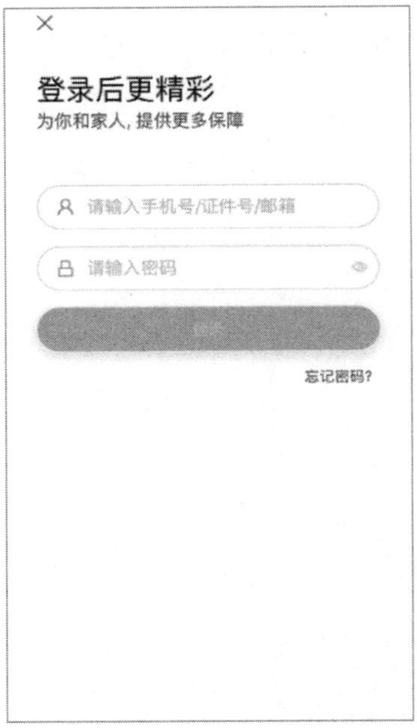

图5-35　泰康在线“用户登录”页面

（三）泰康在线平台的使用

1. 完成注册后用户点击页面底端“挑保险”快捷按钮进入到保险产品推介界面。用户可以根据投保对象选择保险产品，挑选针对“热销”“医疗报销”“重大疾病”“意外保险”“旅行”的保险产品（如图5-36所示），或者点击页面“查看更多”按钮，用户则会看到更多的保险产品推荐信息。

2. 投保人根据自身需求完成保险产品挑选后，点击保险产品，查看保险产品的基本信息，保险产品针对年龄段，以及保障范围，保障期限和保费等内容（如图5-37所示）。

3. 用户投保保险产品需要查看保险产品的具体保障计划。保障计划内有详细的投保年龄、保障范围、以及保险金额、保障期限、以及与该保险产品有关的一切详细事项和对保险产品的解读和保险事由发生后如何补偿和履约的规定。保障计划是未来投保人与保险公司出现争端后保障自身权益的重要依据，因此投保人应该仔细阅读保障计划。阅读“保障计划”后返回上一页面，点击“立即投保”按钮（如图5-38所示）。

4. 购买保险产品前需要填写投保人的详细信息，投保人姓名、居民身份证号、手机号码、电子邮箱。填写完基本信息后，用户还需要点击“我已阅读并同意”前面选择框，用户在选择前应点击阅读《投保须知》《保险条款》《特别约定》文件的具体内容，而后点击“立即投保”选项按钮进行投保（如图5-39所示）。

图 5 – 36　泰康在线
“产品展示”页面

图 5 – 37　泰康在线“药神保
产品具体信息”页面

图 5 – 38　泰康在线“药神保产品
保障计划”页面

图 5 – 39　泰康在线“投保人
信息填写”页面

5. 不同的保险产品有不同的特征，也会有不同的投保前告知事项。保险公司为预防投保人有骗保情形，会针对不同的保险内容设置不同类型的保险告知，特别是投保健康险的投保人不能对被保人的身体健康状况进行隐瞒。投保人阅读完“保险告知”事项后，根据自身实际情况选择符合或不符合保险条件，不符合保险条件的被保险人不能继续投保，符合条件的被投保人可以进行点击“符合投保条件”按钮进入到下一步操作（如图5－40所示）。

6. 用户阅读完保险相关注意事项并点击“符合投保条件”按钮后，会显示保费支付页面，若用户选择微信支付方式则会跳转到“微信支付”页面，通过微信支付完成保费缴纳，平台会通过短信发送付款成功的通知页面。通常在看到平台通知的同时，已经投保人注册的邮箱和手机短信会同时收到保险产品购买成功的通知短信（如图5－41所示）。

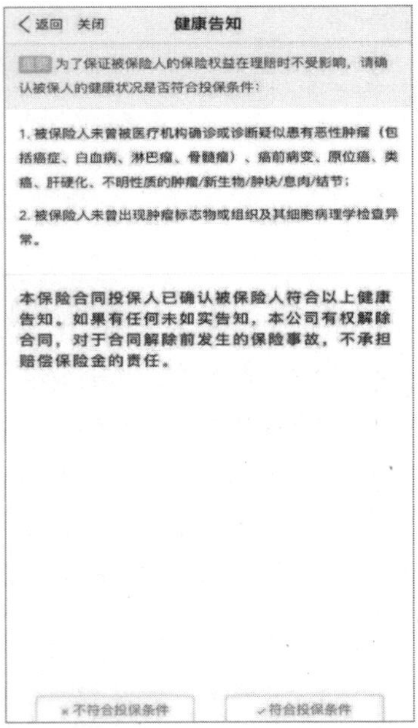

图5－40　泰康在线“投保人须知”页面

图5－41　泰康在线投保付款成功通知

7. 投保人可以点击泰康在线首页页面底端“我的”快捷按钮进入个人界面，点击“我的保单”快捷按钮则可以查询到个人投保的保单情况。需要说明的是，未实名认证的投保人查询不到个人信息，需要先进行个人实名认证，才能出现投保人购买保单的信息。（如图5－42所示）。

8. 实名注册时，投保人需要填写个人姓名、准确的身份证号码、性别、生日信息完成实名认证，对于身份认证出现错误的投保人可以点击页面下方“联系客服”，在线客服指导投保人进行实名认证修改。（如图5－43所示）。

9. 完成实名认证的投保人可以在“我的保单”页面中找到投保人购买的保险产品信息，同时可以查询该保险产品是否处于保障中或已经失效状态（如图5－44所示）。

图 5-42 泰康在线
“个人账户”页面

图 5-43 泰康在线
“实名认证”页面

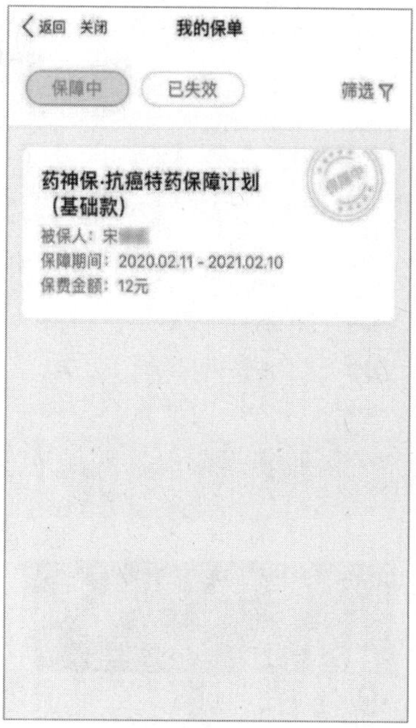

图 5-44 泰康在线
“查看保单”页面

三、中民保险网主要业务类型及其使用

(一) 中民保险网主要业务类型

中民保险网是专业中介代理平台类型中具有代表性的平台，是有中民保险经纪股份有限公司与深圳前海中民科技有限公司共同建设和运营的保险平台。中民保险网成立于2008年，是经过现有银保监会审批的全国性综合型保险经纪公司。作为行业头部综合型平台早于2012年率先在银保监会完成互联网保险业务备案。目前平台内销售的保险产品来源广泛、品种丰富，主要产品来自于90多家保险公司超2 000多种保险产品。作为保险专业代理中介性质，中民保险网更类似于保险产品超市，平台上的产品来自于不同保险公司。不同于兼业代理平台，专业中介代理的平台专门从事保险产品销售、提供与保险相关的专业服务，与其他类型的平台相比更具专业水准，销售产品的种类更丰富。

(二) 中民保险网的注册与管理

1. 中民保险网的下载与安装：在手机移动商店内输入“中民保险网”会搜索到相关软件，下载中民保险网移动端APP。进入主界面，点击下方“我的”选项，对于初次登录的新用户需要进行注册（如图5-45所示）。

2. 中民保险网账号管理：对于初次登录的新用户点击右上角“注册选项”，对于登录过的老用户直接输入手机号或电子邮箱以及密码。新用户用手机号注册，点击“获取验证码”获得动态验证码（60秒内有效），并设置登录密码（如图5-46和图5-47所示）。

图 5-45　中民保险网“首页”页面

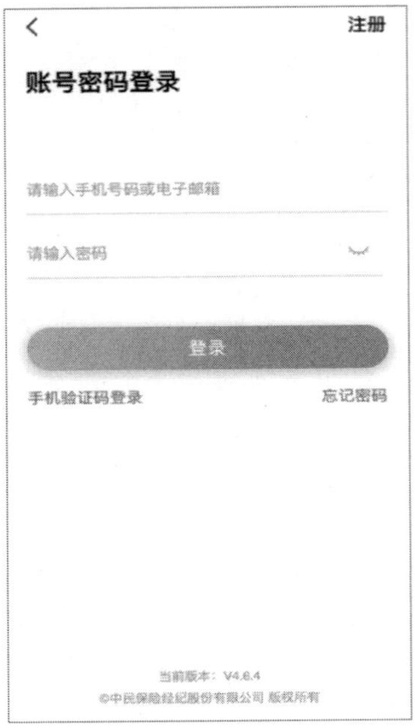

图 5-46　中民保险网“登录”页面

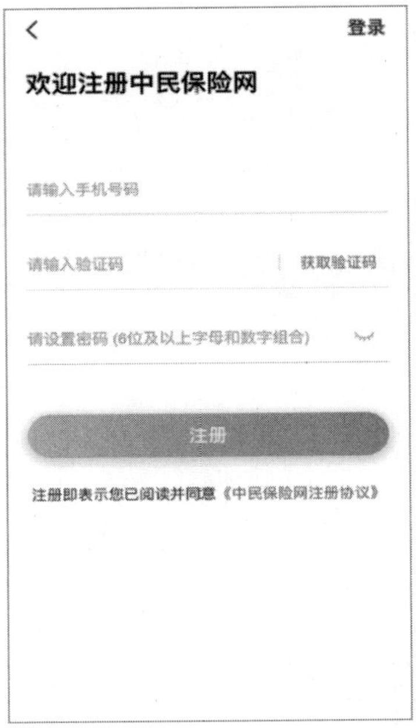

图 5-47　中民保险网“新用户注册”页面

遗忘登录密码的用户可以点击“忘记密码”重新设置密码再进行登录，也可以选择用手机验证码登录的方式进行登录（如图 5-48 所示）。平台会向用户注册时用的手机发送动态验证码来证明修改密码的用户与原注册该账户的用户是否为同一用户。平台会向该手机号码发送动态验证码，用户在 60 秒内填写动态验证码，并设置新密码，设置完成后点击“确定”按钮完成新密码的设置（如图 5-49 所示）。

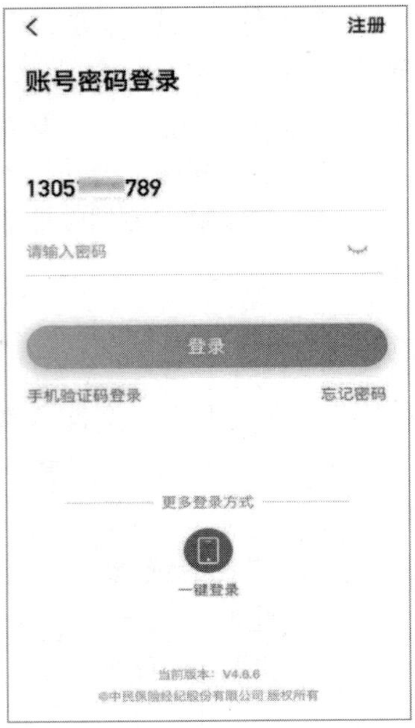

图 5-48　中民保险网“登录”页面

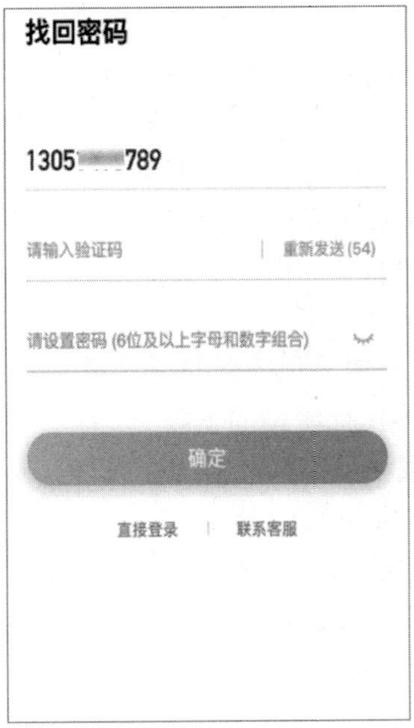

图 5-49　中民保险网“找回密码”页面

用户进行实名认证时，应如实填写真实的个人姓名、以及身份证号码，点击“提交”选项按钮完成个人实名认证。进行实名认证是对个人用户资料真实性进行审核，便于建立更安全的互联网信用信息系统，同时对于违法诈骗行为起到事前预防、事后追踪的作用（如图5－50所示）。

（三）中民保险网的使用

1. 用户选择保险产品，须点击中民保险网软件首页下方的“分类”快捷按钮并打开保险产品分类目录。投保人可以根据自身对保险产品的需求选择保险产品的种类，点击左侧不同类型的保险产品类别，不同类型的保险产品会给出“选购热点”“保障人群”以及“精选方案”的具体资料。投保人结合自身需求进行相关内容查看并决定是否选购该款产品（如图5－51所示）。

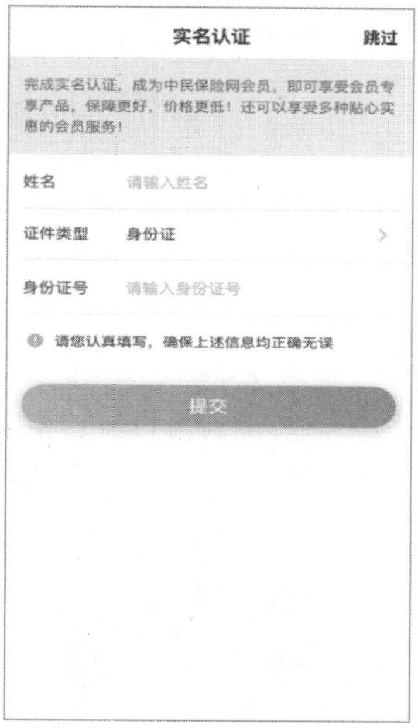

图5－50 中民保险网“实名认证”页面

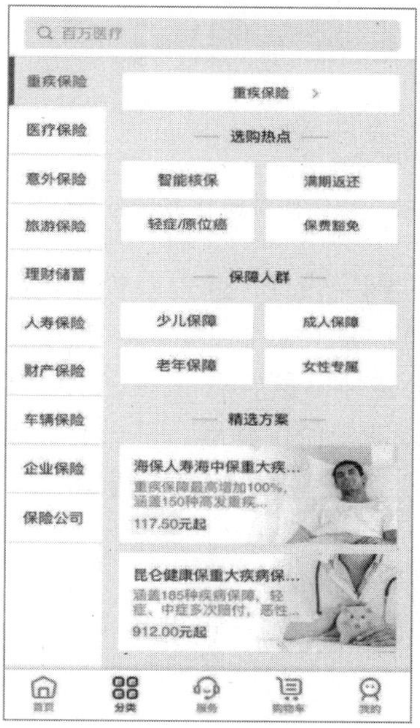

图5－51 中民保险网“产品分类”页面

2. 选择保险公司，投保人可以选择特定某一保险公司的保险产品，先选择“保险公司”然后点击目标保险公司，在保险公司的页面下选择保险产品。无论是根据保险产品种类，还是根据保险公司选择保险产品，用户投保都能够买到自己需要的保险产品（如图5－52所示）。

3. 若用户选择好“财产保险”项下的“家庭财产”中的“网络支付安全险”产品，则用户需要点击“网络支付安全险”按钮了解关于该险种的具体内容。有关该险种的投保年龄、保障期限、保障金额、保险费用等与保险相关的具体内容都能够在页面内详细反映。投保人阅读无异议后点击“立即投保”选项按钮进入到选择投保份数页面进行选择（如图5－53所示）。

图 5－52　中民保险网“产品公司分类”页面

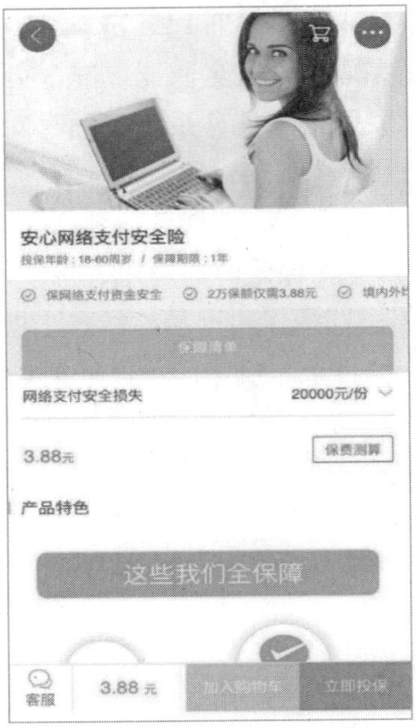

图 5－53　中民保险网“网络支付安全险产品”页面

4. 选择完投保产品以及投保份数后需要完善“个人信息”包括投保人姓名、准确的身份证号码、电子邮箱，完善好个人信息后，同时选择页面下方的本人已了解并接受以下条款和告知的选项，最后点击“立即投保”选项按钮，完成投保操作（如图 5－54 所示）。

5. 成功支付保费后，平台会显示成功投保的提示，平台还会同时给投保人注册的手机号码和邮箱同时发送信息，提示投保成功以及与保险的相关事项（如图 5－55 所示）。

图 5－54　中民保险网“产品实名认证”页面

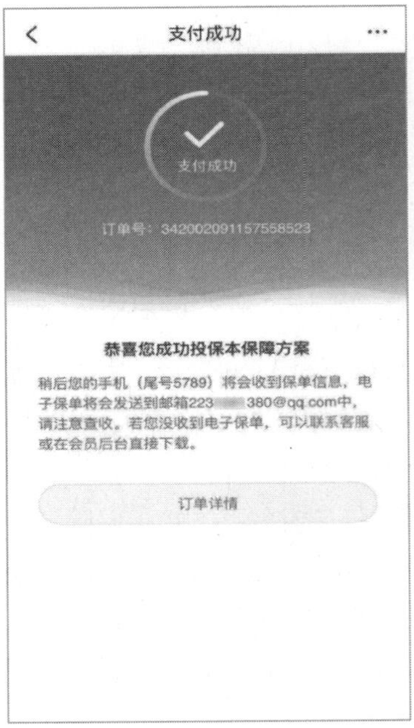

图 5－55　中民保险网“保费成功支付”页面

6. 用户完成订单后可以点击中民保险网首页页面下方“我的”快捷按钮并在“我的订单”页面找到已经完成的订单，查看其显示的订单数量及其相关信息。中民保险网将订单分为待支付、即将生效、待连续投保、报案理赔四种类型。点击类型快捷键则在相关界面可以查询保单的详细信息。如果出现需要理赔的情形，选择报案理赔，进行线上理赔申报（如图 5－56 所示）。

7. 当投保人出现需要理赔的事项，可以选择“报案理赔”、或者选择线上“自助理赔”、或者选择“在线客服协助”、或者“拨打理赔热线”方式进行具体业务操作。用户选择线上自助方式只需提供电子版理赔事由出现的相关证明材料即可完成线上理赔申请，用户还可以选择拨打理赔热线的方式。对于理赔手续或材料复杂的事件，用户可以选择邮寄材料到特定地址或线下理赔的方式（如图 5－57 所示）。

图 5－56 中民保险网“我的保单”页面

图 5－57 中民保险网“理赔操作选择”页面

四、掌上生活主要业务类型及其使用

（一）掌上生活平台主要业务类型

掌上生活是早于 2010 年招商银行推出的手机客户端应用软件，通过该软件绑定招商银行信用卡，能够为消费者提供查询消费账单的便捷，提高了信用卡的使用效率和使用频次，同时该款 APP 还融入了饭票、商城、信用卡、影票等多项生活类服务与优惠，在最大程度上便捷了每一个消费者的生活，提高了用户黏性。招商银行掌上生活的 APP 覆盖项目较广，项目分类齐全，许多金融投资者通过该 APP 进行理财投资。随着互联网金融的悄然兴起，招商银行的掌上生活自然也将保险产品相关业务纳入旗下。目前大多数的商业银行会在自主研发的 APP 软件采用兼业代理模式将保险产品销售与服务作为重要的业务板块纳入到手机客户端，这种方式销售保险产品更像是银行与保险公司合作，保险公司将其研发的保险产品在银行移动端 APP 上架，方便使用移动端银行的消费者可以在平台上挑选保险产品。银行端 APP 提供保险产品一方面为保险公司提供客户源，另一方面为消费者投资保险产品提供方便。

（二）掌上生活注册与管理

用户在手机商店内搜索并下载“掌上生活”APP（如图 5－58 所示），用户初次安装时需要点击阅读《掌上生活平台服务协议》《掌上生活内容服务协议》等保险文件的具体内容，而后点击“同意”选项按钮（如图 5－59 所示）。

用户进入到招商银行首页页面，选择页面底端“我的”快捷按钮点击后进入“注册/登录”操作界面，未注册过的新用户选择注册选项，登录过的用户选择登录即可（如图 5－60 所示）。

图 5－58　手机商店“掌上生活软件下载”页面

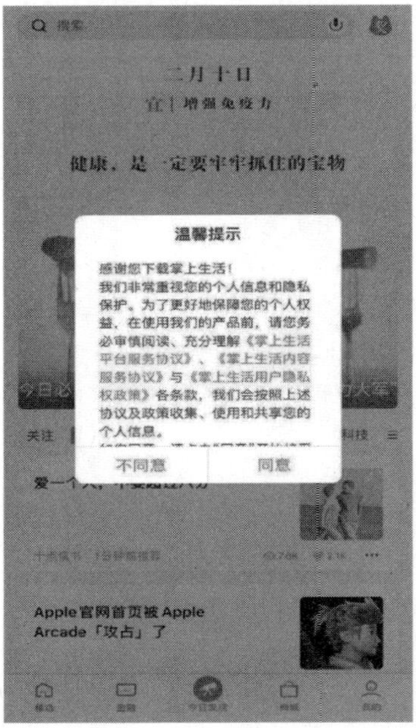

图 5－59　掌上生活“软件使用注册提示对话框”页面

初次登录掌上生活的用户，需要输入用户个人手机号，获取动态验证码进行身份验证。已经注册并使用过软件的用户则直接用账号和密码登录，用户同时须点击“同意《掌上生活平台服务协议》”前面的复选框，点击“下一步”按钮完成操作（如图 5－61 所示）。

（三）掌上生活的使用

1. 用户完成初次登录后点击页面底端“我的”快捷按钮进入掌上生活的首页页面，找到“保险”子菜单选项按钮点击进入相关页面。招商银行作为保险兼业代理机构，其掌上生活平台更类似于包含保险产品在内的金融产品超市，在超市平台上架了许多不同保险公司的产品供客户选择（如图 5－62 所示）。

2. 在“保险服务”界面，招商银行将保险按照保险标的不同划分为“健康”“意外”“出行”“用卡”“更多”5 类保险品种。若用户点击“更多”选项按钮，可以在页面展示所有保险产品类别。投资者选定某种保险产品后，可以点击保险产品的名称，查看关于该款保险产品详细信息介绍（如图 5－63 所示）。

图 5－60　掌上生活“账户注册/登录”页面

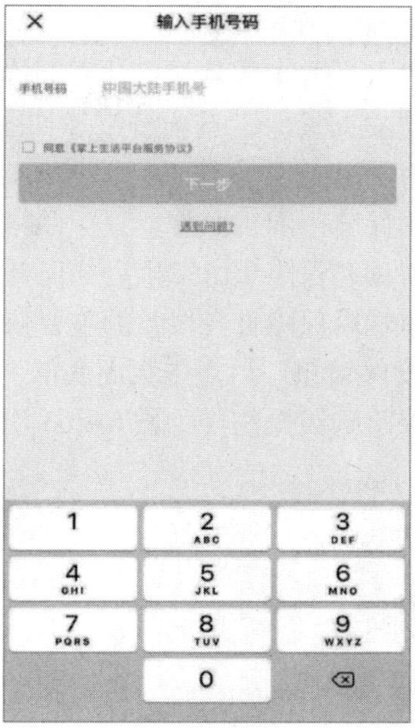

图 5－61　掌上生活“用户手机登记”页面

图 5－62　掌上生活“提供服务类型”页面

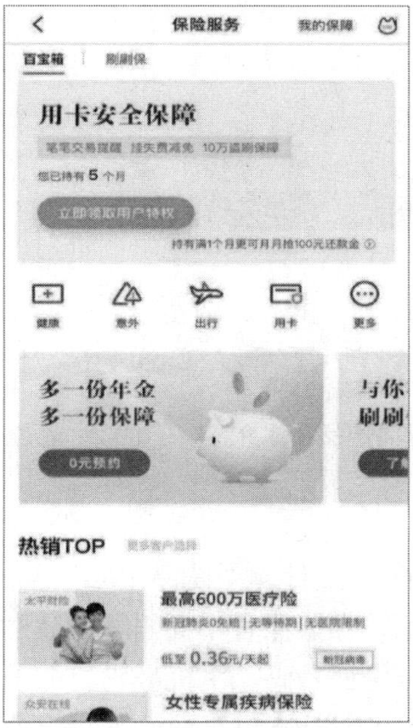

图 5－63　掌上生活“保险服务类型”页面

3. 投资者根据自身需求选定保险产品后，点击所选定的保险产品，查看保险产品的基本信息。保险产品的基本信息包括保险产品的保障期限、保险产品生效日期和失效日期、保障范围和保险费用。用户在购买相关的保险产品时需要填写的信息有所不同，还需要补充提供单独的用户信息。若用户购买“万贯家财家庭财产保障”产品需要保障家庭房屋安全，需要提供正确的房屋住址（如图 5－64 所示）。

4. 投保人确定投保产品后，要填写投保人姓名、证件号码、手机号码和电子邮件的地址、同时点击“本人确认已认真阅读并同意《保险条款》及《保险须知》前面复选框。而后点击“立即投保”选项按钮（如图 5－65 所示）。

5. 用户点击“立即投保”按钮后，系统会自动跳转到“投保须知”页面。投保须知内有详细的保障范围、保险金额、保障期限，以及与该保险产品有关的一切详细事项和对保险产品的解读和保险事由发生后如何补偿和履约的规定。“投保须知”是未来投保人与保险公司出现争端后保障自身权益的重要依据，投保人应该仔细阅读并理解投保须知中相关规定。阅读“投保须知”后点击页面底部“关闭”按钮返回上一页面，点击“立即投保”按钮则进入到保险购买操作（如图 5－66 所示）。

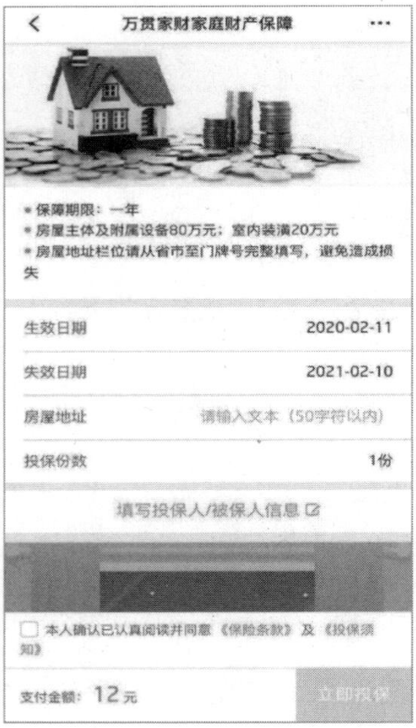

图 5－64　掌上生活“保险产品具体介绍”页面

图 5－65　掌上生活“投保人信息填写”页面

图 5－66　掌上生活“投保须知”页面

6. 投保人阅读“投保须知”后点击“立即投保”按钮，系统会自动跳转到“订单确认”页面。保险品种不同需要确认的信息不同。页面保险产品需要确认房屋地址、投保人姓名、身份证号码、手机号码、电子邮件。信息确认完毕后点击“立即投保”按钮，平台自动跳转到付款支付页面，支付款项后完成保险产品购买操作（如图 5－67 所示）。

7. 平台会显示付款成功提示信息，同时平台还会向投保人注册的邮箱和手机短信推送保险产品购买成功的通知（如图 5－68 所示）。

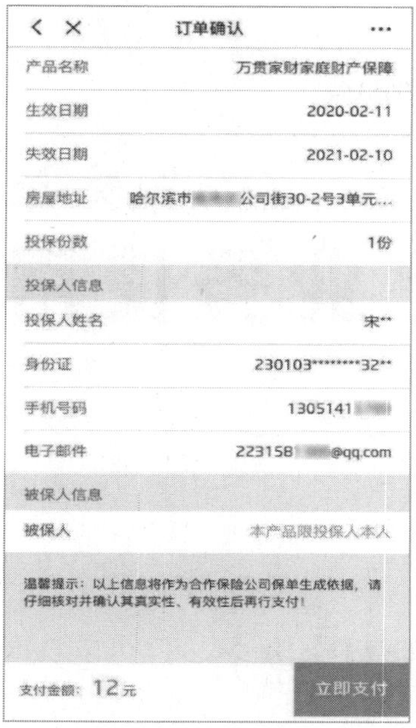

图 5－67　掌上生活“保险信息确认”页面

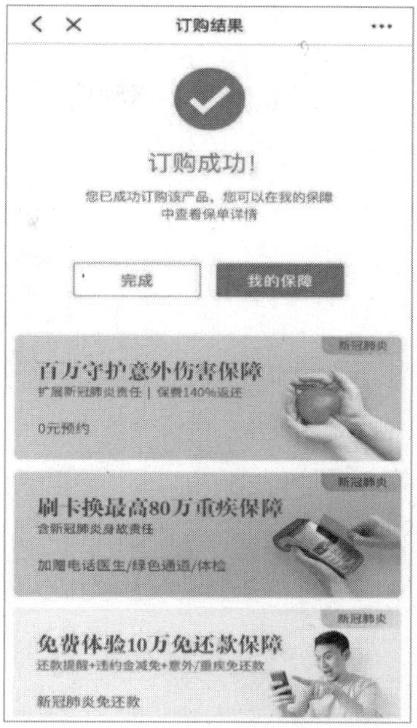

图 5－68　掌上生活“保单订购通知”页面

8. 用户进入“保险服务”页面，可以看到“我的保障”子菜单选择按钮，点击后在“我的保障”页面可以看到投保人以往购买过的保险产品，现在正在保障中的保险产品和已经失效的保险产品。用户“我的保障”页面显示保险产品类别及其子菜单（如图 5－69 所示）。

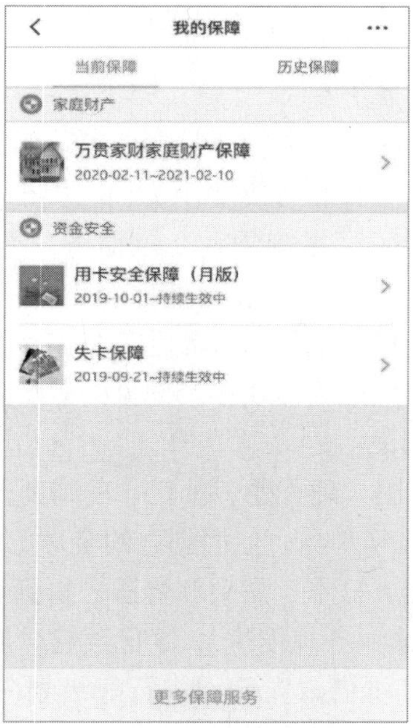

图 5－69　掌上生活“我的保障保险订单查看”页面

第六章
移动 P2P 业务使用

第一节　了解移动 P2P 业务

P2P 是英文 peer – to – peer 的缩写，peer 在英语里有“同等者”“同事”或“伙伴”的多重涵义。移动 P2P 又被称作移动 P2P 网络借款，是手机等移动端设备与 P2P 网络借贷相结合产生的一种新型借贷模式。人们可以通过移动网络平台相互借贷，从而提高借贷的效率与资金流转的速度。

一、移动 P2P 主要发展历程

（一）国外移动 P2P 主要发展历程

孟加拉国经济学家穆罕默德·尤努斯博士这位 2006 年度诺贝尔和平奖获得者，长期以来一直坚持认为现代经济理论在解释和解决贫困方面存在着严重的缺陷，为此他于 1983 年创建了格莱珉银行，开创和发展了“微额贷款”的服务，专门提供给因贫穷而无法获得传统银行贷款的创业者。格莱珉银行通过开展无抵押的小额信贷业务和一系列的金融创新机制，不仅创造了利润，而且还使成千上万的穷人尤其是妇女摆脱了贫困，使扶贫者与被扶贫者达到双赢。格莱珉银行目前已经成为 100 多个国家的效仿对象和赢利兼顾公益的标杆，这一模式就是最初的 P2P 网贷雏形。

P2P 网贷的雏形，起源于英国人理查德·杜瓦、詹姆斯·亚历山大、萨拉·马休斯和大卫·尼克尔森四位年轻人。2005 年 3 月，他们创办的全球第一家 P2P 网贷平台 Zopa 在伦敦上线运营，随后这种模式在美国、日本、意大利等国家得到迅速推广。从规模上来看，Zopa 公司目前拥有 50 余万会员，总体业务规模达 1. 35 亿英镑。从业务形式上来看，Zopa 主要提供 P2P 社区小微贷款服务，通过将借款人信用进行等级划分的形式，决定不同等级的借款人借款金额以及借款市场，但借款人也有一定的选择权，可以选择贷款的利率。Zopa 公司作为最早的 P2P 公司，在设置经营模式时充分考虑到信贷风险，自动将出借人的资金分割为 50 英镑的小包，出借人可以根据借款人的信用，将不同的小包借给不同的借款人，来降低借款带来的信用风险。

美国最早的P2P公司Prosper于2006年创立，是单纯的P2P中介平台，为借款人和资金出借人提供信息服务，这一公司的出现标志着美国网贷行业的开端，次年P2P行业巨头Lending Club诞生。Prosper贷款业务曾受美国证券交易委员会的禁止被迫叫停，后于2009年重新开启。Prosper作为借贷双方的信息中介平台，需要搜集借款人和贷款人的信息并撮合交易，作为信息中介对每一笔贷款收取1% ~3%的中介费用。但作为美国老牌P2P公司拥有较为完善的风险管理制度和高效的身份验证手段。Lending Club于2007年在加州上线，是美国第一家注册并取得证券交易委员会批准的，具有合法资格的个人与个人贷款平台。Lending Club与Prosper运营模式不同，平台参与实际业务操作，它将贷款等归属关系以及债权转让等交易形式纳入运营模式，这种方式给了借款人极大的保障，即使Lending Club倒闭资金借出人依然能收回资金。Kiva平台不同于以上两个P2P平台，Kiva是非营利性质的平台，主要服务对象是发展中资金实力相对薄弱的企业。资金出借人综合考虑企业的经营方向、所处地域、风险程度等因素决定借款企业，由于资金出借人需要的信息较多，借款人在申请借款前需要给出与企业相关的详细信息，包括企业的经营状况、借款金额、借款用途、借款时限以及借款可能面临的风险等信息，将信息汇总打包给资金出借人进行贷款决策。Kiva平台拥有丰富的出借人资源，出借人进行集合贷款，均摊到每位出借人仅需要25美元，当平台从多位出借人手中集合到足够的金额的情况下，最后将资金一次性借出。

移动P2P网络借贷平台目前已逐渐被身处网络时代的大众特别是创业者所接受。较著名的移动P2P网络借贷平台主要有美国的Prosper和Lending Club、英国的Zopa、德国的Auxmoney、日本的Aqush、韩国的Popfunding、西班牙的Comunitae、冰岛的Uppspretta、巴西的Fairplace。

（二）国内移动P2P主要发展历程

移动P2P在国内的发展主要经历了萌芽期、快速发展期、风险爆发期、规范成长期四个主要阶段。

移动P2P发展萌芽期主要是指2007年至2012年这个阶段，国内开始出现了点对点的网络借贷模式的引进，并于2007年在国内成立了首家P2P网络借贷平台——拍拍贷。在萌芽期，开办网络借贷平台的人员多数为互联网创业人员，基本没有民间借贷经验和金融相关专业知识，从事的业务主要以信用借款为主。借款人在网络借贷平台上提供个人相关资料，平台再对借款人资料进行审核，对其还款能力进行评估后，确定并给予一定的授信额度，借款人以给予的授信额度为限在平台发布借款需求和目标金额。在这一阶段，全国的网络借贷平台数量在50家左右，而真正有业务成交的活跃平台则不足10家。根据统计数据显示截止到2011年底成交约5亿元，月度有效投资人在1万人左右。

移动P2P快速扩张阶段主要是指2012年至2013年。进入2012年后，P2P网络借贷平台发展进入快车道，并且不断转型寻求新的业务发展突破口，网络平台依赖原有放贷经验并开始尝试网络借贷的双向业务。部分软件公司开发相对成熟的程式化的网络平台模板，将每套模板的售价定价在3万元~8万元不等，相对规范的模板在最大程度上弥补了民间线下放贷经验的不足、创业者开办网络借贷平台在技术上的欠缺。2012年P2P网络借贷平台有50家，而在短短1年的时间内骤增到2013年的300家，在成交金额上也从2012年的5亿元变为 2013 年的 30 亿元，月度有效投资人从 1 万人增加至 3 万人到 5 万人。

移动 P2P 风险爆发期是指 2013 至 2015 年。由于 P2P 规模的快速增长伴随着风险的爆发，特别是 2013 年 P2P 呈现高速增长的态势，导致了网络借贷市场出现鱼龙混杂的情况，监管滞后于 P2P 网络借贷平台的发展速度，给许多不法份子提供了可乘之机。这时 P2P 网贷平台开发逐渐趋于成熟，甚至在淘宝店几百元就能买到前期网络借贷平台的模板，许多资金实力不足、规模较小的创业者争相进入 P2P 网络借贷行业，以低廉的价格购买网络借贷系统模板，廉价租办公室设备，然后开展线上业务进行圈钱。为扩大客户群体，采用扫码给奖励的方式鼓励注册移动 P2P 软件，套取客户信息甚至客户信息被泄露等违规违法现象屡禁不止。监管的滞后加剧了风险爆发的破坏程度，移动 P2P 网络借贷平台进入“暴雷期”。2014 年 P2P 网贷行业市场规模总计已经超过 2 500 亿元，相比于 2013 年的 1 058 亿元，同比增长 136%，不仅市场交易规模有大幅的增长，平台数量也呈现出大幅的增长，从 2013 年 800 家左右，增长到 2014 年 1 575 家，总体增长数量近一倍。

移动 P2P 发展规范期是指 2016 年至 2017 年这两年。2016 年，是网贷行业的监管元年，2016 年 3 月中国互联网协会成立，第一次会员代表大会会员共计 437 名；同年 4 月，国务院组织 14 部委召开电视会议，在全国范围内启动有关互联网金融专项整治活动。2016 年 8 月《网络借贷信息中介机构业务活动管理暂行办法》正式颁布，标志着网贷行业发展有了新标准，进入市场的平台需要从当地金融部门获得备案，同时也明确平台的职能仅作为信息中介撮合投资者与借款人。2016 年 10 月，中国互联网协会首次发布《互联网金融信息披露个体网络借贷》标准，文件中定义并规范了 96 项披露指标，从平台运营信息与项目信息、从业机构信息等三个大方向对披露的信息进行规范。2016 年清退了大批不合规 P2P 平台，平台数量从此开始呈现下降的趋势。截止到 2016 年 12 月底，网贷正常运行平台数量达 2 448 家，相比于 2015 年减少了 985 家，2016 全年新上线平台数量仅为 756 家。经过监管清退、市场整合，凸显出高质量平台，2016 年全年网贷成交量达 20 638.72 亿元，相比于 2015 年的 9 823 亿元增长了 110%。2016 年无论从平台数量还是整体交易规模来看，P2P 行业发展都达到了行业历史发展顶峰。

从 2017 开始，移动 P2P 平台发展进入整合期。P2P 网贷在监管层的政策规范下，行业发展趋于规范，平台成长进入健康发展的快车道。监管层出台政策打击无门槛、无规则、无监管的“三无”乱象，带领 P2P 行业进入合规发展的新阶段。相关统计数据显示，我国在整合、清退后正常运营的 P2P 平台数量大幅缩减。2018 年 12 月底，P2P 正常运营的平台数量下降至 1 021 家，相比于 2017 年底减少了 1 219 家。2019 年 11 月有 212 家 P2P 平台实现 100% 兑付退出，截止到 2019 年 12 月底，移动 P2P 网贷行业正常运营的平台数量跌破 1 000 大关下降到 343 家，成交金额则下降到 506.23 亿元，相比于移动 P2P 行业发展的鼎盛时期，无论从平台数量还是从总成交规模来看都呈现出大幅下降的态势。目前留在市场中的 P2P 平台都是机制相对健全，资金实力相对雄厚的大型平台，为互联网端 P2P 向移动端 P2P 转型发展奠定了良好的基础。监管层出台的法律法规及时整治了移动 P2P 行业发展乱象，为行业发展创造了良好的行业发展环境，国家政策扶持为移动 P2P 发展带来新的生机与活力。就目前来看，国内移动 P2P 行业的发展有着以下几个积极向好的方面：

第一，移动 P2P 行业发展开始规范化。在移动 P2P 网络借贷平台发展初期，众多移动 P2P 平台把提供第三方担保或平台自担保承诺本金垫付作为吸引客户的手段。自中国人民银行等十部门发布的《关于促进互联网金融健康发展的指导意见》要求将移动P2P网贷平台定位于信息中介，不得提供相关的增信服务。移动P2P配套平台实现从信用中介向信息中介的转型，同时为保证移动P2P行业健康有序发展，建立了较为严格的信用审查制度。2019年6月底正式启动移动P2P平台备案工作，大量僵尸平台和不合规平台被清退；各地方监管纷纷发布《移动P2P网贷平台良性退出指引》许多平台完成全额兑付后实现良性退出。

第二，移动P2P平台数量及其交易规模呈现下降趋势。虽然2015年并非国内移动P2P成交量的顶峰之年，但2015年移动P2P行业正常运营的平台数量达到了行业历史的顶峰共有3 543家正常运营的平台。进入2018年后，移动P2P无论是运营平台数量还是网贷交易量都呈现逐年递减的态势。截止到2019年12月末，正常运行的平台数量仅有343家平台。从行业整体成交量来看，2019年1至10月移动P2P网贷成交量只有8 710亿元。

第三，平台地域集中趋势显现。随着行业的整合和重新洗牌，移动P2P行业呈现集中度提高，平台数量下降的特征。监管新规的出台和平台备案制度的出世，大量的不合规平台被清退，目前市场上存在的平台都是综合实力强、体量大、客户源相对稳定的头部平台，头部平台分割了移动P2P行业的大部分市场。除行业整体出现集中度提高的情形，在地域分布上也出现了地域集中度加强的特征。移动P2P行业的健康发展离不开资金和技术的支持以及人才的运作。目前移动P2P市场上发展速度较快、规模较大的平台主要集中在蚂蚁金服、爱钱进、人人贷等头部移动P2P网络借贷平台，其发源地基本都是国内经济发达且人才充沛的地区。具相关统计数据显示，2018年全年网贷行业成交量达到了17 948亿元，北京、上海、广东3个地区的移动贷款余额排名全国前3位。2018年底这3个地区的贷款余额分别是3 321.19亿元、2 445.43亿元、1 163.63亿元，3个地区占全国贷款余额的比例为87.84%。移动P2P平台受人才和资本条件限制，地域集中态势明显。

第四，移动P2P平台出现转型热潮。在严监管的趋势下，不合规的平台被清退，部分综合实力较强的头部平台寻求上市或进一步发展，走上转型之路主要有助贷、小贷、消费金融平台3个方向。平台转型一方面需要足够的客户群、业务量维持协助平台转型，另一方面要满足小贷和消费金融的资金门槛和牌照的要求，因而寻求转型的平台多为移动P2P行业头部平台。移动P2P头部平台“陆金所”于2019年7月宣布剥离移动P2P业务，转型消费金融平台。截至2019年11月11日，全国共有21家正常运营的移动P2P网贷平台获取了网络小贷的牌照，而截至2019年10月移动P2P网贷正常运营的平台有572家，成功转型率低于4%，由此可见转型路之艰难。

第五，移动P2P平台发展科技化。移动P2P平台的开发，以移动互联网技术为基础，数据产生、数据挖掘、数据安全和搜索引擎技术是发展移动P2P平台的技术保障。社交网络、第三方支付、电子商务以及搜索引擎提供了大量的用户原始行为数据；通过云计算和行为分析理论对原始行为数据进行分析，对数据深入分析和加工得到客户的行为规律为平台的运营提供科学的依据；数据安全技术保护客户的隐私、保障交易支付行为安全，搜索引擎能够提供更多用户行为信息。各个平台已经开始建立或正在筹建基于大数据的风控模型，提升平台风险管理能力，同时大数据可以根据消费者的行为轨迹，准确进行信用分析，根据信用分析给出可靠授信结果。移动端P2P的开发在原本PC端P2P平台的基础上融入了社交功能，平台可以抓取更多客户行为，分析客户信用偏好，为客户推送更适合的理财产品，提高平台的客户群黏性。

（三）移动 P2P 发展的原因分析

1. 客户需求的推动。随着经济的发展人们对生活质量的要求越来越高，许多借款人为提高生活质量选择超前支出，银行贷款的资格审查较为严格且流程相对复杂，放贷周期较长，难以满足借款人短期或紧急的资金需求。他们需要操作简便、审查相对宽松和放款周期短的资金来源，移动 P2P 平台恰好能够满足以上类型借款人的需求。另一方面，投资人寻求更高的资金回报，银行存款或购买长期理财产品，资金回报率低或不能满足资金流动性的需求，移动端 P2P 理财产品具有高回报率的特点，部分平台能够达到 20% 以上的投资回报率，高回报吸引大量投资者进入移动 P2P 行业。移动 P2P 理财同时能够满足投资者对资金流动性的需求，一般产品的赎回周期为 3 天。移动 P2P 平台能够满足资金两端的客户需求，庞大客户群需求推动了移动 P2P 平台的快速发展。

2. 先进技术的支持。移动 P2P 平台的开发与完善离不开互联网技术的支持，通过互联网可以实现直接信息交互，能够连接投资人和借款人。移动 P2P 网贷平台利用大数据和云计算等功能核查借款人的身份对其资质进行审核，并做出能否放贷以及放贷金额的预判，利用技术手段降低贷款风险。移动 P2P 平台依靠强大的数据处理系统和云计算功能，通过对借款人行为的抓取和分析，对借款人进行全方位画像分析借款人信用状况、预测其还款能力。通过云计算手段和数据建模方式对项目进行高效分析，为投资人筛选更适合的投资项目。区块链技术使平台上的信息记录难以篡改，信息更加真实可靠。

3. 政府政策的支持。移动端 P2P 产品由于其小额分散的特性满足推动普惠金融发展的先天性特征，更加符合大多数国家政府金融发展的政策性导向。特别是在发展中国家及地区对于缓解中小企业融资难，城市与农村经济发展不均衡等结构性经济发展难题发挥着积极作用。移动 P2P 凭借互联网金融的技术优势和小额分散的特性，成为发展普惠金融的重要手段。在政府大力推进发展互联网金融的政策支持下，移动 P2P 作为有代表性的互联网金融形态利用人工智能、大数据以及区块链等新技术，推动了普惠金融发展，提升了金融的服务效率，真正做到金融服务于实体。

二、移动 P2P 主要特征

移动 P2P 网络借贷业务是借助移动互联网技术和移动支付技术发展起来的点对点式实现资金借贷的方式。移动 P2P 在变革人们生活方式的同时，也在不断提高资金的流转和运营效率。移动终端的崛起大力推动了移动 P2P 业务的发展，并呈现出自身的一些运营特征。

（一）受众群体广泛

移动 P2P 作为一种新型网络借贷模式，由于其操作简便的特点，更容易被不同年龄层次和不同知识文化水平的人接受，其场景化和小额的特点使受众群体更加广泛。移动 P2P 平台类型多样，参与的业务种类繁多，能够提供多种金融服务业务因此客户群体构成多样。

（二）交易灵活便捷

移动 P2P 与传统的 P2P 不同，是可以通过手机、PAD 等移动通讯设备与无线上网技术结合实现移动端操作，打破了时间和空间的制约，方便了人们的生活，缩短了交易时间，提高了交易效率。在移动端 APP 上为投资人提供了投资场景，投资人可以根据 APP 内对项目的简介和描述，选择适合自己的项目进行投资。根据有关数据统计显示，链家理财、麻袋理财、爱投资等移动 P2P 投资平台移动端的业务量占比高达业务总量的 70%，移动端是目前线上投资的主要投资渠道，从侧面印证了移动端投资拥有便捷、易操作等特性，占有更广阔的客户群体。

（三）风险收益兼备

在移动 P2P 网贷平台上借款的部分申请人，资信记录较缺乏，难以通过银行或其他金融机构的借款资格审查，因此会选择资质审查较为宽松的移动 P2P 平台，并且移动 P2P 平台对借款人资格的审查标准和审查事项要少于实体金融机构，平台获取信息的能力以及获得信息的速度与实体金融机构存在差距，因而移动 P2P 平台借款人的还款能力较差，一旦难以及时还本付息，移动 P2P 平台的投资人要承受一定信用风险，因此移动 P2P 平台上的理财产品存在一定的风险性。但随着监管措施的到位，这种现象开始有所改观。移动 P2P 理财产品之所以受到大众的追捧，还有它超高的收益率。在移动 P2P 理财初期，收益率最高能达到 30%，相比于银行存款和银行系理财产品的低收益水平，投资者更倾向于新型移动 P2P 理财产品，其高收益主要来源于借款人偿还的利息以及平台将收取的利息费和管理费部分让利给投资人。虽然移动 P2P 平台存在暴雷的风险但不可否认的是它的高收益也提高了客户黏性，移动 P2P 具有风险性和收益性兼备的特点。

（四）小额分散且门槛低

移动 P2P 网络平台可以更好的实现信息对称，将更精准的借贷需求信息传递给资金供求链的两端。借款方对于资金还期总是期限长一些为好，而投资方则对资产的流动性有更高的需求，为满足两方的需求，会将同一个借款人或项目的资金需求拆分成小份，投资人根据自身的需求选择项目。把借、贷双方对接起来实现各自的借贷需求。借款人在平台发放借款标，投资者进行竞标向借款人放贷，由借贷双方自由竞价，平台撮合成交，在借贷过程中，资料与资金、合同、手续等全部通过网络实现，它是随着互联网的发展和民间借贷的兴起而发展起来的一种新的金融模式，这也是未来金融服务的发展趋势。交易门槛低也是移动 P2P 重要的特点，移动 P2P 产品百元起投，在计算方式上以“天”为单位，投资门槛低，买入和卖出手续简便，可以保证投资者对资金的流动性需求。

（五）监管逐步完善

目前，政府不断出台政策来规范移动 P2P 行业发展，移动 P2P 行业在监管趋严的形势下，淘汰了大批违规运营平台，行业走上规范化的发展道路。2015 年，央行联合十部委联合印发的《关于促进互联网金融健康发展的指导意见》中明确了 P2P 业务由银监会（现银保监会）负责监管。明确了主要监管部门，更明确移动 P2P 平台信息中介的地位。随后对移动 P2P 平台的发展提出了新的要求，出台了平台登记制度和信息披露制度，规范了平台资金存管，要求平台自主选择银行对投资者的资金进行第三方存管，从根源上解决了资金滥用的问题。

三、移动 P2P 平台类型

（一）纯线上模式平台

移动 P2P 纯线上模式是指移动 P2P 网贷平台仅作为单纯的线上网络中介存在，借款人与投资人都是通过网络渠道获取，这种模式的移动 P2P 平台借款多为信用借款，借款金额比较小，对借款人等身份信息的审核主要通过网络进行。纯线上模式平台不对贷款提供担保，仅作为撮合借款人与投资人的中介平台存在，提供信息匹配、工具和技术支持等服务，不参与具体借贷行为，收取一定金额的中介费用。

（二）债权转让模式平台

移动 P2P 债权转让是指借出资金的债权人，通过网络平台将自己所持有的债权定价出售，并且在线上与该债权购买人签订债权转让协议转让手中持有的债权。移动 P2P 债权转让有利于提高资金出借人的资金流动性，出借人在出借期间一旦需要资金，可以通过在平台上转让债权的方式获得流动性资金。在这种模式下，放款人与借款人签订资金转让协议，并将资金出借给借款人取得债权。平台将专业放款人的债权进行拆分，然后包装成固定利率的产品，最后在网络平台上通过债券转让的方式转给出借人。

（三）担保抵押平台

这种担保或抵押的模式不再是信用借款，而是在贷款过程中引入第三方担保公司对平台上的每一笔借款进行担保，或要求借款人提供一定的资产进行抵押。若提供担保的公司满足合规经营的要求，或抵押资产是满足平台要求的优质资产，则借款人可以拿到资金。担保抵押模式的网贷平台，平台投资者面临的风险比较低，第三方担保和抵押资产有较强的风险保证能力，因此综合贷费率下降借款人能以较低的资金成本取得贷款，从资金的费率和风险保障程度上来看是借款人和贷款人双赢的一种平台模式。由于在整个贷款流程中引入担保和抵押的环节，延长整个业务流程链条，借贷业务的办理流程较长，办理效率较低，不能满足有紧急资金需求的客户即放即取的借款要求。担保类型的网贷平台一般为借款金额庞大的大型项目进行保险，借款人一旦出现违约的情形，担保公司先行垫付资金对投资人进行赔偿，然后向借款人追款，对于投资人而言风险较小，但其收益率也低于其他类型平台的收益率。

（四）O2O 模式平台

O2O 模式平台在 2013 年走进大众的视野，在这种模式下移动 P2P 网贷平台主要负责网贷平台的运营维护以及寻找投资人，而借款人则是由小贷公司或担保公司寻找。小贷公司、担保公司在线下寻找合适的借款人，通过审核后将借款人的信息提供给移动 P2P 网贷平台，平台将审核通过后的借款人的信息发布在平台上，撮合线上的投资人对借款人进行投标。在整个借款过程中，小贷公司、担保公司给该笔借款提供完全担保或连带责任。这种类型的借贷平台将线上与线下方式结合，小贷公司、担保机构与平台分工合作，分别寻找借贷交易的两端，使整个交易流程更专业化。这种类型平台最大的问题是由于借贷交易的双方由不同的机构寻找，割裂了交易的风险控制流程。线下的小贷、担保公司更关注借款人的数量，会降低审核标准，平台更看重投资回报的利率，忽视对借款客户还款能力的审核。虽然通过平台进行交易，但是平台不能完全掌握借款人的信息，在交易的过程中更易产生道德风险。

（五）P2B 模式平台

P2B（person to business）模式是指个人对中小企业（非金融机构）的网络借贷模式，这种业务模式仅对法人企业提供融资服务。P2B 的借款对象都是企业，企业在借款时需要提供足值的不动产或股票抵押，因此在 P2B 模式的平台上每一笔借款都有抵押，这种模式下的项目风险更加可控。由于仅对法人企业提供融资服务，单笔借贷的金额较高，从几百万乃至数千万甚至上亿，一般都会有担保公司提供担保，一旦发生违约情形，担保公司的保障能力不一定能够完全保证投资人的利益不受到损害。这种模式下的网贷业务不具有分散和低门槛的特点，也不能满足投资人分散投资、降低风险的投资需求。

（六）P2F 模式平台

P2F（person to finance）是个人对金融机构的一种理财模式，资产端与银行、证券公司、保险公司、基金公司等大型金融机构发行的资产管理产品进行对接，借助金融机构健全的风控机构和先进的风险管理方式，保障投资人的资金和稳定投资收益。这种模式的移动 P2P 平台相比于其他的平台更具有高信用、低风险的特点，同时资产端是大型金融机构能够保证收益的稳定性。

四、移动 P2P 的社会价值

（一）移动 P2P 推动了国内普惠金融业务的发展

移动 P2P 凭借小额和便捷的先天性优势，为发展普惠金融，构建具有竞争性的普惠金融格局和改革内部体质机制做出卓越的贡献。移动 P2P 是普惠金融的代表性工具，是传统金融的补充和延伸，依靠移动端的技术优势，利用大数据、互联网和云计算等科技手段，形成网络状覆盖群精准锁定用户群和挖掘潜在用户群。

（二）移动 P2P 缓解了目前中小企业融资难的问题

发展移动 P2P 网络平台，创新产品服务方式，强化需求为导向的金融产品创新，更加体现金融的服务特征。移动 P2P 作为重要的资金融通平台，使资金借贷双方的信息更加透明化和公开化，双向资金投融需求更加明确，客户目标群定位更加精准，对于风控体系欠缺，资金实力不符合银行贷款标准，处于起步期的中小企业而言，通过移动 P2P 网络借贷是最可行的融资方式。传统借贷方式对贷款企业的资格审查过于严格，不利于小微企业的发展，移动 P2P 网络平台则弥补了金融体系的缺陷，为小微企业的生存与发展做出突出的贡献。

（三）移动 P2P 有助于改善个人生活质量与满足生活需求

由于移动 P2P 网络平台的涌现，在极大程度上方便了人们的生活，通过借贷的方式人们可以预支未来的收入来满足当下的生活需求，提高生活质量满足部分人对品质生活的追求。为偿还移动端 P2P 的贷款，满足对未来生活更高品质的追求，可以激发人们为更好的生活努力奋斗的决心。

（四）移动 P2P 有助于拉动经济增长，提高资金流转效率

移动 P2P 解决了投资人和借款人两方的需求，让投资人手中的闲置资金在金融体系内运转，产生更大的社会效益与经济效益。投资人通过借贷让资金生息提升资产价值，而借款人可以将借入资金进入金融市场获得更多的投资收益，对于投资人和借款人是双赢的行为。移动 P2P 通过带动金融消费而有助于拉动经济增长。通过移动 P2P 获得的资金进入实体经济后的运转会推动社会经济发展和提升居民生活水平，同时移动 P2P 平台更好的实现资金的匹配防止资金长时间、低回报率的占用提高了资金运转效率。

五、移动 P2P 网贷的基本操作流程

（一）用户注册账号

用户选择可靠的移动 P2P 网贷 APP，新用户首先要注册，老用户则直接登录即可。目前移动端 APP 主要以手机号为用户名进行注册，填写手机号后，在 60 秒或者更多时间内平台发送验证码短信到用户注册的手机号码上，用户在时间限制内填写验证码，并勾选我已阅读有关注意事项和相关隐私条款，进入 APP 个人页面即为注册成功。

（二）用户实名认证

当用户拥有个人账号后，需要进行实名认证，填写真实有效的个人信息，例如姓名、性别、年龄、职业、收入、身份证号码、紧急联系人及电话等个人相关信息，同时移动 P2P 平台还需要对借款人的身份证正反面进行扫描认证。

（三）填写用户信息

移动端 P2P 网贷平台在注册时提示用户选择角色，如果用户想要购买移动 P2P 理财产品进行投资，就选择投资角色。如果用户想要融资进行贷款，选择贷款角色。选择完角色后填写个人基本信息。

（四）贷款审核撮合

对于借款人要先在网贷平台填写申请表，并且提交个人资料，个人姓名、职业、目前收入水平、身份证扫描件；网贷平台会审核借款者个人信息的真实性和可靠性；借款人审核被通过后，平台为其提供借款申请并帮助线上推送和撮合成交。对于投资人而言，可以查看移动端平台内的各个项目的详细资料以及不同项目的收益率，投资者可以根据自身需求以及风险承受能力选择移动端 P2P 理财产品，同时综合考量理财产品的风险和收益，投资者不能只关注理财产品的收益率。

（五）确认借款投标

对于借款人而言，移动 P2P 平台通过对借款人的资质调查后，发布借款人的基本信息以及借款人的目标金额，等待投资人进行投标。当借款人目标筹资金额全部完成投标后，账户中会出现相应金额的资金，借款人提取账户内的资金。对于投资人，在选定投资产品后，通过在移动平台端绑定的银行卡进行资金划转，完成理财产品购买，在个人账户内查看已经投资的理财产品。

六、移动 P2P 债权转让

债权转让就是在不改变原合同内容的基础上进行合同转让，债权人通过债权转让并且订立合同基础上将债权的全部或部分转移与第三人。债权全部转让与第三人，第三人取代原债权人成为原合同关系的新的债权人。合同中的债权关系会由一人对一人，变为一人对多数人。通过债权转让的方式，新加入合同的债权人与原债权人共同分享债权，并共享连带债权，有权利同原债权人分享该债权带来的权益。移动 P2P 债权转让模式由于具有多人对多人、分享债权的操作特点，因此又被称作“多对多”“居间人”模式。P2P 债权转让模式被称为居间人模式主要原因在于，投资人和借款人双方之间不直接签订债权合同，通过第三方个人对借款人进行评估后进行放款。在业务中第三方个人通常被称为“专业放款人”，专业放款人再将债权转移给投资人，债权转让业务中投资人获得“专业放款人”手中的债权，获得债权带来的利息收入，完成 P2P 债权转让业务，移动 P2P 债权转让模式主要有以下三种形式：

1. 投资人债权变现模式。这种模式是债权转让模式中较为简单的一种模式，仅对于投资平台的投资者而言，原来的投资者将其投资标的转让给平台内的其他投资者。原有债权人卖出债权变现，而新的投资人成为新的债权人，这种方式提高了投资者资产流动性，并且这种方式使投资者之间的债权转让不易产生资金杠杆和流动性风险，是移动 P2P 平台上占比最高的债权转让方式。

2. 专业放款人债权换让模式。在该模式中的转让债权人不再是普通投资者而是专业放款人，由专业放款人向借款人放款取得债权，将债权期限打包错配、小额分散给不同投资人，并承诺到期回购投资人手中的债权。这种模式中的专业放款人是“居间人”参与并且撮合了借款人和投资人之间的交易，不同于投资人之间的债权转让，由于平台的参与这种模式存在期限错配、资金池、债权转让有效性和资金杠杆等一系列风险。

3. 打包资产债权转让模式。这种模式是指平台从其他合作机构获得打包资产的债权，在平台上转让打包资产债权，以打包资产的债权为投资标的进行募资。这种债权转让的形式涉及范围广泛，涉及消费信贷类、抵押类资产。虽然资产包的底层满足小额分散的条件，但整体资产包的资产良莠不齐，在债券转让过程中难以实现资金和资产的匹配，且无法一一核实借款人信息。信息透明度低、风险难以把控，同时在转让资产包过程中存在第三方增信问题。这种模式风险比较大，容易触及禁止以打包资产、证券化资产、信托资产、基金份额等形式开展的债权转让行为的监管红线，因而经营此种类型债权转让业务的平台非常少。

第二节　移动 P2P 业务操作

一、移动 P2P 受众群体及其平台选择

（一）移动 P2P 的主要受众群体

移动 P2P 网贷的主要受众人群是对资金有暂时性需求的人群，且借款人一般不能满足银行借款的门槛，能够熟练运用和掌握网络借贷方式的中青年人。移动 P2P 发展由于其业务特性和技术壁垒等特征，使用人群出现年轻化、高知化等特点，相比于 PC 而言移动端 P2P 使用者更为年轻，由于 PC 端和移动端 P2P 产品开发的时间差和对新鲜产品的接受程度造成了使用者年龄层的差异。

（二）选择移动 P2P 平台标准

1. 平台规模与资金实力。首先平台需要有登记注册过的合法运营资质。平台在运行过程中是否存在违法违规操作的行为，是否符合监管政策。选择移动 P2P 网络平台的时候要深入调查了解平台背后依靠的集团力量，背靠资金实力雄厚的大型集团更加重视声誉，一般不会产生跑路问题。规范性的网贷平台，拥有强大的风控团队和完善的风险管控体系，在借款人资质审核方面有特定的品评估标准，同时还会有风险防范和风险隔离机制。

2. 完善的资金托管机制。移动 P2P 网贷平台需要有第三方银行存管资金，银行存管资金保证资金安全性。移动 P2P 网络平台大规模暴雷的重要原因是平台存在大量自融担保和设立资金池的问题，银行存管资金可以解决以上问题，同时能预防资金的滥用和平台跑路。据统计，全国共 639 家正常运营的平台与银行完成直接存管的对接。目前移动 P2P 平台注册个人账户后，平台页面自动跳转提示该平台的资金选择在哪个银行进行存管，平台用户完善个人资料，绑定个人银行卡，完成平台充值或提现的业务操作。目前移动 P2P 综合实力较强，管理机制较为完善的平台选择第三方银行存管资金有力的保障投资者资金安全，投资者在选择平台的时候可以将移动 P2P 是否有资金存管机制作为重要选择依据。

3. 合理的收益率。移动 P2P 网贷平台为了吸引更多的客户纷纷提高投资产品的收益率，通过提高收益率扩大客户群，提高客户黏性。但是，不切实际的高收益率会提高平台的运营成本，平台难以依靠收回借款人的本息来覆盖承诺给投资人的高收益率，有些信用较差的借款人甚至不能按期偿还本金，因此出现了很多不能按期兑现收益甚至跑路的平台。投资者选择移动 P2P 产品之前不能按照收益率高低的单一标准来选择产品，对于极高收益率的产品要有所警惕。移动 P2P 产品如果超过合理的年化收益率，整个平台资金流转就会出现很大的困难。因此投资者需要警惕宣传高收益的移动 P2P 网贷平台，理性判断，不被高收益的虚假宣传所迷惑。

二、人人贷的业务类型及其操作

（一）人人贷的业务类型

“人人贷”全称“人人贷商务顾问（北京）有限公司”，是“友信金融服务集团有限公司”旗下的互联网金融平台，成立于2010年，是网络借贷信息中介服务机构，也是中国早期成立的网络借贷信息中介服务平台之一，致力于为高成长人群提供线上信贷及出借撮合服务，交易资金交由中国民生银行进行存管。U享服务是人人贷平台为客户提供的本金自动循环出借及到期自动转让退出的投标工具，并由系统为客户实现分散投标，更好的满足多样化的理财需求。该计划所对应的借款均100%适用于人人贷理财用户利益保障机制，安全性高。出借所获得的利息收益可选择每月复投或自行支配。人人贷于2016年委托中国民生银行对平台交易资金进行存管，是最早完成银行资金存管的平台之一，无论从用户数量还是从总成交规模来看人人贷都是移动P2P行业的领军平台。人人贷旗下共有两个手机客户端，人人贷借款主业务是借款，借款人通过注册可以在平台上申请借款，人人财富主业务是投资，投资人可以在平台上选择适合的项目进行投资。截至2019年6月21日，人人贷网贷平台累计成交额超过855亿元。

U享服务产品的特点是自动投标，不用复投，到期拿本金和利息。产品的优点是安全，借款人逾期不还金额，担保公司给垫付，时间越长，投资收益越大。U享服务产品到期退出时，系统将通过债权转让自动完成退出，借款人所持债权出售完成的具体时间，视债权转让市场交易情况而定。U享服务产品自动投标服务的服务期限有6种，分别为1个月、3个月、6个月、12个月、24个月、36个月。不同服务期限长度的U享服务扣费后年利率不同，具体以当期U享服务公布的扣费后年利率为准。扣费后年利率并非实际获得利息，投资人实际获得利息可能与扣费后年利率不一致。目前U享服务单笔最低授权出借本金为1 000元，且以千元整倍数递增，不同服务期限的U享服务最低出借本金不同。对于利息的计算，若循环出借，每笔借款利息和回款本金都进行循环出借，到期后一次性转让债权并实现退出后，用户可领取本金和利息；若提取至账户，每笔借款利息付至用户账户，回款本金再次进行循环出借。服务到期后一次性转让债权并实现退出后，用户可领取本金。投资U享服务，投资人所选择的某一期U享服务的服务期限届满后，根据用户选择，帮助用户选择新一期的U享服务进行出借。投资人可选择将当前U享服务全部或部分续期为指定服务期限的U享服务或优选服务，具体可续期的服务类型及服务期限请以确认续期页面展示信息为准。续期后的扣费后年利率，将以进入续期当天投资人所选择对应期限的具体服务的扣费后年利率为准。用户最高可续期本金为当期U享服务完成退出时所获得的本金及全部利息回款中满足1 000元整数倍的部分。未续期的剩余金额，将在该期U享服务到期退出完成后回到投资人的人人贷账户余额中，投资人可自行支配。

人人贷风险控制的主要方法有：（1）用户利益保障机制。用户利益保障机制是人人贷商务顾问（北京）有限公司旗下通过网站运营的网络借贷信息中介服务平台设立的为保护投资人的共同利益而建立的信用风险承担机制。除另有说明外，投资人经过平台身份认证后，在平台进行的符合本机制规定的借款债权投资行为（含直接投资和受让已有债权资产，下同）均适用于“用户利益保障机制”项下对应的保障机制，投资人无需为此支付任何费用。人人贷有权根据市场和实际情况，对“用户利益保障机制”的保障机制和规则进行调整并通过平台公示的形式告知各投资人，无需再取得各投资人的同意。（2）严格贷前审核和贷后管理。在客户提出借款申请后，人人贷或人人贷的合作机构会对客户的基本资料进行分析。通过网络、电话及其他可以掌握的有效渠道进行详实、仔细的调查。避免不良客户的欺诈风险。在资料信息核实完成后，根据个人信用风险分析系统进行评估，由经验丰富的借款审核人员进行双重审核确认后最终决定批核结果。如果用户逾期未归还借款，人人贷或人人贷合作机构的贷后管理部门将第一时间通过短信、电话等方式提醒用户进行还款。如果用户在5天内还未归还当期借款，人人贷或人人贷的合作机构将会联系该用户的紧急联系人、直系亲属、单位等督促用户尽快还款。如果用户仍未还款，交由专业的高级催收团队与第三方专业机构合作进行包括上门等一系列的催收工作，直至采取法律手段。（3）引入民生银行作为存管银行。出借用户都将在民生银行开通独立的个人存管账户，在用户出借前增加了民生银行开户操作。在用户进行充值、出借、提现等涉及资金操作时，均需要跳转至民生银行页面校验交易密码，有效保障了用户的资金安全。

（二）人人贷注册管理

1. 人人贷下载安装。

在手机APP商店搜索框内输入“人人贷财富”便可搜索到“人人贷财富”APP软件产品，在弹出的“人人贷财富”软件下载页面点击“获取”按钮进行软件下载安装（如图6－1和图6－2所示），安装完毕后点击手机屏幕“人人贷”图标进入到软件用户登录页面，该软件对首次登陆使用的用户会先弹出“人人贷隐私权政策”阅读提示页面，初次登录的用户可以点击蓝色字体《人人贷隐私权政策》以及《注册服务协议》查看文件具体内容，点击“同意协议”按钮选项进入下一步（如图6－3所示）。

图6－1　手机商店人人贷APP搜索页面

图6－2　手机商店人人贷APP下载页面

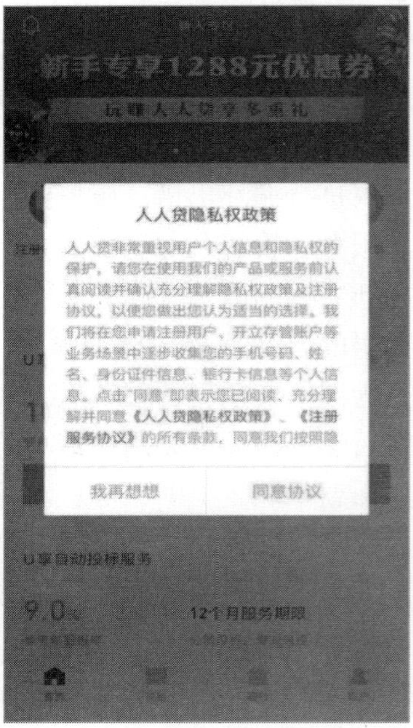

图6－3　人人贷APP安装协议提示页面

2. 人人贷账户管理。

（1）用户注册：初次登录的用户需要进行注册，注册过的老用户可以直接使用登录密码登录。新用户填写手机号码，点击“获取验证码”选项。获取动态验证码后需在60秒内完成动态验证码填写，如果超时需要重新发送动态验证码并填写（如图6－4所示）。

填完验证码后，用户设置登录密码，登录密码要求字母加符号进行组合（如图6－5所示）。

图6－4　人人贷“用户注册”页面

图6－5　人人贷“密码设置”页面

（2）密码修改：对于将密码遗忘的用户，可以点击遗忘密码，进行重新设置密码。如果不想重新设置密码的用户可以点击验证码登录，平台会将验证码发送到已经注册的手机（如图6－6所示）。

用户可以通过填写手机号码的方式找回密码，通过输入注册手机号，填写给出的验证码与平台发送的手机验证，点击“下一步”按钮（如图6－7所示）。

遗忘密码的用户可以重新设置密码，设置新的登录密码后，用户还需要再次确认新密码（如图6－8所示）。

完成新密码设置后使用新密码登录人人贷页面（如图6－9所示）。

图6－6　人人贷“密码修改”页面

图 6－7　人人贷“密码找回”页面

图 6－8　人人贷“密码重置”页面

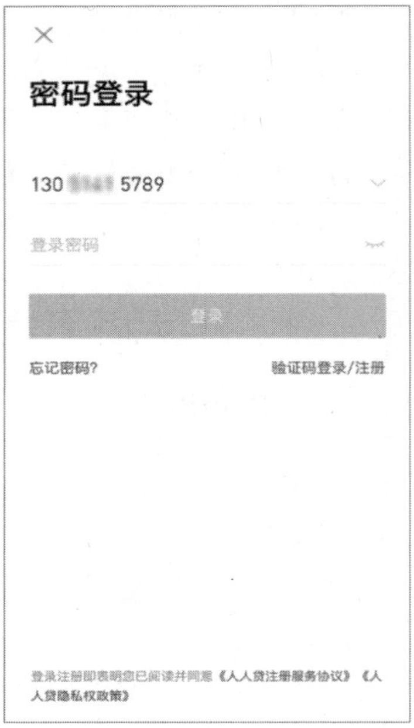

图 6－9　人人贷“密码登录”页面

（三）人人贷的使用

1. 新用户需要开通银行存管账户，开通银行存管账户填写姓名和身份证，点击“立即开通”按钮（如图 6－10 所示）。平台开通银行存管账户的目的是最大限度消除平台可以随意挪用投资人钱款的可能性，在很大程度上提高了客户账户资金的安全程度，降低了平台跑路带来的风险。

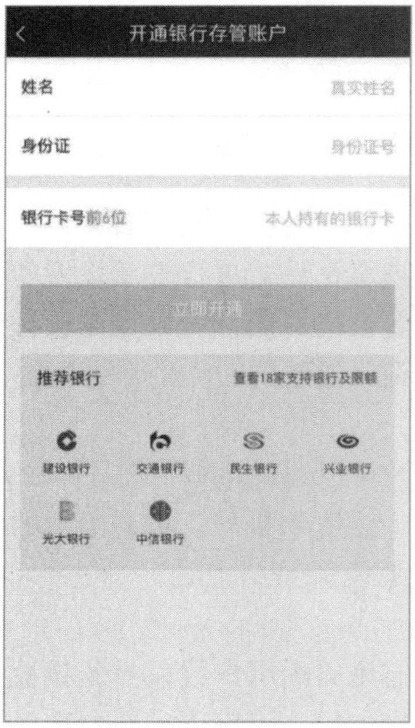

图 6－10　人人贷“资金存管账户开通”页面

2. 用户第一次绑卡需要填写姓名、身份证、开户手机号、银行卡号（民生银行卡号和非民生银行卡号都可以），设置民生银行交易密码，密码由数字和字母共同构成，最少 6 位，同时填写所绑定银行卡的手机号。点击“已阅读并同意协议”复选框进入下一步骤（如图6－11 所示）。

3. 新用户需要通过已经绑定的银行卡对账户进行充值才可以进行筹资投资操作，点击“充值”选项按钮，对账户进行充值操作（如图 6－12 所示）。

4. 充值方式有三种，可以选择快捷充值、转账充值和短信认证充值三种方式，用户选择金额，点击确认，用户完成账户充值（如图 6－13 所示）。

图6－11　人人贷“资金存管银行卡绑定”页面

图6－12　人人贷“个人资金账户”页面

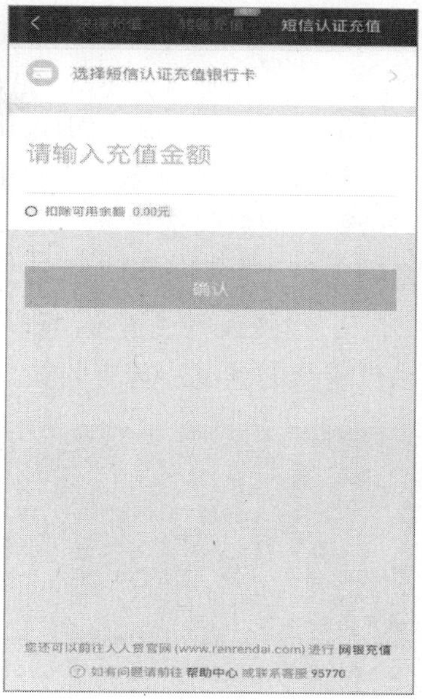

图6－13　人人贷“个人账户充值”页面

5. 用户通过短信充值方式进行充值，填写资金账号、用户个人姓名、交易金额、工商银行的卡号、银行预留手机号码、填写短信验证码。短信动态验证码填写后，点击“确认支付”按钮完成充值（如图6－14所示）。

6. 投资人完成用户充值后，点击“项目”选项按钮可以对平台内现有的项目进行选择，项目主页面上有4项“优选/U享、薪享、散标、债权”，投资者可以在这个页面中对投资产品的扣费后年利率、投资期限、可投资金额等信息进行比对，选择更适合自己的项目进行投资（如图6－15所示）。

图6－14　人人贷“采用短信方式进行充值”页面

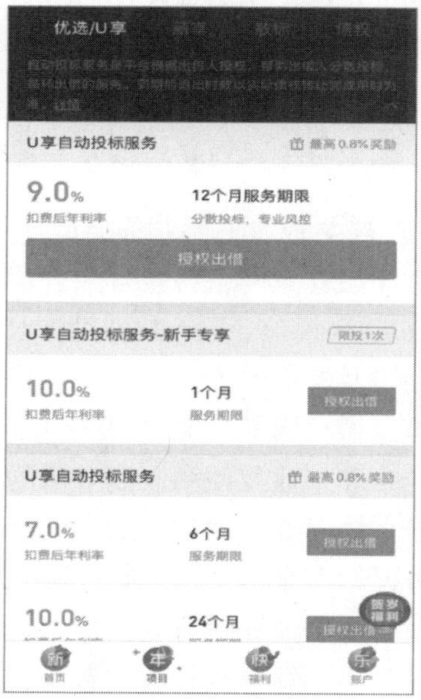

图6－15　人人贷“项目选择”页面

7. 投资者点击具体的项目，可以查看有关项目的具体内容，扣费后收益率以及最低投资金额和剩余金额，投标方式、利息处理方式和退出方式，当投资者查看决定投资项目后可以点击“授权出借”选项按钮，对自己出借进行确认投资操作（如图6－16所示）。

8. 投资人确定账户投资金额，按照平台的要求起投金额1 000元及1 000元的整数倍填写金额，而后勾选“我已阅读并同意签署相关协议”复选框，点击“确认”按钮完成资金出借操作（如图6－17所示）。

9. 投资人完成资金出借后可以登录个人账户，查看个人资产总额、账户余额以及个人出借资金的状况、现有的债权等信息（如图6－18所示）。

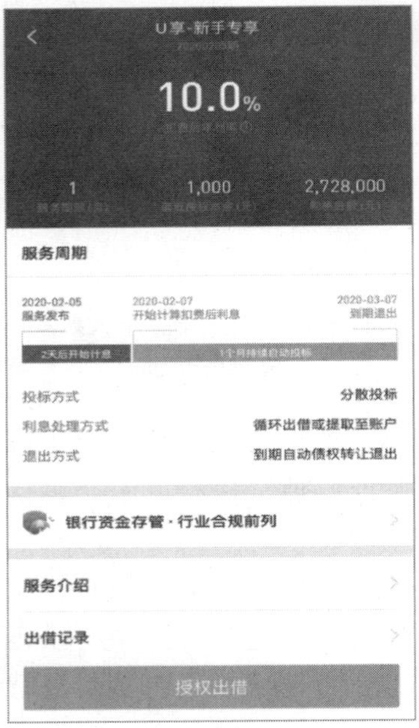

图6－16　人人贷“U享项目投资操作”页面

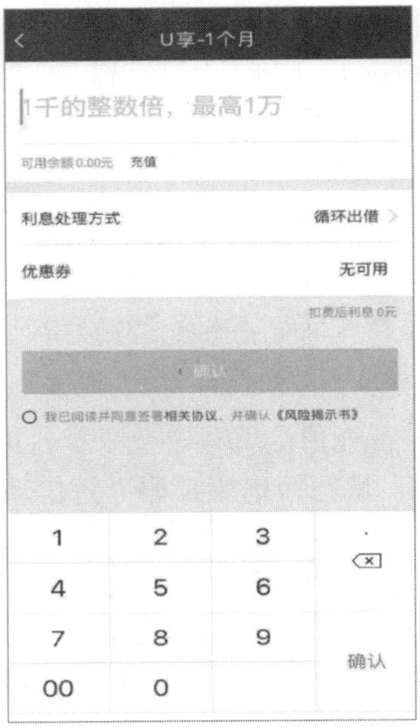

图6－17　人人贷“U享项目资金出借”页面

图6－18　人人贷“个人账户信息”页面

三、翼龙贷主要业务类型及其操作

（一）翼龙贷的主要业务类型

北京同城翼龙网络科技有限公司（简称“翼龙贷”）成立于2005年4月12日，是联想控股的成员企业，经营范围覆盖技术推广服务；投资咨询；企业策划；会计咨询；经济贸易咨询；会议及展览服务。翼龙贷借助互联网技术优化“三农”融资渠道，提供快捷、及时的金融信息撮合服务。成立10余年来，翼龙贷将社会富余资金引向田间地头，支持农村特色种植业、养殖业及便利农民生活的服务业等的发展，帮助农民实现脱贫减贫、增收致富、创业创新。同时，帮助“三农”群体逐步建立信用记录，更好地获取金融服务。目前，翼龙贷业务已覆盖全国1 200余个区县及数万个村镇，帮助近48万户次“三农”家庭、个体工商户及小微企业获得有效的资金支持。翼龙贷目前旗下有翼龙贷财富和翼龙贷借款两个平台，翼龙贷财富针对投资者设置的投资平台，翼龙贷借款针对有借款需求的借款人设置的申请贷款的平台。

（二）翼龙贷的注册管理

1. 翼龙贷的下载与安装。

在手机APP商场里找到“翼龙贷财富”软件下载，下载后平台自动跳转进入翼龙贷的主页面，页面出现“立即注册”的提示项，初次登录的新用户点击“立即注册”选项，用个人手机号进行注册（如图6－19至图6－21所示）。

图6－19　手机商店翼龙贷搜索页面

图6－20　翼龙贷下载首页页面

图6－21　翼龙贷首页页面

2. 翼龙贷账户管理。

新用户可以点击右下角“注册”选项进行新用户注册，老用户通过已经注册过的手机号/邮箱号和登录密码进行登录，可以点击蓝色字体“隐私条款”查看条款的具体内容（如图6－22所示）。

新用户通过手机号注册，页面会跳出有关隐私协议。用户阅读翼龙贷注册协议后，点击“阅读并同意”选项按钮，进入登录页面。用户以手机号注册的须输入手机号，平台以短信形式发送验证码至注册手机号，用户输入动态验证码。注册完成后，需要设置由字母和数字共同组成的登录密码（如图6－23所示）。而对于忘记密码的用户可以选择“忘记密码”选项，找回登录密码或重新设置密码（如图6－24所示）。

忘记密码的用户输入注册过的手机号，平台会向此号码发送验证码供用户填写，如果超过规定时间需要重新发送验证码。用户重新设置密码后，需要再次确认密码（如图6－25所示）。重新设置密码后的用户可以重新进入账户登录页面，输入新设置的密码，并登录到翼龙贷首页（如图6－26所示）。

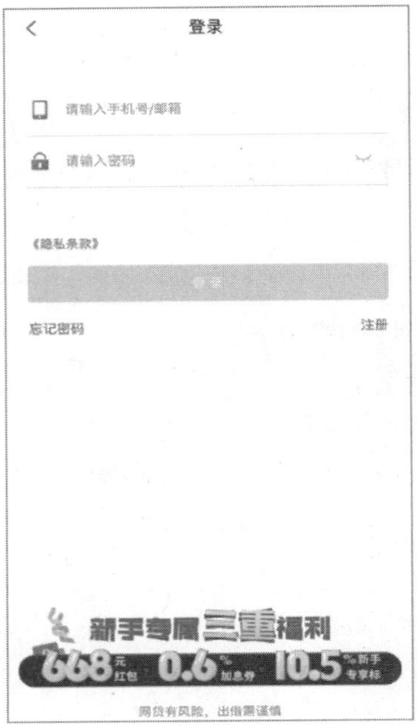

图 6－22　翼龙贷“用户注册/登录”页面

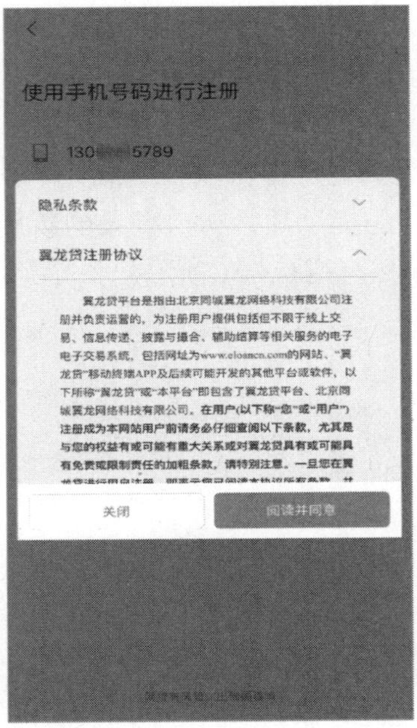

图 6－23　翼龙贷“用户注册”页面

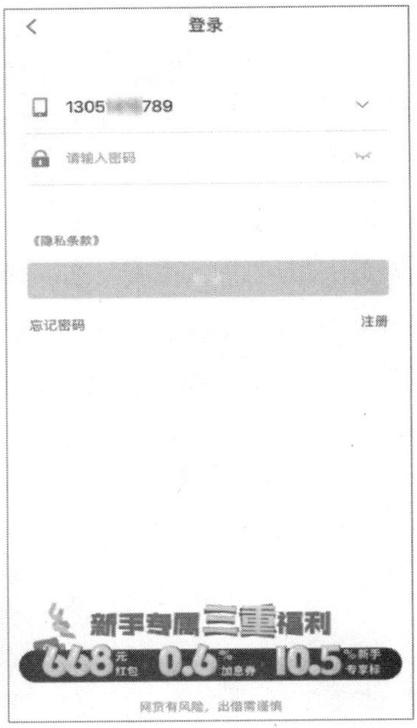

图 6－24　翼龙贷“用户密码找回”页面

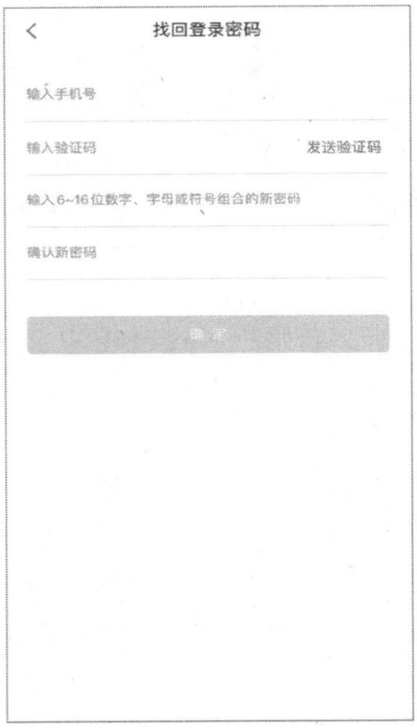

图 6－25　翼龙贷“通过短信验证找回密码”页面

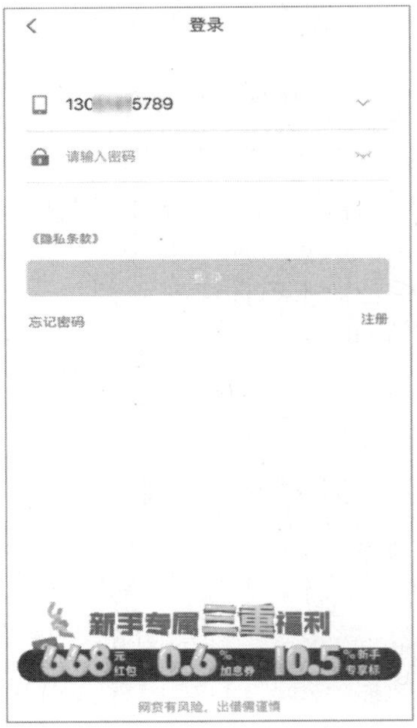

图 6－26　翼龙贷“用户重新登录”页面

（三）翼龙贷平台使用

1. 完成注册后，进行业务操作前，平台会自动提示是否开通银行资金存管账户。翼龙贷与厦门银行开展合作，将平台内的资金存管在厦门银行进行托管（如图 6－27 所示）。

2. 开通银行资金存管账户，需要输入客户姓名、身份证号码、银行卡号以及该银行卡预留的银行手机号。填写个人信息后，点击“下一步”按钮（如图6－28所示）。

3. 在开通存管账户页面，填写个人信息后点击“下一步”按钮，而后填写用户手机号并获取验证码，平台会向注册的手机号发送动态验证码，用户填写验证码的同时设置并再次输入交易密码。完成交易密码设置后需要勾选“我同意《用户服务协议》《风险提示》”复选框，而后点击“确认协议并注册”按钮（如图6－29所示）。

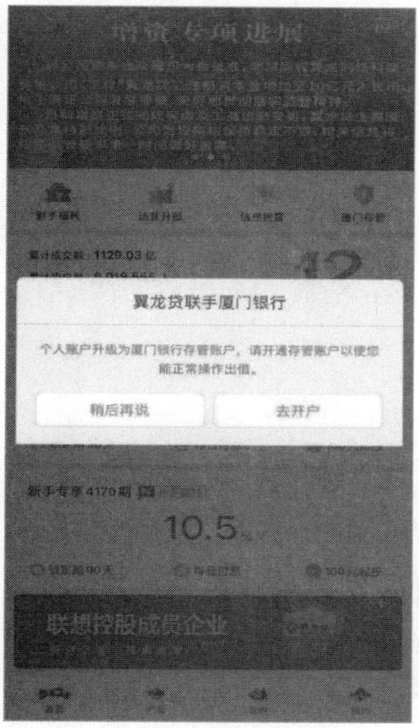

图6－27　翼龙贷“银行资金存管推送”页面

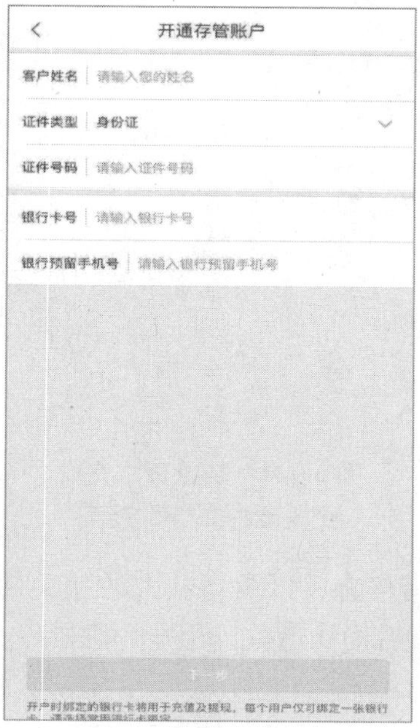

图6－28　翼龙贷“开通资金存管”页面

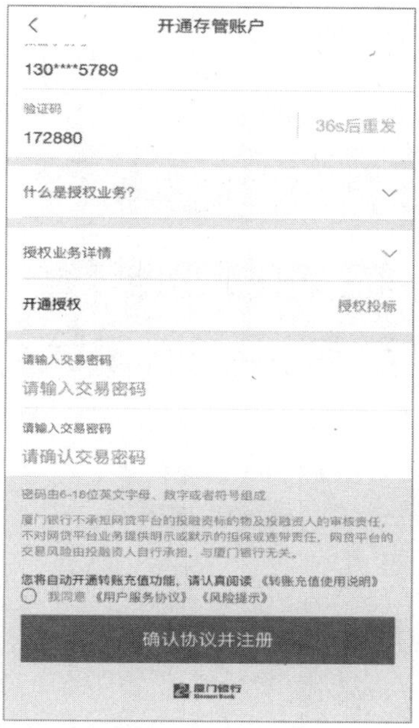

图6－29　翼龙贷“设置交易密码”页面

4. 完成个人认证以及银行资金存管账户注册后，平台提示用户存管账户开通成功，用户可以进行转账或充值操作。用户点击页面底端“我的”进行提现或充值操作。用户大多通过挂靠的银行卡对平台进行充值，完成投资操作（如图6－30所示）。

5. 进入充值页面，会显示用户挂靠的银行卡后四位数字，显示用户预留手机号，平台向预留手机号发送动态验证码，成功后设置的支付密码，勾选“我同意《用户快捷充值协议》”复选框，点击“确认协议并支付按钮”完成账户充值（如图6－31所示）。投资者可以挑选项目进行资金出借操作。

6. 完成转账的用户，可以用账户内充值的资金进行投资。出借资金，可以在未来预定时间内获得一定资金回报，到期收回本金和利息，出借资金实际上就是投资操作。进入翼龙贷主界面点击页面下方“产品”选项，用户可以看到不同产品的封锁时间和预期年化收益率，点击“出借”可以查看产品的具体情况。投资人可以根据个人喜好选择投资产品（如图6－32所示）。

7. 投资者选定特定投资产品，查看预期年期收益率、锁定日期、目前已经募集的资金、查看其他与资金出借相关的条款例如起投金额、出借限额、出借人数、付息方式等信息，投资人可以进一步筛选投资产品，决定是否出借资金、出借的金额，而后点击页面下方“马上出借”按钮（如图6－33所示）。

图 6-30　翼龙贷“个人账户”页面

图 6-31　翼龙贷“完成个人账户充值”页面

图 6-32　翼龙贷“投资产品”页面

8. 投资人最后可以确认出借信息，以及借款人的相关信息和借款人预期目标筹集资金金额。投资人确认借款信息，最后确认借款。用账户内已经充值的金额确认资金接触，投资人完成借款操作（如图 6-34 所示）。

9. 投资人完成投资后点击页面下端“我的”查看个人账户，账户最后显示的就是投资人账户资金总额。其中，“待收本金”就是目前已经投资的本金，“待收利息”就是未来可以收回的投资收益（如图 6-35 所示）。

图 6-33　翼龙贷“新手专享产品介绍”页面

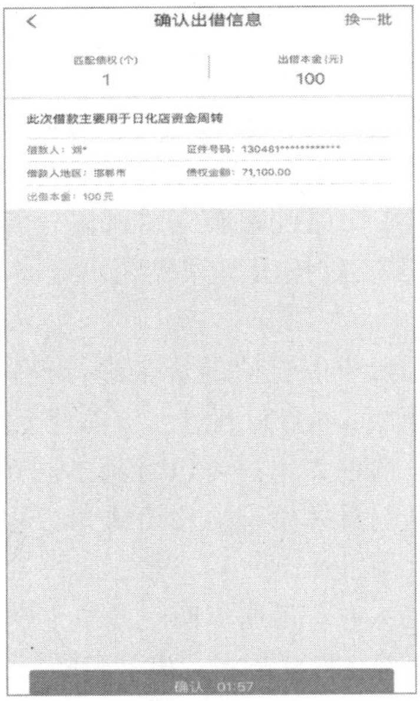

图 6-34　翼龙贷“新手专享产品购买确认”页面

图 6-35　翼龙贷“用户个人账户”页面

四、玖富普惠平台主要业务类型及其应用

（一）玖富普惠平台主要业务类型

北京玖富普惠信息技术有限公司2014年1月注册成立，现注册落户在北京市房山区北京金融安全示范产业园，获国家高新技术企业认证，是玖富数科集团旗下从事网络借贷信息中介服务的独立法人主体。玖富普惠平台是玖富数科集团企业的重要业务板块。玖富数科集团成立于2006年，是从事AI技术驱动的数字科技企业，集团业务主要分为数字科技、数字普惠、数字账户、数字国际、数字财富五大板块。2019年8月玖富集团成功登陆美国纳斯达克。玖富普惠不从事具体借贷业务，定位专业化的P2P网络借贷信息中介服务，撮合出借人和借款人并提供相关的平台。为规范平台发展，保护投融资双方权益，平台引入第三资金支付以及管理机构，建设完善的风险控制体系，实行点对点的直接交易模式，通过小额多单的方式分散每位投资者的风险。坚持引入银行、保险、第三方支付公司等资金实力雄厚、管理体制完善的大型公司参与平台建设。

（二）玖富普惠平台注册与管理

1. 玖富普惠平台的下载与安装：在手机商店“搜索框”输入文字“玖富普惠”就会显示该软件搜索结果，打开该软件下载页面点击“玖富普惠”软件“获取”按钮进行软件下载安装（如图6－36和图6－37所示）。下载后弹出平台软件的权限申请界面，用户可滑动白色框内的文字，查看电话权限、相机权限内容，点击“继续”按钮进行下一步操作（如图6－38所示）。

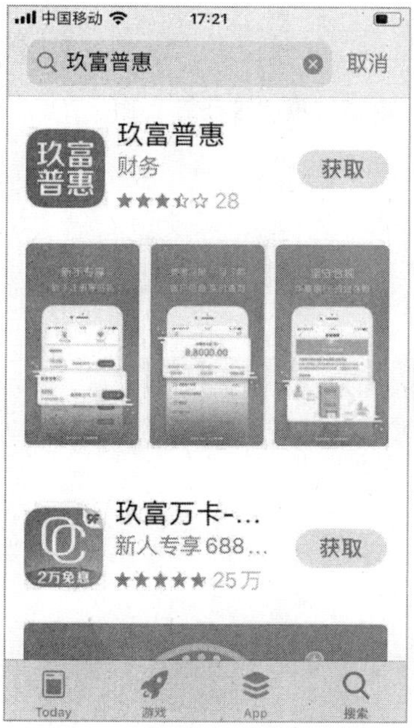

图6－36 手机商店玖富普惠软件信息页面

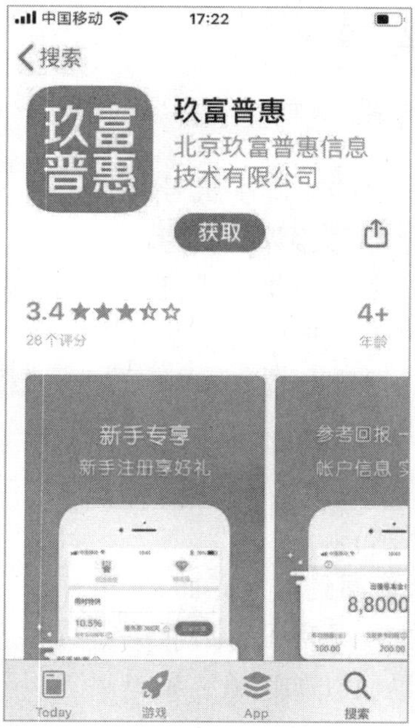

图6－37 玖富普惠软件下载页面

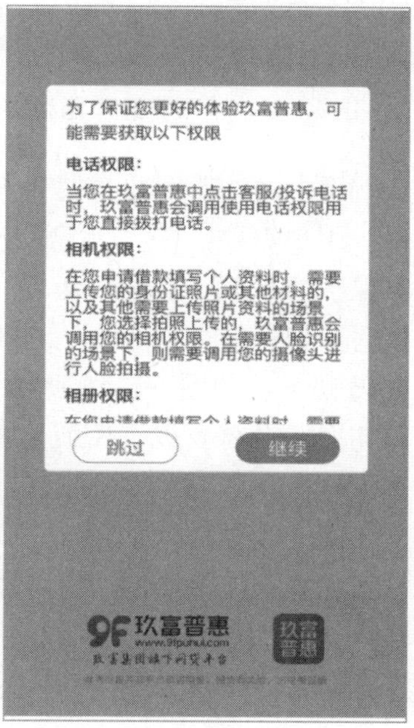

图6－38 玖富普惠注册使用权限页面

初次使用平台的用户需要查看“服务协议与隐私保护政策”。用户可以点击蓝色字体，查看《服务协议》《隐私保护政策》的详细内容，无异议后用户点击“同意”选项按钮进入才能进入下一步操作（如图 6 – 39 所示）。

2. 玖富普惠平台的管理：初次使用平台的用户需要点击“手机快速注册”进入账号注册页面，对于已经有账号的老用户，可以直接输入注册所用的手机号码 + 登录密码，点击“登录”，即可进入下一步注册操作（如图 6 – 40 所示）。

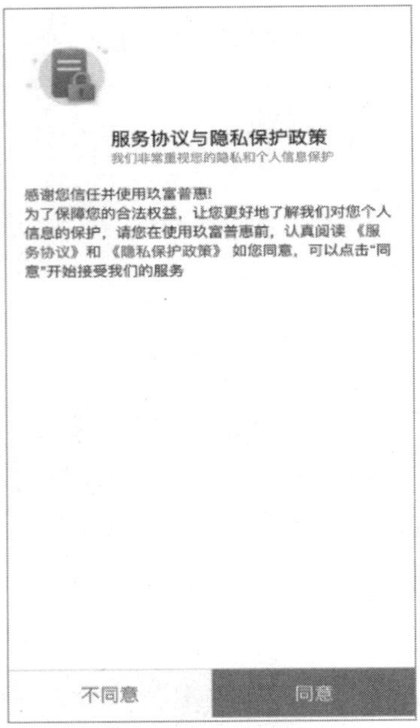

图 6 – 39　玖富普惠“隐私协议阅读”页面

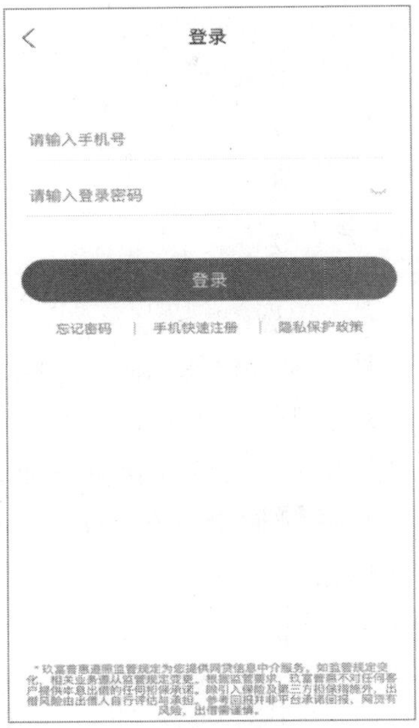

图 6 – 40　玖富普惠“注册”页面

平台的注册需要填写申请用户的准确手机号码，用户需要点击“我已阅读《服务协议》《隐私保护协议》”才能进入下一步注册操作。手机填写及勾选复选框完毕后点击“下一步”接受验证码服务（如图 6 – 41 所示）。填写验证后，用户初次登录需要设置密码，密码一般由字母 + 数字形式共同构成。完成密码设置后点击“完成”进入下一步操作（如图 6 – 42 所示）。

完成初次注册的用户可以重新回到登录界面，输入注册用的手机号码和设置的登录密码，最后点击“登录”按钮进入平台主界面（如图 6 – 40 所示）。

忘记登录密码的用户选择“忘记密码”选项按钮，可以进行密码重置（如图 6 – 43 所示）。

图 6 – 41　玖富普惠“手机注册”页面（一）

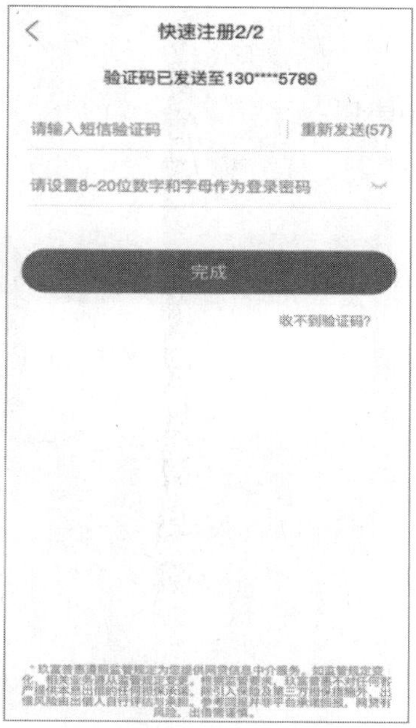

图 6－42　玖富普惠“手机注册”页面（二）

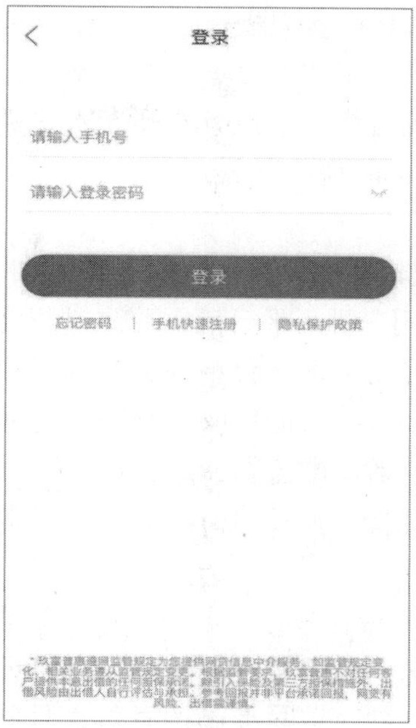

图 6－43　玖富普惠“登录”页面

用户需要找回登录密码，需要准确填写注册时所用手机号，并且在横线上填写验证码，完成填写后点击“下一步”按钮（如图 6－44 所示）。平台需要验证密码重置申请人是否与注册账户人为同一人，平台会向找回密码操作的注册的手机号发送动态验证码，用户完成填写，而后重新设置登录密码，并再次确认设置的新密码。用户点击“完成”按钮结束密码找回操作（如图 6－45 所示）。

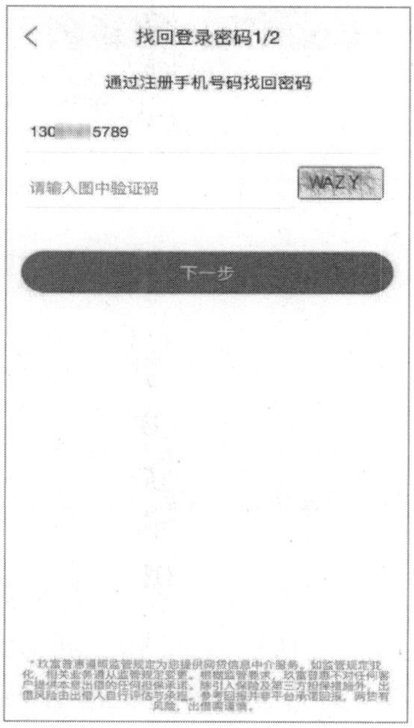

图 6－44　玖富普惠“密码重置”页面（一）

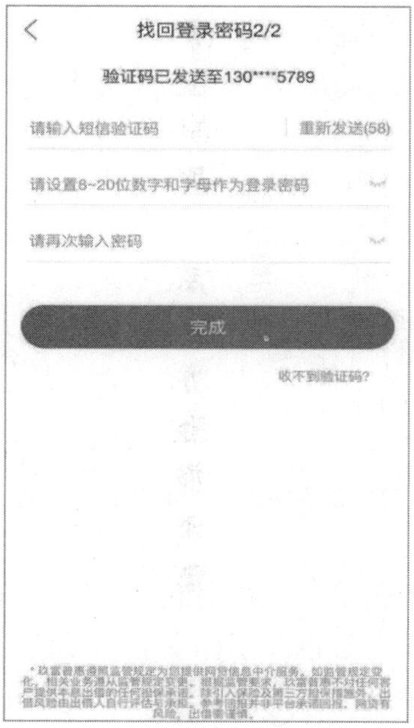

图 6－45　玖富普惠“密码重置”页面（二）

完成密码找回操作后，平台会提示密码重置已经成功。用户可以点击“登录”按钮，回到初始登录界面使用手机号码和新密码进行平台登录（如图 6－46 所示）。

图 6－46　玖富普惠“密码重置”页面（三）

（三）玖富普惠平台的使用

1. 用户进入平台后需要先进行实名认证，实名认证可以帮助平台更好的管理用户，同时降低借款人和贷款人的风险，规范平台的发展，更有利于资金活动的监管，用户点击“去实名”选项按钮（如图 6－47 所示），进入“实名认证”操作界面。

2. 平台在进行实名认证时，需要用户填写的真实姓名，且真实姓名要求与身份证上的姓名保持一致，同时填写准确的身份证号码，填写完成后点击“认证”按钮（如图 6－48 所示）。

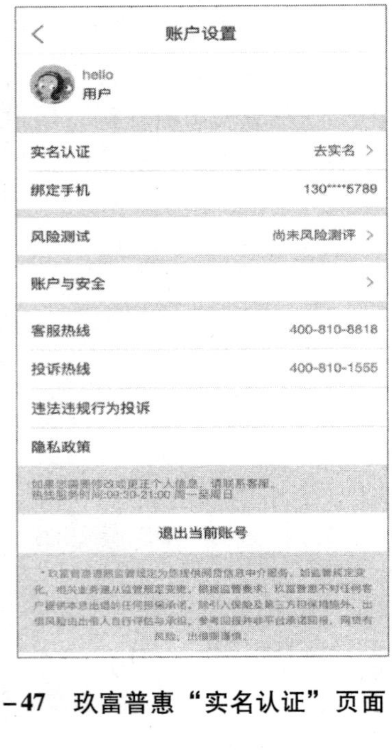

图 6－47　玖富普惠“实名认证”页面（一）

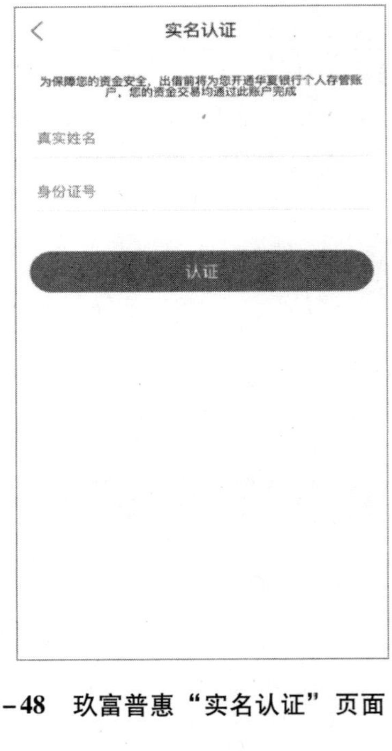

图 6－48　玖富普惠“实名认证”页面（二）

3. 填写完个人姓名和身份证号码后，平台会自动显示用户的真实姓名，同时实名认证部分会从“红色”字体变为“黑色”字体，此时已经完成实名认证（如图 6－49 所示）。

4. 点击页面底端“出借”选项可以对平台内现有的项目进行选择，项目主页面上有“优选出借、散标”两种类型的项目可以选择，在这个界面中对投资产品的年回报率利率、投资期限、可投资金额等信息进行比对，选择更适合自己的项目进行投资（如图 6－50 所示）。

图 6-49　玖富普惠"实名认证"页面（三）

图 6-50　玖富普惠"出借业务"页面

5. 用户可以点击产品的名称，在随之打开的页面中查看产品的详细信息，包括产品的参考年回报利率，以及服务期限（最低锁定期）、目前该产品的剩余金额、以及剩余时间和该平台的合作存管银行等信息，用户可以详细阅读与该产品有关的所有信息，而后点击"立即出借"按钮完成资金出借业务操作（如图 6-51 所示）。

6. 用户在进行资金借出时，平台会提示用户开通资金存管账户，平台与银行合作进行资金存管主要为保证投资者资金的安全性，投资者点击"开通存管账户"按钮，进入资金存管账户开通操作页面（如图 6-52 所示）。

图 6-51　玖富普惠"产品介绍"页面

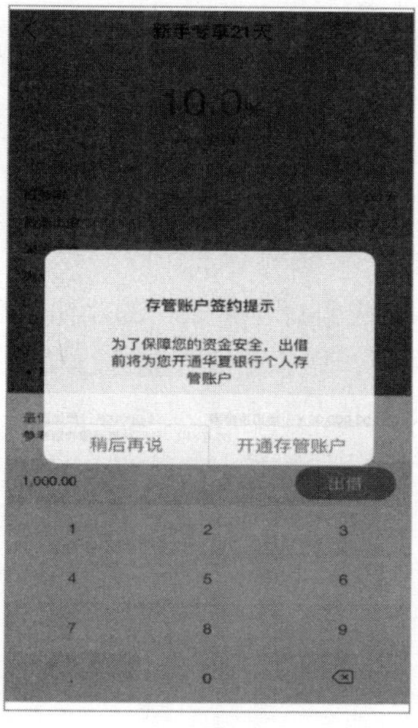

图 6-52　玖富普惠"开通存管账户"页面

7. 在开通银行存管账户前，平台会给用户展示授权委托书协议详情，用户需要仔细阅读“授权委托书”。委托书涉及一些平台免责条款用户必须清楚知晓。阅读完后用户勾选“本人已阅读并同意上述《授权委托书》”，而后点击“确认”按钮进入到“授权管理”页面（如图6－53所示）。

8. 在“授权管理”页面，平台会给用户自主选择权限，用户根据自身需求自行选定授权到期日以及授权限额，完成选择后点击“去开户”按钮进入到“开通存管账户”页面（如图6－54所示）。

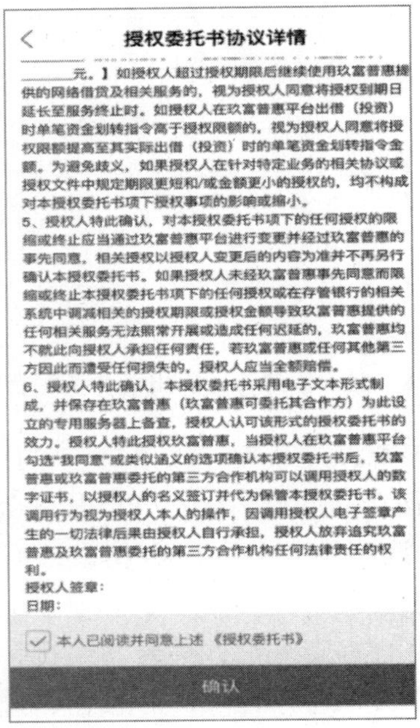

图6－53　玖富普惠“授权委托书协议”页面

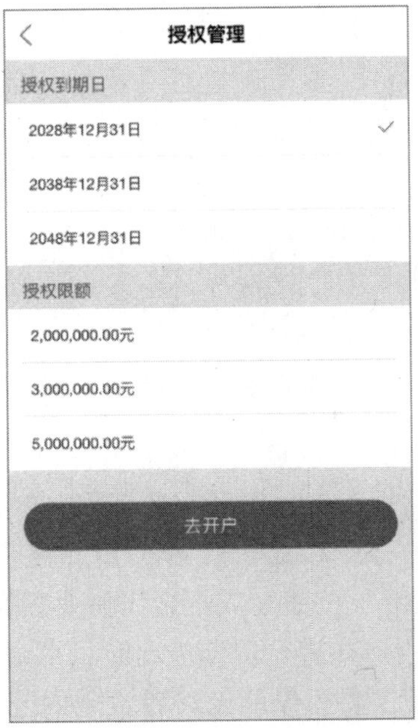

图6－54　玖富普惠“授权管理”页面

9. 在“开通银行存管账户”页面，需要用户绑定银行卡，填写银行卡号、设置存管交易密码。平台向用户注册的手机发送动态验证码，用户需要完成验证码填写。完成以上项目的填写并认真核对后，点击“确认”按钮（如图6－55所示）。

10. 用户完成资金存管之后平台会推送告知用户“存管账户开通成功”，用户点击“完成”（如图6－56所示）。

11. 完成银行存管账户的操作，需要用户进行相关银行卡的绑定操作。而后用户需要进入充值页面，完成充值才能进行相应投资。平台规定最小充值金额为100元，输入金融后点击“立即充值”按钮完成充值操作（如图6－57所示）。

12. 用户点击前一个页面“立即充值”按钮后，在系统弹出的银行快捷支付页面内需要输入用户开通银行资金存管时设置的交易密码，输入密码后点击“确认支付”按钮完成充值操作（如图6－58所示）。用户可以点击蓝色字体，查看《支付服务协议》。

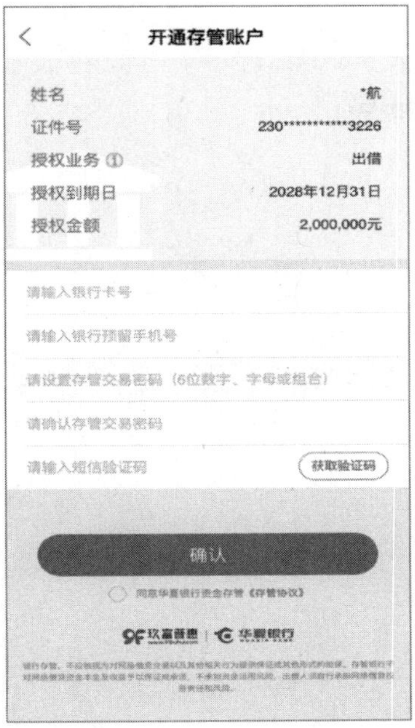

图6－55 玖富普惠“开通存管账户”页面

图6－56 玖富普惠“开通存管账户通知”页面

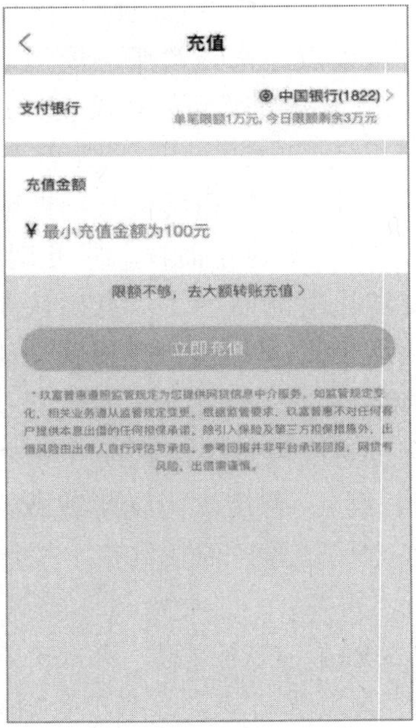

图6－57 玖富普惠“充值”页面

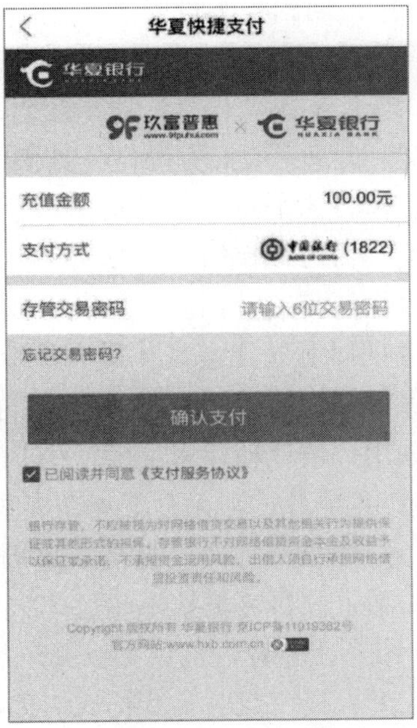

图6－58 玖富普惠“快捷支付”页面（一）

13. 开户银行为核实用户的身份会向绑定的银行卡的注册手机发送动态验证码。用户填写短信内收到的验证码，而后点击“确认”按钮（如图6－59所示）。

14. 完成充值后平台会推送消息在页面显示投资者购买成功提醒通知，投资者点击“完成”按钮结束购买操作（如图6－60所示）。

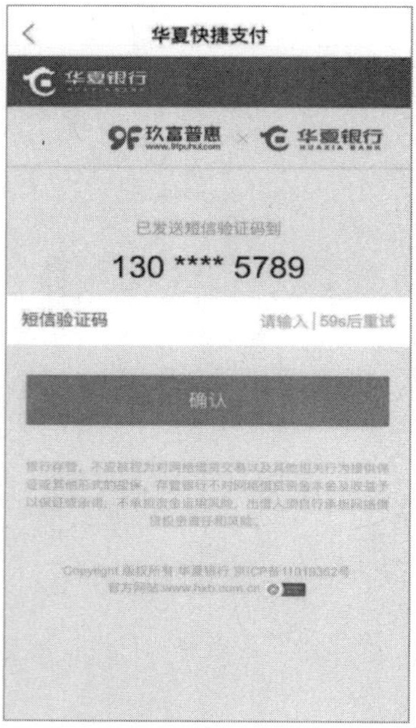

图 6－59　玖富普惠“快捷支付”页面（二）

图 6－60　玖富普惠“充值成功”页面

15. 用户回到购买投资产品的页面，用户选择完投资产品后需要先进行“信息确认”，查看年回报率、服务期以及预期的总资金回报额。用户可以点击选择“服务期届满处理方式”，如果不点空“对勾”选择按钮，则系统会选择自动进入服务期满债转操作方式。点击“下一步”按钮完成投资操作（如图 6－61 所示）。

在玖富普惠平台进行借贷，借贷双方采取自主签约形式，出借和借款合同期限完全匹配。借款标目前最长借款期限为 48 个月。服务期内，用户不得转让债权。服务期届满后，用户可以申请自主转让债权或者授权平台通过系统提交转让申请信息（信息确认界面用户在“服务期届满处理方式”后面是否进行勾选操作），平台仅提供转让信息撮合功能，不参与也不保证转让成功的时间与价格，用户不得因转让效率和成功率向平台追责，完全由市场决定。如用户债权转让未达成，用户需继续持有债权直至对应借款协议到期（如对应借款协议剩余 48 个月，则无论服务期多久需要持有到 48 个月满），若借款协议期满借款人仍未还款的，则继续持有债权直至债权因借款人还款或第三方代偿导致债权结束。按照监管规定，单一融资项目募集期不超过 20 个工作日。

16. 用户在平台内购买完投资产品，点击页面下方“我的”快捷按钮，进入个人页面可查询完成个人资产数额及其构成。此时用户可以在总资产页面看到“存款账户余额”“优选标的出借服务”“散标”“我的借款”“我的卡券”“隐私保护政策”“服务协议”相关信息。该页面的总资产数额为投资者投资的实际数额（如图 6－62 所示）。

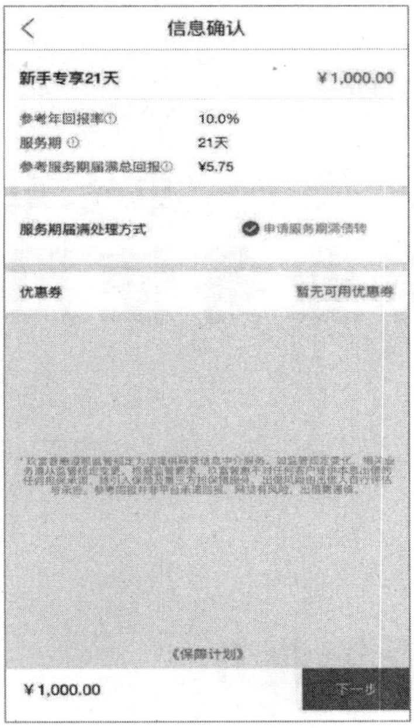

图6-61 玖富普惠“投资信息确认”页面

图6-62 玖富普惠“个人资产总额”页面

第七章
移动众筹业务使用

第一节 了解移动众筹业务

“众筹”一词翻译自“crowdfunding”，即大众筹资或群众集资，在我国香港地区译为群众集资，而在我国台湾地区多译为群众募集。众筹活动由发起人、投资人、平台构成，目的是支持个人或组织的行为，且具有低门槛、多样性、依靠大众力量、注重创意等特征，一般通过网络平台将赞助者与创意提案者连接起来。所募集资金被用来支持各种活动，包括创业募资、灾害重建、民间集资、竞选活动、艺术创作、设计发明、科学研究以及公共专案等。移动众筹就是在手机、PAD 等移动端的软件中参与的众筹项目，移动众筹与互联网众筹在构成机制和操作方式上几乎一致，对于投资者来说区别在于操作渠道不同而已。移动众筹的发展给了投资者更便捷的投资渠道。

目前移动众筹平台主要被分为四种类型：回报式平台、捐赠式平台、股权式平台和债权式平台。

一、移动众筹主要发展历程

（一）移动众筹主要发展历程

世界第一家众筹网站是美国的 Kickstarter 众筹平台，成立于 2009 年，是典型的回报式众筹平台。Kickstarter 平台成立初期通过搭建网络平台的方式面对公众进行筹资，旨在帮助有新颖创意和创造能力的人实现梦想，后衍生为一种互联网融资模式。Kickstarter 众筹平台在成立初期受到美国年轻人的追捧，涉及的项目主要包括音乐、电影以及动画类而目前平台将业务范围扩大到包括技术类型在内的 15 类融资项目。由于众筹创设初期的目的是为有梦想和创造力的人提供充足的资金，本身就奠定了众筹具有低门槛、多样性和公众参与性的特征。自第一家众筹公司在美国成立后，全球众筹行业呈现逐年递增的态势。截至 2016 年，全球众筹的交易融资总额已经达到 1 989.6 亿美元。与中国 2011 成立的第一个众筹平台“点名时间”相比，此时的 Kickstarter 发布的项目已经达到 27 000 多个，其中融资成功的项目达到 11 836 个，总融资额达到 9 934 万美元，参与投资的人数超过 300 万人。无论从融资项目的数量还是总体融资额，甚至投资的人数都远超中国的平台。

英国是继美国之后众筹行业发展速度最快的国家，股权类众筹是英国发展速度最快的众筹类型。相比于美国，英国对众筹行业的监管更严格，但同时又给予了一定的政策支持来刺激鼓励投资。英国发展最快的股权众筹平台是创立于 2010 年是股权类众筹平台 Crowdcube。该平台主要为初创企业和中小企业提供融资服务，截至 2016 年已经为中小企业提供了 2 亿英镑的资金支持。Crowdcube 平台的运作流程是借款人先向平台提出申请，平台收集调查借款人的信息，包括借款人的整体背景、所处行业、股权构成、商业模式、核心优势、未来发展前景预测等相关情况，借款人配合平台的调查提供相关资料，向平台递交基本信息的同时要设置融资目标金额、筹款期限、出让股份等基本信息。平台在 72 小时内对项目进行审核，审核通过后借款人在平台上传资料，设置股权比例，将详细的融资计划书发布到平台内供投资者查看和选择。平台一般规定融资期限为 60 天，若 60 天到期未能成功筹集到目标资金，项目发起人可以申请延期。目前从全球众筹行业整体发展趋势来看，股权式众筹无论是从平台数量还是从参与项目数量、项目规模来看都是几种类型平台中发展速度最快的，股权众筹形式也是众筹行业未来发展的基本趋势。

移动众筹在国内发展历程大体经历了萌芽起步阶段、爆发增长阶段、行业规范阶段三个主要的发展阶段。

2011 年至 2013 年属于国内众筹发展的萌芽起步阶段。我国最早的众筹平台是“点名时间”，是蒋显斌将美国网站的众筹模式引入中国，并最早在中国开创的众筹平台。“点名时间”于 2011 年 7 月上线并拉开了中国众筹业发展的帷幕。2013 年众筹网成立标志着中国众筹业发展进入新阶段，众筹网通过大量的知识普及工作，将众筹理念推到国内百姓的生活之中。

2014 年至 2016 年属于国内众筹发展的爆发增长阶段。2014 年，被称作众筹“元年”，2014 年 11 月国务院常务会议明确提出“建立资本市场小额再融资快速机制，开展股权众筹融资试点”，同年 12 月中国证券业协会就《私募股权众筹融资管理办法》发布征求意见，促使众筹业务在领导层和监管层的支持下步入发展“快车道”。2015 年，国务院印发《关于加快构建大众创业创新支撑平台的指导意见》，大力推进大众创业、万众创新，进一步明确了众筹平台是重要的融资途径。从众筹发展的历史上来看，目前国内众筹行业内优秀的平台都是在 2014 年—2015 这两年时间内创办的，此阶段涌现了阿里巴巴、腾讯、京东、百度等大型互联网公司，几大电商巨头纷纷在众筹行业布局抢占市场。其中，阿里巴巴发布了淘宝众筹，京东发布了京东众筹，一时间众筹行业呈现百花齐放的繁荣态势。不仅各大互联网公司和电商平台涉足众筹行业，其他行业也在众筹领域布局积极寻求合作。比较典型的例子就是众筹网与房地产行业合作的“众筹房屋”平台。据众筹行业发展研究报告的相关数据显示，2015 年正常运营的平台共有 301 家，而进入 2016 年由于政策的推动和互联网企业的进入，运营中的平台数量共有 532 家，达到了众筹行业历史发展的顶峰。

2017 年至今是国内众筹业务发展的行业规范阶段。进入 2017 年后，众筹行业进入深度洗牌阶段，在监管形式趋紧、规范互联网金融发展严监管的主旋律下，行业监管政策不断出台，宏观层面实行合规与发展并重的指导理念。众筹行业发展既面临挑战也面临着前所未有的机遇。截止到 2017 年底，处于正常运营中的平台数量骤减到 294 家，与 2016 年同期相比下降了80.95%。2018年，区块链技术走进大众的视野，并且为众筹行业发展带来新的契机。2018年12月份中国证监会出台《股权众筹试点管理办法》文件透露正在积极筹备开展股权众筹试点工作，从政策上为众筹行业发展打了一剂“强心针”。但政策趋严整体形势趋紧，市场和公众的选择加速了劣质平台的自然淘汰。截止到2019年6月底，全国处于运营中的众筹平台仅有105家，其中股权式平台数量最多有39家占比37%，债权式平台次之共32家占比31%，综合式平台14家占比13%，回报式平台13家占比12%，捐助式平台数量最少只有7家，仅占比7%。

（二）移动众筹的发展特征

移动众筹虽然相比于其他金融产品起步较晚，但是整体发展速度较快。目前，国内众筹行业发展出现平台增速放缓、地域化集中趋势、众筹项目行业聚拢化、业务头部平台聚集化等特征。

1. 多项监管政策出台行业整体趋严。全国正常运营的平台数量骤减行业进入洗牌阶段。在行业洗牌过程中大量不合规平台被自然淘汰，新增平台的数量呈现逐年递减趋势，总体来看平台数量下降。2015年和2016两年由于互联网企业进入而在国内形成众筹热度持续不减，2015年新增平台数量达289家，2016年新增平台数量达283家。2016年，更是在政府政策和大型互联网企业的推动下有532家正常运行平台，数量达到历史顶峰。进入2017年由于监管趋严导致互联网金融行业发展热度下降，年度平台新增数量呈现断崖式下跌，呈现负递增状态，2017年全年新增平台数量为70家，2018年平台新增数量仅为14家，从整体趋势来看平台数量增速放缓。据截止到2018年12月底统计数据，仍在运营的众筹平台仅剩147家。

2. 监管形势趋严但不乏激励政策。2015年国务院印发了《关于加快构建大众创业创新支撑平台的指导意见》，加快推动众创、众包、众扶、众筹等新业态的发展。2016年9月出台的《国务院关于促进创业投资持续健康发展的若干意见》文件，明确指出鼓励包括天使投资人在内的社会各界从事创业投资活动，鼓励发展众筹作为创业融资的重要手段。2019年1月《中共中央国务院关于支持河北雄安新区全面深化改革和扩大开放的指导意见》文件中明确提出推动股权众筹融资等创新业务先行。从国家领导层面和监管层面在每年都出台不同的监管和支持政策，鼓励和规范众筹行业的发展。

3. 众筹行业出现业务向头部平台聚集的趋势。目前国内市场上的平台正在向着规模化、规范化的方向发展，从平台数量和成功项目规模来看整体呈现增长态势。虽然近年来众筹平台的数量骤减，但众筹成功项目及融资额都成上升趋势。2015年，国内众筹平台成功项目数量为15 218个，总融资规模达88.68亿元。2016年，国内众筹平台成功项目总数达48 437个，总融资规模达到217.43亿元。2017年，国内众筹平台成功项目总数达69 637个，总融资规模达到260亿元。2018年上半年，国内众筹成功项目数为40 274个，成功项目融资额达到137.11亿元。上述的数据说明虽然在运营的平台数量不断减少，但成功项目的数量与整体融资额呈现上升趋势，说明目前众筹行业正在面临行业洗牌的状态，融资规模较大的大型业务主要集中在综合实力较强的头部平台，呈现头部平台整合的趋势。

4. 众筹发展呈现区域性特征。移动众筹作为移动金融的重要组成部分，其长足发展离不开资金、人才和科技的支持，尤其是移动金融发展需要移动端客户群作为支撑和保障，用户需要有一定资金实力和知识水平，但行业天然的限制条件造成了众筹行业发展呈现地域式集中状态。从已有的统计数据来看，项目成功数量在地域分布上主要集中在经济发达地区、人才密集区、科技领先的地区。北京、上海、广东、江苏四地的成功项目数过万，北京成功项目数量最大达 16 359 个占全国成功总项目数量的 23.49%，北京一个市占据全国成功项目数量的 25%，充分说明众筹行业发展呈现明显的地域集中态势。

5. 众筹平台发展尚不均衡。从众筹平台拥有的债权式众筹、股权式众筹、回报式众筹、捐赠式众筹四类平台发展数据来看，2016 年回报式平台一度在行业中占比最高，但随着行业发展回报式平台不断暴雷下线，导致目前回报式众筹平台的数量远不及股权式和债权式平台。从 2016 年开始回报式平台数量不断下降从 2016 年的 29.14% 下降到 2019 年的 12.3%。股权式和债权式平台占比上升，股权式平台占比上升超过债权式平台占比达 36%，由于捐助式平台公益非盈利的性质，在行业内占比一直最低。从近年来各类众筹平台数量及占比情况来看，股权式平台发展势头最为迅猛占比逐年增加，截至 2019 年成为行业内占比最高的平台。

6. 移动众筹发展需要科技助推。移动金融行业的发展，科技是其第一推动力。移动众筹平台的建设依靠移动端技术发展的支撑。随着平台用户数量的增加和项目基数的增大，平台运用大数据和云计算等方式分析客户的喜好和行为模式，精准推送移动客户适合且符合移动客户需求的项目，改变信息提供方式，从“用户选择”变为“主动推送”。平台运用区块链技术保证信息的安全性，移动端网络信息安全对于平台和客户都是至关重要的，信息技术是一把双刃剑，能够为平台带来便捷的同时也是不法分子违法的工具，运用区块链技术提高信息传递的效率，防止信息被串改提高信息传递的安全性。目前众筹行业的移动端平台都在综合运用移动互联技术、大数据、云计算和区块链等先进科技手段综合完善平台生态环境和进一步提供技术支持。

二、移动众筹主要类型

（一）回报式众筹

回报众筹又称作权益众筹、奖励众筹、实物众筹，是指项目发起人承诺将开发的产品或服务，在产品或服务对外销售或预销售的情况下，按照约定将产品或服务无偿或低于成本及市场价格的方式出售给项目的投资人，投资人最终可以获得产品或享受服务。目前，回报式众筹平台由于起始投资金额较低，回报方式主要以产品和服务为主，因此面临风险较低，主要是执行风险和欺诈风险。发起人面临的主要问题是不能如期筹集到预期的金额，没有充足资金投入生产，面临产品不能如期交付或产品质量差的风险问题。

京东众筹平台是京东金融企业的重要业务板块，其实际操作页面内嵌在京东金融平台内，目前平台内业务涉及广泛，但从项目涉及领域来看主要集中在智能科技、生活智能家具、3C 科技产品等领域，从回报方式来看以实物回报为主，因此京东众筹平台是回报式众筹平台的典型代表。

（二）捐赠式众筹

捐赠式众筹与其他类型的众筹有所不同，投资者不为获得回报进行投资，具有一定公益性质。在捐赠式众筹中投资者是赠与人，筹资者是受赠人，筹资者向投资者发出要约，投资者在平台上选择通过众筹中介向筹资者账户打款即为完成捐赠，筹资者接受赠与即为完整的捐赠式众筹链条形成。捐赠式众筹在平台上由发起人发布慈善项目，且多以发起人筹集医疗费用为主要目标。投资者根据发起人对病情描述及其医院出具的相关证明进行捐赠，起捐金额没有限制。捐赠式众筹主要是凭借自身的平台优势，向大众发布真正需要帮助的受助人信息，经过平台审核的医院证明保证不存在骗捐。捐赠式众筹改变了传统的捐助方式，为公益事业发展带来新的生机与活力。而且平台中介信息传播速度快、容纳信息广且透明，使得捐助式众筹更容易被捐赠者认可和接受。

轻松筹平台是捐赠式众筹平台的代表，从平台设立初期就确定平台公益性，也因此决定了平台内业务主要目标，是帮助重大疾病患者以及为生活贫困且继续救助的人提供帮助。由于投资目标的非营利性决定了平台运作特征是无回报、低投资门槛，目前此类平台是在众筹行业内占比最低。

（三）股权式众筹

股权式众筹目前在国内成为互联网非公开股权融资主要模式，是项目发起人众筹承诺出让公司一定比例的股份，投资人通过对项目或公司进行投资，投资后可以获得一定比例的股份，投资者依照持有股份比例可以获得项目后续收益。股权众筹平台主要有三种运营模式，凭证式运营、会籍式运营和天使式运营。凭证式运营是在平台上通过股权捆绑和卖凭证方式进行募资，出资人投资获得凭证，凭证与企业或项目的股权挂钩，但投资者不是公司的股东。会籍式众筹是互联网平台上直接通过熟人介绍，出资人直接付出资金，成为被投资企业的股东，这种方式对于发起人和投资人来说双方熟悉风险较大，但对于其他投资人而言具有排他性。天使式众筹接近天使投资和风投模式，投资人通过平台选择投资项目或企业直接或间接成为股东，但这种类型的投资人一般会提出明确的财务回报要求。目前大部分的股权式众筹会选择“领投＋跟投”的模式，发起人不直接向公众融资，而是平台或平台选择一家公司作为“领投人”牵头设立合伙企业，其他投资人作为有限合伙人，可以享受公司分红但无权代表合伙企业。当其他跟投人资金到位合伙企业成立，共同以合伙企业的名义为发起人投资，以合伙企业整体作为公司股东。股权众筹平台相比于其他平台而言具有投资门槛更高、投资回报要求更大、风险更大的特征，一旦投资成为公司的股东，在一定时间内资金需求用于公司运作不能随时赎回，相比于其他投资形式流动性较差，同时成为公司股东投资者是否能够获取收益需要看公司经营管理状况风险性更大。在国家政策性鼓励支持和法律法规监管的规范下股权众筹平台发展速度越来越快，发展规模越来越大，股权式众筹平台已经是众筹行业内占比最高的平台，业务成交总金额最大的平台。

众投邦是股权式众筹平台的代表，由于股权式平台主要为处于起步期的中小企业提供股权资金支持，因此该类型平台投资门槛较高、投资风险较大。众投邦从业务模式上来看采取了主投＋跟投的模式，资金实力雄厚的投资者可以作为主投人，其他投资人可以作为跟投人，但平台整体投资门槛较高一般是20万元起步，由于此类平台主要为起步期的中小企业融资，投资者面临风险高于其他类型的平台。

（四）债权式众筹

债权式众筹又称作借贷式众筹或贷款式众筹，是指投资者对项目或公司进行投资，投资者可以从中获得一定预期比例的债权，未来获得利息收益并收回本金。债权式众筹与 P2P 网络贷款相似，都是投资者在平台上对不同类型的项目进行甄选，根据自身需求和对收益率的比较进行投资，按投资比率和金额大小获得相应份额的债权，预期在未来获得利息并收回本金。债权众筹的回报一般低于股权众筹平台的回报，但许多债权众筹网站包含不同形式的安全条款，借款人一旦出现还款困难的情形仍能给投资人一定的保障，因此其风险与股权众筹平台相比更低，更易受到谨慎性投资者的喜爱。

宜人贷是债权式众筹平台的代表，债权式众筹平台从运作方式和投资者回报构成本质上与 P2P 平台基本一致，因此一般将债权众筹平台视为 P2P 平台，这种类型的平台整体投资风险较低，受到稳健型投资者的喜爱和追捧。

三、移动众筹主要特征

（一）行业门槛低

从平台上的众筹项目来看，根据众筹平台的类型不同，平台上的项目类型也不同，对于项目资质的审核没有硬性标准。只要项目真实就可以进入平台发起众筹，只要有想法、有创造力和行动力的项目都可以进入平台，因此对于项目发起人而言门槛较低，同时对于投资人来说门槛也是低的。众筹项目起投金额很低，只要投资人看好平台上的项目就可以投资，而且起投金融还可以根据项目类型和项目性质来决定。大多数公益类众筹项目 1 元起投。众筹无论对于项目投资者还是项目发起者，行业的进入门槛都低于其他类型的金融平台。

（二）项目多样

众筹的项目根据众筹项目的性质和发起目的、是否有回报以及回报形式等方面的不同，普遍将众筹分为四种类型债权式众筹、股权式众筹、回报式众筹、捐赠式众筹四大类，根据众筹性质将众筹平台也划分为四大类。由于四种类型平台的项目发起目的不同，发起人对资金的需求量以及对投资人的回报形式不同，不同平台发起的项目类型不同，同一种类型的平台也有不同类型的项目。众筹项目涉及领域广泛类型多样。从产业来看，众筹涵盖第一、第二、第三所有产业，从行业来看，众筹在科技、音乐、影视等行业均有涉猎。

（三）公众参与度高

众筹发展的重要特征之一是依赖大众的投资，移动众筹更能融入公众的日常生活，在移动端可以更轻松、更快速、更便捷的发起小型项目。应该讲，移动众筹的日渐成熟得益于支付手段多样化和支付速度无时差特点，使移动端更加受到项目发起人和投资者的喜爱。由于其操作方式简便能够被不同年龄层、不同学历层的投资者接受。移动众筹不仅操作简单，而且对于发起人而言进入门槛低，对于投资人投资门槛低，因此整体公众参与度较高。

（四）注重项目创意

众筹项目必须具有自己的特点并且要符合市场需要。大部分众筹项目尤其是回报类众筹项目需要依靠产品本身的设计和功能去吸引消费者和投资者，所以更需要融入创新或高科技等新兴元素。要区别于市场中的普通商品，才能吸引更多的投资者购买商品。当投资者对项目本身的创意和产品感到满意，愿意购买该产品同时还能够得到一部分产品优惠，特别是能够以低于市场的价格购买到该产品。回报类众筹不仅出售商品同时也可以出售服务，对于处于研发设计或生产阶段的产品和服务，具有创意性的新奇项目和服务自然会更吸引投资者的目光，而缺乏创新性的产品和服务很难达到预期募集金额。

（五）存在风险

众筹平台上的发起公司一般处于初创阶段，项目发起者需要资金的注入才能推进项目进一步建设和发展，因而初创阶段的项目由于处于建设前期而缺乏启动资金的几率非常高，随时面临筹资失败的风险，尤其是股权式和债权式众筹类型的投资者希望能够投资使自身资产获得更高收益，如果众筹项目一旦失败而难以收回预期收益和项目投入本金，投资者肯定存在一定投资风险。

四、移动众筹发展的价值

（一）平台较好解决了信息不对称问题

借助于移动互联技术发展众筹业务已经是移动金融技术未来发展的重要趋势之一。据统计数据显示，2019 年国内移动网民数量增长300 万人，网民规模达11.34 亿，网民人均安装移动端 APP 总量平均增加至56 款，人均 APP 每日使用时间在4.7 小时左右。数据充分显示了移动端的用户粘性越来越强，用户参与度更高、信息透明程度更强、整体协作性更好，打破时间和空间限制比 PC 端更具有灵活性，可以更好实现在线互动和信息推送。移动端平台目前几乎是企业和项目最有力的宣传工具，通过移动端展示项目创意和公司实况能够充分实现信息对称。通过移动互联网平台将网络两端的投资人和发起人连接起来，不仅能够非常好的解决资金市场中信息不对称问题，而且众筹平台预先对项目和公司状况进行筛选，剔除虚假和不可行项目，能够帮助投资者过滤风险因素，充分了解发起人项目和公司的更多真实信息。

（二）给资金供需双方直接提供撮合渠道

在创业初期的企业没有固定抵押品资产状况较差，难以获得银行贷款或通过其他途径获得低息贷款，资金短缺严重制约企业的成长。众筹作为一种新型互联网金融模式，为扶持初创企业发展和小微企业发展，解决融资难问题提供了新途径。众筹利用网络平台优势实现融资人和投资人的对接并给双方提供了通融资渠道，节省了投资方和融资方寻找对手方的时间成本。而且平台预先对融资方的项目真实度和资信状况进行审查，节约了投资者调查融资方信用状况的成本。众筹平台服务对象多以初创企业和中小企业为主，大多难以通过传统信贷方式进行融资或融资成本过高。移动众筹技术可以实现众筹项目随时随地上传到平台，同时也提高了信贷审批效率，普遍降低了获取优质借款项目的成本，为初创企业和中小企业提供更好的生存环境。

（三）降低投资风险

众筹主要是利用分散化原则来降低投资者风险。由于众筹是依靠大众的力量达成项目或企业的融资目标，投资者可以自由选择将闲置的资金投资于多个平台多种类型的项目，实现投资人碎片化分散投资，如果某一个项目或某一个平台出现资金偿还困难，其他项目的投资基金不会受到影响。并且众筹的起投金额比较低，不同的投资方向和不同类型的投资平台起投金额不同，但众筹行业的门槛本身较低，起投金额从几十元到万元不等，一旦发生损失，投资者的生活不会受到较大影响。

（四）提高资金利用效率

移动众筹平台的开发，搭建了民间资本投资平台，将投资者的闲置资金投入到金融运转体系中，提高了资金的利用效率。众筹将各种优势资源进行集结，通过众筹调动所有资源。众筹体现出金融领域的自然选择特征和资金逐利本性，投资者选择公司会选择发展潜力大的公司，选择项目会选择发展前景好，能够实现预期收益的项目，项目和公司需要依靠自身实力赢得投资者的信心获得资金，众筹在投资者选择的过程资金就会流向投资回报率更高的地方，提高了社会资金的使用效率。

五、众筹运作基本流程

1. 众筹项目的发起人需要向众筹平台提交项目相关的材料。属于捐赠式众筹需要向平台提交捐助对象的真实情况包括医院诊断、医疗缴费单；属于股权式、债权式、回报式众筹则需要提交项目策划或商业计划书等材料。所有项目类型的发起人要向平台提交拟筹资金额和筹款的截止日期，股权式众筹需要提交可以让渡的股权比例，债权式众筹需要设定投资回报率，回报式众筹则需要向平台提交产品或服务的售价。

2. 平台收到项目发起人的纸质版和电子版资料后，需要项目策划和商业计划书进行审核，对项目的真实性、完整性、可执行性以及项目的投资价值等相关内容进行审核。

3. 平台资料审核通过后在网络上发布项目及其融资信息。投资人可以浏览平台上的项目信息，不同类型的平台投资人的关注侧重点不同，对于捐赠式众筹投资人更关注发起人的病情和医疗诊断和缴费清单，对于股权式、债权式、回报式众筹更关注项目的可行性、创意性和回报率，投资人可以根据自身喜好和回报需求对项目进行投资。

4. 投资人选择项目。投资人可以在平台上进行投资操作，对捐赠式项目发起人捐款，以低于市场价购买回报式项目的产品，股权式或债权式项目对企业或项目个人、团队，可以在目标期限内承诺或实际交付一定数额的资金。

5. 若在众筹截止日期前筹集资金未能达到预计目标，那么该次众筹失败，发起人撤回该融资项目，已经支付资金的投资人撤回资金；如果在截止日期到期前成功筹集到目标金额，则该项目众筹操作成功，项目发起人获得融资，投资人确认融资金额。

6. 项目发起人获得众筹资金后，将资金用于项目的经营与管理；投资人则可以监管项目资金的使用状况，随时在平台上面查看众筹项目的进度，对发起人提供相关建议，并优先获得该项目产品。

六、优质众筹项目选择标准

（一）平台的综合实力

投资人在选择众筹项目前会先选择众筹平台，下载移动端 APP，再从移动端 APP 内选择适合符合个人投资需求或个人相对看好的项目。选择平台再选择项目是投资人投资的基本逻辑。当投资人下载 APP 时，需要查询平台基本信息，诸如平台的设立时间、经营管理状况、持续经营年份、经营中是否存在违规经营、注册资本金、平台是否属于某大型集团子公司等平台基本信息。选择众筹项目要充分考虑平台的背景以及平台综合实力，优质的资产端能够加强平台的抗风险能力，强大的平台背景是未来偿还本金和兑现收益的重要保障，尤其是背靠大企业的平台更加注重自身声誉，不易出现违法运营和跑路的情形。

（二）所处行业前景良好

众筹项目和公司是否能够顺利筹集到目标资金取决于公众对项目或公司的认可程度，一般公众在选择项目时都会考虑项目或公司所处行业发展前景，科技含量，以及目前经营现状等因素，综合考虑对项目进行评估。对于科技含量较高、国家政策支持的高新技术产业项目等发展前景较好的项目，投资人期待更高的投资回报率，更愿意投资这样的项目，因此项目更容易完成筹资计划。有发展前景的优质项目能够带来更高的投资回报，而夕阳行业的项目即使完成筹资也不易达到预期的投资回报，投资者在选择投资项目的时候要着重考虑项目所处行业。

（三）完善的运营机制

完整的众筹活动的参与方有项目发起人、投资人和众筹平台三者，三方在众筹活动中的立场不同、行为不同、目的不同。众筹平台作为项目发起人和投资人的中间撮合人要帮助两方高效的达成各自目的，帮助项目发起人完成筹资，帮助投资人获得收益。统筹三方的关系，众筹活动就需要科学、完善的平台管理体系和运营机制。平台需要帮助投资者过滤风险并预先审核项目，需要专业的风控团队和完善的风险隔离机制。目前要求在众筹中引入资金第三方托管制度，将从投资者手中募集的资金交给第三方托管，无论对于投资者还是对于发起人而言都是有利的保障，保障资金的存管安全和使用安全。平台管理和运营项目还需要专业的运营团队和专业的客服人员来维护运营平台和寻找适合的投资人，同时平台要建立完善的信息披露和公开制度，保证投资者的知情权，投资人要掌握项目进展的实时动态及其项目收益和分红情况。完善的运营机制能够保证众筹活动的顺利开展和平台的高效运转，也是投资者选择平台的重要考量因素。

（四）投资者维权机制科学合理

移动众筹平台要从制度上设置完善的投资者保护制度，要在平台操作和业务运营中设置科学合理的投资者维权机制。科学、高效的退款机制是维护投资者权益的保障，投资者误操作或找到更好的投资项目后申请退款，需要提供合理的退款和维权机制。通畅的退款通道、较短的退款周期是投资者的主要诉求。如果退款维权行为周期过长会引起投资者的恐慌心理，会降低用户对平台的满意度并不断损害平台声誉。平台整体机制健全，能够更好的站在投资者的角度保护投资者的权益，平台自然会受到更多投资者的青睐。

第二节 移动众筹业务操作

一、京东众筹主要业务类型及其使用

（一）京东众筹主要业务类型

京东众筹是回报式众筹平台的代表，于2014年7月正式上线，是京东金融旗下的第五大业务板块，也是国内最大的互联网众筹平台。旗下众筹项目主要集中在智能科技、生活美食、智能家具、3C科技产品、创意文化等领域。京东众筹致力于为用户打造一个具有创意性，助力实现梦想的众筹平台，为更多的初创企业和有梦想的创业团队提供融资服务。京东众筹从提供产品和服务的类型来划分属于回报式众筹平台。京东众筹并没有独立的移动端APP，而是在内嵌在京东金融的移动端中，与京东其他金融类业务共同构成京东金融业务链。根据有关统计数据显示，截止到2019年底，京东众筹项目有19 505个，其中科技类项目占比41%，美食类项目占比16%，家电类项目占比6%，设计类项目占比26%，娱乐类项目占比5%，公益类项目占比7%，文化类项目占比5%，其他类项目占比18%。从项目构成来看科技类项目占比最高，科技类项目主要是公司将公司研发的科技产品作为投资回报给投资者。

（二）京东金融的注册管理

1. 京东金融的下载与安装：由于京东众筹平台是内嵌在京东金融内部的一个模块，因而用户需要在手机软件商店中搜索框内输入“京东金融”字样并在查询到的“京东金融”软件信息页面点击该产品，在随即打开的“京东金融”下载页面点击“获取”按钮，下载安装“京东金融”APP软件（如图7－1和图7－2所示）。首次注册使用时，用户需要首先在线阅读有关个人信息收集及其使用的详细约定，并在阅读《京东金融隐私政策全文》后点击页面下端的“同意”选项按钮进入下一步操作（如图7－3所示）。

2. 京东金融的管理：京东众筹用户需要注册“京东金融”软件相关用户信息。对于未登录过的新用户选择“注册”选项，对于已经注册过的老用户选择“登录”选项。已经注册过的用户可以选择用“邮箱/手机号/用户名＋密码”方式登录京东金融APP（如图7－4所示）。

未注册过京东金融APP的用户，需要点击“快速注册”按钮进入注册页面。目前新用户注册只能通过手机注册方式。新用户注册时需要点击“手机快速注册”页面“已阅读并同意”选项前面的复选框，而后才能点击“下一步”按钮。新用户通过手机注册软件，系统会通过短信向该注册手机发送6位验证码，用户需通过个人手机获得动态验证码后在规定的时间内输入确认（如图7－5所示）。该验证码具有一定的时效性，超过时效需要重新点击获取验证码。

图7-1　手机商店京东金融软件信息页面

图7-2　手机京东金融软件下载页面

图7-3　京东金融软件安装使用页面

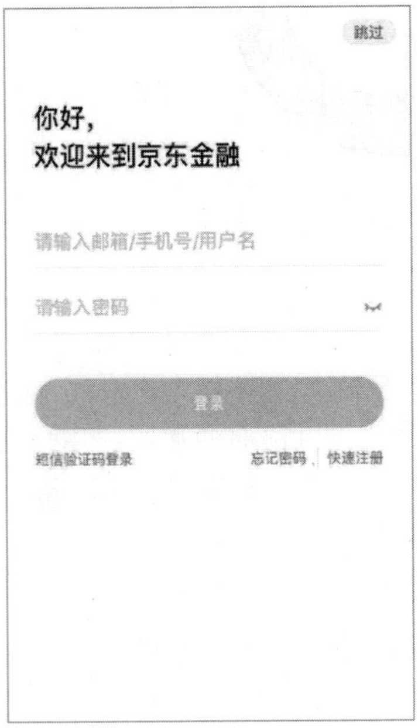

图7-4　京东金融“注册”页面（一）

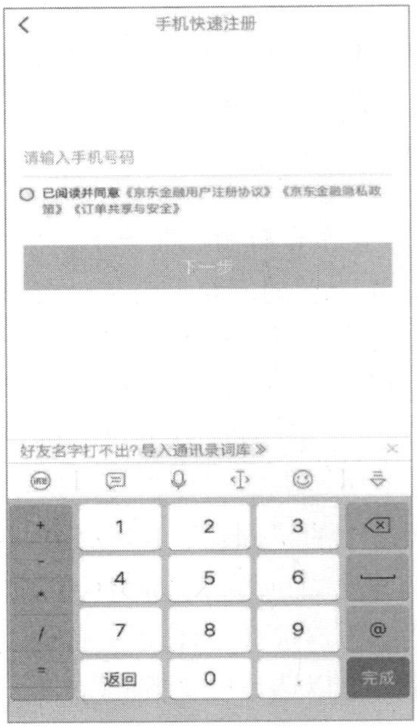

图7-5　京东金融“注册”页面（二）

注册完成后，用户可以自主设置京东金融登录密码，根据系统提示设置6～20位登录密码，密码设置完成后点击“完成”按钮，则用户初始登录结束（如图7－6所示）。

新用户注册后，登录到个人页面，此时的个人页面仅有用户名，页面上方会出现“请完善您的身份信息，以避免影响后续交易”提示语言。点击头像进入个人信息页面，如果不更改昵称，京东用户名与昵称一致。（如图7－7所示）。

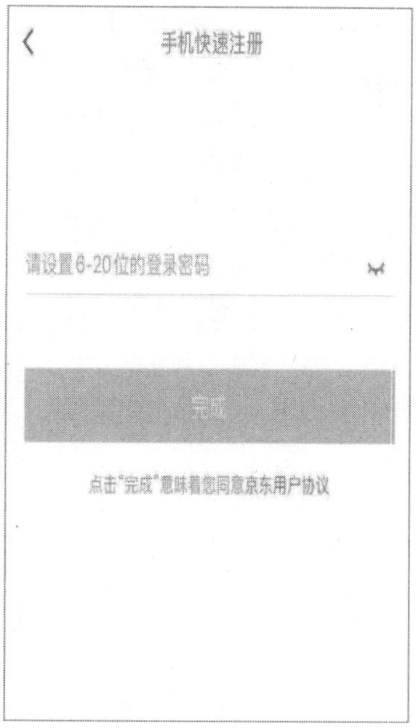

图7-6 京东金融“密码设置”页面

图7-7 京东金融“个人信息”页面

忘记登录密码的用户可以点击页面的“忘记密码”选项按钮进行密码重置。忘记密码的用户也可以选择“短信验证码登录”方式进行登录，选择这种登录方式的用户，可以在已经注册的手机短信中看到平台推送的验证码，填写验证码后即可登录到软件首页（如图7-8所示）。

用户在京东金融的忘记密码页面，可以输入第一次登录设置的“账户名/邮箱/手机号”（三者择一），输入完毕后点击“下一步”按钮（如图7-9所示）。

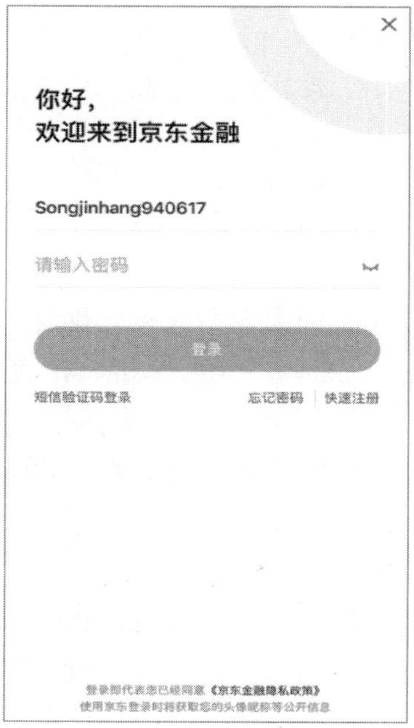

图7-8 京东金融“登录”页面

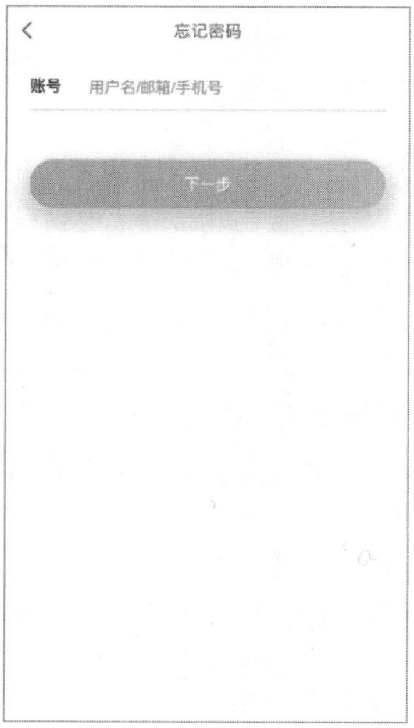

图7-9 京东金融“忘记密码”页面

用户进行密码重置前需要先验证个人身份，平台会推送三种身份验证方式，第一种“邮箱验证 + 银行卡”，是通过填写注册时用的邮箱以及在平台绑定的银行卡号码进行验证；第二种“手机号码验证 + 身份信息验证”，是通过平台绑定的手机号码和身份证信息进行验证；第三种“手机号验证 + 历史收货人验证”是通过平台绑定的手机号码 + 平台设置的物品收货人名字进行验证。假定采用第二种方式进行身份验证（如图 7 – 10 所示）。

用户通过上一页面显示的“手机号码验证 + 身份信息验证”的方式进行验证，平台会将动态验证码发送到已注册手机号码的短信中，用户在短信内查收平台发送的动态验证码，并在规定的时间内完成验证码填写。填写完成后点击“下一步”按钮进行下一步操作（如图 7 – 11 所示）。

图 7 – 10　京东金融“身份验证”页面

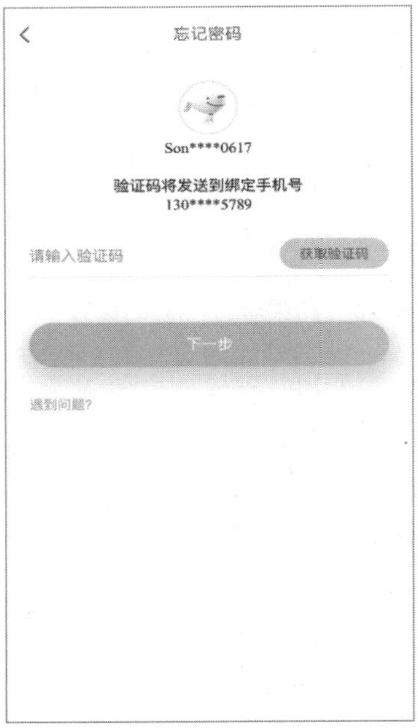

图 7 – 11　京东金融“获取验证码”页面

用户使用“手机号码验证 + 身份信息验证”的方式进行验证，利用手机获取验证码并完成验证后，还需要继续验证身份证号码。用户填写注册身份证号的前两位 + 后四位，通过这种方式验证修改平台登录密码的用户是否是用户本人（如图 7 – 12 所示）。

经过前两步的“手机号码验证 + 身份信息验证”方式验证无误后，平台确认操作者为原手机注册本人后，允许修改登录密码，但平台会提示“新密码不能与原密码相同”字样。用户完成新密码设置后点击“完成”按钮，进入下一步操作（如图 7 – 13 所示）。

完成密码充值后，平台会在页面提示“操作成功”字样的结果页面，意味着密码修改已经成功结束。用户可以点击“去登录”按钮。点击后出现原本登录页面，用户用已经修改的新密码进行登录（如图 7 – 14 所示）。

使用该软件的用户需要进行实名认证。用户点击“实名认证”选项按钮进入到“实名认证”页面。用户在实名认证页面填写国籍、证件类型、姓名、证件号后，点击“下一步”按钮（如图 7 – 15 所示）。

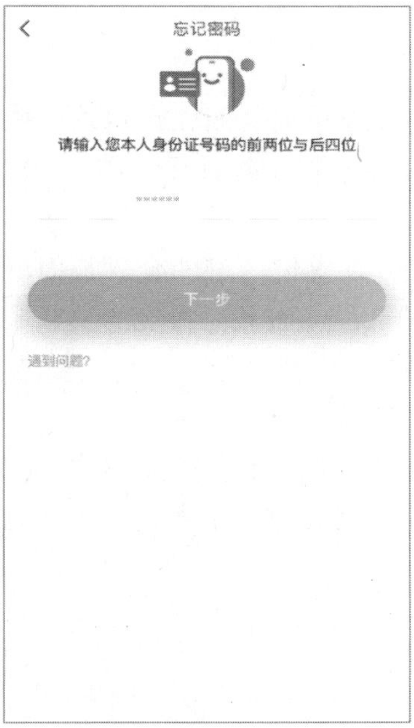

图 7－12　京东金融“身份证号码验证”页面

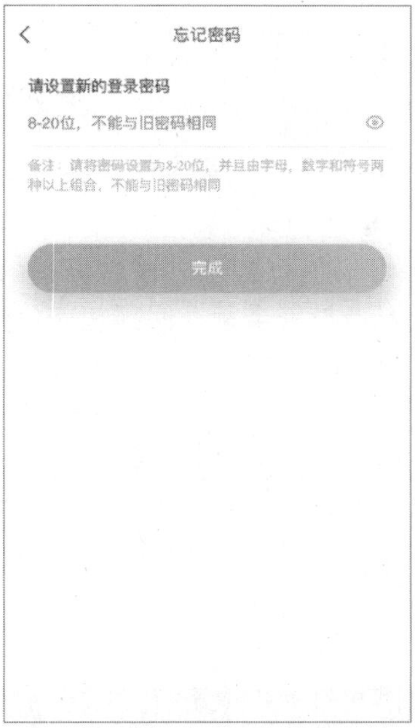

图 7－13　京东金融“新密码设置”页面

图 7－14　京东金融“新密码设置操作成功”页面

用户完成实名认证后，需要在京东金融 APP 上绑定个人银行卡，通过银行卡完成交易，进行相关业务操作。操作时用户点击《查看相关协议》并点击“我已阅读并同意签署”前面复选框，最后点击“立即认证”按钮完成绑定银行卡的操作（如图 7－16 所示）。

图 7－15　京东金融“实名认证”页面

图 7－16　京东金融“绑定个人银行卡”页面

（三）京东金融的使用

1. 用户完成京东金融注册后，点击下方“我”快捷按钮进入操作主页面，在主页面中找到“京东众筹”快捷按钮，点击“京东众筹”快捷按钮进入众筹平台页面（如图 7－17 所示）。

2. 京东众筹平台是具有代表性的回报型众筹平台，投资者可以支付一定的金额，而研发产品或提供服务的企业根据投资者投资金额，回报相应价值的产品或服务。售卖产品或服务的价格要往往低于市场价格。回报式投资平台回报方式更类似于淘宝购物一样（如图 7－18 所示）。

3. 投资者可以在平台内选择自己感兴趣的创意产品。不同板块下的创意产品不同。创意产品有标价，标价的金额是投资者投资该众筹付出的金额。投资者在付出众筹金额的同时获得的回报是该产品（如图 7－19 所示）。

图 7－17　京东金融“我”操作页面

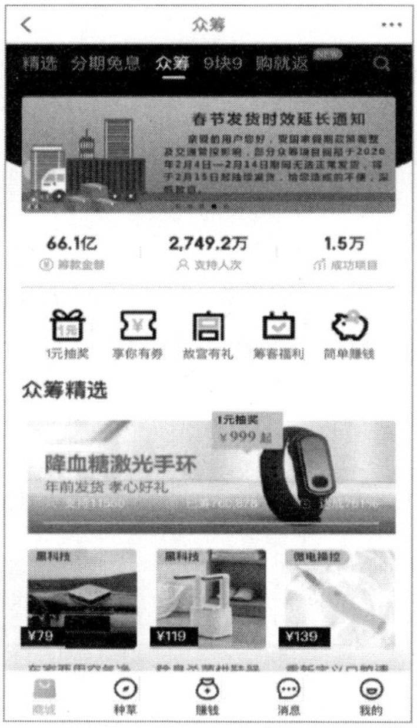

图 7－18　京东金融“众筹产品”页面

图 7－19　京东金融“众筹产品挑选”页面

4. 投资者点开产品的宣传页面，查看产品众筹故事。每个众筹产品都有自己的众筹故事。众筹故事会详细阐释产品的创意来源、使用技术、外观形态，而众筹投资人可以根据自身的喜好选择产品进行投资。页面对支持人次、目前已经筹集的金额和达成率都有相关描述。每个产品的档位回报就是投资者要付出的投资金额，投资者决定投资该产品后，点击“去支持”按钮进入支持订单页面（如图 7－20 所示）。

5. 进入订单页面后会看到所支持项目显示投资人的联系电话及住址信息，点击“去支付”按钮结束付款操作（如图 7－21 所示）。

6. 用户点击主页面底端“我的”快捷按钮进入到“个人中心”页面，点击页面“众筹订单”选项按钮可以查看已经支付成功的众筹项目，并查看项目的具体内容（如图 7－22 所示）。

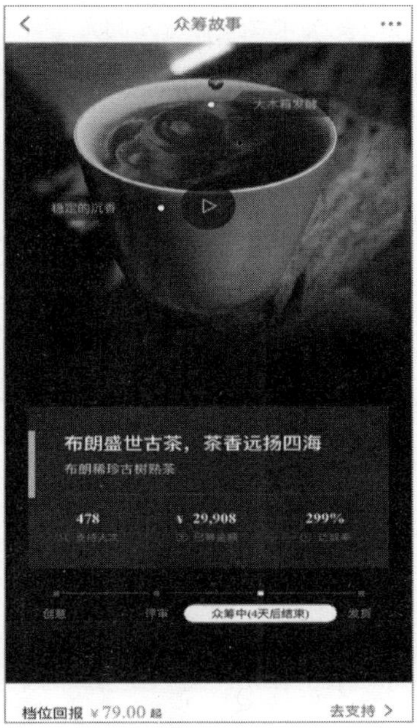

图 7－20 京东金融“众筹产品故事”页面

图 7－21 京东金融“众筹产品支付”页面

图 7－22 京东金融“个人中心操作”页面

二、轻松筹主要业务类型及其使用

（一）轻松筹主要业务类型

轻松筹是 2014 年 9 月成立的极具代表性的捐赠式众筹平台，主要为帮助生活贫困且患有重大疾病的患者，通过平台获得社会爱心人士捐助，用所得资金治疗疾病保证基础生活。捐助式平台相比于其他类型的平台具有很强的公益性，投资者在平台内进行捐赠不求回报，对投资门槛不设限制，筹资金额没有达到目标也可以进行提取用爱心资金解燃眉之急。捐赠式众筹平台主要有两种类型，第一种是基于疾病的捐赠式众筹平台，第二种是基于公益的捐赠式众筹平台。由于捐赠式众筹平台具有公益性，投资人不通过这种方式获得投资回报，因此此类平台在众筹行业内占比最低。轻松筹的业务范围比较广泛，类型多样主要包含农业、医疗和教育等方面。据数据统计，轻松筹已经帮助了 160 多万个家庭，总共筹集了超过 200 亿元的善款用于帮助重大疾病的病患。在轻松筹平台发起众筹项目需要提交相关资料，例如医院诊断、医疗缴费凭证和病患照片等电子资料，平台先核实事件真实性，通过真实性核实后众筹发起人可以在平台发布众筹申请。

（二）轻松筹的注册管理

1. 轻松筹的下载与安装：在手机商店搜索框内输入“轻松筹”文字便可检索到“轻松筹”APP 软件结果（如图 7－23 所示）。点击“轻松筹”文字会跳转到“轻松筹”下载页面供用户进行下载操作（如图 7－24 所示）。下载完成后直接进入录入个人信息页面。初次登录的新用户需要注册，注册过个人信息并成功登录过的老用户直接登录软件平台（如图 7－25 所示）。

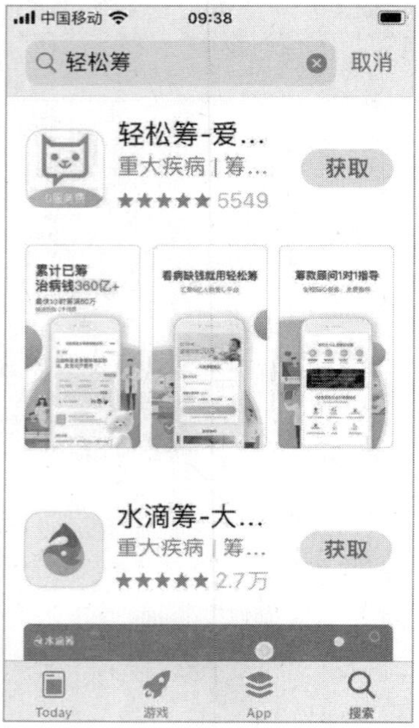

图 7－23　手机商店轻松筹搜索结果

图 7－24　手机商店轻松筹下载页面

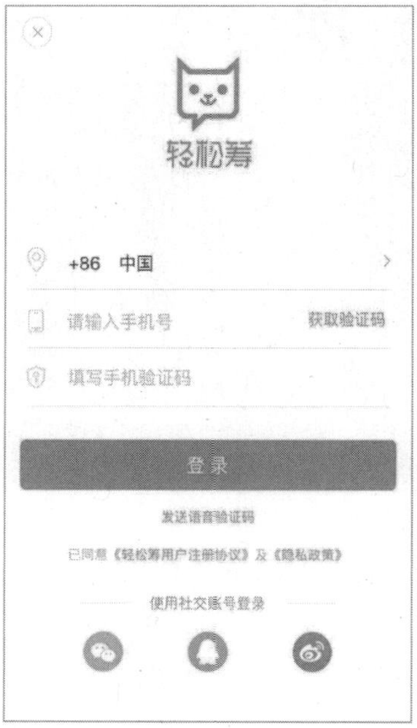

图 7－25　轻松筹下载自动跳转登录页面

2. 轻松筹的注册管理：新用户通过手机号注册，系统会通过短信向该注册手机发送 4 位验证码，用户需通过个人手机获得动态验证码后输入确认。已经注册并完成初始登录的用户可以选择的登录方式较多。该软件主要通过关联微信、QQ 以及微博的方式进行关联登录（如图 7－26 所示）。换句话说，用户可以通过已经注册的微信、QQ 或者微博登陆密码进行轻松筹账户的登录。

轻松筹平台登录不同于其他平台。其他平台一般通过用户注册的“账号＋密码”的方式进行登录，而轻松筹平台除用关联账号进行登录外，还能通过输入注册手机号来获取向注册手机发送的验证码，而后填写验证码的方式进行登录（如图 7－27 所示）。获取的验证码在规定时间内有效，如果超时则需要重新获取并使用。

图 7－26 轻松筹“注册登录”页面

图 7－27 轻松筹“用户登录”页面

（三）轻松筹的使用

1. 对于有筹款需求的人，可以作为发起人点击“我要筹款”选项按钮发起大病筹款；对于想进行捐赠的人，可以点击“轻松公益”进行捐款（如图 7－28 所示）。

2. 捐赠式众筹平台的项目发起人基本都是源自重大疾病原因，轻松筹平台也是为大病人员筹集医疗资金而建设的平台。众筹发起人需要在页面填写准确手机号码及所患疾病的种类，点击“立即提交”按钮（如图 7－29 所示）。

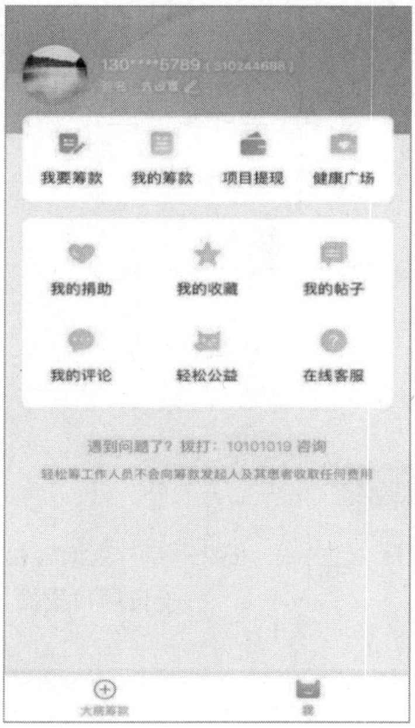

图 7－28 轻松筹“我”个人操作页面

图 7－29 轻松筹“大病筹资登记”页面

3. 进入“填写信息申请救助”，填写的内容主要包括众筹的目标金额、患者姓名、手机号以及所患疾病的类型，点击“提交信息”。工作人员会联系发起人，审核项目真实性以及进一步提交电子版相关佐证材料，完成众筹项目发起操作（如图 7－30 所示）。

4. 想要捐款的投资人须点击进入“轻松公益”页面，而后选择想要投资的项目。用户点击所选定项目名称，进入项目的详细介绍页面，用户能够看到目标金额、已经筹集的金额以及捐款次数等重要信息，用户还可以进一步查看捐款故事。当投资人选定投资项目后，选择点击“我要捐款”按钮。投资人可以自己设置捐款金额，投资金额没有门槛限制。点击“我要捐款”选项按钮后，会连接到微信支付的界面，用户支付完成后系统会显示付款成功提示信息（如图 7－31 和图 7－32 所示）。

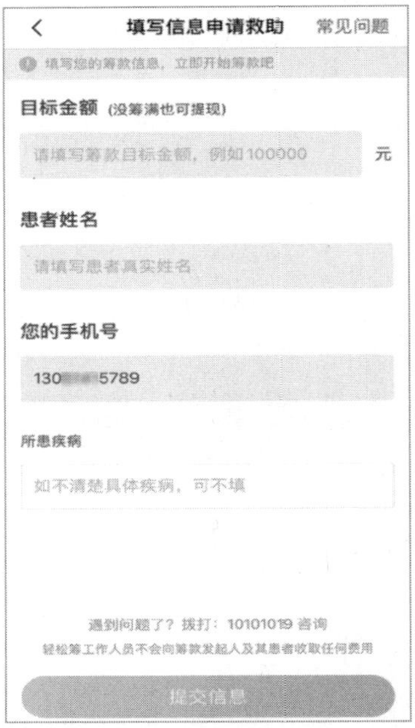

图 7－30　轻松筹“众筹信息填写”页面

5. 投资人可以在“轻松公益”页面最底端找到“我的”快捷按钮，点击该按钮查看个人投资过的公益项目资料，查看自己累计捐款的金额和已经参与过的项目（如图 7－33 所示）。

图 7－31　轻松公益“项目选择”页面

图 7－32　轻松公益“项目详细介绍”页面

图 7－33　查询轻松公益投资项目页面

三、众投邦的主要业务类型及其使用

（一）众筹邦的主要业务类型

众投邦是股权式众筹平台的代表，成立于2010年4月，是有深圳市国富投融网络科技有限公司开发的股权众筹平台。平台主要业务是为新三板优质企业提供优质的“主投 + 跟投”的模式来帮助企业进行股权融资，同时提供创业咨询、股权投融资、项目路演、人才引进等服务。众投邦目前已经形成相对科学、完整的产业服务链。众投邦一直致力于为投资人和创业者解决投融资问题，将自身定位于专注于新三板VC项目的股权众筹平台，为解决信息不对称、资金使用效率低、中小企业融资难的问题作出贡献。众投邦平台发布的项目以“领投 + 跟投”的形式较多，跟投的门槛较高一般是20万元起投，根据项目性质和融资需求的不同起投门槛不同。在平台内融资的项目一般是处于风投阶段的创业初期公司，因此风险性大，但项目承购后带给投资者的收益更高。

（二）众投邦注册与管理

1. 众投邦的下载与安装：在手机商店搜索框内输入“众投邦”文字便可查到“众投邦”APP软件结果（如图7－34所示），点击软件名称并跳转到“众投邦”移动APP下载页面，点击“获取”按钮下载安装该软件到手机（如图7－35所示）。点击打开该软件的时候需要点击“同意并继续”按钮，进行下一步注册操作。新用户可以点击《用户协议》和《隐私政策》蓝色字体的文件，查看文件具体的内容条款（如图7－36所示）。

图7－34　手机商店众投邦软件搜索结果页面

图7－35　众投邦软件下载页面

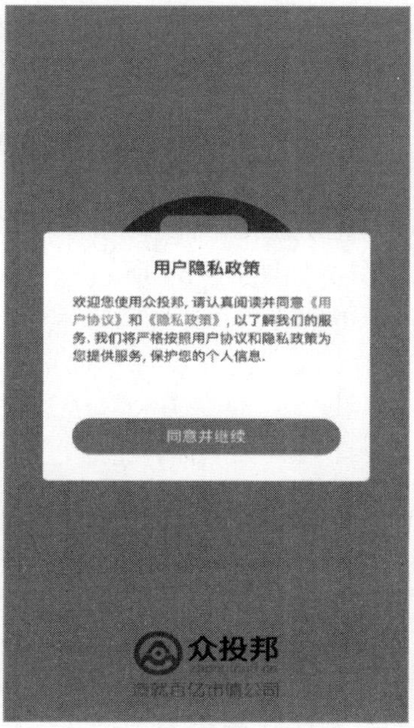

图7－36　众投邦软件安装提示页面

2. 众投邦的注册管理：对于初次登录的新用户需要点击页面下方的“新用户”按钮进入新用户注册页面。已经注册过的用户，采用输入“个人邮箱/手机号和登录密码”的方式登录（如图 7－37 所示）。

新用户需要输入个人手机号来获得动态验证码，动态验证码有效时限为 60 秒，超过 60 秒则需点击重新获取。用户验证完毕后，还需要设置登录密码。登录密码由字母、数字、下划线构成，长度在 6～18 个字符以内。登录密码设置完成后点击“完成”按钮，新用户完成注册过程。(如图 7－38 所示)。

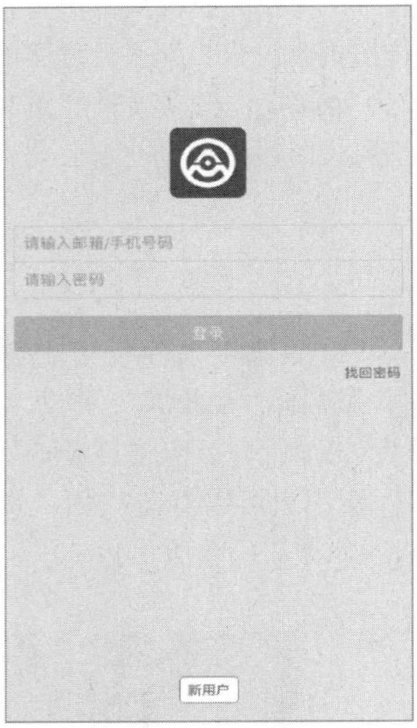

图 7－37　众投邦“软件登录”页面

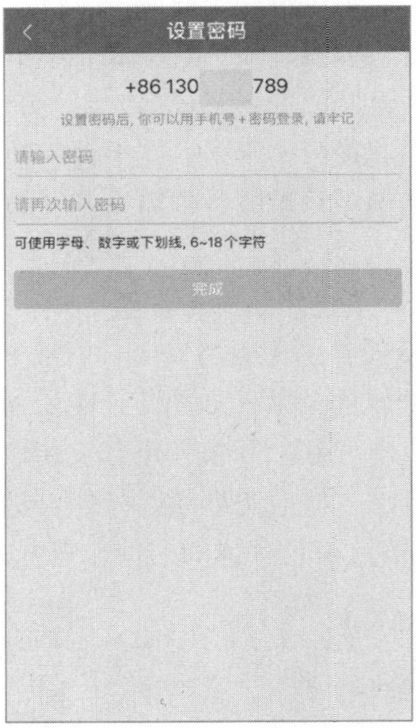

图 7－38　众投邦“新用户设置密码”页面

忘记登录密码的用户可以选择页面的“找回密码”选项按钮，按照提示进行密码重置操作（如图 7－39 所示）。

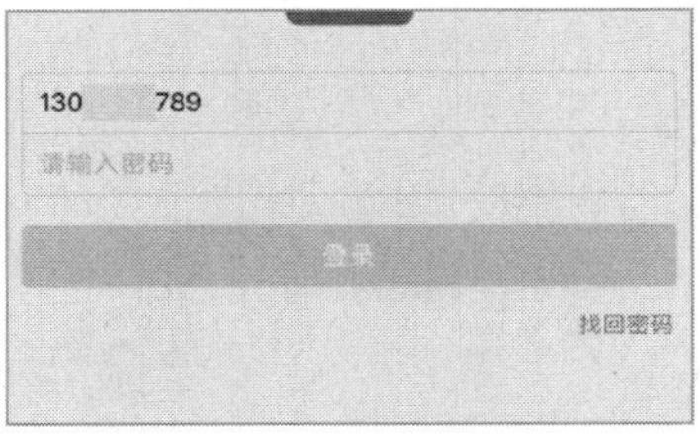

图 7－39　众投邦“申请密码找回”页面（一）

用户输入注册时用的手机号码，而后点击“下一步”按钮。(如图 7－40 所示)。在随即打开的页面中用户输入完手机号码后，点击获取验证码按钮，平台会发送动态验证码到该手机，验证并确保使用该账号的用户为注册者本人。动态验证码需要在 60 秒内填写，超过时限需要重新获取验证码。用户完成验证码填写后点击“下一步”按钮（如图 7－41 所示）。

用户若有设置新的登录密码需要，则在第一次输入新密码后，第二次输入同一个密码，并对密码进行确认。密码的组成方式是“字母＋数字”的方式，完成新密码设置后点击“完成”按钮，而后平台会自动登录跳转到众投邦项目主页面（如图7－42所示）。

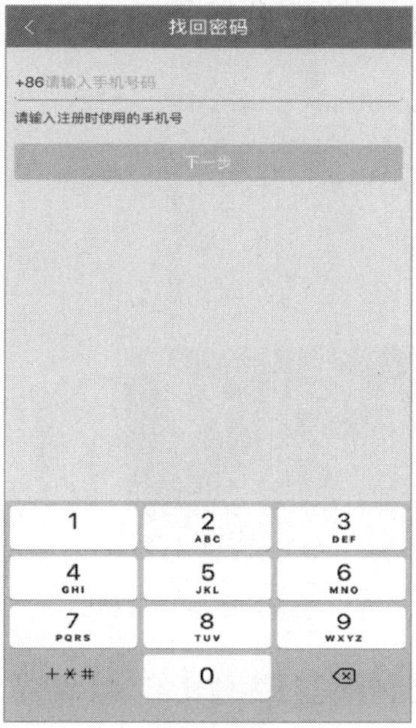

图7－40　众投邦“申请密码找回”页面（二）

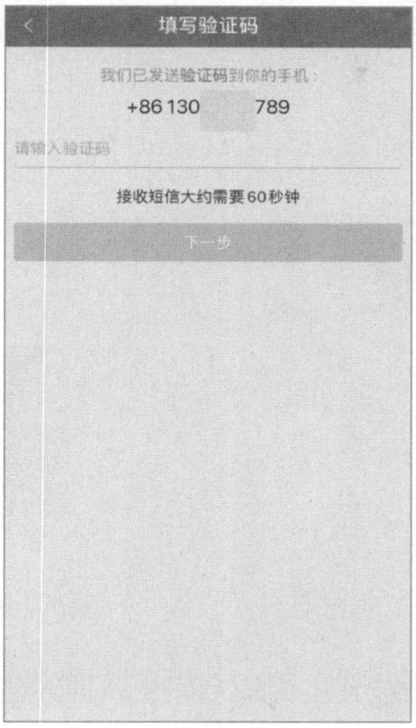

图7－41　众投邦“验证码填写”页面

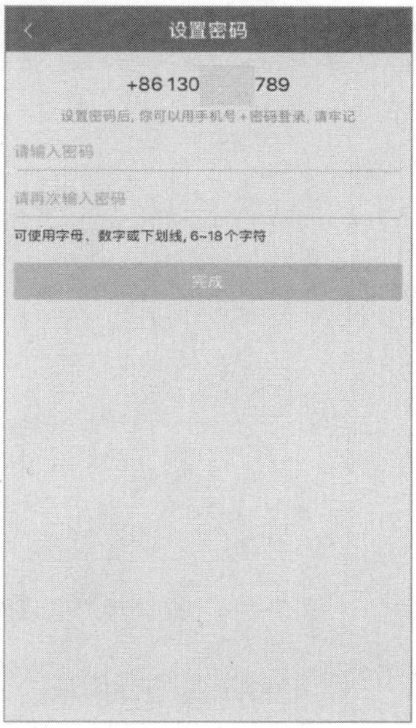

图7－42　众投邦“新密码设置填写”页面

（三）众投邦的使用

1. 新用户完成注册后进入主页面，可以查看到页面上面显示的众筹项目。用户点击项目名称，在随即打开的项目简介中有目标融资金额和总目标融资额以及目前融资的进度，不同项目的起投金额要求。投资者可以根据自身投资需求以及现有的资金能力决定自己的投资项目（如图7－43所示）。

2. 用户除在主界面上寻找合适的项目外，还可以点击页面下端“合投”项目。进入合投项目界面，每个项目简介介绍了项目的起投金额，预计合投金额以及项目的发起公司、项目所属行业信息。投资者可以点击项目查看项目的具体内容（如图7－44所示）。

3. 投资者选择项目，点击查看项目具体预期募集的资金、已经募集得到的资金，目前意向进度、项目关注人数、以及项目的主营业务和发起众筹公司的发展历程等基本信息。投资人确定项目后点击“我要跟投”选项按钮（如图7－45所示）。

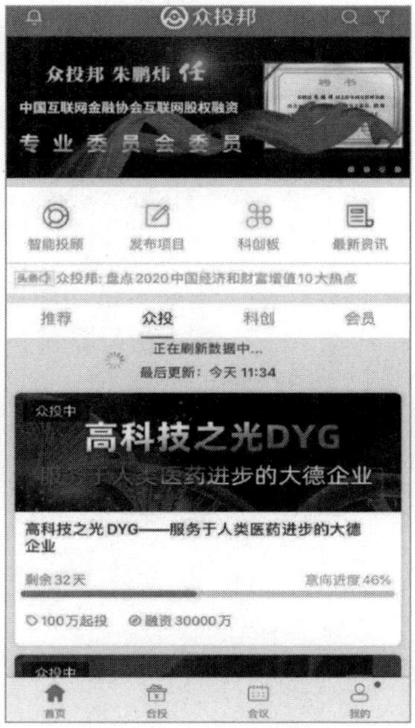

图7－43　众投邦“项目选择”页面

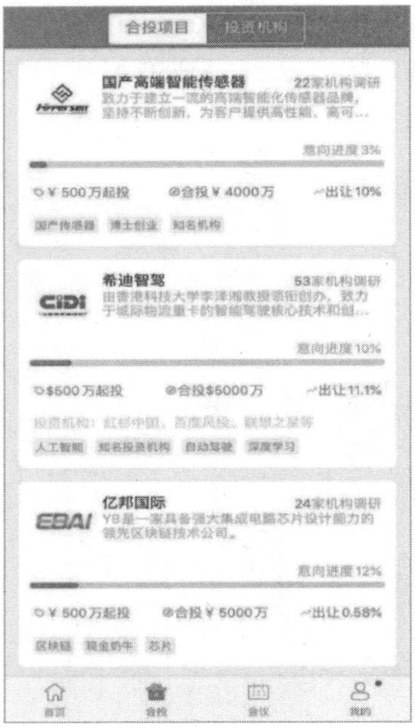

图7－44　众投邦“项目简介”页面

图7－45　众投邦“项目详情”页面

4. 平台需要进行认证。保证投资人的资金安全，同时监控投资人行为便于合法合规管理，也为保证众筹发起人的合法权益（如图7－46所示）。

5. 根据平台的要求，投资人需要上传个人身份证照片，上方拍摄带有个人照片的身份证正面，下方拍摄带有国徽的身份证背面，上传后点击“下一步”按钮，页面会自动出现个人姓名和身份证号码信息（如图7－47所示）。

图7－46　众投邦“项目合格投资人”页面

图7－47　众投邦“身份证认证”页面

6. 完成个人实名认证后，平台会对投资者进行“合格投资者条件测试”。由于股权众筹平台对投资者设置的投资门槛较高，因而众投邦平台跟投投资人的起投金额一般设置在20万元起投。根据项目性质的不同，不同项目的起投金额不同，有些项目起投金额达百万元，因此需要保证投资者投一定投资能力和承受风险能力。投资者根据自身实际情况填写平台调查的信息，然后点击“下一步”按钮（如图7－48所示）。

7. 实名认证后，投资人需要确认投资意向，同时填写投资金额，以及可以为众筹发起人提供的资源。完成后点击“提交”按钮，平台会根据提供的信息验证投资者个人信息的真实性，而后根据投资意向，撮合投资人和筹资人进行联系。平台撮合通过后，筹资人和投资人达成初步投资意向后，划拨资金完成股权投资操作（如图7－49所示）。

8. 投资人完成投资后可以点击页面下端进入“我的”快捷按钮进入众筹项目管理页面，查看已经投资成功的项目，投资人在浏览项目看到心仪的项目可以加入到关注项目中，也可以对已经投资的项目进行管理维护（如图7－50所示）。

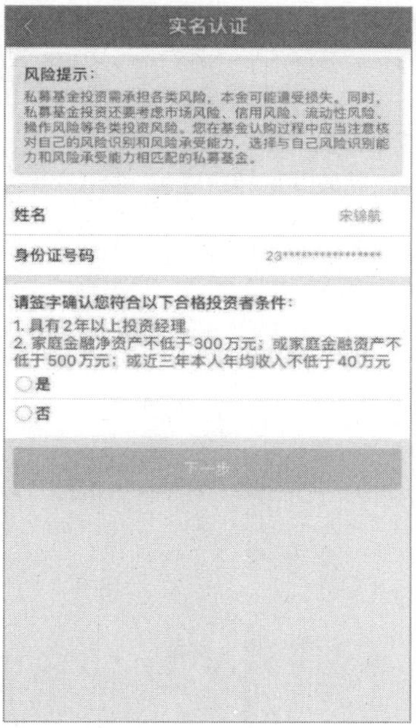

图7－48　众投邦“实名认证信息核对”页面

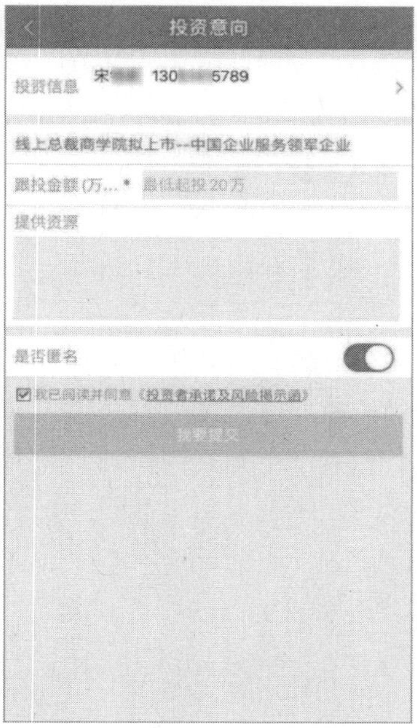

图7－49　众投邦“投资意向信息填写”页面

图7－50　众投邦“个人众筹账户管理”页面

四、宜人贷主要业务类型及其使用

（一）宜人贷的主要业务类型

宜人贷是宜信公司于2012年推出的个人对个人网络借贷服务平台，是具有代表性的债权型众筹平台。平台通过互联网、大数据、云计算等先进科技手段，为投资者和借款人提供高效、便捷、定制化的信用借款和相关资讯服务。宜人贷本质上是网络P2P借款平台，由于债权众筹是投资者和筹资者双方按照一定利率和必须归还本金等条件出借货币资金的一种信用活动形式。P2P网络借贷平台与债权众筹平台从平台的运行模式和投资者回报方式基本一致；但两者之间存在一定差别，债权众筹是集投资者的钱进行投资，P2P 网贷平台是通过平台实现借贷需求，实际操作中两者相似，因此一般将债权众筹平台视为 P2P 平台。由于债权平台从收益角度来讲仅能收到本金和预期预定的利息整体收益较低，但由于平台提供一定风险保障措施整体风险较低，受到稳健型投资者的喜爱，目前在众筹行业占比仅次于股权式众筹平台。

（二）宜人贷的注册管理

1. 宜人贷的下载与安装：用户在手机商店里面搜索并下载“宜人财富”APP 软件到手机（如图 7－51 所示），点击打开软件后需要查看通知内容及其同意获取位置信息，点击“同意并使用 APP”按钮。需要注意的是，新用户应该点击蓝色字体《隐私政策》并查看文件具体内容（如图 7－52 所示）。

2. 宜人贷的管理：新用户注册该软件的时候需要进行身份验证，用户输入正确手机号码后平台会则向用户输入的手机号码发送验证码进行验证。新用户初次登录时还需要设置登录密码。登录密码由数字和字母共同构成。密码设置完毕后点击“完成注册”选项按钮（如图 7－53 所示）。

图 7－51　宜人贷 APP 下载页面

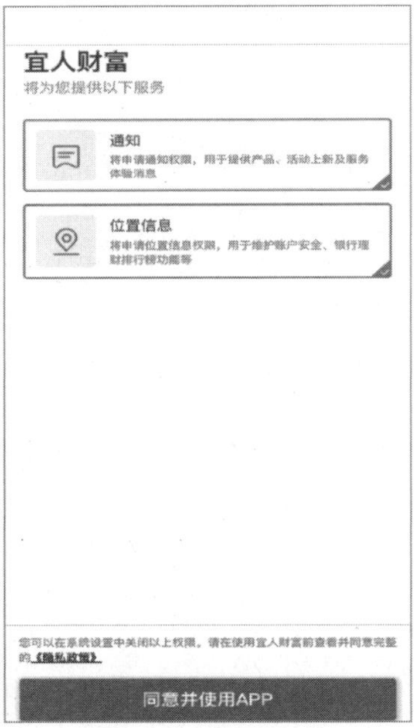

图 7－52　宜人财富 APP 注册使用页面

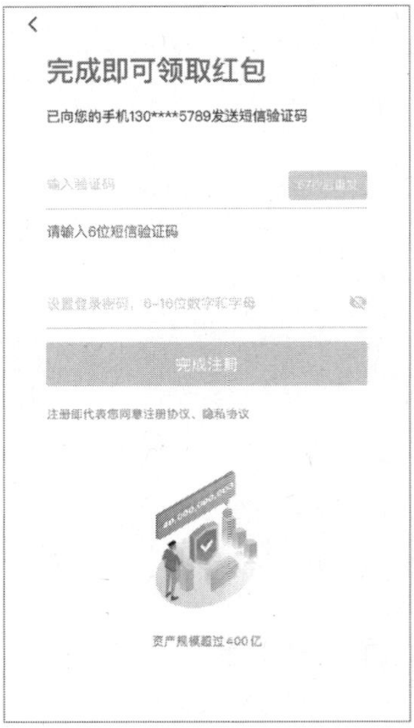

图 7－53　宜人贷“注册验证码填写”页面

忘记登录密码的用户可以选择页面的“忘记密码”选项进行密码重置操作。忘记密码的用户也可以选择“本机号码一键登录”方式进行登录（如图 7－54 所示）。

忘记登录密码的用户可以通过初次注册时所用的手机号码或邮箱号进行个人身份验证，用户输入完成后点击“下一步”按钮（如图 7－55 所示）重新设置密码。

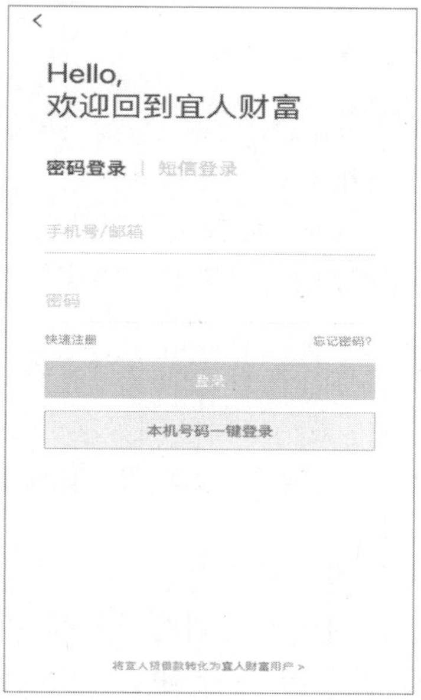

图7－54　宜人贷“登录”页面

图7－55　宜人贷“密码重置”页面

用户采用身份验证方式进行密码重置操作，平台需要先对用户身份进行核实和验证，用户需要填写注册平台时使用的身份证号码以此确认身份，填写完正确无误的身份证号码后，点击“下一步”按钮（如图7－56所示）。平台验证完用户个人身份后，用户还需要通过接受验证码方式进行身份验证（如图7－57所示）。而后用户可以进行重新设置密码的操作，第一次设置新密码，第二次确认设置的新密码。新密码应该由“数字＋字母”的形式共同构成。设置完新密码后点击“完成”按钮进入下一步操作（如图7－58所示）

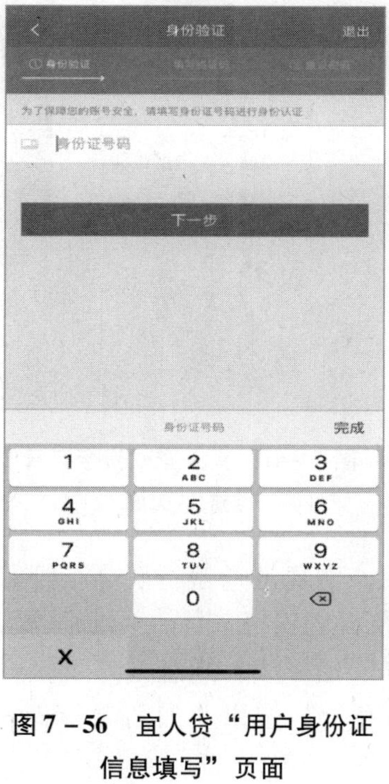

图7－56　宜人贷“用户身份证信息填写”页面

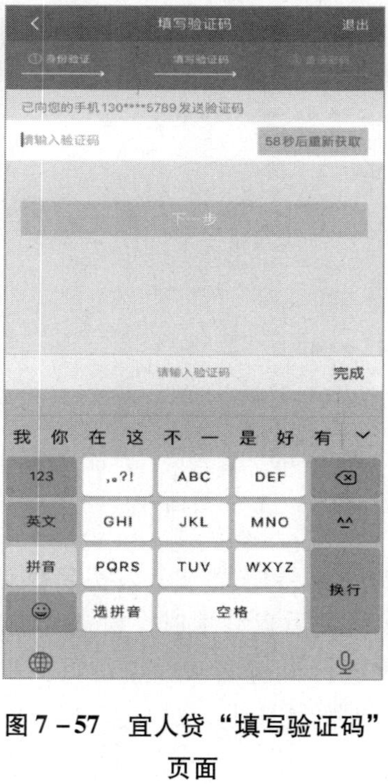

图7－57　宜人贷“填写验证码”页面

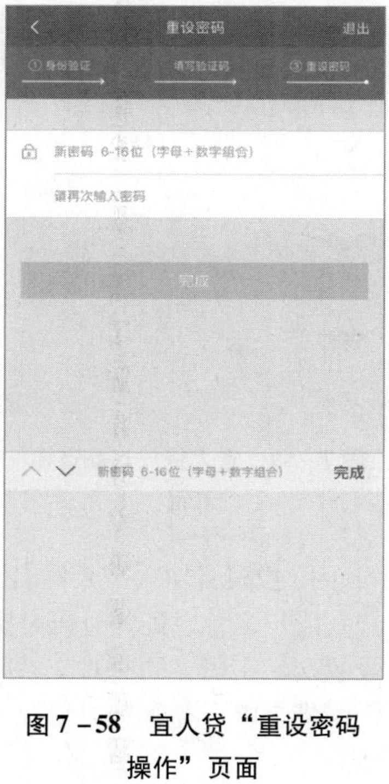

图7－58　宜人贷“重设密码操作”页面

（三）宜人贷的使用

1. 用户注册完成后，可以点击页面底端“精选”快捷按钮进入项目选择“精选”页面，投资者可以根据自身投资需要选择项目。页面内有“投资组合”“好基研究院”“自动投标”“精英标”“银行精选”“金多多”“邀请有奖”“保险服务”等投资类型供投资者选择。投资者可以点开查看项目具体的内容。假定用户选择好年回报率8.3%的“宜定盈”理财产品进行投资，点击“马上抢”按钮（如图7－59所示）。

2. 了解投资项目，投资者选定项目后可以点击项目名称并在打开的项目介绍页面中了解其具体内容。平台会给出该项目的预期收益率、锁定期、最小出借金额等项目关键信息，同时还会提供该项目目前剩余额度和已经达成的出借金额。投资者阅读项目具体信息并决定投资后点击“立即出借”按钮（如图7－60所示）。

3. 投资者点击“立即出借”按钮后，平台为保障个人投资者的安全会邀您开启资金安全之旅，投资者需要进行实名认证，需要在平台内绑定银行卡，最后进行业务授权。绑定银行卡方便投资者进行对账户进行转账、充值、购买投资产品，同时平台也会提供银行资金存管服务，保障客户资金安全。用户点击“邀您开启资金安全之旅”提示对话框上面的“我要保障”按钮（如图7－61所示）。

图7－59　宜人贷“产品选择”页面

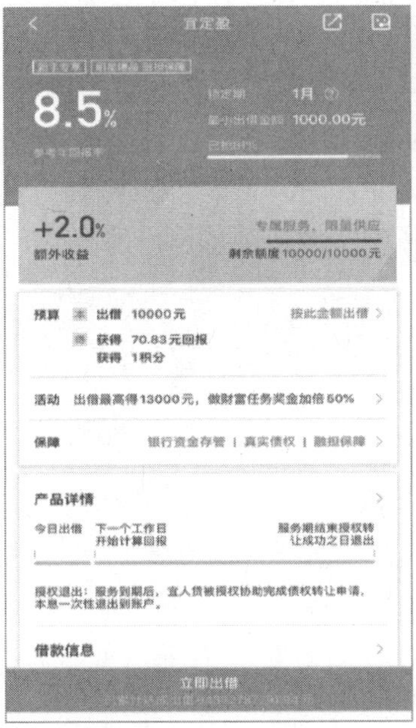

图7－60　宜人贷“产品介绍”页面

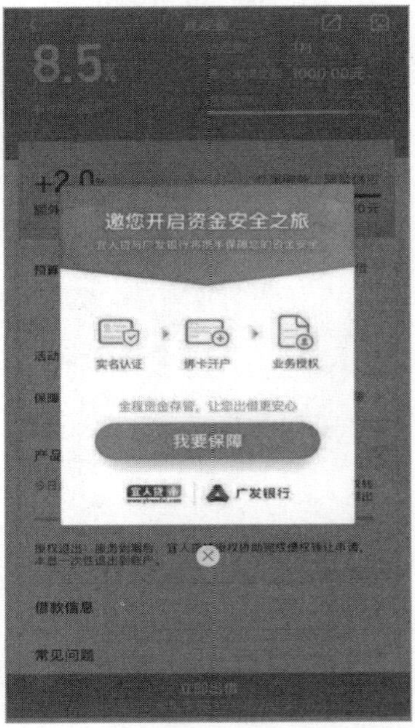

图7－61　宜人贷“资金存管推送”页面

4. 投资者输入个人姓名和身份证号码完成个人实名认证后，需要开通银行资金存管账户。账户名称、证件号码是实名认证后自动生成。投资人输入准确的银行卡号、手机号码后设置交易密码，同时对交易密码进行再次确认。点击页面下方“已阅读并同意《广发银行网络借贷资金存管三方协议》”前面复选框，最后点击“申请开户”按钮（如图7－62所示）。

5. 投资者进行实名认证后返回到原投资页面，可以点击“立即支付”按钮进行款项结算。投资人出借的资金会通过平台打包集合起来给另一端发起债权众筹的融资人。平台给出的年回报率和额外收益是筹资人在借款时约定回报的利率（如图7－63所示）。

6. 投资者完成支付后，平台会推送投资者投标成功的通知页面，会显示相应的投资回报率和额外收益以及该投资产品的锁定期。在锁定期内的产品投资者不能随意赎回，过了锁定期投资者才能赎回自己的本金（如图7－64所示）。

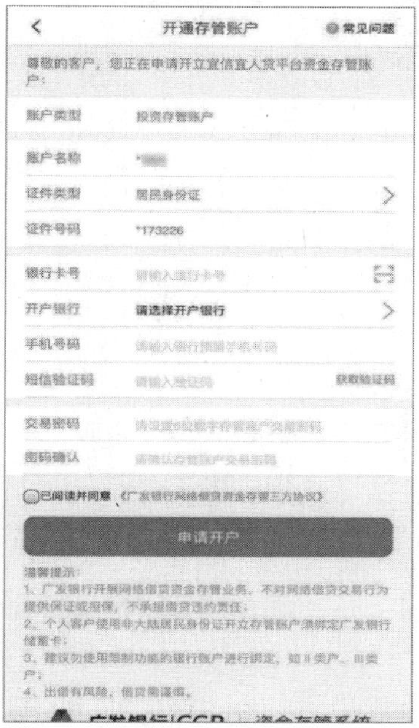

图7－62　宜人贷“开通资金存管”页面

图7－63　宜人贷“投资支付”页面

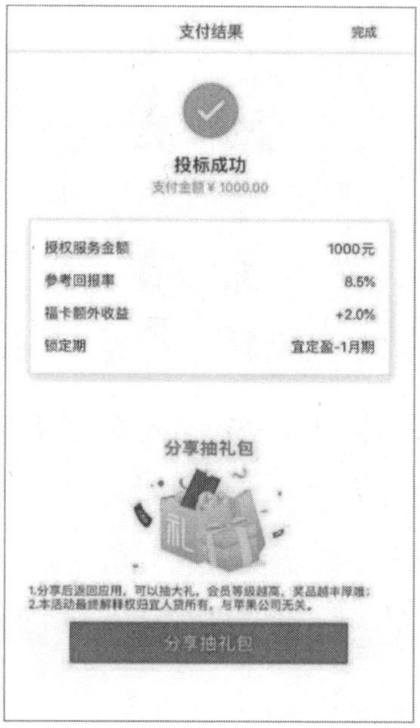

图7－64　宜人贷“支付成功通知”页面

7. 投资者完成投资后可以点击页面底端“我的”快捷按钮查看自己目前平台内的总资产、余额、网贷、银行精选、零钱、基金等内容。对于刚完成投资还未入账的金额，当日不能再账户内显示金额，并在下一工作日才开始计算收益。完成资金出借的投资人可以点击页面上面“网贷”项目按钮，查看资金出借的详细信息（如图7－65所示）。

8. 投资者完成自己出借后，想要查看资金状况，进入“网贷”页面，则可以看到投资的总资产、在投本金、已获得回报、投资的项目和预期的总回报信息。项目投资时间超过锁定期，投资者可以同时赎回自己的投资本金和回报（如图7－66所示）。

图 7－65　宜人贷“我的”账户页面

图 7－66　宜人贷“查看网贷投资”页面

第八章
移动金融业务的安全

第一节　移动金融安全技术框架的构建

一、移动金融的安全问题与需求

（一）移动金融安全面临的主要问题

移动互联网本是一个完全开放的网络信息平台，任何一部手机、任何一部平板电脑都可以与之联接，并借助互联网发布信息，获取与共享各种网站的信息资源，发送电子邮件与开展网上办公，同时进行各种网上电子商务活动。但是，由于移动互联网技术发展的欠缺或不足，也给那些别有用心的组织或个人提供了窃取别人信息和商业机密、偷取消费者的银行账号及其密码，甚至妨碍或毁坏相关网络系统运行的各种机会。概括起来，移动网金融面临的安全威胁主要来自于以下几个方面：

1. 手机程序漏洞：目前市面上相当数量的移动终端设备采用安卓操作系统，撇开程序设计本身存在的漏洞缺陷，程序编写使用 JAVA 结构语言来实现，很容易让攻击者实现反编译。加之它的开源代码方便篡改，注入恶意代码后容易被攻击。若智能操作系统本身存在漏洞，则不法分子可以在不破坏 APP 数字签名的情况下，实现偷取账号、窃取密码、打电话或者发短信等肆意行为。手机一旦在后台被不法分子控制，将面临手机支付功能被非法复制、用户资金流失的威胁。目前手机安全最大的威胁是手机安全漏洞。而恶意程序的威胁主要包括病毒和木马。病毒能未经允许私自下载软件并安装，窃取消费者银行账号及密码，盗走资金；木马程序在手机后台运行，监视受害者短信，拦截银行、支付平台等发来的信息，然后将这些短信联网上传或转发到黑客手机中。手机等移动终端使用的是 APP 开发软件，这种应用软件往往会打包不明的商业消费软件，通过代码不知不觉嵌入其中使得成为不能删除的固件，绑定消费，都会增加移动金融的风险。不法者还会虚开网站和商店，给用户发电子邮件，并接受订单扰乱正常交易秩序；或者是伪造海量用户短时间内大量访问设备端口，堵塞网络通道，穷尽商家资源、使合法用户不能正常访问网络资源。

2. 信息被窃取。移动金融攻击者可能通过互联网、公共电话网、搭线或在电磁波辐射范围内安装截收装置等方式，截获传输的机密信息，或通过对信息流量和流向、通信频度和长度的参数分析，推断出消费者的银行账号及其密码信息。而移动终端设备信息泄露，直接威胁着移动金融支付。手机上的所有信息存储在手机的内存芯片中，人们处置更换下来的手机时，通常选择卖给旧货市场，但往往只是取出 SIM 卡和存储卡，不删除手机内存储的信息，很容易泄露个人隐私。即使谨慎的用户将个人信息删除，甚至格式化存储卡，但借助恢复软件依然可以恢复被删除的手机信息。目前个人私密信息明码标价在网上售卖屡有发生。智能手机、平板电脑携带起来非常方便，但也更容易丢失或被偷。移动终端的信息安全性存在巨大的隐患，移动支付风险的威胁依然存在。类似的风险还存在于页面劫持技术中。恶意程序在后台监听银行应用程序，用户登录操作时，恶意程序就会通过顶层窗口覆盖银行应用登录窗口的方式来劫持登录，当用户在攻击者伪造的登录页面登录时，银行账户数据就会被攻击者窃取。这种攻击手段特征就是不容易被察觉，手机已经被植入木马病毒，且攻击者窃取了用户名和交易密码信息。

3. 信息完整性被破坏。攻击者可能从三个方面破坏信息的完整性：一是通过篡改手段来改变支付信息流的次序，或更改信息的内容。二是使用删除手段，删除某个消息或消息中的某些重要内容。三是在信息中插入干扰信息，甚至是让收款方读不懂或接收错误的信息。篡改手段又被称作二次打包，是指将 apk 文件解包反编译后，篡改其中的代码文件，然后再将其打包成可以安装运行的 apk 文件，从而达到篡改业务逻辑、窃取敏感数据或者增加广告植入目的，获取非法收入，手机用户就会遭遇频繁的广告骚扰和流量损失。经过二次打包的盗版 APP 软件会将与软件毫无关联的广告固化其中来谋取自己的不法利益，或者终端用户点击不明链接进行无底洞消费，同时损耗流量。移动金融用户端还能够通过反编译手段实现资源的替换操作，给用户的账户安全带来严重的影响。部分金融 APP 用户端在正式面对市场之前都会提前预留测试用的账号，很容易导致服务器的接口参数被调用，给用户带来账户安全隐患。

4. 用户身份被篡改与假冒。用户是网络支付的发起者，网络支付对用户的识别主要依靠对不同用户的编码来实现，每个用户编码即是一个唯一的身份标识。用户身份的真实性是网络安全支付的前提和保障。没有这一层保护，所有的网络支付都将面临巨大的风险。从网络支付的风险事件来看，用户身份被假冒是网上频发的且比较突出的一种安全问题，给被盗用户的资金和信用造成极大的损害。同时，由于网络支付的指令输入接口是通用终端，相对于银行的专用终端而言更加容易受到病毒的攻击，造成大量的安全隐患。现实的问题是，虽然通用终端的风险防范技术水平较低，但却有着众多的用户。一旦被病毒攻破防线，会造成大量用户信息泄露，带来巨大的损失并引发动荡。况且网络支付是以公共网络作为媒介的，公共网络的接口众多，开放性也最高，但其接入的终端数量多而且种类繁复。若交易支付指令非常便捷高速的在不同类型的终端之间进行“裸奔”传输，肯定会加大信息传输过程中被截取、被篡改和被伪造的巨大风险。近几年，无线网络和智能手机应用技术的快速发展使得公共网络的接入终端量呈爆炸性增长，进一步加大了数据传输的风险。而且账户是实现资金收支的平台，是保障用户资金安全的最后一道屏障。用户账号及密码是实现账户安全管理的两道工序，需要予以重点防范。账户的安全问题一般表现为账号及密码被窃取、泄露，账户资金被转移和盗取。或者是冒用他人身份进行消费和栽赃。

5. 用户被欺骗。主要是二维码劫持、钓鱼和欺诈。其中二维码劫持攻击是指在用户使用二维码付款时，劫持二维码生成或交易数据，从而使资金在交易过程中流入非法账户。现在二维码技术逐渐成熟，普通用户能够使用软件对 QR 码任意合成，并且相似度极高，肉眼根本无法分辨，所以很多电商通过扫码收取的资金不经意间流入坏人腰包。钓鱼网站属于网络欺诈的一种，它通过模拟成正规的金融网站，当消费者在使用手机消费时弹出与官方网站看上去一模一样的网站界面，从而盗窃个人账号及其密码。目前，手机用户端软件打开的网址还无法被手机安全软件捕获，二维码扫描工具也不具备识别恶意网址的能力。随着手机支付的发展，伪装网络金融机构、淘宝、微信的钓鱼网站在网络中肆意传播发送各种商品销售优惠信息、银行账号的电子密码器等更新信息链接到钓鱼网站，对手机支付账户造成威胁。伪基站是指使用电信运营商或金融机构的官方号码，由伪装基站发送短信，而目前的移动金融软件技术还不能识别和拦截其发送的信息，因而具有很强的迷惑性。手机用户若访问虚假网银或下载安装了手机木马，其支付账户安全将受到威胁。

（二）移动金融的主要安全需求

移动金融面临的安全隐患导致了对移动网络安全的需求。为了实现一个安全的移动金融系统需要其符合以下几个方面的要求：

1. 机密性。移动金融作为贸易及其服务的一种结算手段及其消费模式，其结算及其消费信息直接代表着个人、机构或国家的商业机密。传统的纸面贸易都是通过邮寄封装的信件或通过可靠的通信渠道发送商业报文来达到保守机密的目的，而电子商务则是建立在一个最为开放的移动网络环境基础之上，因而商业机密的维护是电子商务全面推广应用的最重要保障。要预防非法的信息存取并阻止信息在传输过程中被非法窃取，机密信息的安全保护技术显得非常重要。目前，移动用户交易及其消费的机密性信息主要是通过密码技术来对传输的信息进行加密处理来实现。

2. 完整性。移动金融的支付手段及其消费手段大量使用并简化了现有的贸易过程或交易结算方式，特别是减少了人为的不当干预，但同时也带来维护贸易及其交易各方商业信息的完整的问题。由于数据输入时的意外差错或欺诈行为的存在，可能导致贸易及其交易各方信息的差异。此外，数据传输过程中信息的丢失、信息重复或信息传送的次序差异也会导致贸易及其交易各方信息的不对称。贸易及其交易各方信息的完整性将影响到贸易及其交易各方的交易和经营策略的正确选择，而保持贸易及其交易各方信息的完整性是电子商务应用的基础。因此，要预防对移动信息的随意生成、修改和删除，同时要防止移动数据传送过程中信息的丢失和重复，并保证信息传送次序的完整。完整性一般可通过提取信息消息摘要的方式来获得。

3. 认证性。移动金融系统的特殊性在于，其使用者企业或个人的结算都是在虚拟的移动网络环境中进行，所以对个人或企业实体进行身份性确认成了移动网金融交易中很重要的一环。对个人或实体的身份进行鉴别，为身份的真实性提供保证，即交易双方能够在相互不见面的情况下确认对方的身份，意味着当某人或实体声称具有某个特定的身份时，通过鉴别服务来提供一种方法以验证其声明的正确与否。目前主要是通过绑定手机号码、绑定终端设备信息、用户预留信息、短信密码等主要技术手段来实现。

4. 不可抵赖性。应该讲，移动金融关系到贸易双方的商业交易是否得到对方真实有效的确认，而如何确定进行交易的贸易方正是所期望的贸易伙伴，这一问题则是保证移动金融支付及其消费顺利进行的关键。贸易双方在传统的纸面贸易中可以通过在交易合同、契约或贸易单据等书面文件上手写签名或印章来鉴别贸易伙伴身份，确定合同、契约、单据的可靠性，并预防毁约行为的发生，这也就是人们通常所说的“白纸黑字”。但是，通过手写签名和印章使用在无纸化的移动金融方式下已是不可能的。因此，要在结算信息的传输过程中，为参与结算的个人、机构或国家提供可靠的标识，即不可抵赖性，可通过对发送的消息进行数字签名来加以解决。

5. 有效性。移动金融技术以电子信息票据取代了大量纸质结算凭证，那么如何保证这种电子形式的结算信息的有效性则是正常开展移动金融业务的前提。移动金融作为贸易、理财及其服务的一种常规结算方式，其信息的有效性将直接关系到个人、机构或国家的经济利益和声誉。采用移动金融手段，要对网络故障、操作错误、应用程序错误、移动硬件故障、系统软件错误及手机病毒所产生的潜在威胁加以控制和预防，以保证结算数据在确定的时刻、确定的地点有效无误。

6. 平衡性。在移动互联场景下，如何兼顾易用性和安全性的平衡，并符合监管合规要求，需要金融机构从以下几方面努力：在技术层面需要解决移动端环境安全，身份和设备安全认证，敏感信息保护，大数据风险监测等问题。移动端环境由于面对操作系统漏洞、木马等威胁，在用户密钥的安全存储上存在较大隐患，为了解决这一问题，目前有基于手机KEY、安全元件以及可信执行环境的解决方案。在身份和设备安全认证方面，提倡引入生物识别技术实现多因子认证。基于手机端的指纹识别实现用户身份认证，并且基于可信执行环境技术，提供生物特征信息手机端的安全存储和比对，以确保用户隐私，实现轻量级、通用化、优良的用户认证体验。在敏感信息保护方面，应加强银行账户、用户身份、密码等敏感信息的保护。在移动金融的服务过程中，应确保敏感信息在生成、传输、使用、存储等各个环节的安全，防止信息泄露；应通过支付标记化技术，用支付标记代替银行卡卡号进行交易，同时确保该支付标记的应用被限定在特定的商户、渠道或设备，从而避免银行卡号等敏感信息泄露所带来的风险。还应通过大数据分析、用户行为建模、移动设备数据行为采集等手段建立和完善可疑交易监测模型，实现事前、事中、事后的风险监控。

二、移动金融安全的主要技术

（一）防火墙技术

防火墙的英文名称是“Fire Wall”，它是目前一种最重要最普遍的网络防护技术。防火墙是指设置在不同网络（如可信任的企业内部网和不可信的公共网）或网络安全域之间的一系列部件的组合。它是不同网络或网络安全域之间信息的唯一出入口，通过监测、限制、更改，跨越防火墙的数据流，尽可能地对外部屏蔽网络内部的信息、结构和运行状况，有选择地接受外部访问，对内部强化设备监管，控制对服务器与外部网络的访问，在被保护网络和外部网络之间架起一道屏障，以防止发生不可预测的、潜在的破坏性侵入。就目前来看，防火墙能做到过滤那些不安全的服务，只有预先被允许的服务才能通过防火墙。这样就降低了受到非法攻击的风险，提高了网络的安全性。如果所有对网络的访问都通过防火墙，那么防火墙还能记录下这些访问的时间及其内容，并能提供网络使用情况的统计数据。当发生可疑情况时，防火墙就能报警并提供网络是否受到检测和攻击的详细信息。通过以防火墙为中心的安全方案配置，能将所有安全软件（如口令、身份认证、加密、审计等）配置在防火墙上，不使用防火墙就必须把所有安全软件分散到各主机上，防火墙的集中安全管理更经济。当然，防火墙技术并非完美。它无法防范那些不通过防火墙的攻击；不能防止传送已被病毒感染的软件或文件；限制或关闭许多有用但存在安全缺陷的网络服务；不能阻止内部人员非法拷贝数据。需要说明的是，目前还没有任何一种防火墙是万能的，如果只有孤立的防火墙在工作，而没有全面的安全方案，特别是磁盘和数据加密、病毒防护技术的使用，那么防火墙等于是形同虚设。

（二）漏洞扫描技术

漏洞扫描技术是自动检测远端或本地主机安全漏洞的技术。安全漏洞通常指硬件、软件、协议的具体实现或系统安全策略方面存在的安全缺陷。漏洞扫描按功能大致可分为：操作系统漏洞扫描、网络漏洞扫描和数据库漏洞扫描。若针对检测对象的不同，漏洞扫描还可分为网络扫描、操作系统扫描、WWW 服务扫描、数据库扫描以及新出现的无线网络扫描。目前，漏洞扫描从底层技术来划分，还可以分作基于网络的扫描和基于主机的扫描这两种类型。漏洞扫描主要通过以下两种方法来检测目标主机是否存在漏洞：一是在端口扫描后得知目标主机开启的端口以及端口上的网络服务，并将这些相关信息与网络漏洞扫描系统提供的漏洞库进行匹配，查看是否有满足匹配条件的漏洞存在；二是通过模拟黑客的攻击手法，对目标主机系统进行攻击性的安全漏洞扫描，如测试弱势口令。一旦模拟攻击成功，则表明目标主机系统存在安全漏洞。

（三）入侵检测技术

入侵检测是防火墙的合理补充，帮助系统对付网络攻击，扩展了系统管理员的安全管理能力，包括安全审计、监视、进攻识别和响应。它从计算机网络系统中的若干关键点收集信息并分析这些信息，察看网络中是否有违反安全策略的行为和遭到攻击的迹象。入侵检测是防火墙之后的第二道安全闸门。在不影响网络性能的情况下能对网络进行监测，从而提供对内部攻击、外部攻击和误操作的实时保护。入侵检测技术会使信息安全基础结构的完整性得到提高。

（四）身份识别技术

手机及其平板电脑会在大部分时间里伴随着人们的生活。如何确认是否手机所属主人在进行移动金融产品及其服务的消费和结算是移动金融安全使用上面必须解决的技术问题。目前主要采取的技术方法有：

1. 绑定手机号码的技术。在大多数情形下，移动金融用户在操作过程中只有一种途径可以访问金融软件，那就是通过智能手机终端访问。若是用户使用的手机不是当初注册时使用的手机号码，那么在访问的过程中权限就会受到限制，而且大部分软件都只能进行查询服务，同时操作的过程还会通知原本注册的号码。换句话说，用户只能通过注册时预留的手机信息，通过经过绑定的手机，采用预留信息的方式来实现信息变更。绑定手机号码的技术可以防止非法用户通过其他手机号码尝试访问用户移动金融软件，问题是如果用户手机被盗或者手机号被复制，则该方案失效。

2. 绑定终端设备信息的技术。如果用户是软件的新注册用户，那么在第一次登陆使用软件的时候，软件会自动发送一条验证消息给用户，用户在使用其他终端设备进行操作的时候，权限自然也会受到相应的限制。这种技术的优势是防止非法用户通过其他非权限终端访问用户移动金融软件，但如果用户移动终端被盗则该方案会失效。

3. 用户预留信息技术。如果用户是第一次使用金融软件，那么会给用户提供预留信息界面，如果用户是以后进行登录，那么就会在操作界面上展示用户之前留下的信息，并要求用户进行确认。这种技术的优势是能够有效预防软件被修改和用户被骗到违法网站，但若是用户在操作的过程中粗心大意，没有仔细留意预留信息，这种技术就没有办法达到预期的效果，若是预留的信息出现漏洞，那么还很容易被破解。

4. 短信密码技术。在进行重要的操作时，系统可以通过发送确认消息的方式，要求用户在操作前进行确认。这种技术提升操作过程中的安全性保障，而且密码破解难度加大，安全性得到有效保证。主要问题是短信密码可能会在发送之后被违法软件读取，或者有可能被截获，给用户的操作埋下隐患。如果用户的手机被盗，那么账户的安全性问题将面临严峻的考验。

（五）数据加密技术

移动网络上的信息如果没有经过特殊处理都是明码传输的，这就意味着用户在网上传输的口令、密码、信用卡号码等都有可能被他人窃取。数据加密技术用来防止合法者之外的人获取机密信息，它有两种基本形式的算法，一种是对称密钥加密算法，也称为私有密钥加密算法；另一种是非对称密钥加密算法，也称为公开密钥加密算法。

1. 对称密钥加密算法。对称密钥加密算法具有以下特点：解密密钥和加密密钥相同，用某个密钥加密就必须用同一个密钥解密；加密过程中将待加密数据分割成等长的若干个分组，对每个分组进行加密形成加密后的分组，再将各个分组组合成整个密文；加密过程是一个密钥控制下的复杂迭代运算；相对非对称加密算法密码长度较短、加密速度较快。典型的对称密钥加密算法是 DES 算法。对称加密算法在移动金融支付过程中存在以下三个方面的问题：一是要求提供一条安全的渠道使交易双方在首次通信时协商一个共同的密钥。而面对面直接协商可能并不现实，因此双方需要借助于邮件、电话等其他相对不够安全的手段来进行协商。二是由于密钥数目的快速增长而变得难以管理。因为每一对可能的通信实体需要使用不同的密钥，这很难适应现代社会大量信息的交流。三是通常对称加密算法不能提供信息完整性鉴别。

2. 非对称密钥加密算法。非对称密钥加密算法存在两个密钥，一个公开为公开密钥，简称公钥；另一个保密为私有密钥，简称私钥。一个密钥用来加密后，就要用另一个密钥来解密，也就是说用公钥加密的信息就要用私钥解密，用私钥加密的数据就要用公钥解密。典型的算法是 RSA 算法。非对称密钥加密算法中的任何一把都可作为公开密钥（加密密钥）通过非保密方式向他人公开，而另一把则作为专用密钥（解密密钥）加以保存。

（六）数字签名技术

数字签名就是通过某种密码运算生成一系列符号及代码组成电子密码进行签名，来代替书写签名或印章。用电子式的签名进行技术验证，其验证的准确度是一般手工签名和图章的验证所无法比拟的。数字签名在 ISO7498－2 标准中定义是：“附加在数据单元上的一些数据，或是对数据单元所作的密码变换，这种数据和变换允许数据单元的接收者用以确认数据单元来源和数据单元的完整性，并保护数据，防止被人（例如接收者）进行伪造”。美国电子签名标准（DSS，FIPS186－2）对数字签名作了如下解释：“利用一套规则和一个参数对数据计算所得的结果，用此结果能够确认签名者的身份和数据的完整性”。数字签名的种类和功能非常多，相应的方案也很多，除了常规的数字签名方案之外，还有众多具有代表性的群签名方案、多重数字签名方案、批验证协议和代理数字签名方案等。数字签名技术是目前移动金融支付中应用最普遍、技术最成熟、可操作性最强的一种电子签名方法。它采用了规范化的程序和科学化的方法，用于鉴定签名人的身份以及对一项电子数据内容的认可。它还能验证出文件的原文在传输过程中有无变动，确保传输电子文件的完整性、真实性和不可抵赖性。在移动金融业务中众多服务项目都用到了数字签名技术，特别是网络支付单据的认证。由于移动金融的非面对面性，为了防止网络中假冒、抵赖等行为的发生，并使其有据可循，数字签名就如同传统金融业务中的个人手写签名或企业印章一样，保障了移动金融业务的安全有效。

（七）数字摘要

利用某种算法对被传送的数据生成一个完整性值，将此完整性值与原始数据一起传送给接收者，接受者用这个完整性值来检验消息在传送过程中是否发生改变，这个由原始数据通过某一加密算法产生的特殊数字信息串，比原始数据小，能代表原始数据，所以称作数字摘要。数字摘要通过使用单向散列（Hash）函数从要发送的报文中生成一个固定长度、通常是 128 位的散列值或报文摘要。不同的报文生成不同的报文摘要，对报文的微小改动都会造成报文摘要的完全不同；相同的报文其报文摘要必然一样。因而利用报文摘要就可以验证网络传输收到的报文是否是初始的、未被篡改过的，从而保证数据的完整特征。由于每个消息数据都有自己特定的数字摘要，就像每个人的指纹一样，所以数字摘要又称为数字指纹或数字手印。就像可以通过指纹确定一个人一样，可以通过数字指纹来确定所代表的数据。

（八）数字时间戳

在移动金融支付中，还需对结算文件的日期和时间信息采取安全保护。这需要在经过数字签名的支付信息上打上一个可信赖的时间戳，由于用户桌面的时间很容易改变，由该时间产生的时间戳不可信赖，因此数字时间戳服务通常由专门的机构提供的网上安全服务项目。而数字时间戳服务（DTS，Digital Time － Stamp service）就能提供电子文件发表时间的安全保护。数字时间戳服务是网上安全服务项目，由专门的机构来提供。时间戳是一个经加密后形成的凭证文档，它包括三个部分：需加时间戳的文本的摘要，DTS 收到文件的日期和时间及 DTS 的数字签名。

（九）数字信封

数字信封是一种综合利用了对称加密技术和非对称加密技术两者的优点进行信息安全传输的一种技术。数字信封既发挥了对称加密算法速度快、安全性好的优点，又发挥了非对称加密算法密钥管理方便的优点。数字信封是公钥密码体制在实际中的一个应用，是用加密技术来保证只有规定的特定收信人才能阅读通信的内容。在数字信封中，信息发送方采用对称密钥来加密信息内容，然后将此对称密钥用接收方的公开密钥来加密（这部分称数字信封）之后，将它和加密后的信息一起发送给接收方，接收方先用相应的私有密钥打开数字信封，得到对称密钥，然后使用对称密钥解开加密信息。这种技术的安全性相当高。数字信封主要包括数字信封打包和数字信封拆解，数字信封打包是使用对方的公钥将加密密钥进行加密的过程，只有对方的私钥才能将加密后的数据（通信密钥）还原；数字信封拆解是使用私钥将加密过的数据解密的过程。

（十）数字证书

数字证书是网络通信中标志通信各方身份信息的一系列数据，类似于现实生活中的居民身份证，由权威机构颁发。数字证书的一个重要特征就是只在特定的时间段有效。数字证书的格式一般采用 X. 509 国际标准，一个标准的 X. 509 数字证书包含以下内容：证书的版本信息、证书的序列号、证书所使用的签名算法、证书的发行机构名称、证书的有效期、证书所有人的名称、证书所有人的公开密钥、证书发行者对证书的签名。X. 509 证书格式还预留了扩展内容，用户可以根据自己的需要进行扩展。数字证书通过运用对称和非对称密码体制建立起一套严密的身份认证系统，并使以下服务或项目得到保证：信息除发送方和接收方外不被其他人窃取；信息在传输过程中不被篡改；发送方能够通过数字证书来确认接收方的身份；发送方对于自己发送的信息不能抵赖。证书的验证是通过证书中证书颁发机构用其私钥签署的证书信息摘要的电子签名的合法性来进行的。随着移动金融业务的普及特别是移动支付业务的飞速发展，数字证书技术已经广泛得到使用。目前数字证书主要用于发送安全电子邮件、访问安全站点、网上证券交易、网上招标采购、网上办公、网上保险、网上税务、网上签约和手机银行等交易活动领域。

用户在进行需要使用证书进行移动支付操作时，必须准备好装有证书的存储介质。如果用户是在自己的计算机上进行操作，操作前必须先安装 CA 根证书。一般所访问的系统如果需要使用数字证书会自动弹出提示框要求安装根证书，用户直接选择确认即可；当然也可以直接登陆 CA 中心的网站，下载安装根证书。操作时，一般系统会自动提示用户出示数字证书或者插入证书介质（IC 卡或 Key），用户插入证书介质后系统将要求用户输入密码口令，此时用户需要输入申请证书时获得的密码信封中的密码，密码验证正确后系统将自动调用数字证书进行相关操作。使用后，用户应记住取出证书介质，并妥善保管。当然，根据不同系统数字证书会有不同的使用方式，但系统一般会有明确提示，用户使用起来都较为方便。

（十一）安全协议

SSL（ Secure Socket Layer）是由 Netscape 设计的一种面向连接的开放协议，主要在两个通信应用程序之间提供机密性和数据完整性。但是，SSL 协议只能提供交易中用户与服务器间的双方认证，而移动金融支付往往是用户、网站、银行三家协作完成，SSL 协议运行的基点是商家对用户信息保密的承诺，在整个过程中商家可以通过银行对用户身份进行认证，但用户没有对商家身份进行认证，因此 SSL 协议有利于商家而不利于用户。但是 SSL 协议独立于应用层协议且被大部分的浏览器和 Web 服务器所内置，目前几乎所有操作平台上的 Web 浏览器以及流行的 Web 服务器都支持 SSL 协议，SSL 协议在保障网上交易及其结算安全等方面有着广泛的应用。

SET（Secure Electronic Transactions）是由 Visa 和 MasterCard 两大信用卡组织联合开发的移动金融支付安全协议。SET 允许各方之间的报文交换不是实时的。SET 详细而准确地反映了卡交易各方之间的各种关系，主要用于消费者与商店、商店与收单银行（付款银行）之间。对消费者而言，SET 保证了商家的合法性，并且用户的信用卡号不会被窃取。对商家而言，SET 为商家提供了保护自己的手段，使商家免受欺诈的困扰，使商家的运营成本降低。但是 SET 要求在银行网络、商家服务器、顾客的 PC 上安装相应的软件，还要求必须向各方发放证书，这使得 SET 要比 SSL 昂贵得多。但 SET 可以以用在系统的一部分。例如，商家在与银行连接中使用 SET，而与顾客连接时仍然使用 SSL。这种方案既回避了在顾客机器上安装电子钱包软件，同时又获得了 SET 提供的很多优点。

第二节 移动金融业务的安全使用

一、移动支付主要安全问题及其安全手段

（一）移动支付主要安全问题

1. 支付方式选择漏洞。由于网上支付基于一个虚拟的空间，市场参与者的诚信度完全建立在虚拟信息的基础之上，因而支付安全和诚信问题显得至关重要。我国目前尚缺乏完整的信用信息披露机制，并未形成非常有效的能够约束个人和企业信用行为、促使其自觉履行承诺的诚信机制。而从另一方面讲，社会诚信观念缺乏，欺诈现象时有发生。依照目前的交易流程设计，买方提交订单后向第三方平台提交支付信息；第三方平台获取买方支付信息并向相关银行或信用卡公司发送支付请求；银行或信用卡公司验证买方账户后通过第三方平台将资金从银行账户转到支付宝账户；支付宝平台将转账信息传递给卖方并通知卖方发货；卖方发货，买方收到满意商品并确认后，第三方将资金转入卖方账户。整个交易过程虽然由于第三方支付机构的介入对买方和卖方的诚信行为进行了约束，但第三方平台并没有强制要求用户一定按照这样的步骤进行交易。目前第三方平台还保留着直接支付的结算通道。在提供方便快捷的同时，客观上某些不法商家仍有可能欺骗买家先确认付款，但最后又不发货，或者买家收到货物后点击退货，如果卖家的发货凭证丢失或者没有及时出示给第三方支付平台，商家就会损失了货物而得不到货款。这种设计仍然给不法之徒提供了欺诈机会，从而形成了信用缺失的事实。

2. 非法套现操作。由于使用信用卡取现需要额外支付手续费和利息，现在有些人为了省去手续费和利息，通过使用第三方平台网上虚假购物的方式，利用与第三方平台挂钩的信用卡进行套现。从整个交易结算过程来看，第三方平台用户使用信用卡支付后，再通过账户转移到借记卡，然后从银行取出现金，整个过程没有真实的货物交易，也无需缴纳额外的费用。具体讲，只要你拥有几张银行信用卡在身，再利用亲戚朋友的身份证件开个网上店铺，

就可以运用信用卡的网上支付功能，通过自买自卖的方式轻松实现免费套现。当然，用户还可以申请支付平台后再“买卖”。许多专职中小商务网站的网关服务商申请门槛很低，就给了套现者可乘之机。套现者只要建立一个自己的网站，并申请到支付平台，就可以顺理成章地通过商品的自买自卖轻松实现信用卡套现。事实上，套现者根本不需要直接进货发货，只需要用虚拟交易的形式以“买家”的身份买下一件件“商品”，并用透支信用卡支付。过段时间后，这笔钱就会通过支付平台划到卖家的银行卡上。由于这里的“卖家”和“买家”其实是同一个人，套现者信用卡上的透支钱款就在另一张卡上变成了最富于流动性可随时用于提取的现款，毫无风险地实现了套现。而就目前来看，这种套现操作的成本是非常低的。同时银行对信用卡的控制也出现了“盲区”。利用第三方平台进行信用卡套现，本质上属于虚假交易。为了杜绝此类现象的频频发生，目前银行大多会把信用卡单笔交易限额设定在规定金额左右。但由于交易规程的规定，目前对于第三方平台套现现象，商业银行方面很难能够拿出有效的控制手段，而且由于第三方平台网上交易量非常之大，银行抛开第三方平台的话，其现有的业务量会受到较大的冲击，利益流失问题就会凸显出来。

3. 网络黑客攻击。网络黑客实际是非法入侵电脑系统者，网上黑客攻击对国家金融安全的潜在风险极大。目前，黑客行动几乎涉及了所有的操作系统，包括 UNIX 与 Windows. NET。因为许多网络系统都有着各种各样的安全漏洞，特别是某些是操作系统本身的，有些是管理员配置错误引起的。黑客利用网上的任何漏洞和缺陷修改网页，非法进入主机，进入银行盗取和转移资金、窃取信息、发送假冒的电子邮件。黑客攻击还会使淘宝用户的注册信息丢失或外泄，使用户蒙受不应发生的经济损失。

4. 手机丢失后患。手机绑定的移动支付与理财软件给许多人带来了支付与理财的方便。但手机丢失后就带来了非常敏感的问题：信用卡会不会遭到盗刷，账户理财产品会不会被人盗取。而即使是手机不丢的话，我们该怎样来保护自己的手机安全信息不外泄？现在我们周围的很多人，已经很少把银行卡带在身上，因为在很多地方就餐或买东西，绑定第三方的手机可以直接用来支付结算。可是，万一手机丢失或者被人偷取，而手机又绑定着移动支付与理财软件，那么其安全风险肯定要受到关注。目前使用的苹果手机相对会有一定的安全保障，可如果使用安卓等开源性操作系统的手机，则很容易被不法分子种植木马，手机上的各种数据和信息都可能被不法分子盗取利用，最为典型的就是盗取第三方平台支付账户和理财账户里面的钱财。不法分子种植木马的方法主要是，通过手机短信、即时聊天工具发送链接或文件等，只要用户点击或接受，木马便会悄悄植入手机。现实生活中的手机绑定了第三方软件，一旦手机丢了，拾到者如果知道手机用户的身份证和银行卡号，就可使用快捷支付功能，也就是通过机主预留在银行的手机号码，发送验证码，导致绑定在手机上的银行卡被盗用。

5. 法律盲区较多。由于法律的不完备，客观上并没有建立起完备有效的信用体制，移动支付的安全并未得到很好的保证。目前电子商务交易中出现纠纷的买卖双方往往各执一词，相关部门取证困难；同时，支付平台流程有漏洞，有些人很可能就会赖账，不讲信用。对第三方平台的监管也是个大问题。尽管第三方平台与银行签订了战略合作协议，但这些银行对第三方账户上的资金是否“专款专用”并没有监督的权利和义务。这样就导致第三方公司本身“类银行”的相关业务处于监管真空状态，这给使用第三方的资金安全留下财务隐患。依据 2013 年 3 月 15 日中国证监会《证券投资基金销售机构通过第三方电子商务平台开展业务管理暂行规定》，第三方平台销售基金产品应具有代销资格，其推出的理财产品是将基金公司的基金直销系统内置到了第三方网站中。用户将资金转入理财账户的过程中，第三方和基金公司通过系统的对接将一站式为用户完成基金开户、基金购买的过程。目前还有一个比较突出的问题是，类似于第三方支付工具普遍提供了买卖双方现金交易的平台，这极会导致通过第三方支付工具进行洗钱的现象滋生。若第三方支付工具再不需要实名制就可进行交易的话，洗钱会变得更加容易。第三方支付工具将有可能沦为不法分子的洗钱工具，为网络赌博等提供资金渠道。

（二）移动支付主要安全手段

1. 建立五级风险防控体系。第三方五级风险防控体系的工作流程是：第一级，当用户进行支付交易时，第三方最先做出反应的是终端环境保护体系。在这一环节，第三方与浏览器及反病毒厂商都建立了合作，对钓鱼网站进行智能识别、过滤。第二级是用户认证系统。用户需要上传真实的个人身份信息，在通过公安网等 5 个身份比对系统的验证和判断后，才能成为“第三方实名认证账户”。此外，还包括实名管理、黑名单、用户尽职调查、用户风险分级，风险账户处理。第三级是隐私保护。第三方平台的信息安全与隐私保护体系会对用户的信息进行敏感度分级，并对存储、访问、传输进行全程控制，保证敏感信息不会遭到恶意泄露。第四级是账户保护。安全产品包括数字证书，动态口令等。数字证书是对用户使用的电脑进行唯一的身份标识；动态口令则是向用户绑定的手机发送校验码，以此确定账户使用者的身份。第五级是交易保护。对用户的交易行为进行监控和识别，第三方平台对用户行为数据进行分析并建立了风险模型，一旦发现实时交易存在风险，会立刻进行拦截，并向用户人工确认。据有关报道，第三方每笔交易都会经过系统判断能不能通过。这个风险的识别基于两个能力，一是大量用户行为数据的积累，形成风险交易判断的模型。二是安全技术设备有超强的计算能力，大量交易可在毫秒内立即做出判断。不少第三方目前还引入了财产保险承保，用户若出现资损给予赔偿。

2. 优化支付流程。对于交易双方引发的信用风险，可以引入物流部门，以改进移动支付流程，增强交易的透明性和安全性。在卖方发货后，在物流部门处得到一个发货号，并将其发货号发送到支付平台；买家方面，收到货物之后进行检查，如果满意则确认收货并进行付款确认。当买方觉得货物不满并要求退货时，需要由物流部门产生一个退货号，并把退货号发送到支付平台，支付平台通过物流部门的信息记录确认，如果真的发生了退货行为，则不对卖方进行转账支付。如果买家在一定期限内没有发送退货号到支付平台，平台根据的发货号和退货号到物流部门查询货物情况从而决定是否转账到卖方。可以看出，改进后的流程中，发货号和退货号已经成为是否进行支付的凭证。在交易的过程中，第三方支付平台需要收到卖方的发货号以及得到买家的确认才会进行转账支付，这不但防止了卖方对买方的欺诈行为，从另一个角度来说，还防止了交易双方没有进行真正的交易而套取信用卡现金的行为。另外，物流部门还可以向交易双方提供查询货物发送情况的服务，并从中收取手续费，增加利润。因为物流部门跟第三方支付平台合作才增加了更多的用户以及取得收入的渠道，所以它要向支付平台支付一定的费用，这就为第三方支付平台创造了一个新的收入来源。通过以上改进后，支付平台对买卖双方都保持较强的控制力，是否支付都有一定的依据，不会再因为一方的不诚信而造成另一方的损失，很好地规避了交易双方的欺诈行为，从而降低了第三方支付平台的信用风险。

3. 强化法律保护和安全使用意识。移动金融支付业务的迅速发展，导致了第三方支付的许多新的问题与矛盾，也使得立法相对滞后。另一方面，移动金融支付涉及的范围越来越广泛，也给立法工作带来了一定的难度。特别是移动支付近年来创新不断，在业界引起了连续不断的此起彼伏的争议和动荡，使得传统的金融机构和政府监管部门颇有些“应接不暇”之感。而客观上，针对目前移动支付平台在移动金融支付活动中出现的问题，应尽快建立相关的法律法规，规范移动金融支付参与者的行为。特别是对移动金融支付业务操作、电子资金划拨的风险责任进行规范，制定针对第三方等移动金融支付的犯罪案件管辖、仲裁等规则。对移动支付平台与理财平台的安全保密必须有法律保障机制。对相关的电脑犯罪、电脑泄密、窃取第三方平台商业和金融机密要有相应的法律制裁的规定和具体手段，逐步形成有法律许可、法律保障和法律约束的移动金融业务环境。对突现的新型的针对第三方平台犯罪要给予足够重视，通过快速立法来遏制此类犯罪滋生。当然，第三方平台用户的安全使用意识建立也是非常重要的。特别是对于当前大量绑定了第三方平台软件的手机用户来讲，手机淘汰前，一定要通过手机内置第三方软件的“第三方—我的—头像昵称框—设置—安全设置—安全中心—设备管理”菜单选项取消对旧手机的授权，否则别人拿到你的旧手机，就能轻易登录你的第三方。而手机丢失后，苹果手机用户可第一时间登录自己的苹果 ID，锁定苹果手机，并抹掉手机上的所有数据和信息。使用安卓系统的手机机主，应第一时间到手机运营商那补办手机卡，这样原手机卡就会立即自动注销，失去通信能力，快捷支付功能也就无法使用。还可拨打第三方客服电话，申请冻结绑定第三方账号。如果还不放心，可同时拨打银行卡发卡行的客服电话，要求挂失银行卡，也可凭有效证件到银行柜台直接挂失。需要强调的是，用户在更新软件时应从官方网站或 APP 商店下载，不要随意点击链接与彩信，不接收陌生蓝牙推送的程序，不随意扫描二维码，不随意连接不熟悉的免费 WIFI 网。用户不要将个人隐私信息、图片存放在移动设备里，防止设备丢失或者被盗后因患无穷。

二、手机银行主要安全风险及其安全手段

（一）手机银行主要安全风险

1. 网络建设的技术落后问题。手机银行是基于全球电子信息系统基础上运行的金融服务形式，对计算机和网络技术的依赖性很大。从目前的风险案例表现来看，一是目前流行的许多操作系统均存在网络安全漏洞，大多数 INTERNET 上的信息加密程度不高，各种口令在文件传输过程中很容易被盗取。二是系统故障使计算机网络出现系统停机、磁盘破坏、数据丢失。由于网络设备终日担当着网络上繁重而复杂的金融数据传输任务，难免因负荷过重而出现故障，造成手机银行系统直接经济损失发生。三是随着黑客攻击技术的提高，手机银行难免被黑客非法入侵，删除或修改其服务程序，窃取银行及用户的关键敏感资料，或者直接进行非法的电子资金转账。四是目前所使用 Internet 采用的是 TCP/IP 协议，此协议规定主机之间的相互通讯以信任为基础，在数据交换、信息处理上力求方便快捷，其安全性能的设计上则尚有欠缺，因而其数据和信息传输过程中容易被窥视和截获。目前，计算机网络关键技术仍掌握在国外发达国家极少数的大公司手中，国外银行在与国内银行开展手机银行业务竞争时存在着技术优势，这些都将会给我国的手机银行业务发展带来重大的风险隐患。

从另一方面讲，虽然网络犯罪目前已受到高度的重视，但是网络发展的不确定性，以及

计算机技术的“摩尔定律”，都会造成对网络犯罪控制难度的加大。而网络技术更替的速度之快则使其在很多领域经常要面临全新的操作环境，漏洞存在已经成为一种正常现象。这使得黑客能够非法侵入甚至破坏计算机的信息系统、利用网络漏洞实行金融诈骗、非法盗用用户账号、窃取商业机密。技术落伍将是手机银行发展长期面临的问题。需要注意的是，手机银行操作系统的设计如果采用非安全的外包方式进行，则还有可能埋下以下严重隐患：一是开发人员开发手机银行系统时可能留下后门；二是手机银行系统在设计时没有遵从最新的安全标准；三是用户端的安全强度设计不足，如没有防范远程劫持的安全交易机制，没有采取反跟踪、加密、加壳保护技术，没有采取有效防止钓鱼网站攻击的保护技术；四是服务器端存在设计缺陷，其安全区域划分不合理或没有采用有效的防护，没有有效的安全审计技术支持，没有考虑灾备或者灾备方式不合理。

2. 诚信缺损下数据真伪难辨。在大数据应用时代，金融行业对数据依赖性极高。由于手机银行采用了与传统银行完全不同的方式拓展金融产品与服务，它的虚拟性和开放性形成了突破地理限制的无边界金融服务。银行与用户之间没有面对面的接触，而是通过远程通讯手段，借助信用确认程度对借款人的信用进行评估。缺少足够的用户资信评估数据的条件下，银行很难对借款人进行准确的信用评估，借款人也很可能不履行对电子货币借贷应该承担的义务。手机银行虽然通过非传统的渠道扩展了信贷范围，并可突破传统的地域范围限制扩展市场，但是通过远程银行操作来确定信贷申请人的放款价值又是不充分的，这给手机银行带来较高的信用风险。但辩证的看，随着今后移动金融业务的不断拓展，金融机构在日常运营中累积的用户信息会庞大到不能用 TB 来衡量，数据量从 TB 级别跃升到 PB、EB 乃至 ZB 级别。国际数据公司（IDC）预计到 2020 年全球数据总量将达到 40ZB，其中我国将达到 8.6ZB，占全球的 21%。大数据基础上的金融决策对数据信息非常敏感。一旦数据中混杂了虚假的成分，就可能导致错误的交易行为，进而引发金融市场风险，同时还有可能侵犯消费者的隐私权。

3. 资金被错误操作。操作错误主要是指由于系统中存在不利于可靠性、稳定性和安全性要求的错误操作而招致损失的现象。它可能来自于网络银行用户的疏忽大意，也可能来自于网络银行安全系统和其产品设计缺陷与操作失误，如系统被非法入侵、电子货币被伪造、系统技术失效。同时，银行职员在业务上的误操作，也可能导致手机银行账户资金出现严重的错误支付或转账。操作错误主要涉及网络银行账户的授权使用、网络银行的风险管理系统、网络银行与用户间的信息交流、真假电子货币的识别等领域。因此，操作错误来源于网络系统在可靠性和完整性方面的重大缺陷。

4. 内部管理不严。由于严格制度管控的历史积淀非常短暂，部分中小银行手机银行缺少操作系统管理、操作安全管理、涉密安全管理、变更管理、防恶意代码管理的相关制度建设与规划。而由于企业自身管理制度的缺失或者不到位，因而也不可能从制度上保证手机银行系统的代码安全、运行安全和操作安全。目前，手机银行安全管理中有些问题还是隐藏着严重的隐患，主要有：对操作中的相互制约机制控制不严，存在不安全兼岗的问题；重要开发文档管理不严而造成泄密；未建立手机银行系统应急事件库，应急工作未进行培训和演练；应急预案的内容不完整，可操作性差，缺乏对实际工作的指导意义。

5. 用户安全意识较差。手机银行的用户并非手机银行业务专业技术人员，由于安全意识不足或操作不当，极有可能给犯罪分子以可乘之机。比较集中的问题有：一是钓鱼网站的存在。一些不法分子经常利用与真实银行网站相似的域名，或通过电子邮件提供假链接，骗取用户登录，获取用户账户及密码信息，进行非法操作，造成用户资金损失和银行名誉损失。二是桌面安全问题。这种问题主要出现在无防护的 PC 或者手机用户端。诸如木马盗号、灰鸽子病毒等都是目前常见的能获取用户端账户和密码等敏感信息的攻击方式。三是用户口令设置过于简单和规律。像有些用户口令往往选用诸如身份证号码、出生日期、电话号码，很容易被犯罪分子猜出；有些用户口令密码强度不够，未选用字母和数字混合的方式，容易被暴力破解；有些用户将密码写在纸上，或者经常在不同的系统上使用同一密码，容易造成失密。

6. 网络犯罪不断。随着网民数量的增加和技术的提高，网络黑客的人数和技术水平都在上升。许多黑客为了消遣或炫耀技术而攻击网络，使手机银行的网络系统受损甚至崩溃的威胁。有的网络黑客会利用自己的技术来窃取商业机密或盗取资金，以谋取不义之财。有的犯罪分子还利用手机银行进行洗钱。手机银行属于新兴事物，相关法律法规基本上处于空白状态，仅有中国人民银行关于落实《网上银行业务管理暂行办法》有关规定的通知及其各家商业银行出台的《手机银行业务管理暂行办法》这一部门规章显然是不够的。法律是监管的保证，通过法律才能使手机银行的交易规范、有序，由于法律的缺位使监管机构无法可依，监管难度加大。而面对不断涌现的网上支付新的形式和手段，监管力度的确难以拿捏，用户与手机银行很容易陷入相关利益的法律纠纷之中。而且网络空间是个申请网络账号即可进入的自由流动空间，该网络内的各个接点联结成一个整体，网络接点之间有着紧密的关联度。在一个网络接点发生的风险可能会波及整个网络，甚至导致银行整个经营网络瘫痪。再者，高科技的网络技术所具有的快速远程处理功能，虽然为便捷、快速的金融服务和产品提供了强大的技术支持，但也加快了风险积聚的过程，风险积聚与发生可能就在同一时间内。换句话说，来不及察觉并采取补救，就会带来一连串的“地震”效应。网上欺诈频发目前也是比较棘手的问题。不法分子通过发送电子邮件或在手机上提供各种中奖链接引诱互联网用户，当用户接受电子邮件或点击链接地址时，不法分子的木马也随之植入用户的手机中，并偷偷修改用户的手机银行软件，当用户使用这些软件进入银行的网址时，修改后的软件就会自动将用户手机银行的资金转移到不法分子的账户上面。

（二）手机银行主要安全手段

1. 加强手机银行风险监控的法律建设。法律体系不健全是各国政府对手机银行缺乏足够管理能力的根本原因之一。我国目前已初步制定关于网上证券交易、计算机使用安全保障等方面的法规但还远不能适应网络发展的客观要求。应借鉴手机银行业务发达国家的已有经验，在手机银行发展的初期及时制定和颁布有关法律法规，在电子交易合法性、电子商务的安全保障、禁止利用计算机犯罪等方面加紧立法，修改现有《合同法》《商业银行法》等法律条文中不适合手机银行发展的部分。目前，我国涉及手机银行的法律法规有然《网络安全法》《电子签名法》《计算机信息系统安全保护条例》《计算机信息网络国际联网管理暂行规定》和《计算机网络国际联网安全保护管理办法》，而针对性较强的只有中国人民银行发布的《电子支付指引（第一号）》和银监会发布的《电子银行业务管理办法》，有中国人民银行关于落实《网上银行业务管理暂行办法》有关规定的通知及其各家商业银行出台的《手机银行业务管理暂行办法》。但从目前的法律法规体系来看，一是缺乏针对电子银行类违法犯罪的具体适用性条款和处罚规定，法院判定时主要参考《刑法》《民法》中接近的相关条款；二是对手机银行违法犯罪的举证责任缺乏明确规定，导致各个法院对此类案件判决结果不一，特别是法院如何分配原被告的举证责任问题。就手机银行犯罪而言，要让对信息的掌握处于明显劣势的用户承担完全举证责任，显然有失公允，而以银行现有技术能力而言，有时也难以举证，因此有必要在法律上针对不同情况明确举证责任。

建立完善的社会信用制度是减少移动金融风险，特别是促进手机银行规范发展的重要保证。没有完善的社会信用体系，人们就会减少经济行为的确定性预期，手机银行业务的虚拟性会使这种不确定性得到强化，不利于手机银行的正常发展，也会增大法律调节的障碍和成本。

2. 不断进行手机银行运行的安全评价。这种评价的内容主要有：一是检查和分析安全审计记录。银行网络系统在运行过程中出现的各种问题均有详细的记录，对有关的非正常操作的记录能使人们及早发现网络系统的绝大部分潜在的安全问题，并提供了评价和检测现有的风险控制措施的有效性的实践依据，从而提出相应的解决办法。二是随时跟踪网络安全解决方案的最新技术进展，及时了解各种网络安全控制最新信息，并根据银行网络系统的实际情况进行对比分析，采取相应的安全控制办法。三是要不断进行网络系统安全测试，及时发现现有网络安全方面的弱点及其现在的安全隐患，综合评价安全管控的效果与水平。四是结合商业银行业务管理的特点，建立一整套对手机银行安全运行进行监测、评估的技术性指标，据以对手机银行的安全运行状况进行不断的考评。而不断完善技术监管平台，对业务数据处理和信息传输的安全性进行实时监控，是维护手机银行安全运行的技术保证。

3. 树立风险管控理念。手机银行是基于现代信息技术而建立的，因而对风险管控者的素质和风险管控水平提出了更高的要求。手机银行的风险管控者既要具有互联网专业背景，同时还要有金融业务相关从业经历。从另一方面来讲，加强手机银行安全管控手段的同时还应加强金融诚信体系的建设，这是安全管控的重要基础。商业银行要建立诚信的经营考核体系，建立失信惩戒机制和守信增益机制，特别是完善和充分利用现有的企业及其个人征信系统。同时，进一步完善信用记录制度，强化信用教育，倡导信用至上。要使商业银行认识到良好的信用是最重要的无形资产，要诚实放款。与此同时，净化信用环境，推行信用公示制度，防止信用恶劣的经销商进入网站。要在公共平台上面上定期公开企业信用等级，让诚实守信的企业得到更多、更好的金融服务；让不讲信用的企业受到曝光和应有的制裁。

4. 采用生物特征认证。生物特征认证方式是指根据自然人用户的指纹、人脸、虹膜等能够唯一标识该用户身份的特征来验证用户的身份。开户银行首先利用生物特征识别系统对用户的生物特征进行采集，并将采集的特征进行数字化，将数字代码组合成特征模板存储在数据库中，当需要对用户进行身份识别时，生物特征识别系统将获取的用户特征与数据库中存储的特征进行匹配，根据匹配结果判断当前用户的身份是否合法。基于生物特征的身份认证方式利用每个个体生物特征往往不重合的特点对用户的身份进行判定，可靠性较高。特别是虹膜识别几乎是不可能复制。但是由于用户的指纹等特征会不经意留在公众场合，容易被非法人员有意获取。同时，对用户的指纹等进行采集和识别时，需要安装相应的采集用户端，有一定的技术成本开销。

5. 通过数据加密确保信息安全传输。在手机银行支付数据信息管理方面，想要使数据信息得到安全传输，就必须加强对银行数据加密技术的使用。在手机银行用户端采用该技术，可以利用密码算法和密钥完成明文信息处理。在数据传输过程中想要获得准确信息，必须利用与算法匹配的解密密钥进行明文翻译。就目前来看，可以采用的密码方案包含公开密钥加密和私密密钥加密两种，采用公开密钥体制可以使密钥管理简化，在网上支付中应用可以确保支付数据信息的安全和完整。但是采用该体制需要完成数学分解，所以将导致加密速度遭到降低；而采用私密密钥加密体制，尽管能够快速完成网上支付数据的加密，却无法完成交易双方身份的有效鉴别，因而容易导致数据信息的交易出现“断头路”。针对这一情况，银行在支付业务方面可以采用公钥结合私钥的数据加密技术，利用私钥体制完成支付数据信息加密，然后使用公钥体制完成密钥分发和身份鉴别。此外，在用户端数据输入方面，可以利用“ 派遣函数”进行键盘录入风险抵抗，以便在源头上确保网上支付数据信息的传输安全。

三、移动 P2P 主要安全问题及其安全手段

（一）移动 P2P 主要安全问题

1. 信用道德缺乏严重。由于尚未建立统一信息查询和审核系统，各网贷平台借贷信息无法互通，既影响贷款效率，也影响贷款质量，甚至导致一人多贷、注册多账号来骗取贷款情况的发生。虽然目前中国人民银行已将小贷公司与融资性担保公司纳入其完善征信系统的监管对象之中，但移动 P2P 行业仍未纳入建设范围。目前，P2P 平台普遍承担了对借款人的线下调查征信工作。虽然线下调查工作可以减少坏账风险，但高成本运行问题开始迅速突显。实力不强的移动 P2P 平台又无法做到线下尽职调查，潜在风险上升。相对于国外成熟的网络信贷纯中介平台模式而言，由于规则缺乏，国内迅速发展起来的 P2P 平台为了吸引投资者，往往无原则无底线的对投资者承诺资金安全。姑且不论网贷平台自身是否具有担保的资格，即便网贷平台引入第三方担保，也极可能出现因杠杆过高和相互关联导致风险暴露和损失。信息的极度不透明是目前 P2P 最大的危机，随时都会引发“地雷”爆炸，而且无法自证。目前的 P2P，从来未曾公开过任何形式的资产质量报告，即使有坏账率也都是自己报的，缺乏公信力。所有的 P2P 在这种不透明的体系下，蕴含极大的道德危机，而道德是最不可靠的东西。在巨大的商业利益面前，道德的作用往往被大打折扣。而且目前也无法进行有效的道德评定。现在 P2P 虽也在寻求更为有效的信用建立机制，探索利用行业协会的方式进行自律约束。但移动 P2P 中的移动金融平台性质是资金使用权买卖的中介，其金融业务本身带有极大的外部特征，因而自律在其中的作用是很微弱的。在缺乏严格有效管制的情况下，会让很多人不顾道德约束而做一些铤而走险的事情。

2.　风险管控机制有大量漏洞。现实中对网贷平台风险理念不同，会导致平台风险意识的差异。风险意识较弱的平台公司组织机构不够完善，甚至没有设立风险评估或者法律部门，给投资人造成巨大的风险。超过合规上限的定价模式也是移动 P2P 平台机构对产品的定价超过了最高人民法院关于民间借贷逾期利率的上限规定也是目前比较突出的问题。交易机制在移动 P2P 业务中居于重要位置，网贷平台的创设者职业素质良莠不齐应该是当前移动 P2P 平台交易机制缺陷的主要原因。良好的交易制度可以规避或减少很多风险带来的危害。交易机制设定不合理，就会出现投资的信用判断失误，导致出现坏账和投资者损失的问题。目前国内大部分移动 P2P 平台风险控制手段仅仅停留在线下征信、引入资金银行存管机制、提取风险金等相对单一的办法，尚未建立起风险的量化指标体系和风险的动态评估系

统。由于移动 P2P 处于行业发展的初期阶段，其采用的风险管理手段简单而零散，缺乏更多系统、科学的风险管控方法。只有建立在完善的公司治理基础上的具备严密的内控组织，独立的业务部门，清晰的职能分工，完善的会计控制体系，严格的授权审批制度，合理的业务集合制度，有效的员工管理制度，先进的信息化管理手段，才是一个有效的内部控制机制。目前的网贷平台显然不具备。

3. 信息安全漏洞。当提到 P2P 是否安全时，人们往往想到的是本息到期能否兑现？平台会不会卷款跑路？能考虑到用户自身信息安全问题的却不多。移动 P2P 的载体是互联网，网络信息安全是移动 P2P 平台安全的基础保障。从业机构应当切实提升技术安全水平，妥善保管用户资料和交易信息，不得非法买卖、泄露用户个人信息。应该讲，对移动 P2P 平台信息安全的忽视比安全威胁本身更可怕。现在一些移动 P2P 平台营销费用年过千万元，而与高额营销费相比，信息安全的投入则显得捉襟见肘。在这个竞争激烈的行业，经营者们首先考虑的是如何吸引眼球、增加用户量，却忽视了信息安全这一安全基础的建设。网站被仿冒、用户资金遭窃取等问题一旦出现，都将对平台的声誉造成打击，并严重动摇投资人信任感，这是很难通过营销宣传补救的。移动 P2P 平台目前面临的信息安全问题主要有：一是借贷参与方身份真实性的识别。用户登录“官网”进行转账投资，资金划转后却发现没能进行投资，钱款也不翼而飞。原来，所谓的“官网”是以假乱真的钓鱼网站。网民因在仿冒的银行、购物网站输入密码，导致密码被盗、资金被窃的报道。现在，钓鱼网站的黑手已伸向涉及大量资金交易的 P2P 平台，而且 P2P 平台不像银行等金融机构那样拥有线下网点，无法面对面的办理业务，增加了身份识别的难度，以致出现冒用他人信息进行消费借贷、冒牌 P2P 官网骗取用户钱款的问题。二是信息传输过程中的保密性和完整性。投资者在网页中输入信息，再点击“确认”或“提交”键后，信息就将通过一种叫 HTTP 的网络协议传输到网站的服务器。这一过程最大的问题是没有加密措施，账户密码、隐私数据等重要信息很可能在传输过程中被截取或篡改。三是电子合同的真实性与合法性问题。冒用他人身份注册并进行借贷，相当于合同主体是虚假的，所签合同也是虚假、无效的。一旦出现问题，如果无法找到冒用者，平台恐怕也只能自担损失。如果无法确定借贷人的身份，无法确保移动 P2P 平台的真实性，投资账户密码可能被盗，签订的电子合同可能是无效的，那移动 P2P 投资只能望而却步。

4. 担保模式存在难题。目前，担保是移动 P2P 平台的“标配”，但担保方式、担保程度却是千差万别。若采用平台担保，就是指移动 P2P 平台本身参与了担保，承诺对出现逾期的标的第一时间进行补偿。在平台担保的模式下，如果发生违约、无法偿付的情况，移动 P2P 公司就得自掏腰包承担责任，如果平台垮掉或者是跑路了，那么投资者可能就不知道借款人的具体信息。如果有大量的单子违约可能就会影响到移动 P2P 公司存亡。平台担保模式要求移动 P2P 平台本身是否有能力覆盖风险，投资人需要关注平台参与担保的资金从何而来？是平台公司拿自己的钱去承担？还是用新进入的资金来覆盖原有的项目风险？当然，也有移动 P2P 公司将风险转移到担保公司，由第三方担保承担风险。第三方担保公司担保也存在风险。如何防范担保公司的道德风险，也考验平台对担保公司的掌控力。虽然目前绝大多数的移动 P2P 平台都宣称“有担保公司，本息保障”，但其实各家担保公司跟移动 P2P 平台签订的协议并不一样，很多都是一般性的有限担保，借款人无法还款就找担保公司。而与之相对应的无限担保，除了找担保公司，还可以找移动 P2P 平台。虽然都是担保公司，但担保的覆盖面有天壤之别。投资者对担保公司也要有分辨，是否具有融资性担保牌照。融资性担保机构是特许机构，需要通过地方监管部门前置性审批许可并获得融资性担保机构经营许可证后，才能在工商等相关部门注册登记成立。而非融资性担保机构尚未实行准入管理，其注册登记没有前置性的行政审批要求，也无须持有经营许可证，只要符合《公司法》等相关规定，直接进行工商注册登记或其他注册登记即可成立。融资性担保公司主要是与银行合作，有银行授信额度、替借款人担保；而非融资性担保机构，主要做一些类似诉讼保全担保、投标担保等履约担保业务。现在很多网站找的担保公司都是没有融资性牌照的空壳，其担保能力没有监管和考核。从本质来观察，担保只是增信手段，真正的风控要靠对借款人有力的调查，有风控和调查能力的担保机构真是少之又少。而对于"平台本身不得提供担保"一说，目前监管层尚未做出详细定义和解读。目前，多数移动 P2P 平台仍以提供本金保障或本息担保的条件吸引投资者，缺乏完善信用体系的基础上移动 P2P 难有信息平台作为。基于这种考虑，监管层欲对移动 P2P 行业分类监管的规定有必要出台。2016 年 8 月 24 日，中国银监会发布了《网络借贷信息中介机构业务活动管理暂行办法》，意味着 P2P 网贷行业首部业务规范政策正式面世。

5. 资产端"垃圾"多，投资者选择有难度。移动 P2P 平台规模不断壮大的背后隐藏的是网贷行业产品同质化现象的愈发严重，当稀缺的优质资产端无法跟上平台规模和投资者需求时，就会引发大面积的劣质标和假标涌入平台。标的筛选是移动 P2P 投资者的重要关卡。然而，由于信息的不对称和征信体系的不健全，国内移动 P2P 市场的标的筛选已经脱离了风险收益预期选择的范围，更是成为了一种专业的综合的风险管控活动，这是一般的个人投资者难以做到的。投资者选择难度加大，选择成本必然高昂。同时，移动 P2P 平台众多，投资者管理难度大。用资产组合来分散风险，是业内投资者共有的理财常识。然而，当可以选择的平台不是几个几十个，而是数千个，且每天都有新平台上线，也有旧平台跑路时，投资者的资产管理就变得极为困难了。不仅需要耗费个人大量的时间与精力，而且风险分散的结果也不一定理想。权益机制缺乏，个人维权难度大使快速发展的移动 P2P 投资人很难达成维权目的。数据显示，能进入司法程序并得到解决的案件更是寥寥无几。当发生问题平台纠纷案件时，投资人都会先报警，由公安机关立案侦查后再递交检察院，由检察院向人民法院提起公诉。但事实上，投资人在报案后，案件往往由于移动 P2P 投资人分散在各个区域、单个投资人涉及金额较低等问题，而成功立案的比例极低。而受行业热度下的利益驱使，大批平台涌入市场后，当政府监管无法进行风险过滤时，风险就会直接来到个人投资者面前。移动 P2P 行业虽是新兴行业，但对平台运营能力和风险控制能力的要求其实不比一般金融机构低，不是简单的几个人出点钱弄个平台就能应付的，股东实力、高管团队、风控体系等因素都会关涉其运营结果。当市场利益驱使众多投资个体及投资机构涌进时，当行业准入门槛被放得极低时，业内数千家平台的运营实力着实良莠不齐，差异巨大。做得差的则害人害己，给行业蒙上了厚厚的阴影。

（二）移动 P2P 主要安全手段

1. 适度的监管仍然需要。所有形式监管的目的都不是把你管死，而是要制定合理的活动边界，让这个行业更好更有序的发展。监管在金融领域是必不可少的事情，但过于迟钝的介入监管的呼声吹肥了 P2P 这个行业的早期发展，直接导致了后来移动 P2P 行业大面积崩塌的格局。其实，真正诚意从事 P2P 并致力于市场挖潜的企业来说，没有边界的监管其实恰恰是最大的伤害，它让有信用的人无法得到信用利益，让没信用的人却可以浑水摸鱼，甚至会把 P2P 行业弄得声名狼藉。目前，风险问题通过技术解决基本被证明无效，哪怕大数据也一样。还有一点，就是风控技术无法决定贷后行为，再好的贷前调查，都会在贷后失效，因为你无法约束他在获得你的贷款之后不再进行其他的融资，从而直接改变你贷前调查的重要结果。从 2013 年开始，移动 P2P 的平台数量、融资规模和投资人数都飞速增长。除了监管部门采取相对宽松的容忍态度，还有两个重要因素支持了移动 P2P 业务的扩张：一是正规金融部门服务供给不足，绝大部分中小企业和个人没有得到很好的金融服务；二是互联网技术包括移动终端和大数据分析的发展为完成金融交易提供了新的可能。目前，对于移动 P2P 的总体监管思路是：定位移动 P2P 平台为信息中介，严禁提供增信服务、设立资金池和从事非法集资；对 P2P 平台不设注册资本金门槛和杠杆率上限等要求；实行负面清单制，在严禁从事列出的相关业务项目的同时，对符合法律法规的创新业务予以空间；遵循“谁审批，谁监管”的原则由地方金融办负责风险防范与处置。应该讲，对移动 P2P 业务监管实行不设门槛的备案制，将缺乏对公司治理、交易条件和信息披露等方面的监管要求；而采取由地方金融办负责的属地管理模式，会与小贷公司的管理模式十分类似。但移动 P2P 与小贷业务存在较大差别：第一，小贷公司的业务基本不跨区域，而移动 P2P 业务跨区域却很普遍。第二，小贷公司的主要资金来源为股东缴纳的资本以及来自不超过两个银行金融机构的融资；而移动 P2P 平台的资金大多来自个体投资者，其判断、自担风险的能力要弱许多。虽然大多认为移动 P2P 业务规模不致造成系统性风险，但互联网平台和个体投资者的介入也许意味着风险的扩散会更快、更广。事实上，一些地方政府也并不具备金融监管的能力。建议从如下三个方面考虑改进监管框架：一是由银监会负责制定、协调并实施移动 P2P 业务的监管政策，责任到机构。现在的管理办法看上去很多部门参与监管，但容易造成谁都不管或者重复管的现象。二是设立门槛制度，审查平台的经营者、资本金和业务能力等方面的基本资质，同时也对融资主体、投资分布、项目种类、融资期限和利率分布提出一些监管要求。三是建立严格的信息披露制度，鼓励对平台公开、公正的评级。对于信息缺失严重、不能及时准确披露的平台，应该限制其业务直至取消从业资格。四是严格规范债权转让，消灭期限错配自动投标模式下的集合理财结构，强调网贷机构不得通过债权转让模式拆分债权、进行期限错配。消灭了期限错配，也就消灭了因恐慌带来的流动性压力和兑付危机，避免合规平台的集中爆雷。

2. 重视投资者风险教育。挑选优劣平台是一件令投资人十分头疼的事情，而且很长一段时间内，很多投资人并不能完全正确认识移动 P2P，不清楚网贷行业存在的风险。究其原因，投资人风险教育缺乏是重要缘由之一。移动 P2P 作为新生投资理财模式，投资人教育曾经几乎是空白，认清移动 P2P 的本质，看清网贷理财的风险，理性投资才有基础。移动 P2P 是近年来新兴的一种移动金融模式，是一种个体和个体之间通过互联网平台实现的直接借贷。移动 P2P 平台为借贷双方提供了信息流通交互、撮合、资信评估、投资咨询、法律手续办理等中介服务，但同时也带来的金融风险的近乎爆炸式的增长。除了提现困难、失联跑路等严重问题，与信息安全相关的风险漏洞则在移动 P2P 平台上大量存在。特别是平台的真实性问题、电子交易数据的泄露和被篡改问题。作为一种非常平民化的大众融资平台，投资人对其风险的提前预知和预判是非常重要的，当然还包括有风险的主要防御措施。

3. 使用数字证书和电子签名技术。如果一家移动 P2P 平台希望解决信息安全问题，那么它的安全需求可归纳为以下三点：可识别用户身份、平台身份的真实性；保证电子交易信息的机密性、完整性；借贷合同、借据等电子协议需要符合《中华人民共和国电子签名法》。目前我国已经有比较成熟、完整的技术方案可应对移动 P2P 平台的主要信息安全问题。现在已经有越来越多的移动 P2P 平台与取得电子认证服务许可证资质的第三方电子认证服务机构合作，通过引入数字证书 CA 和电子签章技术，满足自身的主要信息安全需求。而且一旦出现投资纠纷以致诉诸法律，CA 还可作为第三方进行电子取证、提供法律依据。当然，数字证书并非谁发都有效力，就好像居民身份证必须由公安机关发放一样。只有类似于 CFCA（中国金融认证中心）这样的正规第三方 CA 机构签发的数字证书才能用于身份认证。CFCA 会为投资人、借款人、担保公司、移动 P2P 平台发放个人数字证书或企业数字证书，建立各方对应的身份标识，实现身份认证，防止身份的冒用。同时对移动 P2P 平台进行服务器证书（SSL 证书）认证。SSL 证书可以理解为代表网站身份的数字证书，CFCA 在对网站经营方、域名等多项信息进行严格审核后才会签发这张证书。SSL 证书还能起到信息加密传输的作用，避免电子交易信息在传输过程中被截取、篡改，确保其机密性和完整性。P2P 平台受到 CFCA EV SSL 证书的保护后，用户可通过绿色的浏览器地址栏、地址栏中的公司名称、HTTPS 和点击锁形图标后显示的证书信息来确认网站是真实可信的，同时信息传输已经过 HTTPS 协议加密处理。需要说明的是，是否使用符合《电子签名法》的电子签名是电子合同是否具有法律效力的基础。电子签名是指电子文档中以电子形式所含、所附用于识别签名人身份并表明签名人认可其中内容的数据。通俗点说，电子签名就是对电子文档的电子形式的签名，但并非是书面签名的数字图像化。只在所谓的合同文档上放个红章或签名图片是无效的，因为它只是一张数字格式图片，是可以被编辑和修改的。《电子签名法》规定“可靠的电子签名”需要同时满足以下四点：电子签名制作数据用于电子签名时，属于电子签名人专有；签署时电子签名制作数据仅由电子签名人控制；签署后对电子签名的任何改动能够被发现；签署后对数据电文内容和形式的任何改动能够被发现。CFCA 会为移动 P2P 平台的参与各方都发放数字证书。在签署合同时，各方都要用自己的数字证书结合提供可视化服务的电子印章软件进行盖章。一份经过各方电子签名后的电子签章合同具有和手写签署合同一样的法律效力。在提供了电子签章服务的移动 P2P 平台，用户只要登录个人账户就能下载到 PDF 格式的电子合同。而为这份合同赋予法律效力的就是其中的数字证书。数字证书为签名人专有，可以证明合同是签名人本人签署的。

四、移动众筹主要安全问题及其安全手段

（一）移动众筹主要安全问题

1. 法律法规相对滞后。众筹要在中国得到更大程度上的发展，在法律层面必须给予众筹模式更多的法律松绑，特别是股权众筹问题。我国刑法第一百七十六条“非法吸收公众存款罪”的规定基本限制了民间集资发展的法律空间，现实中股权众筹项目如果没有得到有关部门的审核批准，极有可能被界定为非法集资行为。我国 2011 年出台的《关于审理非法集资刑事案件具体应用法律若干问题的解释》对《刑法》第一百七十六条规定的“非法吸收公众存款或者变相吸收公众存款”做出了更为具体的界定，如果同时符合以下四个特征的经济行为将会被认定为非法集资：一是未经有关部门依法批准或者借用合法经营的形式

吸收资金；二是通过媒体、推介会、传单、手机短信等途径向社会公开宣传；三是承诺在一定期限内以货币、实物、股权等方式还本付息或者给付回报；四是向社会公众即社会不特定对象吸收资金。但未向社会公开宣传，只是在亲友或者单位内部针对特定对象吸收资金的，不属于非法吸收或者变相吸收公众存款。基于这样的法律条件，我国目前的股权众筹发展基本游走在一个灰色的区域，并以多种方式规避法律风险。2012 年 4 月 5 日，美国总统奥巴马签署了 JOBS 法案，进一步放松对私募资本市场的管制，法案允许小企业在众筹融资平台上进行股权融资，不再局限于实物回报，同时法案也做出了一些保护投资者利益的规定，要求每一个项目其融资规模在 12 个月内不能超过 100 万美元；每一个特定投资人的融资规模，不可超过其年收入的 5%。JOBS 法案的出台使美国众筹有了合法生存的法律依据，特别对股权类众筹发展有极大的促进作用。在中国，根据现行的公司法及证券法相关规定，如果未经监管部门审批，向非特定对象公开发行股票，或者向超过 200 个特定对象发行股票，都属于公开发行股票。如果按照现行法律规定，股权众筹平台不能在平台上公开宣传众筹项目，否则，有可能违反未经审批向公众公开发行股份的法律红线，如果达到一定的程度，则可能构成犯罪。目前国内股权众筹主要通过线下进行，不能发挥众筹的效用。就目前中国法律政策环境而言，债权类众筹、股权类众筹还存在诸多的限制和法律红线，放开创新则可能触犯刑律。

2. 内部创新机制不足。众筹的内部机制包括平台的运营模式、盈利模式、出资人的招募、优秀项目的征集和维护。目前众筹的内部机制创新不足，中国特色遭遇很大的障碍，主要问题表现在以下四个方面：（1）众筹平台功能缺失。虽然我国众筹平台发展至今已初具规模，但总体而言平台质量较低，缺乏创新，平台的相关服务、信息公开和规则制定等功能缺失。众筹搭建的是链接投资人和筹资人的桥梁，平台需提供网站、服务、规则和秩序。目前中国多数非股权众筹服务商的网站服务在国内运用需要逐步适应我国的发展环境，积极改良和创新。单纯复制网站而缺失配套的服务，导致大量质量低劣、毫无新意的众筹平台充斥市场，是目前众筹发展的一个突出问题。（2）众筹模式职能错配。由于现有法律有悖于众筹模式，众筹网站目前所有项目很难以股权或是资金作为回报，项目发起人在极少情况下向出资者许诺任何资金上的收益，多数以实物、服务或者媒体内容等作为回报，这导致了非股权众筹相对于股权众筹占绝对的优势地位。在目前的法律环境下，大众作为投资人更多时候其实完成的不是一个投资行为，而是一个带有赠与性质的购买行为，表现为对满足消费者特殊需求的某种特定产品的预购。而这实质上是众筹的职能错配及投资功能的扭曲。如此模糊投资和消费的边界在短期内对推动众筹的普及和增加居民福利虽也有一定的好处，但不利于众筹的长期发展。股权众筹在国内缺失会使产业体系先天不足；投资人无法获得股权回报使得资金退出机制缺位，追加投资渠道和项目增值受阻，使得众筹后天发展不良。众筹如果不能尽快在法律上得到支持，则会面临职能错配进一步加深，产业畸形发展的危险。（3）项目融资成功率低。目前我国众筹平台上的项目融资成功率在 50% 以下，与其他创业投资模式相比也许并不低，但考虑到非股权众筹的项目多为风险较低的创意文化产业，则这个数字就并不尽如人意了。其主要原因在于众筹网站上大部分无法产品化的创意并不适合中国市场：一方面鉴于国内对知识产权申请与保护的现状，平台难以规避创意被抄袭的风险，项目发起人很难保护自己的智力成果；另一方面国内出色的原创产品和高级开发人才不足，导致项目总体质量不高，出资人也不愿意为雷同的设计买单。（4）项目发现渠道狭窄。通过众筹网站筹资投资的偶然性很大，项目质量没有科学的考核标准，筹资人或投资人主要依赖口碑效应和粉丝消费拉动投资；而投资人更像保守的消费者一样在自己熟悉的领域进行产品消费。

3. 委托持股问题不断。为了规避非法集资的风险，在委托持股得到合法性的条件下，目前大多数众筹平台的股权众筹是采取由一个实名股东分别与几个乃至几十个隐名的众筹股东签订代持股协议，代表众筹股东持有众筹公司的股份。在这种模式下，众筹股东并不亲自持有股份，而是由某一个实名股东持有，并且在工商登记里只体现出该实名股东的身份。尽管法律认可委托持股的合法性，但是还须证明众筹股东委托过实名股东。这种委托关系是众筹股东和实名股东之间的内部约定。如果这种约定没有书面文件或者其他证据证明，众筹公司和实名公司一旦不认可众筹股东的身份，众筹股东将根本没法证明“我就是这个公司的股东”，或者“他名下的股份其实是我的”。显然，对于持股平台模式，众筹股东与众筹公司之间隔了一个持股平台，众筹公司股东名册里只有持股平台，没有众筹股东。因而众筹股东与众筹公司之间的关系非常间接，对众筹公司几乎无法产生直接的影响。在很多众筹项目中，众筹股东虽然是公司股东，但是几乎很难行使公司股东的权利，基本上都不能亲自参加股东会的表决和投票，而且想要过半数通过任何表决都会困难重重。现实操作中，很多众筹咖啡馆都面临过“一人一句”的决策权混乱窘境。众筹股东参与众筹，很多时候看中的是众筹公司的盈利能力。股权众筹的投资项目看得见、摸得着，收益率有保证，因而很多人愿意参与股权众筹，也非常期待公司分红。但公司法并未规定公司有税后可分配利润就必须分红，那么众筹股东只能自己保护自己，最好要在公司章程中约定强制分红条款。风险投资项目一般具有高风险、高收益的特征，且大部分的项目都会投资失败，只要其中少数几个创业项目成功。股权众筹本身就是为了降低投资门槛，且大多数众筹股东都是普通老百姓。众筹投资人不可能有大量资金涌进众多的项目投资，而只能投一两个项目，如果这一两个项目干砸了，那就是血本无归了。另一方面，普通老百姓由于缺乏专业背景更多的是听信于众筹发起人的所谓宣传或炒作，投资的风险也会随之提升。

4. 知识产权保护不利。众筹平台成立的主要目的之一在于挖掘创意、鼓励创新，项目发起者的主要目的在于实现并贩卖其创意，而出资者的出发点在于支持创意、购买新颖的产品。目前所发布的众筹项目大都是还未申请专利权的半成品创意，不能依知识产权相关法律保护其权益，因而几个月的项目预热期会给盗版商“充分的”剽窃时间。被动的从保护知识产权利益的角度出发，众筹项目的发起者只向公众展示其创意的部分细节，具有出资意愿的创新爱好者由于无法看到项目全貌而无法对产品形成整体、全面的印象，也就大大降低了其投资兴趣和投资热情。知识产权相关法律法规在创新性众筹项目方面的缺失使得众筹项目出资人对创新项目的支持力度大打折扣，桎梏了众筹行业的发展。知识产权创新项目能否上线主要依靠平台团队的经验判断。项目的风险、金额设定、信用评级也基本取决于平台方，可操作的弹性空间非常大。不少欺诈行为也会打出创新并高收益的“噱头”，而由于众筹参与的门槛相对较低，出资金额小，风险往往更容易被忽略，造成损失后也更难追讨。需要说明的是，高质量的项目是众筹发展的基础，知识产权的保护首先是使项目发起人的利益得到保障，而后是能够增强众筹平台对高质量项目的吸引。

（二）移动众筹主要安全手段

1. 政府积极干预。政府相关部门完善有关众筹的法律制度，对于众筹标准、与非法集资的区别等内容给予明确的解释，为众筹模式的今后发展奠定相关的制度基础，能够保证其发展的合法和有序。同时，相关政府部门增强对知识产权的保护力度，为众筹平台的开放运行提供良好的法制环境。目前，政府需完善互联网信用监控机制，不断改善国内信用环境。众筹的发展主要依赖互联网，由于缺少监督机制和信用监控机制，项目发起人常常将募集到的款项移作他用，出资人无法得到应得的报酬，致使公众对于众筹平台缺乏信心。当前，工商行政管理部门应严把市场主体准入，同时结合抽检工作与查询系统，建立众筹行业的动态风险台账，对投资、投资担保、投资咨询、投资管理、财务管理、非融资性担保等公司的登记注册进行严格审核，规范企业经营范围，并建立统计查询制度。通过工商系统数据平台，对开展与投资业务相关的市场主体进行统计，梳理出非法集资管控重点。众筹平台按照要求到相关部门注册备案，众筹项目和众筹平台要提供高度完整的信息披露和富有针对性的风险提示，以保护投资者知情权和利益；要求平台要严格审核筹资人的准入资质，把相关证照资质、人员信息收集齐全，并在显著位置公示，平台还要做到交易记录的备份保存工作。对引入融资性担保，增加融资信用，当被担保人不履行对债权人负有的融资性债务时，由担保人依法承担合同约定的担保责任。随着大数据技术的推广，可与相关机构合作，在投资方授权的情况下在线获取其资产、社会属性、教育及工作情况等信息，融合电商、社交网络上的行为数据，以准确评估筹款或投资的风险度。同时，设定投资者准入门槛，限制投资者的最大投资额，提高投资者的风险承受能力，保障投资者的利益。要形成多部门协同联动的大监管格局，共同查处问题企业，尤其是移动金融方面的问题企业。与此同时，加强行业自律建设，自觉遵守《中国股权众筹联盟自律公约》。根据行业特点，建立适用于业态的现场与非现场检查体系，指导众筹平台建立风险量化指标体系和风险动态平复系统。此外，要进一步畅通消费者投诉举报渠道，开通平台服务通道，加强社会舆论监督，逐步实现社会共治。

2. 提高平台运行质量。众筹平台要拓展相关业务范围，充分发挥众筹的积极作用。在现阶段，我国的众筹网站只支持以项目的名义募集资金，并不向相关创业公司开放。所支持的项目类别仅限于设计、漫画、出版等少数行业，很少涉及公益项目。而出资人的收益也是实体产品居多，股份或资金回报较少。这严重限制了众筹作用的发挥，背离了众筹产生的初衷，不利于支持种子期的小微企业持续发展。因此，国内现有的众筹平台应当在合法合理的基础上，努力扩展相关业务范围，进一步提升众筹对于中小新兴企业的筹资作用，充分发挥众筹对于创意产业的支持力度。众筹平台应当完善项目筹资标准，提升创意项目质量，避免雷同，避免鱼龙混杂，有力保护项目发起人的智力成果。此外，众筹平台对于投资人的回报收益也应有所关注，建立投资人与项目发起人交流的桥梁，使投资人对自己投资的项目得到相关回馈，完善报偿索取制度，减少欺诈行为，保护出资人的合法权益。对于拥有众筹项目的小微企业和创业者而言，只有充分利用众筹发展模式，提高项目质量才能发挥众筹的真正作用。筹资难是中小企业发展普遍面临的问题，而众筹模式恰恰为中小企业破解这一难题提供了新的解决途径。利用相关众筹平台筹集企业发展资金，将企业面临的资金难题通过互联网众筹平台得以解决，将募集到的资金用于企业的持续发展。

3. 做好知识产权保护。目前创意产品募资的众筹平台，其公开性和不确定性有纵使创意被窃取的风险。而且大多数创意类项目，有的项目产品已经面世，有的可能还只是半成品，长期展示过程中，创意被他人窃取的可能性极大。在创新匮乏的现实环境中，偶尔出现的创新极易成为各商家瞄准的目标。因此，对应的众筹网站都会建议项目发起人在网站上展示项目时，尽可能避免将关键信息披露出来。但是，如果众筹项目是建立在剽窃他人创意的基础上完成的，抄袭他人创意而发起众筹后，如果被抄袭者发起知识产权诉讼，项目发起人可能会承担停止侵害和其他赔偿责任，出资人的出资也就失去回报的可能性。对于创业团队而言，参与产品众筹的同时，应该提前做好一些知识产权部署或商业秘密保护。其一，提前做好商标保护。参与众筹的产品或项目如果没有单独命名，则尽量使用公司名称。如果已单独命名，则需要提前做好商标申请保护，至少做到未提交申请商标保护的名称暂不公开使用，以免被有心之人提前抢注。类似的情形也适用域名等商业标识领域的布局和保护，创业团队参与众筹尽量对公司或产品域名也提前做一些布局。其二，适当做好专利布局。根据当前众筹平台的需要，大多数参与众筹产品都需要设计精美的产品介绍海报。一方面，创业团队应对产品的外观或样式，提前申请外观设计专利保护，另一方面，对于产品的技术实现方式，提前做好发明或实用新型专利申请保护。同时，也要适当做好海报图片、样式及文字等著作权保护。其三，做好商业秘密保护。商业秘密包括技术信息和经营信息两部分。生产配方、工艺流程、技术诀窍、设计图纸属于技术信息；管理方法，产销策略，用户名单、货源情报则属于经营信息。创业团队参与项目或产品众筹时，对提交的众筹产品要考虑采取多种方式或手段确保核心技术或是技术原理不被外泄或抄袭。